HERMÈS

cognition ■ communication ■ politique

1 place Aristide Briand - 92195 Meudon. Tél. (33) 1 45 07 55 12
CNRS
http://hermes.hypotheses.org
http://cnrseditions.fr
http://cairn.info
Twitter : @Revue_Hermes

ISSN : 0767-9513 – ISBN : 978-2-271-14231-3

L'aventure d'*Hermès*?

Légitimer la communication comme un des grands enjeux scientifique, politique, social et culturel du XXe siècle, réaliser l'importance de son rôle comme facteur de paix et de guerre du début du XXIe siècle. Si le « village global », tant souhaité pendant un demi-siècle, est aujourd'hui une réalité technique, il n'a pas pour autant apporté la paix et la compréhension attendues entre les hommes et les sociétés. Les techniques sont là, mais la fin des distances physiques révèle l'étendue des distances culturelles, avec son lot d'incommunication.

Hermès valorise aussi les enjeux théoriques liés à l'accélération des relations entre les sciences, et entre celles-ci et les sociétés. D'abord pour comprendre le rôle des concepts d'information et de communication dans l'évolution des disciplines scientifiques et penser les conditions de l'interdisciplinarité. La communication est une des conditions structurelles de l'interdisciplinarité. L'autre objectif est de reconsidérer le rôle des communautés scientifiques dans les sociétés ouvertes. Le monde académique doit y apprendre à gérer des allers-retours constants entre la recherche et la Cité et échapper autant à la médiatisation qu'au technicisme et au scientisme.

Quel est finalement le saut épistémologique lié à l'émergence de la communication comme enjeu scientifique ? Un léger décalage, mais irréversible, du regard que l'on porte sur la réalité. Penser les sociétés ouvertes et mondialisées dans lesquelles tout se voit et tout se sait, c'est aussi éviter que s'accroisse l'incommunication dans une nouvelle tour de Babel. Le « tournant communicationnel », amorcé avec *Hermès* en 1988, ne pouvait venir qu'après les nombreux progrès de la « révolution de l'information ». L'augmentation de son volume et de sa vitesse de circulation, comme la multiplication des dispositifs interactifs, ne suffisent pas à accroître la compréhension mutuelle. Informer ne suffit plus à communiquer. Entre les deux s'est imposée la question de l'altérité.

Le plus simple dans la communication reste donc les techniques ; le plus compliqué, les hommes et les sociétés. *Hermès*, comme sa figure mythologique, essaye de penser cette situation inédite de l'histoire du monde, celle où les hommes et les sociétés se retrouvent face-à-face, dans toutes leurs ressemblances et leurs différences.

Dominique Wolton

Les principaux thèmes de nos publications

Avec 91 numéros et plus de 2000 auteurs publiés depuis 1988, *Hermès* a exploré le champ de la communication sous de multiples facettes. Le catalogue (accessible en ligne sur hermes.hypotheses.org) recense les auteurs et hommages parus, ainsi que la liste des numéros, classés par ordre chronologique et par thèmes :

I. Cognition
1. Épistémologie comparée
2. Sciences cognitives
3. Industries et ingénierie de la connaissance

II. Communication
1. Les enjeux du numérique
2. Les sciences de l'information et de la communication
3. Diversité culturelle et sociétés

III. Politique
1. Relations sciences, techniques et société
2. Expertise et controverses
3. La communication politique

Hermès 91

La Marche

Numéro coordonné
par Vincent Liquète et David Le Breton
et supervisé par Thierry Paquot

Sommaire

Hommages

Vincent Liquète
Université de Bordeaux

David Le Breton
Université de Strasbourg

Introduction

« Nous continuions à cheminer de front, éloignés les uns des autres,
considérant que si un ou deux d'entre nous faisaient une mauvaise rencontre,
les autres pourraient poursuivre sans encombre.
Nos rapports étaient devenus plus détendus et nous parlions plus librement. »

Sławomir Rawicz, *À marche forcée*, 1956

La marche : un thème à plusieurs facettes

Une de nos premières expériences de randonnée pédestre et d'ascension alpestre remonte aux débuts des années 1980, en foulant, par exemple, le massif de la Grande Tête de l'Obiou et sa variante par les Chatières (massif du Dévoluy [Alpes]) ou le Huayna Potosí au nord de La Paz. Quarante ans plus tard, notre passion pour la marche est restée intacte, voire s'est renforcée. Nous avons tous, ainsi, des souvenirs éblouis qui ont marqué notre histoire personnelle sur les chemins. Qu'elle soit montagnarde, rurale, urbaine, en France, en Europe ou plus loin encore, la marche ne cesse de se développer. Sous les auspices de la randonnée, elle connait un engouement planétaire depuis une trentaine d'années, et son essor se poursuit. Sur les chemins de Compostelle, par exemple, on rencontre des hommes et des femmes de toutes nationalités, toutes langues, toutes religions, tous âges. Les lendemains de la pandémie de la Covid-19 en ont encore accéléré l'essor. Outre le plaisir revendiqué qu'elle engendre, physique et intime, cette marche revêt nombre de dimensions : solitaire, avec les autres, ou contre eux, elle se révèle être un objet communicationnel, sociologique et anthropologique particulièrement riche.

Le point de départ de ce numéro est le constat d'une période paradoxale à ce propos. Jamais nos sociétés contemporaines n'ont autant convoqué la marche, construisant un véritable idéal du marcheur (bien-être, santé, découverte des autres et de l'environnement, écotourisme, dépassement de soi, etc.). Cependant, les modalités de marches plus violentes et douloureuses sont nettement moins évoquées. La marche est désormais un produit éditorial attractif, un motif de mise en valeur écologique des territoires, un espace de rapprochement entre les acteurs plutôt issus de pays aux économies fortes qui revendiquent des activités physiques à des fins de santé, de désengorgement des villes, d'amélioration de la mobilité, de retour à des formes d'authenticité, au moment même où les habitants des pays les plus pauvres continuent inlassablement de marcher pour se rendre à l'école, chercher de l'eau au puits, rejoindre un dispensaire, aller aux champs. Des milliers de migrants ou de réfugiés sont livrés à des marches contraintes qui n'en finissent plus. Des populations invisibles arpentent les rues de nos villes des journées entières, des personnes sans chez-soi, sans abri, et notamment des femmes qui marchent sans fin pour se déplacer ou se protéger. La marche devient également un véritable support à la communication qu'elle soit esthétique, commerciale ou artistique. Par exemple, le clip de Kid Congo and the Pink Monkey Birds (2020) dans le morceau « He walked In » utilise la marche et son rapport à l'environnement pour casser les codes et les formats-types de l'industrie musicale.

Ainsi, au fur et à mesure de l'histoire des sociétés, le statut de la marche évolue entre des pôles bien différents : des déplacements des populations fuyant les violences organisées ou la diffusant à une diversification de conceptions de cheminement pour soi, son plaisir, son bien-être ou le désir de rencontres. Les marches contraintes restent pourtant encore d'actualité, notamment celles des populations déplacées et/ou des réfugiés et clandestins (Afrique centrale, Soudan, Panama, etc.) alors même que les marches du plaisir ou de l'exposition de soi aux autres (*via* les réseaux socio-numériques, l'édition touristique ou d'aventure etc.) prennent le pas dans les sphères médiatiques de nos sociétés contemporaines.

Tout au long de ces derniers siècles, avant l'hégémonie de l'automobile sur les territoires et l'emploi du temps de chacune et chacun, la marche était une pratique de déplacement nécessaire, vitale et quotidienne, elle incarnait une question sociale, politique et idéologique mise en avant par les intellectuels du moment et les dirigeants politiques ; par exemple, au XVIe siècle avec la philosophie de l'esprit, chez Montaigne, au XVIIIe siècle, chez Jean-Jacques Rousseau. Le XXe et le début du XXIe siècle montrent le renforcement d'une dualité de la marche : d'un côté, les marches collectives, politiques, porteuses de violence, d'une volonté de transformer les sociétés, de l'autre la recherche de l'émancipation, de l'épanouissement de soi, d'un nouveau rapport à l'environnement. Certes, comme le suggérait Rousseau, marcher aide à penser, mais les renouvellements de ses enjeux culturels, économiques, politiques, techniques, éditoriaux méritent d'être analysés, déconstruits et mis en comparaison à travers des lectures et des critiques pluridisciplinaires sollicitées à l'occasion de ce numéro. À l'articulation de l'expression de soi, de la rencontre ou du rejet de l'Autre, la marche est un objet social que nous souhaitons interroger en prenant en compte ses ambivalences pour le meilleur et pour le pire entre la communication, au sens de la rencontre, et le conflit, la haine de l'autre.

Cette bipolarisation de la marche constituera le cœur de la problématique de ce numéro. Elle est organisée en deux versants :

- D'une part, la marche est un processus et un moyen dialectique de penser l'Autre tout en se mesurant soi-même. Nous accorderons une place de choix à l'analyse des conquêtes et des formes d'altérité en jeu. Elle a toujours été un véhicule de communication d'idéaux politiques et de mise en circulation d'idées, de croyances, d'idéologies. Elle est aussi un moyen politique « de pouvoir sur… », de « violence contre… » l'Autre (opposant politique, religieux, ethnique, etc.), utilisé pour aller vers un ennemi ou soumettre les réfractaires par leur expulsion et leur mise en marche parfois jusqu'à épuisement. Elle a constitué un levier de rupture et de destruction de l'Autre que l'on pense à l'extermination des Navajos avec le *Potawatomi trail of death* de 1838, ou aux marches de la mort depuis l'ordre d'Hitler, le 17 juin 1944, intimant à ses troupes de ne jamais laisser un seul prisonnier vivant aux mains de l'ennemi. Ainsi, elle révèle des pans entiers de l'histoire sombre de nos sociétés passées et contemporaines, lorsque s'impose la fuite, le fait de quitter sa terre et les siens en quête d'un monde meilleur ou simplement le fait de ne pas mourir. Cette marche « exode » est à l'articulation entre une histoire individuelle singulière et une dimension collective à fort message politique voire contestataire.

• D'autre part, la marche est une quête de soi, de nature spirituelle, initiatique ou religieuse, glissant progressivement vers une exposition, un affichage performatif et un espace de communication de soi dans l'environnement. Elle est alors un moyen écologique d'accéder à des formes de liberté et d'épanouissement de soi et de célébration des territoires. En filigrane, la question de la performance est présente, où l'individu cherche à aller au-delà de lui, de se rapprocher d'une forme de perfection et de jeunesse, où l'idéalisation du corps reste prégnante. Enfin, bien plus récemment, elle est devenue un support à la communication où technologisation, performativité entendent modifier en chacun l'expérience de l'environnement, des territoires – au-delà du plaisir de marcher – à travers les médiations numériques notamment, voire ludiques par des objets ou des dispositifs. Cette théâtralisation est mise en avant par les médias sociaux ou des protagonistes « faisant marché » au sens mercantile du terme, s'efforçant également de favoriser un écotourisme qui a le vent en poupe.

Entre les choix personnels de marcher, de participer à une expression collective pour aller vers autrui, ou la contrainte par la force ou la nécessité, pourquoi marche-t-on encore de nos jours ? Après les marches mortifères, d'extermination et de domination sur l'autre, l'émergence puis la généralisation de la marche comme mode d'expression collective puis individuelle avec des expériences personnelles voire intimes, que nous enseigne la marche analysée par des spécialistes en sciences humaines et sociales ou des « pratiquants » qui témoignent ici ? Ainsi, que vise-t-on à travers cette activité qui pourrait sembler anachronique ? Quelles sont les intentions visibles, avouables ou cachées, et quels leviers communicationnels et idéologiques sont mobilisés « par » et « avec » la marche ? À travers l'étude des marches passées et actuelles, ce seront finalement les transformations des pratiques, des intentions politiques, des imaginaires et des cultures que nous essaierons de mettre en lumière et en perspective au fil de ce dossier d'*Hermès*.

La marche à la croisée des communications

Les contributions rassemblées explorent plusieurs types de marches renvoyant chacune à des systèmes d'intention et de communication aux horizons variés. Ainsi, *a minima*, quatre types de marche liés à des volontés communicationnelles différentes, seront considérés, à savoir :

- Les « marches collectives forcées » reposant sur la volonté dominatrice de réduire l'autre en cherchant à l'exiler ou à l'exterminer par des marches encadrées et calculées, généralement sans eau et nourriture, à un rythme soutenu dans des environnements hostiles. Les phénomènes d'exodes, de fuites massives face à des risques de massacre ou de famine sont ainsi le théâtre d'une rupture de communication sur laquelle les marcheurs forcés (réfugiés…) ou leurs ennemis (milices, terroristes, armées) ne s'expriment guère car leur itinérance est synonyme de perte d'identité ou de mort[1].

- Les « marches collectives volontaires » structurant et illustrant des mouvements sociaux et politiques où l'enjeu est de rencontrer et de convaincre les autres en inscrivant une dynamique des corps dans l'espace public, accompagnée de messages politiques contestataires. Ainsi, le marcheur (militant) souhaite sensibiliser et mobiliser l'opinion en utilisant la marche comme moyen communicationnel et culturel de susciter une réaction positive en faveur de sa cause, tout en cherchant à s'unir aux autres pour accentuer l'impact de ses revendications.
- Les « marches individuelles » cherchant à élever l'esprit et qui sont centrées sur la méditation, la capacité à s'isoler du monde et à partir à la rencontre de soi en appréhendant l'environnement. Elles nourrissent des approches spirituelles, sacrées, religieuses, où la quête de soi et des autres est le fil conducteur. Elles visent parfois à combattre la maladie ou divers accidents de la vie et se muent en leviers d'autoréflexion.
- Enfin, ces dernières années, des « marches augmentées » et des « marches médiatisées » devenant une composante du voyageur hypermoderne (Jaureguiberry et Lachance, 2016) à travers trois domaines : l'éditorialisation massive de la marche, sa documentarisation (plan, cartes, services, etc.), et, sa technologisation (GPS, montre-GPS, chaussures et vêtements « intelligents », etc.) qui en modifient les représentations et amplifient ou formatent les imaginaires du marcheur.

Face à ces constats et considérations, nous avons organisé le numéro autour de quatre parties.

1. La marche dans nos sociétés : approches politique et historique

Cette première partie met en lumière l'analyse de longues marches dans l'histoire, les manifestations, les initiatives politiques qui utilisent la marche comme vecteur de communication et mode d'expression collective dans l'espace public, ainsi que celles contraintes, liées à la mort à la volonté d'élimination de l'autre. Les modes d'intention, d'engagement ou de désengagement communicationnels comme les incidences historiques de ces actes pédestres seront interrogés.

2. Les esthétiques communicationnelles de la marche

La marche est progressivement devenue un bien commun renforcé au-delà de l'activité nomade et motrice par une production scientifique et artistique, sous des formes aussi variées, que la bande dessinée, la création littéraire, cinématographique, photographique, artistique, les sites internet, les blogs, etc. Ainsi, les créateurs font de la marche une expérience esthétique (le street art) et un vecteur de la réflexion sur le monde qui nous entoure. Cette partie documente diverses formes esthétiques pour lesquelles marcher est un mode d'expression et de captation de diverses réalités intimes ou sociales.

3. Les témoignages et expressions de soi par la marche

Témoigner : nous analyserons ici les représentations communes de la marche à partir des pratiques éditoriales, documentaires, évènementielles, etc. d'auteurs qui se consacrent à la mise en lumière de soi par leur marche, qu'elle soit un rêve, une fuite, une recherche de soi, une relation à l'environnement et aux autres, une volonté de création. Cette partie du volume évoquera également l'« ailleurs », témoignages de marcheurs qui donnent à voir le monde à travers des parcours pédestres initiatiques.

4. Les phénomènes contemporains de la marche au prisme de la communication

Nous étudierons dans cette ultime partie l'impact et le poids des technologies : la gamification, la production vidéo et audiovisuelle, les réseaux socio-numériques, etc., autant de dispositifs d'amplification et de transformation du rapport de l'homme à sa propre marche. Cette dernière évolue également en fonction de l'émergence de nouveaux contextes, comme la période de confinement, les marches de fin de semaine, les gares qui permettent de se rapprocher des espaces de randonnées, etc., où le marcheur exprime de nouvelles exigences. Nous constaterons que les villes elles-mêmes, après avoir longtemps écarté le fait et les besoins piétonniers en faveur exclusive de l'automobile, mobilisent désormais des politiques et des actions mettant au centre de leur stratégie urbaine le piéton, le voyageur, l'usager, le flâneur, le contribuable, le citoyen ordinaire. Enfin, ces réagencements sont accompagnés d'hypermédiatisation et d'hypertechnologisation, faisant parfois quelque peu écran à l'expérience personnelle de l'environnement.

Ainsi, à travers des articles, des entretiens et quelques encadrés, ce numéro esquisse-t-il un ensemble de facettes et d'approches communicationnelles de la marche et des marcheurs, convoquant des disciplines diverses, des analyses et des regards variés sur ce qui est le plus naturel chez l'humain : marcher[2].

NOTES

1. Nous étudierons et dissocierons les marcheurs qui viennent au-devant des populations pour les faire fuir voire les massacrer, des marches forcées visant à déplacer de force les populations.
2. Nos remerciements à Lionel Lavarec et Bernard Valade pour leur relecture attentive.

Sélection bibliographique autour de la marche

Sur des sujets proches d'*Hermès* 91, « La Marche », on pourra se référer aux parutions suivantes :

ARGOD P., *L'Art du carnet de voyage*, Paris, Gallimard, 2014.

BAECQUE A. (de), *La Traversée des Alpes. Essai d'histoire marchée*, Paris, Folio, 2018.

BAECQUE A. (de), *Une Histoire de la marche*, Paris, Perrin, 2016.

BLATMAN D., *Les Marches de la mort. La dernière étape du génocide nazi. Été 1944-printemps 1945*, Paris, Fayard, 2009.

DUPRONT A. (dir.), *La Quête du sacré. Saint-Jacques de Compostelle. Puissances du pèlerinage*, Brepols, 1985.

GROS F., *Marcher. Une philosophie*, Paris, Carnets-Nord, 2009.

GROS F., *Petite bibliothèque du marcheur*, Paris, Champs-Flammarion, 2011.

LACARRIÈRE J., *Chemin faisant*, Paris, Fayard, 1977.

LANZMANN J., *À l'altitude des dieux*, Paris, Éditions du chêne, 1986.

LE BRETON D., *Marcher la vie. Un art tranquille du bonheur*, Métailié, 2020.

LE BRETON D., *Éloge de la marche*, Métailié, 2001.

MATTHIESSEN P., *Le Léopard des neiges*, Paris, Gallimard, 1991.

OLLIVIER B., *Longue marche*, Paris, Phébus, 2000.

OLLIVIER B., *Marche et invente ta vie.* Paris, Arthaud, 2015.

PEACOCK D., *Une Guerre dans la tête*, Paris, Gallmeister, 2008.

PICARD G., *Le Vagabond approximatif*, Paris, Corti, 2001.

PICQ P., *La marche. Sauver le nomade qui est en nous*, Paris, Autrement, 2015.

ROMILLY J. (de), *Sur les chemins de Sainte-Victoire*, Paris, Presses-Pocket, 1987.

SEGALEN V., *Equipée*, Paris, Gallimard, 1983.

THOREAU H. D., « Marcher », *in Désobéir*, Paris, 10-18, 1997.

TOEPFFER R., *Voyages en zigzag*, Paris, Hoëbeke, 1996.

Autour du même thème, Hermès a déjà publié…

Sur des sujets proches d'*Hermès* 91, « La marche », on pourra se référer aux parutions suivantes :

Hermès :
- *La voie des sens*, H. 74, 2016
- *L'Autre n'est pas une donnée. Altérités, corps et artefacts*, H. 68, 2014
- *Murs et frontières*, H. 63, 2012
- *L'épreuve de la diversité culturelle*, H. 51, 2008
- *Rituels*, H. 43, 2005
- *L'espace, enjeux politiques*, H. 34, 2002
- *Le nouvel espace public*, H. 4, 1989

Essentiels :
- *Santé connectée*, 2020
- *Sport et médias*, 2015
- *L'humain augmenté*, 2013

CNRS Communication (collection) :
- *Anthropologie de l'homme mondialisé. Histoire et concepts*, 2013
- *L'Homme des confins*, 2008

Soliloque sur un quai de gare à Meudon

Après *Musique*, *Érudition*, *Confiance* et *Europe*, thématiques classiques, *Hermès* prépare un numéro sur la marche… C'est un pas de côté dans le catalogue mais ça pourrait marcher, après tout, et j'ai peut-être eu tort de dire à qui m'a démarchée que je ne marcherai pas… D'autant plus que les collègues ont tous l'air de marcher comme un seul homme, comme si ce nouveau thème incarnait la marche à suivre… Cela dit, ils n'ont sans doute pas tort : il faut marquer le pas de temps en temps et emprunter un chemin de traverse pour aller de l'avant… Alors pourquoi ne pas marcher dans leurs pas ? Mouais… mais pour marcher de concert avec eux, je devrai réduire mes autres tâches, lever le pied et rattraper le train en marche… Ça ne me fait pas courir mais, d'un autre côté, à trainer ainsi la jambe en retrait des forces en marche, je risque de passer pour le canard boiteux de l'équipe. En plus, qui travaille dans son coin s'expose à marcher à vide… Bon, c'est dit, je marche : je vais rejoindre ceux qui ont ouvert la marche en espérant qu'ils me mettront le pied à l'étrier… Seul coûte le premier pas, après tout. Mais pas de précipitation, il faut quand même que je réfléchisse un peu avant de tourner la manivelle de mise en marche…

La marche, la marche, voyons… Il y a, bien sûr, les marches des protestataires dont le défilé s'achève en piétinements de colère devant les ministères ; celles des pèlerins qui, à Belém ou Saint-Jacques-de-Compostelle, s'étirent en de longues colonnes, chacun accordant sa foulée au rythme des oraisons ; celles des processionnaires dont le pas lent et cadencé paraît vouloir osciller de péché en repentance… À ces cortèges de toujours, on confrontera les marches athlétiques ou nordiques pratiquées telle une philosophie ambulatoire ou, pour certains, une fuite en avant : on les conduit au rythme de bâtons posés alternativement sur le sol. Les types de marche sont légion aussi gardons-nous de confondre marches hygiéniques et randonnées thérapeutiques, déambulations philosophiques, vagabondages, baguenaudages, trottinements, divagations, défilés et autres pérégrinations… Moi c'est la flânerie qui m'intéresse et j'y travaillerais bien en musique… avec *La Marche turque*, par exemple, à l'exclusion de toute marche militaire tant il me semblerait écrire au pas de l'oie. Allez, foin de plaisanterie, je ferais mieux de marcher sur des œufs car, outre ces excursions plaisantes, il y a les transhumances, les déplacements, évacuations, migrations, expatriations et errances de tous les malheureux qui semblent marcher vers leur destin. Eh oui, on ne marche pas seulement pour l'exercice, la santé, la paix ou les bonnes causes, il y a les marches blanches plus convaincantes que les discours, les terribles exodes, les files harassées de migrants, réfugiés politiques, expatriés faméliques, émigrés climatiques et autres cohortes des éternels damnés de la Terre. Et comment oublier la Grande Marche ? Passer outre pareils drames reviendrait à sauter gravement une marche ! Le problème est que l'indispensable attention portée aux marches tragiques pourrait bien donner au numéro des allures de marche funèbre… Que faire pour que les choses marchent bien ? Éviter de marcher avec de gros sabots, peut-être, et aborder les tragédies à pas feutrés sans insister, sans s'attarder comme font ceux qui s'éternisent sur les marches palières. Mais c'est impossible, indécent, même : on ne compose pas une livraison d'*Hermès* comme une marche d'harmonie intolérante aux ruptures ! On ne saurait traiter par-dessus la jambe le cas de gens qui se font piétiner et marcher dessus aussi, quitte à marcher sur des braises, abordera-t-on avec semblable respect le va-nu-pieds et celui qui vit sur un grand pied. Décidément, traiter de la marche paraît être le pied mais ça n'ira pas tout seul : opposer la marche heureuse à la marche au sacrifice menace de nous faire trébucher.

Tiens ! Voici que j'avance de plain-pied avec ce numéro alors même que je croyais marcher à reculons… Peut-être ai-je finalement trouvé chaussure à mon pied. Quitte à fermer le cortège, je vais me mettre en marche avec la crainte de marcher de travers, cependant : comment harmoniser toutes les marches, tonalités ou allures confondues ? la solution serait de les déployer en forme d'accordéon depuis les marches volontaires jusqu'aux marches forcées…

Il y aurait d'abord les marches heureuses : individuelles ou collectives, elles sont décidées par un sujet qui, loin de marcher sur la pointe des pieds, donne à sa marche le pouvoir de le révéler à lui-même ; les pèlerins font de même en trouvant le sens de leur marche dans son oblation à Dieu. Viennent les soldats qui marchent d'ordinaire en battant une marche mais le pas cadencé mené dans l'ombre du chef me rebute et, pour rompre avec la sérénité des marches précédentes, je préfère les manifestations où les langues marchent bon train : il y a les *gay pride* en forme de parade et les grandes « manifs », cortèges tonitruants qui trouvent légitimité et signification dans le nombre des marcheurs unis dans le soutien ou la revendication ; les marches écologistes progressent puisqu'elles suivent la marche exponentielle de la maladie environnementale.

Toutes ces marches librement choisies contrastent avec les suivantes qui, forcées, ne traduisent plus l'intentionnalité du sujet mais la raillent sans pitié… Misère hagarde des réfugiés qui, hantés par l'horrible sentiment qu'on marche sur leur tombe, sont contraints à fuir les assassins leur enjoignant de marcher à l'ombre ! ; parmi eux, les déplacés sont moins malheureux que les fugitifs contraints de marcher à l'aveuglette sans aide ni soutien. Quand les familles se ruent sur les routes, lors d'un exode, on assiste à une marche erratique, hasardeuse et terrifiée, marche humiliée, contrainte, insensée. Enfin, il est les marches atroces, abominables, indicibles, celles des Juifs forcés à marcher vers Babi Yar où les bourreaux les achèveront par balles, celle des Cambodgiens harcelés par les Khmers rouges les menant à la géhenne, celles des femmes et des enfants arméniens cheminant jusqu'à la mort sous le fouet des Turcs… Il y en a tant, témoignant toutes de l'acmé de l'abomination dont est capable l'humanité. Les foules martyres furent et sont toujours contraintes à marcher non vers un but, mais au trépas : et voici l'insulte suprême, voici l'ultime perversité des tortionnaires qui obligent leurs victimes à marcher en troupeau vers leur mort en simulacre de consentement.

Étrange pouvoir de notre langue qui, à travers la notion de *marche*, passe de la gaieté au mal absolu : « tu me fais marcher » dit un sujet craignant d'être la dupe d'un plaisantin, mais les bourreaux « font aussi marcher » leurs suppliciés qui pensent être dirigés quelque part. La marche est pour l'être humain le contrepoint physique de la rationalité parce qu'elle manifeste l'intentionnalité et la liberté du sujet : la marche fait figure de raison *praxique* pour l'homme qui, s'il s'ébroue parfois sans but, ne marche jamais sans raison.

Décidément, la marche est un grand sujet mais la traiter ne sera pas une promenade de santé ! *Hermès*, cela dit, sait enjamber les difficultés, sortir des sentiers battus et marcher à l'encontre de la foule en empruntant des pistes où nul ne risqua le pas. Gageons que cela ne marchera pas comme sur des roulettes mais, après tout, *qui n'avance pas recule* dit à peu près Confucius, aussi marcherons-nous en manœuvre quitte à progresser sur le fil du rasoir. Pour monter un numéro, il faut toujours marcher sur l'eau ! Nous devrons rapidement éplucher les publications en cours, notamment celles qui font leur chemin, et choisir des contributeurs pour que le sommaire ne s'apparente pas à une traversée du désert : cette tâche est ardue tant les chercheurs sont susceptibles et prompts à dénoncer, les uns qu'on a marché sans les voir, les autres qu'on a piétiné leurs plates-bandes. Il faut parfois marcher en crabe pour ne vexer personne sans, pour autant, se laisser marcher dessus. Qui prétendrait boucler rapidement telle affaire marcherait sur la tête.

Il faudra faire marcher les cafés et se réunir souvent mais malgré cela, je le sais, il nous semblera parfois marcher dans les ténèbres, pieds nus et la corde au cou mais n'est-ce pas le cas de toute marche libre s'élançant vers la connaissance ? Néanmoins, « chien qui marche, os qui trouve » disent les Québécois, et depuis 1988, année de la fondation de la revue *Hermès*, toute la rédaction a marché de l'avant, sans faiblir, la tête haute tel un bataillon en marche. « Comme une pensée aiguë traverse soudain le cœur d'un homme […] ou comme on voit des éclairs passer dans un regard, Hermès [91] [verra] soudain quoi dire et quoi faire[1] », ne sont-ce pas les mots d'Homère ?

Hermès mettra tout en marche pour que ce numéro marche et, sans prétendre trop m'avancer, je ne vois pas pourquoi ça ne marcherait pas, ne cheminons-nous pas, clopin-clopant, sous le patronage du dieu aux pieds ailés, indifférent à la montée ou à la baisse du Mercure ?

Brigitte Munier
Télécom-ParisTech

NOTE

1. Hésiode, *Théogonie et autres poèmes suivie de Hymnes* homériques, trad. J.-L. Backès, Paris, Gallimard, coll. « Folio classique », Hymne IV, 43-436, 2001, p. 244-245.

Autoportrait dans les alpes, 2006.
Crédit : B. Plossu.

Olivier Arifon
Danielle Tartakowsky
Joanna Nowicki
Simone Gigliotti
Berenice Peñafiel
David Le Breton
Lina Zakhour
Céline Bryon-Portet
Gaëtan Rivière
Thierry Libaert

I. La marche dans nos sociétés : approches politique et historique

Olivier Arifon
Membre du SICLab
– Université Nice Côte d'Azur

La Longue Marche du Parti communiste chinois, une métaphore de l'effort démesuré

La marche, une activité ambiguë et un outil politique

Considérons pour commencer la marche comme « une activité ambiguë et infiniment fertile : elle est en même temps un moyen et une fin, un voyage et une destination » (Solnit, 2022, p. 14). Plus concrètement, le mouvement de la marche conduit à sentir le soi, le corps et ses rapports au monde. Dit autrement, elle met à l'épreuve notre individualité et notre essence d'être humain. Pour preuve, les multiples facettes de la marche et leurs significations, présentées dans ce numéro. Ici, cet article traite de la marche collective qui « associe le langage du pèlerinage, dans lequel on s'engage pour affirmer sa foi, celui de la manifestation de travailleurs, qui affirme la force du groupe et sa détermination, celui du festival qui abolit les barrières entre inconnus. Marcher est alors un moyen de témoigner » (Solnit, 2022, p. 277). Sous cette forme, la marche est l'une des plus universelles des formes d'expression publique.

Historiquement, les marches politiques, militantes ou de revendications, sont nombreuses. Organisée par Gandhi, la *Dandi March* ou « Salt Satyagraha », une marche de trois cent quatre-vingt-dix kilomètres à pied d'Ahmedabad à un village balnéaire du Gujarat, a constitué un événement permettant à un grand nombre de personnes de rejoindre le mouvement ou au moins d'être exposées aux idées de Gandhi sur l'indépendance.

La *Dandi March* témoigne de la capacité de Gandhi à recueillir un large soutien, à occuper l'espace public et à transformer un lieu ordinaire, en l'occurrence une plage de sable, en un espace public symbolique, et le sel, une marchandise essentielle, en un produit accessible à tous. Cette revendication symbolique a fait le succès de la manifestation et l'événement a été couvert par des journalistes indiens, européens et américains.

La Longue Marche du Parti communiste chinois (PCC) est un cas différent, car elle est subie. Cette marche ni voulue, ni revendicative, ni de violence programmée est avant tout une marche de survie. Improvisé, le but de la Longue Marche est de fuir les offensives du régime nationaliste. Elle sert aussi à créer un espace et un espoir de liberté, ici proposé par le communisme. En un sens, elle est proche d'une marche religieuse, si l'on accepte l'idée que le communisme est une foi. Et que dans le communisme, la foi est obligatoire. Dans le même registre, la Longue Marche peut être considérée comme un pèlerinage qui « [...] unit la foi et l'action, la pensée au faire, et l'on comprend que cette harmonie se réalise quand le sacré est investi d'une présence physique et associée à un lieu déterminé » (Solnit, 2022, p. 74). Si la première partie de la définition fait sens, il manque dans la seconde partie le lieu sacré où se rend le pèlerin. La question des souffrances endurées par les soldats reste à débattre.

Cependant, passant du corps individuel du pèlerin au corps collectif d'une armée de soldats en tenue, ce dernier trouve sa finalité dans « l'espoir radieux des bienfaits spirituels qui récompenseront l'arrivée à destination » (Solnit, 2022, p. 74). Ici, espoir du communisme, discipline de l'armée et coercition du PCC structurent ces éléments en un processus symbolique.

Les faits

Cette aventure débute en octobre 1934 : « La Longue Marche est un peu au PCC ce que la Grande Muraille est à la Chine : le symbole de sa puissance et de sa résilience. En douze mois, d'octobre 1934 à octobre 1935, quelques dizaines de milliers d'hommes – et quelques dizaines de femmes – ont changé le cours de l'Histoire en combattant, sans doute, mais surtout en marchant. » (Paquet, 2020) En effet, conseillé par des militaires allemands dans sa lutte contre les communistes, Tchang Kaï-chek, le dirigeant nationaliste de l'époque, fait construire des fortifications qui asphyxient les bases rouges. Ceux-ci sont contraints de fuir s'ils veulent survivre. Ils choisissent donc de marcher.

Selon l'hypothèse avancée par Chang et Halliday, l'initiative militaire de Tchang Kaï-chek vise à guider les communistes dans des régions qu'il veut, à terme, contrôler. Pour cela, il ordonne à ses forces de laisser passer les deux armées communistes alors disjointes pour les pousser dans les zones qui l'intéressent, afin d'affaiblir les seigneurs de guerre locaux qui freinent sa conquête du pouvoir[1].

Le trajet de l'une des deux armées, celle dans laquelle se trouve Mao, est le résultat d'errances et d'erreurs stratégiques maintenant connues, du moins des chercheurs critiques et occidentaux (Chang et Halliday, 2006, p. 152). En effet, « cela faisait quatre mois qu'il [Mao] s'ingéniait à différer la jonction [avec l'autre armée communiste] et se faisant, il avait perdu quelque trente mille hommes, soit plus de la moitié de ses effectifs. Par sa faute, les soldats qui lui obéissaient avaient parcouru près de deux mille kilomètres de trop, bien souvent avec des pieds en sang. Mao en revanche, avait considérablement progressé dans la poursuite de son objectif personnel » (Chang et Halliday, 2006, p. 172). Ainsi, Mao réussit à épuiser l'autre armée rouge commandée par Zhang Guotao, qui lui dispute le pouvoir.

En juin 1935, la jonction entre les deux armées rouges à lieu et le 18 octobre 1935 signe la fin de la marche.

Cette description facilite la compréhension des actions de Mao et de Tchang Kaï-chek. L'instrumentalisation de cette marche et de ces combats permet de décrypter la lutte de pouvoir de Mao au sein du PCC et celle de Tchang pour conquérir la Chine, éléments que nous ne détaillons pas ici.

La construction du mythe

Immédiatement, la Longue Marche fait l'objet d'une mise en récit afin d'en faire un mythe. Dans la saga du communisme chinois et du maoïsme, la Longue Marche doit son succès à l'usage des médias, à l'évitement des combats avec les forces de Tchang et à son coût en vies humaines. La mise en forme de ce mythe doit beaucoup à la mise en scène du PCC et de Mao qui fera du journaliste américain Edgar Snow son meilleur agent. L'un des moments le plus connu est le franchissement du pont de Luding sur la rivière Dadu, avec une héroïsation des actions de l'Armée rouge alors que l'histoire montre l'absence de combat sur ce pont entre les forces communistes et les nationalistes.

Maître en communication et en propagande – « action systématique exercée sur l'opinion publique pour l'amener à accepter certaines idées ou doctrines[2] » –, Mao (et le PCC) va tordre la réalité de la Longue Marche pour en faire ce récit héroïque. Treize ans après la fondation du PCC le 23 juillet 1921, cet aménagement narratif de l'histoire signe le début du contrôle des discours et des représentations tels qu'ils se perpétuent aujourd'hui avec les actions d'influence et de soft power du gouvernement chinois (Arifon, 2021). De nos jours, le président Xi Jinping justifie le contrôle de la communication en ces termes : « Notre parti a pour tradition d'utiliser les journaux, la radio, la télévision et d'autres outils de propagande pour promouvoir la ligne du Parti, sa politique, éduquer le peupler, refléter ses voix, promouvoir la justice, exposer les phénomènes négatifs et corrompus, et mobiliser et organiser les masses pour qu'elles se joignent à la cause de l'édification du socialisme. » (Godement, 2021, p. 48) Il utilise également la locution « Longue Marche » dans ses récents discours afin d'inviter le pays et sa population à redoubler d'efforts pour atteindre les objectifs fixés par le parti[3].

Bien des aspects et des moments de la Longue Marche sont sujets à débat, comme le montre l'ouvrage de Shuyun Sun publié en 2006 (Sun, 2006). En suivant une partie du parcours de la Longe Marche, l'auteur a recherché des témoins de l'époque afin de confronter les souvenirs de ces derniers à la « réalité » de la version officielle, écrite et contrôlée par le parti communiste chinois.

Comme cet article s'attache à la dimension communication, constatons que, fidèle à son esprit, le PCC fait de la Longue Marche une réalité non discutable, un récit fondateur comme le dit lui-même Mao en 1934 : « La Longue Marche est un manifeste. Elle a prouvé au monde entier que l'Armée rouge est une armée de héros… la Longue Marche est un acte de propagande. Elle a proclamé à plus de deux cents millions d'êtres humains dans onze provinces que leur seule voie vers leur libération est celle que trace l'Armée rouge… » (Sun, 2006, p. 274)

À propos d'*Étoile rouge sur la Chine* d'Edgar Snow, Sun Shuyun explique que « c'est aussi un indice de l'intelligence de Mao et de son extraordinaire capacité à se projeter dans l'avenir, qui lui permirent de faire passer une retraite pour une victoire, et de la transformer en un symbole si puissant de la puissance du communisme que ses effets s'en font encore sentir à ce jour » (Sun, 2006, p. 291).

Signe de la persistance de sa puissance évocatrice, la locution « longue marche » s'inscrit dans le langage courant. Celle-ci est visible dans les médias et la littérature académique (cf. nos recherches exploratoires dans Europresse et Persée). La plupart du temps les titres sont sous la forme « la longue marche de… » suivi d'une catégorie du monde professionnel (médecins, migrants, pilotes, malades, etc.). La liste est infinie… En Occident, la locution symbolise le caractère démesuré d'efforts entrepris pour atteindre un but et ce malgré les obstacles naturels et l'adversité d'une autre partie de la société.

Le terme, selon les canons mémoriels de la communication chinoise, reste, nous l'avons vu, le symbole de la cohésion d'un peuple capable de se libérer d'une domination. Enfin aujourd'hui, c'est un slogan du gouvernement chinois à destination du reste du monde : si la Chine a su se libérer par la marche, rien au XXIe siècle ne peut arrêter sa longue marche vers, au choix… la suprématie mondiale, la réalisation du rêve chinois ou encore la contribution au développement harmonieux de l'humanité.

Comme indiqué en introduction, la marche ambiguë et fertile est en même temps un moyen et une fin, un voyage et une destination. La Longue Marche contient toutes ces dimensions et renvoie à un imaginaire où « [u]n voyage de mille lieues commence toujours par un premier pas » (Lao-Tseu).

NOTES

1. Pour l'historique complet de la Longue Marche, voir Chang et Halliday, 2006, p. 149, 189 ; cette version des faits semble peu vraisemblable au journaliste et sinologue Philippe Paquet (cf. *Le Figaro* du 3 mars 2020).
2. Définition issue du dictionnaire Antidote (2022).
3. Les lanceurs chinois sont appelés « Longue Marche » depuis les premières versions des années 1960. Source : https://fr.wikipedia.org/wiki/Longue_Marche, consulté le 25 aout 2022.

RÉFÉRENCES BIBLIOGRAPHIQUES

Arifon O., « Gandhi and communication : respecting one's feelings and those of the other », *Gandhi Marg*, vol. 38, juillet-septembre 2017, n° 1.

Arifon O., *Le Récit politique chinois. Soft power, communication, influence*, Paris, L'Harmattan, coll. « Communication et civilisation », 2021.

Chang J. et Halliday J., *Mao. L'histoire inconnue*, Paris, Gallimard, coll. « NRF biographies », 2006.

Godement F., *Les Mots de Xi Jinping*, Paris, Dalloz, 2021.

Lao Tseu, *Tao-Te-King. Le livre de la Voie et de la Vertu*, traduction du chinois classique par Stanislas Julien et préface de Jean Éracle, Paris, Librio, 2018.

Paquet P., « La Longue Marche ou comment le Parti communiste chinois a réécrit l'Histoire », *Le Figaro*, 3 novembre 2020.

Quiansen O., *Extreme Crisis*, Chine, 2019, 106 min.

Snow E., *Étoile rouge sur la Chine*, Paris, Stock, 1965.

Solnit R., *L'Art de marcher*, Paris, Éditions de l'Olivier, 2022.

Sun S., *La Longue Marche*, Paris, J.-C. Lattès, 2006.

Danielle Tartakowsky
Université Paris 8

Des pas pour le dire

Dans la dernière décennie du XIXe siècle, des dessins de presse figurent le Premier Mai sous l'espèce d'un peuple en marche vers un horizon lumineux qu'il permettra sinon d'atteindre du moins d'entrevoir et de rapprocher, contribuant à l'ériger en mythe compris comme l'indispensable condition de la mise en marche.

Le terme « marche » qui désigne le mode d'action constitutif de toute manifestation – rassemblements statiques et occupations exceptés – n'est pourtant que rarement employé pour désigner ce que l'on nomme plus couramment « défilés », « cortèges », parfois « processions » avant 1914 et plus généralement « manifs ». Autorisant dès lors une question. Qu'entend-on signifier quand on le préfère à d'autres ?

Une longue éclipse

Dans les États fédéraux les marches sont, de longue date, une composante majeure du répertoire d'action indispensable pour qui entend interpeller l'État central (Pigenet et Tartakowsky, 2003). Rien de tel dans la France républicaine où la centralisation politique et ce qu'elle implique de présence symbolique et physique du pouvoir central dans l'espace local a longtemps permis d'interpeller celui-ci sans qu'il soit nécessaire de quitter les préfectures ou les sous-préfectures. Cela vaut durant la crise des années 1930 où les marches de chômeurs, explicitement inspirées de celles déployées en d'autres points du globe, Grande-Bretagne et États-Unis en premier lieu, demeurent peu nombreuses, de faible ampleur et sans lendemain. Leurs rares représentations photographiques ou filmiques se sont pourtant imposées, ultérieurement, comme l'une des images emblématiques de la crise des années 1930, au côté des portes d'usines fermées et des queues devant les soupes populaires, désignant comme elles la misère plus que la lutte offensive.

« Marche » resurgit dans les années 1960 puis avec plus d'ampleur dans les années 1980 pour désigner deux ensembles de mouvements qui autorisent ou requièrent des modes spécifiques de communication.

Distance

Durant la décennie 1960, le terme désigne en fait des montées motorisées organisées par des secteurs industriels menacés – mineurs et sidérurgistes en premier lieu –, depuis leurs bassins d'emploi jusqu'à la capitale, sans différence formelle notoire avec une manifestation revendicative classique une fois la capitale atteinte. Cet usage du terme, durablement mobilisé pour désigner des déplacements motorisés d'agriculteurs, chasseurs ou autres, renvoie à la distance parcourue plus qu'à la marche *stricto sensu*, et plus implicitement à celle qui s'est creusée entre les régions concernées et ce lieu du pouvoir qu'est la capitale. Le terme doit à cette matrice enfouie qu'est la marche des femmes sur Versailles d'être plus chargé de colère que ne l'est « manifestation », basculant par-là dans le registre taxinomique de la révolte. C'est cette charge que les mouvements agraires des années 1930 ou le mouvement Poujade mobilise quand ils lancent des appels à « marcher sur Paris » ; au demeurant jamais suivis d'effets. Jean-Luc Mélenchon, pareillement, quand il appelle à manifester en usant de ces mêmes termes.

Durée

Il faut les années 1970 pour que des marches *stricto sensu* resurgissent en France, de l'initiative des adversaires de l'extension du camp militaire du Larzac et des antinucléaires, à Fessenheim, puis contre la centrale nucléaire du Bugey, en avril et juillet 1971. Elles sont toutefois sans commune mesure avec celles de leurs homologues britanniques d'Aldermaston ou d'outre-Rhin.

Quelque dix ans plus tard, de nouveaux acteurs s'approprient cette forme d'action à d'autres fins. En mai 1982, une « marche pour le droit et la dignité chez Citroën » ainsi qualifiée se déploie sur le classique itinéraire Nation-République à l'initiative de la CGT, de la CFDT et de la FEN, en appui à une grève engagée depuis un mois aux usines d'Aulnay, Levallois, Asnières et Saint-Ouen et en réponse à une manifestation organisée, la veille, « pour le respect de la liberté du travail ». D'un strict point de vue formel, le terme de manifestation conviendrait aussi bien. En avril 1983, à Vénissieux des jeunes créent l'association SOS Avenir Minguettes après de violents affrontements avec la police et envisagent une grève de la faim pour dénoncer la double peine. Le père Christian Delorme et le pasteur Jean Costil leur suggèrent l'organisation d'une marche en lieu et place. Celle-ci se réclame explicitement des formes d'actions non violentes déployées par Gandhi et par le mouvement américain pour les droits civiques en affichant ainsi les valeurs dont elle se réclame. Ce mode d'action diffère du précédent de 1982 en ce qu'il requiert, ici, la durée, à l'aune de la distance que la marche entend parcourir. La marche comme exposition du corps souffrant, à l'égal de la grève de la faim, réactive *de facto* le sens enfoui mais constitutif de cette pratique enracinée dans un socle anthropologique et religieux, expérience majeure d'accès à une identité acquise au gré des rencontres, des souffrances et des joies éprouvées, par-là moment privilégié de cristallisation du sentiment d'appartenance à une communauté.

Cette Marche se réclamant d'une « égalité dans le droit à la vie, dans le droit au respect, dans le droit au bonheur, ici, en France » reçoit l'appui de la Cimade et du Mouvement pour une alternative non violente, suivis par d'autres. Majoritairement constituée de jeunes maghrébins, pour la plupart nés en France, elle entend échapper à cet espace de l'anomie qu'est la cité et à la violence qu'elle génère pour poser et régler à l'échelle nationale ce qui ne parvient pas à l'être au plan local et affirmer, sur un mode renouvelé, sa volonté de défendre les principes de la République. Elle quitte Marseille le 15 octobre, pour s'achever à Paris, place de la Bastille, le 3 décembre (Hajjat, 2012).

Cette marche, suivie par une autre, en 1984, devient un modèle durablement mobilisé par des collectifs émergents, dépourvus d'organisation adaptée à leurs fins, conjoncturels ou plus durables, et animés par des besoins similaires. Des groupes aux frontières floues, faiblement dotés politiquement et jusqu'alors assignés à l'invisibilité, recourent à ce mode d'action propre à construire l'identité d'un groupe jusqu'alors absent de l'espace public pour leur permettre d'échapper au déni, de promouvoir la cause avec laquelle ils se confondent et d'attester de leur capacité à s'organiser collectivement et à faire corps, plus ou moins durablement au nom d'une exigence de dignité.

Le collectif AC ! (Agir contre le chômage !) constitué en 1993 organise ainsi, dix ans plus tard, une marche qui s'achève le 28 mai jour des élections au Parlement européen. En la promouvant « notre référendum à nous » les organisateurs l'érigent en manière de substitut aux institutions et à la démocratie représentative, sourdes à leurs revendications. Parvenus place de la Bastille, ils prêtent serment, selon une dramaturgie héritée de la fête de la Fédération. AC ! réitère ensuite à différentes reprises en réunissant des chômeurs « décidé[s] de [se] mettre en marche parce qu['ils] refus[ent] l'inertie et la désespérance » écrivent-ils dans leur journal intitulé *La Marche* (24 juin 1994).

L'initiative se prolonge en 1997 à plus vaste échelle. Les délégués de dix-sept pays réunis à Bruxelles décident d'une marche européenne contre le chômage, la précarité et l'exclusion. Elle s'ébranle, en avril, à partir de divers pays d'Europe pour rallier Amsterdam à pied, en juin, quand se tient le sommet destiné à réactualiser le traité de Maastricht. Ces marches qui se réclament d'une Europe différente n'épousent pas strictement les frontières de l'Union Européenne (UE), deux d'entre elles partant de Tanger et de Sarajevo. Elles convergent à Amsterdam en rassemblant quelque cinquante mille participants (Chabanet, 2002). Ce mode d'action devient fréquent s'agissant des chômeurs et de l'UE.

D'autres suivent qui partagent une même exigence de reconnaissance et de dignité. Ainsi, entre autres exemples, la Marche des femmes des quartiers contre les ghettos et pour l'égalité qui traverse la France, du 1er février au 8 mars 2003 à l'appel du mouvement Ni putes Ni soumises ou la Marche du siècle organisée en 2013 à des fins mémorielles, par l'Aclefeu (l'Association collectif liberté, égalité, fraternité, ensemble, unis). Certaines, plus exceptionnelles, sont le fait d'organisations instituées – dont des syndicats – qui pour gagner en visibilité, estiment paradoxalement nécessaire de rompre avec les espaces d'ordinaire présumés l'assurer. En 2008, plus de deux mille cinq cents gardes forestiers avaient manifesté sur le champ de Mars, devant la tour Eiffel sans retenir l'attention des médias, témoigne un syndicaliste organisateur de la Marche pour la forêt, l'intérêt général et les générations futures, déployée deux mois durant à l'initiative de l'intersyndicale de l'ONF depuis Mulhouse, Perpignan, Strasbourg ou Valence jusqu'à la forêt de Tronçais (Allier) en 2018. « On avait été aussi isolés que dans nos forêts poursuit-il. La grève ne suffit plus. Il faut inventer autre chose pour interpeller la société et nourrir le rapport de force. L'imaginaire syndical doit se renouveler. » (D'Allens, 2018)

Communiquer

Le temps court et l'espace circonscrit de la manifestation ne permettent guère l'échange avec d'autres, réduits à l'appréhender au prisme de ce qu'elle donne à voir ou, plus souvent, de ce qu'en retiennent les maîtres de l'image (Champagne, 1984). Ces marches de longue durée, marquées par de nécessaires étapes autorisent *a contrario* le dialogue ou parfois la confrontation en bouleversant par là le mode de communication ordinaire des manifestations. La Marche pour la dignité qui ne rassemblait volontairement qu'un nombre réduit de participants retrouve à chaque étape des comités d'accueil qui organisent des réunions publiques dans les quartiers. Lors de celle de 1994, une partie des marcheurs sont reçus par la CFDT de Renault-Flins, d'autres défilent de Chanteloup à Poissy, d'autres encore participent à un forum dans le quartier du Franc-Moisin, à Saint-Denis… La Marche européenne des chômeurs est scandée par des rencontres avec des sans-logis, des chômeurs des villes traversées, des femmes, des immigrés et des travailleurs engagés dans des conflits d'ampleur : ouvriers de la chaussure au Portugal ou de Renault-Vilvoorde, dockers de Liverpool, cheminots français, etc. La population est partout invitée à manifester son soutien et à participer à des rencontres « à l'étape de nuit » et l'on recueille, en Finlande ou en France, des signatures ou, à la faveur de la brève occupation d'un péage d'autoroute, des subsides destinés à couvrir une partie des frais de la marche. Des débats et discussions sont organisés avec des unions départementales, la présidente de la République irlandaise, des élus locaux, etc. La Marche de la forêt, organisée sous forme de relais en territoire rural prend ainsi « possession du territoire » et fédère les espaces les plus directement concernés par son objet construisant des solidarités en acte. Elle est à ce titre largement relayée par la presse locale concernée.

Toutes ces marches ne bénéficient pas des mêmes relais médiatiques. En 1983, l'appui plus ou moins ouvert des pouvoirs publics à la Marche pour l'égalité et contre le racisme lui vaut de bénéficier d'un imposant dispositif scénique. Ses organisateurs, reçus à l'Élysée par François Mitterrand, jouissent d'une large médiatisation positive. La Marche des femmes des quartiers contre les ghettos et pour l'égalité bénéficie pareillement d'une reconnaissance de Jacques Chirac. Le 14-Juillet suivant, quatorze portraits de jeunes femmes des cités, coiffées du bonnet phrygien, « symbole des affranchis » rappelle Jean-Louis Debré alors président de l'Assemblée nationale, sont officiellement apposés sur la façade du palais Bourbon. En manière de prolongement, communiquer au-delà de ceux que l'on croise s'avère plus complexe quand la marche ne jouit pas d'un même consensus initial et que Paris n'en constitue plus le terme, privant alors les images produites de la force d'évidence qu'a su conférer l'Histoire, parfois jusqu'à saturation, il est vrai, comme le suggère l'exemple de la Marche de la forêt. Les organisateurs de la Marche européenne des chômeurs décident de pallier le déficit de médiatisation dont a souffert la marche de 1994 en constituant des équipes de « marcheurs et chômeurs vidéastes[1] » pour ainsi prendre en charge la construction de leur image.

Se distinguer

Cette décennie durant, l'usage du terme « marche » tend à se banaliser. Fréquemment employé en lieu et place de « manifestation » pour désigner, à leur égal, un déplacement de courte durée dans l'espace urbain, il semble lui être préféré quand s'exprime la volonté de se tenir à distance du champ politique convenu. Cela vaut quand ladite marche s'organise à l'appel d'un collectif, réunissant de multiples organisations, parfois puissantes, qui, pour diverses raisons, préfèrent cet intitulé propre à désigner un précipité d'individus d'origines diverses engagés dans un combat commun, à celui de « manif », employé plus communément quand prévaut l'unité organisationnelle. Ainsi, la marche citoyenne de Strasbourg en réponse au congrès du Front national, en mars 1997 ou, fréquemment, les marches pacifistes ou de solidarité internationale. La Marche mondiale des Femmes, initiative féministe annuelle ou les marches pour le climat, respectivement initiée en 2000 et 2014, relèvent de cet ensemble dès lors que leur épicentre ou leur assise internationale revendiquée conduit à préférer le terme en usage dans la plupart des pays à celui de « manif », relevant plus strictement du répertoire français. Dans les mouvements d'occupation des places, les vidéos échangées à chaud servent d'abord à s'assurer qu'on est en communication avec les autres, en esquissant une mémoire dynamique qui relaie chacun à d'autres acteurs qu'il ne connaissent pas (Zabunyan, 2016). L'omniprésence des mobiles et le rôle des réseaux sociaux modifie également ici les dispositifs communicationnels et leurs fonctions, sans jouer ce même rôle structurel.

« Marche » prévaut également quand il s'agit de signaler un déni de justice, d'affirmer une position éthique ou comme une modalité du deuil qui entend se situer hors du champ politique quand bien même elle l'interpelle. C'est le cas des cortèges, d'initiatives locales ou familiales, organisés après la mort d'un jeune ou d'un enfant victime de violences policières, de règlements de compte entre bandes, d'un prédateur ou de meurtres à connotation raciste ou antisémite, *a fortiori*, alors à d'autres échelles, suite aux attentats pour ainsi signifier le consensus. Ces marches le plus souvent silencieuses empruntent formellement à la marche blanche organisée en 1996 en Belgique suite à l'affaire Dutroux, quand elles lui sont postérieures.

Beaucoup se déploient plus globalement dans le champ des luttes contre le racisme, l'antisémitisme ou l'islamophobie. En 1998, à l'occasion du cent cinquantième anniversaire de l'abolition de l'esclavage, une marche du 23 mai s'organise, ainsi, silencieuse, de la place de la République à celle des Antilles pour exiger du gouvernement qu'il reconnaisse l'esclavage comme « un crime contre l'humanité ». En juin 2001, une grande marche des minorités visibles se déroule à l'appel de diverses organisations d'Afrique noire et de la coordination des sans papiers pour une politique de « discrimination positive permettant à tous les citoyens, enfants de la France, quelles que soient leurs origines, leurs religions et leur couleur de peau d'avoir accès à l'instruction, au logement, au travail, aux médias, aux responsabilités dans les entreprises, fonction publique et monde politique ». Le terme est également mobilisé par les militants spécistes. Les anti-avortements, à l'initiative d'une marche de prière « pour la vie et contre la culture de la mort », puis, à partir de 2005, de marches « pour la vie » le privilégient d'autant plus volontiers qu'il renvoie à une pratique ancrée dans les religions du Livre.

La communication, prise en charge par les organisateurs de certaines marches ne constitue pas nécessairement une question majeure. Les acteurs recourant à des marches *stricto sensu* usent de la rupture dans le temps du quotidien qu'elle nécessite et occasionne pour construire une sociabilité nouvelle et par là une identité, une communauté, une modalité originale d'organisation ou simplement une image, à finalité d'abord interne. Du moins, le choix de ce mode d'action ou souvent tout simplement de ce terme au détriment de « manifestation » colore-t-il qui s'en empare d'un halo spécifique au regard de l'éthique versus la politique, instituant ce terme à lui seul en instrument de communication.

NOTE

1. Pour plus de précisions sur le sujet, voir l'encadré de P. Spadoni dans ce numéro.

RÉFÉRENCES BIBLIOGRAPHIQUES

Chabanet D., « Les Marches européennes contre le chômage, la précarité et les exclusions », *in* Balme R., Chabanet D. et Wright V. (dir.), *L'action collective en Europe. Collective action in Europe*, Presses de sciences po, coll. « Académique », 2002, p. 461-494.

D'Allens G., « Une longue marche lance le combat contre l'industrialisation de la forêt », *Reporterre*, 2018, en ligne sur <https://reporterre.net/Une-longue-marche-lance-le-combat-contre-l-industrialisation-de-la-foret>.

Champagne P., « La manifestation. La production de l'événement politique », *Actes de la Recherche en Sciences Sociales*, 1984, n° 52-53, p. 19-41.

Hajjat A., « La marche pour l'égalité et contre le racisme », *in* Pigenet M., Tartakowsky D., *Histoire des mouvements sociaux en France. De 1814 à nos jours*, La Découverte, 2012, p. 671-680.

Pigenet M. et Tartakowsky D. (dir), *Le Mouvement social*, janvier-mars 2003, n° 202, « Les Marches ».

Zabunyan D., *L'insistance des luttes. Images, soulèvements contre-révolutions*, De l'incidence éditeur, 2016, 235 p.

Face tragique

En Europe après 1945, la partie orientale du continent n'a pas d'associations d'idées hédonistes ni joyeuses avec la marche. Viennent à l'esprit les mots qui renvoient à une réalité grave, souvent tragique, liée à l'histoire de la région : marche de la mort, expulsions, déportations, déplacements forcés des populations, répressions lors des manifestations patriotiques et religieuses. Les marches de cette nature ne sont pas individuelles, elles réunissent la plupart du temps des victimes des exactions ou des acteurs de révoltes collectives, qui souhaitent exprimer leur indignation, leur désespoir, ou leur exigence morale dans une situation limite.

Certaines images de ces héros anonymes sont entrées dans les manuels d'histoire et fonctionnent comme symboles d'une époque, à l'instar de cette photo de l'insurrection du ghetto de Varsovie extraite du rapport de mai 1943 de Jürgen Stroop à Heinrich Himmler et intitulée par l'auteur : « Forcés hors de leurs trous ».

Photographie prise en 1943 lors de l'évacuation du ghetto de Varsovie par les nazis. Source : « Forcés hors de leur trou », auteur inconnu, mai 1943. Domaine public.

De même, à la chute de l'insurrection de Varsovie qui a éclaté en août 1944, la capitale polonaise rasée a vu sa population survivante forcée à l'exil. 350 000 personnes ont été déportées, soit dans des camps de concentration, soit dans des camps de travail. Certains sont devenus ensuite les fameux DP (*displaced person*) cherchant un lieu de vie après la disparition des leurs.

« Les terres de sang[1] » ont été avant tout des terres de déplacements massifs des populations, poussées hors de leurs domiciles, devenus des exilés, des réfugiés, des prisonniers des Goulags et des camps de concentrations et dont beaucoup ne sont pas revenus.

« Les marches de la mort », ces convois de prisonniers des camps nazi organisés pour les dissimuler aux yeux des Alliés en les faisant mourir d'épuisement, en sont une illustration ultime.

Photographie de la stèle commémorative
des marches de la mort de 1945, Dachau.
Source : « Das Todesmarsch-Mahnmal am Schirmerweg zum Gedenken an die Leiden von über 10 000 Häftlingen aus dem Konzentrationslager Dachau (2001 von Hubertus Pilgrim). », 2012, Wikipedia.
Crédit : High Contrast/licence CC BY 3.0 DE.

Dans la mémoire tchèque et allemande le mot « odsun » qui renvoie à l'expulsion des Allemands des Sudètes de la Tchécoslovaquie après la Seconde Guerre mondiale montre une autre marche tragique d'un million six cent mille personnes vers la zone américaine et de huit cent mille déportés vers la zone soviétique.

Pendant la guerre froide, les marches sont l'expression à la fois de la propagande communiste et de l'opposition grandissante contre celle-ci. Les défilés du Premier Mai – une obligation humiliante de participer à une manifestation « spontanée » en faveur du régime sur place – faisaient partie de cette mise en scène annuelle. Il y en a eu d'autres, à l'occasion d'obsèques des dignitaires, de fêtes populaires dans les campagnes, de manifestations sportives – la capacité des régimes totalitaires à utiliser les foules et l'esthétique de la marche est largement connue. En revanche, on a moins étudié la réponse des mouvements d'opposition démocratiques dans le bloc soviétique sous la forme de « contre-marche ». En effet, dans les pays du bloc soviétique où la dissidence a pris une forme massive, comme on a pu l'observer en Pologne, les marches patriotiques sont devenues un rituel lors des commémorations interdites (le 11-Novembre, procession de la Fête-Dieu). Certaines occasions exceptionnelles, telle la première visite du pape Jean-Paul II en Pologne en 1978 avec son fameux message « N'ayez pas peur ! », se sont transformées en un *événement* au sens philosophique du terme[2]. À l'occasion de cette visite, des centaines de milliers de personnes ont entamé une marche paisible et solidaire. En marchant à travers la ville, sans débordements ni chaos, elles ont compris qu'elles faisaient *société civique*[3], une société capable de faire face à un régime qui ne la reconnaissait pas. Ce jour-là, la masse, la foule, est redevenue la communauté des citoyens.

Cette association du tragique et de la marche n'a malheureusement rien perdu de son actualité.

Après les tentatives de libération lors de la « Révolution orange » et ensuite de la « Révolution de la dignité », ce sont les Ukrainiens qui, envahis par le voisin Russe, nous livrent, hélas tous les jours, des images tragiques de marches de populations civiles sous les bombes, de centaines de personnes déplacées de force dans un pays ennemi, de files interminables de réfugiés obligés de fuir leurs villes et villages détruits, de soldats faits prisonniers en colonne, incertains de leurs sorts. La marche vers la liberté dans cette partie de l'Europe est loin d'être terminée.

En conclusion, certaines réflexions sur la face grave et parfois tragique de la marche peuvent être tirées. Tout d'abord qu'elle est une forme de communication : dans le cas des régimes totalitaires ou autoritaires, elle peut être un moyen de terreur, de propagande, ou d'organisation de la soumission. Pour l'opposition à celle-ci, elle peut devenir l'expression d'une révolte et, avec l'affaiblissement de la peur, elle peut mener à la prise de conscience de l'existence de la société civique capable de se battre pour sa liberté.

Joanna Nowicki
CY Cergy Paris Université

NOTES

1. Titre de l'ouvrage de Tymothy Snyder : Snyder T., *Terres de sang, L'Europe entre Hitler et Staline*, Paris, Gallimard, 2012.
2. Voir le numéro 47 d'*Hermès*, intitulé « Événements mondiaux. Regards nationaux », publié en 2007.
3. *Civique* et pas seulement *civile*, c'est-à-dire capable de se battre pour ses droits citoyens. « Społeczeństwo obywatelskie » [Société civique], telle était le nom de l'opposition démocratique en Pologne à partir des années 1970. Même phénomène à l'époque de la République socialiste tchèque, où l'opposition à Havel s'est appelée « Občanské fórum » [Forum civique].

Simone Gigliotti
University of London

L'itinérance d'un trafic humain : les marches de la mort nazies et la (non-) communication d'une catastrophe

Camps de concentration ambulants, prisons mobiles et autres convois pédestres, ce vocabulaire de la persécution a caractérisé les marches de la mort organisées par les nazis dans les camps de concentration durant les six derniers mois de l'Holocauste. Le cinéma, l'art, les expositions et les témoignages l'ont montré[1], les images de prisonniers, couverture sur le dos, avançant péniblement sur les routes en colonnes compactes, portent en elles une contradiction : pourquoi ces victimes juives que le régime nazi avait destinées à une « solution finale » méritaient-elles soudainement d'être sauvées ? La vue de ces milliers de prisonniers a-t-elle incité les civils le long des routes à tenter d'intervenir, même de façon limitée ? Les victimes ont-elles été rassurées ou terrifiées par ce déplacement soudain ?

D'après une étude de l'Administration des Nations Unies pour les secours et la reconstruction (UNRRA, mars 1946), les SS ont organisé plus de deux cent cinquante évacuations ou « marches de la mort » entre janvier et mai 1945, afin d'échapper aux forces militaires alliées qui progressaient depuis l'est, l'ouest et le sud. L'objectif était de vider les camps de concentration et camps annexes restants de tous les hommes et les femmes valides (deux cent mille personnes selon les estimations), afin qu'ils ne tombent pas aux mains des Alliés. La plupart de ces marches avaient pour destination le sud de l'Allemagne, la Tchécoslovaquie et le nord de l'Autriche. L'ampleur meurtrière de cette « phase finale » du génocide a été estimée en chiffres, mais les données vérifiées sont difficiles à obtenir. En janvier 1945, près de sept cent quatorze mille personnes étaient détenues dans l'ensemble des camps de concentration nazis. À la fin de la guerre, plus de 35 % d'entre elles avaient péri dans ce que l'historien Daniel Blatman appelle « les derniers soubresauts de violence meurtrière pendant la période des marches de la mort » (Blatman, 2009). Le régime nazi a qualifié ces relocalisations d'« évacuations », un terme remplacé à juste titre par « marches de la mort » dans les témoignages des survivants. Ces marches ont consisté en de longs trajets de plusieurs étapes afin d'empêcher la libération des victimes par les Alliés.

Les itinéraires furent souvent modifiés à cause de la vitesse de progression des fronts et des bombardements alliés, de la non-disponibilité des trains pour les longues distances ou de la surpopulation des camps de concentration qui devaient les recevoir. Ces nombreux changements d'itinéraires ont accru l'exposition des prisonniers à des conditions extrêmes.

Les marches se sont déroulées en trois étapes. La première a eu lieu entre avril et septembre 1944 (au départ de Budapest, de Majdanek et des pays baltes, entre autres). La deuxième, sujet de cet article, du 17 au 23 janvier 1945, lorsque cinquante-huit mille détenus (il s'agit d'une estimation) à Auschwitz ont été envoyés dans des territoires contrôlés par l'Allemagne afin d'échapper à la progression de l'armée soviétique. Dans un premier temps, vingt-cinq mille personnes provenant d'Auschwitz I, de Birkenau et de plusieurs camps annexes ont parcouru soixante-trois kilomètres à pied jusqu'à *Wodzisław Śląski*. Parmi elles, des Juifs de France et de Hongrie, et la moitié de femmes. On estime à quatre cent cinquante le nombre de personnes tuées ou mortes pendant cette marche. Depuis *Wodzisław Śląski*, des trains ont ensuite transporté les marcheurs jusqu'à Buchenwald, Dora-Mittelbau, Bergen-Belsen, Mauthausen, Ravensbrück et Sachsenhausen. La seconde portion à pied de cinquante-cinq kilomètres s'est terminée à Gliwice[2]. Au moins quatorze mille personnes ont pris cette route et au moins cent soixante-dix y ont péri. De Gliwice, les détenus ont été transportés par train à Buchenwald, Dora-Mittelbau, Mauthausen et Sachsenhausen (Czech, Kłodziński, Lasik et Strzelecki, 2000, p 445-446.). La dernière étape s'est déroulée entre avril et mai 1945 et a concerné les personnes détenues dans des camps allemands et autrichiens.

Les rumeurs d'évacuation imminente étaient arrivées aux oreilles des détenus, à Auschwitz par exemple. Certains ont pu prendre des vêtements chauds et de la nourriture, d'autres ont été prévenus qu'ils partaient, sans qu'on ne leur précise la destination. D'autres encore ont improvisé, utilisant du carton pour faire des chaussures et du papier pour les protéger des températures inférieures à zéro degré. C'est durant ces deuxième et troisième phases des évacuations que les gardiens qui escortaient les prisonniers ont été les plus violents et les plus meurtriers. Ils ont menacé de tirer sur les détenus qui ne suivraient pas le rythme de marche ou qui essaieraient de s'échapper, et ont parfois tiré sur les villageois qui esquissaient des gestes de compassion. Les personnes tuées durant les marches ont souvent été enterrées par la population locale dans les cimetières les plus proches. Certaines ont été exhumées après la guerre par les médecins légistes alliés qui cherchaient à reconstituer les itinéraires des marches, identifier les victimes inconnues et collecter des informations sur la cause de leur mort.

Dans les tribunaux allemands d'après-guerre, les actions criminelles des gardiens et des commandants durant les évacuations ont été qualifiées de « crimes de phase finale » *(Verbrechen der Endphase)*, et l'on a indiqué comme lieu de crime (*Tatort*) « sur la route » (*Auf dem Weg*). Bernhard Rakers est l'un des officiers qui ont supervisé ces transferts. Il a été poursuivi pour avoir tiré sur des prisonniers durant la marche entre les camps d'Auschwitz-Monowitz et de Gliwice, et durant le trajet entre Gliwice et Sachsenhausen[3]. Plusieurs autres anciens gardiens et commandants des camps de concentration et des camps annexes ont été poursuivis et emprisonnés dans le cadre des procédures judiciaires d'après-guerre.

Les marches de la mort ont transformé le camp de concentration permanent en camp ambulant et, par conséquent, les responsabilités des habitants et des communautés locales qui ont vu les victimes traverser leurs villes et passer près des maisons et des fermes. Quels messages ces témoins civils ont-ils transmis aux marcheurs, quels conflits moraux ont-ils pu laisser transparaître en prenant par exemple des photographies clandestines ? L'image traditionnelle du camp de concentration nazi en tant que paradigme structurel et philosophique moderne est déstabilisée par l'urgence des marches de la mort. La littérature sur le « camp » qui s'est accumulée depuis plus de quatre-vingt-dix ans doit, par conséquent, être revue pour refléter cette géographie d'une mort publique avec ses innombrables persécuteurs. Elle doit se déplacer sur la route et mettre en lumière des acteurs aux pouvoirs inégaux : les gardiens, les victimes et les témoins. C'est là que nous trouverons le reliquat du camp, incarné dans une errance chaotique et une lente et douloureuse désintégration.

Conceptualiser le trafic itinérant

Ces quatre-vingt-dix dernières années, la question des marches de la mort n'a pas bénéficié d'une grande attention de la part des chercheurs. Cela est en partie dû à la difficulté méthodologique de reconstituer les points de départ, de jonction et d'arrivée des itinéraires, au problème de compilation de témoignages exploitables, et à la nécessité de localiser les scènes de crime (granges, champs et talus) et de vérifier l'identité des victimes sur leur lieu de sépulture. Toutefois, des études récemment menées sur la stratégie militaire des nazis et l'expansion du système des camps de concentration, les approches par la géographie culturelle des paysages et des routes en tant que lieux de mémoire et les enquêtes menées après la guerre par les équipes de recherche de la Croix-Rouge et de l'UNRRA, ont remis sur le devant de la scène cet épisode oublié[4].

Moins étudiée mais plus pertinente pour cet essai est l'approche qui considère les marches de la mort comme une continuité des pratiques inhumaines de transport des victimes du régime nazi, que ce soit à pied ou en train, camion, bateau, etc. Les marches de la mort ont été précédées par des déplacements répétés d'individus via la déportation des villages vers les villes, des villes vers les ghettos, des ghettos vers les camps et des villes vers les sites d'extermination, entre autres routes et modes de transport. Elles se caractérisent par le fait qu'elles ont ralenti un mouvement et l'ont transformé en spectacle public, en extériorisant vers la société et sa conscience un phénomène auparavant interne, Daniel Goldhagen a été l'un des premiers interprètes de ce continuum de déplacement : « Les marches de la mort étaient les variantes pédestres des convois de wagons à bestiaux. Ou, inversement, le transport par train était l'équivalent sur rails d'une marche de la mort. Le wagon à bestiaux annonçait la nature des ultimes marches de la mort. [...] [Les Allemands] refusaient aux Juifs la nourriture, l'eau, les latrines, l'aération indispensable, ils leur refusaient même la place suffisante pour se tenir assis. » (Goldhagen, 1998, p. 445-446) Ce « ralentissement » d'un mouvement humain via un mode de transport d'abord manuel (à pied) puis mécanisé (en train) a transmis l'image d'un théâtre de souffrance. Autrefois caché derrière des barrières, des miradors et des barbelés, le camp était désormais tourné vers l'extérieur, passant d'un monde intouchable à un autre.

Lorsque l'on étudie les marches de la mort comme incarnation d'une catastrophe humaine, Auschwitz devient mobile dans la « phase finale » : une adresse de départ pour cinquante-huit mille détenus, à la mi-janvier 1945, et de libération par les Soviétiques des personnes malades et invalides qui étaient restées, le 27 janvier. Trois « groupes » de participants ont forgé l'expérience et la mémoire des marches de la mort : les paysages physiques de passage et de protection (champs, forêts, routes, villes et gares), les « conducteurs » (gardiens et commandants nazis ayant voyagé à pied et en charrette ; observateurs ; aidants), et les « passagers » : les prisonniers juifs et non juifs des camps. Dans ce qui suit, on considère la stabilité et la mobilité comme des éléments centraux pour proposer une théorie de l'expérience des marches de la mort en tant que « machine ambulante », à partir du témoignage des survivants.

Entre les camps et les routes : communiquer les modes d'incarcération fixes et mobiles

Les récentes études incluent des histoires sur les camps de concentration nazis avant la guerre et leur intégration dans la société, l'industrie et la communauté. D'autres recherches ont repensé les liens entre les camps et d'autres sites de détention et de persécution, en mettant l'accent sur les réseaux de transport et d'incarcération en Europe et en Afrique du Nord[5]. Cette littérature a bouleversé la définition des camps de concentration en tant qu'entités physiquement statiques, et étendu leur cartographie et leur nature, telles que définies dès 1946 par David Rousset dans *L'Univers concentrationnaire* (1946), ou plus récemment par Giorgio Agamben dans son œuvre sur l'*homo sacer* et la biopolitique des États modernes[6].

L'ubiquité du camp de concentration dans la pensée et la mémoire du vingtième siècle a besoin d'être expliquée. Son idéologie, sa pratique et son expérience ont façonné les travaux de nombreux chercheurs, notamment (en lien avec le présent article) Zygmunt Bauman, Wolfgang Sofsky, Anna Pawełczyńska, Jean-François Lyotard, Maurice Blanchot, ainsi que de nombreux survivants parmi lesquels Elie Wiesel, Primo Levi, Ruth Klüger et Simone Weil. Ces travaux se sont intéressés au comportement humain dans ses complexités psychologiques et éthiques, et ont inspiré de nouvelles approches des camps et des sites d'extermination dans leurs formes ambulantes et leurs géographies entre centre et périphérie.

Plus récemment, les études sur l'Holocauste ont présenté les camps de concentration comme des sites permettant d'étudier les réponses des victimes en matière d'espace, de temporalité et de résilience. Au lieu de définir les expériences par une immersion dans une ou plusieurs structures de persécution (ghetto, camp), cette approche met l'accent sur les mémoires floues associées à la désorientation du mouvement physique. Cette approche ne parlera peut-être pas aux chercheurs qui ont envisagé le camp comme un symbole même de la modernité. Ainsi, lorsque Giorgio Agamben formule une théorie sur la communication à Auschwitz, il considère le *Muselmann* comme son porte-parole intemporel, la « réfutation radicale de toute réfutation possible », le gardien aux portes d'une nouvelle éthique, l'éthique d'une forme de vie qui commence là où la dignité prend fin. « Et Levi, qui témoigne pour les engloutis, qui parle pour eux, est le cartographe de cette nouvelle *terra ethica*, l'implacable arpenteur du *Muselmannland.* » (Agamben, 1998, p. 88-89) Quel est le destin du *Muselmann* d'Agamben, à présent replacé sur la route d'une marche punitive de la mort ? Le camp et son terrain éthique sont-ils confinés dans des frontières physiques, ou sont-ils déplacés dans une réalité corporelle incommunicable ? De toute évidence, ces questions n'ont pas été étudiées de manière exhaustive, car les interprétations des camps portent sur les actions des détenus à l'intérieur de ceux-ci, notamment sur les relations entre les gardiens et les prisonniers, ainsi que sur les ambiguïtés morales de la survie. En tant que forme stable, le camp de concentration a généré une curieuse vie après la mort chez les chercheurs, transformant le confinement d'un état physique à un état psychologique.

En quoi la réflexion sur les marches de la mort en tant que système de communication ambulant renvoie-t-elle à l'humanité en déclin ? Quels sont ses baraques, ses clôtures de barbelés et les liens entre détenus ? Les itinéraires des marches de la mort parties d'Auschwitz en janvier 1945 ont été cartographiés par les témoins il y a des décennies : sous forme de carte routière locale et régionale au départ, avant de passer à une carte européenne répertoriant les routes, les fermes, les granges, les villages et les gares. Les récents travaux sur la géographie de l'Holocauste ont déplacé ces repères à travers des témoignages sensoriels, visibles et moraux[7]. La représentation des marches de la mort comme symboles de l'inhumanité des civils-témoins indifférents ou méprisants a cependant été moins étudiée. Il est difficile de généraliser les réactions de ces civils qui ont vu les marches de la mort, que ce soit dans le sud de l'Autriche ou en Tchécoslovaquie. Les témoignages des survivants et d'autres documents indiquent que ces réactions ont été extrêmement variées. Pour certains historiens, l'action/inaction du témoin construit trop facilement, ou plutôt de manière erronée, la catégorie du « spectateur » (le « bystander »), sur les registres de la complicité, de l'indifférence et des tentatives de sauvetage[8]. Les études portant sur les réactions des habitants locaux brossent un tableau peu flatteur de leur antisémitisme (comme à Gardelegen, en avril 1945)[9], d'une détermination à immortaliser la souffrance en prenant des photographies clandestines[10], et des tentatives de sauvetage en fournissant nourriture eau, ou abris aux personnes évadées des marches. Pourtant, ces réactions ne peuvent être considérées comme normales ou exceptionnelles pour les témoins civils qui se trouvaient au bord des routes. Revenons à la réécriture par les survivants de la marche partie d'Auschwitz en janvier 1945.

Transformation du camp en marche ambulante : les marches de la mort et vers la mort

Un thème commun aux témoignages (écrits et oraux) des survivants juifs des marches parties d'Auschwitz est la rupture soudaine des routines qui structuraient le temps et l'espace dans le camp (baraques, travail, séances d'appel et heures de repas). Les témoignages des survivants se caractérisent par une perte des repères temporels dans le récit au profit d'immersions topographiques et physiques dans les paysages, les horizons, les bois et les souvenirs météorologiques. Ces témoignages ont fait évoluer l'analyse sociologique et anthropologique du camp de concentration statique, autour du déclin, de la résilience et du soutien émotionnel collectif.

Dans sa forme mobile, le camp ambulant a reproduit une partie de ses caractéristiques et en a créé d'autres. Les clôtures des camps d'Auschwitz I (Monowitz) et II (Birkeneau) ont été reprises par les marcheurs eux-mêmes qui, sous la menace de la violence, ont intériorisé les principes du contrôle et de la surveillance du camp dans la docilité de leurs déplacements en colonnes (hérités des séances d'appel dans les camps). Le rythme de ces colonnes a également été façonné par les gardiens, qui les escortaient en camion, et par les chiens. Les marches de la mort ont incité les prisonniers à anticiper l'imprévisible et à compter les uns sur les autres. Les colonnes permettaient de dissimuler la vulnérabilité physique et d'empêcher quelqu'un de tomber à cause de la neige boueuse et de risquer la mort. Elles ont également offert des possibilités inattendues de réinvention, comme indiqué par Freddie Knoller (1921-2022) dans l'une des nombreuses versions de sa marche vers Gliwice. Il raconte qu'après avoir enduré une marche terrible, beaucoup veillaient à ce que personne ne tombe, car si quelqu'un tombait, les Allemands tiraient. Lorsqu'ils sont arrivés à Gliwice, la moitié d'entre eux seulement étaient encore en vie. Knoller a remarqué que près de lui, un prisonnier politique français était mort dans la nuit. Il se souvient d'avoir arraché le triangle rouge de son uniforme, de l'avoir mis dans sa poche et de l'avoir échangé plus tard dans le camp suivant. Étoile juive contre triangle rouge, même matricule. C'était mieux. Cela lui a sauvé la vie[11].

Un autre thème revenant fréquemment dans les témoignages des survivants concerne le comportement des civils. Quelle réaction a provoqué la visibilité soudaine des marcheurs chez les civils polonais ? Construit près d'Oświęcim, Auschwitz desservait environ quarante-cinq camps annexes. Gliwice, par exemple, était une grande ville régionale dont la gare se situait à un kilomètre de la place centrale. Peut-être que le bruit des colonnes de marcheurs n'a pas posé de réels problèmes aux habitants, comme le suggère Ernest Michel de manière incrédule : « Il y avait soixante mille personnes dans les principaux camps d'Auschwitz. On nous a dit de marcher, de nous préparer… Le chef de baraque [nous a dit] que ceux qui pourraient partir partiraient. Les autres, nous ne pouvions rien pour eux… Nous avons traversé des villages… Les gens ont dû le savoir… vous ne pouvez pas ne pas voir soixante mille personnes, ou quarante mille, car nous étions de moins en moins nombreux. Les gens tombaient au bord de la route… » (Michel, 1993)

Les gestes de compassion des civils étaient risqués, comme se rappelle Albert Kimmelstiel dans le bref compte rendu de sa marche entre Auschwitz et Gliwice. Après être arrivés et restés une journée, les membres de son groupe ont été placés dans des trains et envoyés au camp de Mauthausen, mais celui-ci était déjà complet. Il se souvient : « Ils ne nous ont pas acceptés. Nous avons été renvoyés de Mauthausen à Prague… Les Tchèques nous jetaient du pain depuis les ponts. Nous nous sommes arrêtés plusieurs fois pour laisser les cadavres dans quelques gares et nous avons fini à Sachsenhausen, près de Berlin. De là, nous avons été envoyés à Oranienburg…[12] » (Michel, 1993)

La générosité des civils tchèques est confirmée par Kalman Eisenberg, arrivé à Gliwice deux nuits après son évacuation du camp de Buna. À Gliwice, son groupe de marcheurs a été parqué dans des wagons pour un voyage à travers la Tchécoslovaquie et l'Autriche avant d'arriver à Mauthausen. Ils ont été rejetés car le camp était plein, et donc renvoyés en Tchécoslovaquie, puis finalement à Flossenbürg : « Et sur la route, cinquante pour cent des gens sont morts de froid, de faim ou de soif. Quand quelqu'un mourrait (il y avait beaucoup de monde), on le laissait sur place et on le recouvrait de neige. Et beaucoup de gens "ne savent même pas" où ont fini leurs os [confusion syntaxique due à l'émotion]. Durant notre trajet retour depuis la Tchécoslovaquie, de nombreux Tchèques nous ont jeté du pain, et ont subi des représailles allemandes parce qu'ils nous avaient jeté du pain[13]. » Il existe des milliers d'autres témoignages similaires des survivants des marches de la mort, mais beaucoup moins des civils témoins le long des routes.

Entre janvier et mai 1945, les marches de la mort nazies ont transformé le camp de concentration statique en une horreur ambulante et mobile. Leur violence n'avait rien à voir avec les expériences isolées dans les camps de concentration. Cette mobilité a rendu publique et relocalisé la souffrance sur la route, et c'est là que réside sa mémoire. Elle a été portée par une vigueur renouvelée, un « excès » de violence, et les réactions des civils au bord des routes, entre compassion et hostilité. Les marches de la mort ont sorti les prisonniers des camps pour les conduire dans le monde, mais pas les ramener à l'humanité. Pour cette raison, elles restent le symbole vacillant d'une catastrophe humaine.

NOTES

1. De nombreuses ressources sur les marches de la mort existent en Europe, en Israël, aux États-Unis et au Royaume-Uni. Le parc du mémorial de Yad Vashem, à Jérusalem, abrite certaines sculptures remarquables sur ce thème, de même que l'exposition en plein air du bois de Below, dans le Mecklembourg-Poméranie-Occidentale, en Allemagne. Parmi les grandes installations photographiques figure « La marche de Helmbrechts, 1998-2003 » de Susan Silas (http://helmbrechts-walk.com). Voir aussi les films documentaires et expérimentaux tels que *The March* d'Abraham Ravett (États-Unis, 1999) ou *Les Marches de la mort* de Virginie Linhart (France, 2022). Voir aussi l'exposition récente « Death Marches: Evidence and Memory » à la Wiener Holocaust Library, Londres, Royaume-Uni : https://wienerholocaustlibrary.org/exhibition/death-marches-evidence-and-memory (consulté le 20 décembre 2022) et « The Death March to Volary » au mémorial de Yad Vashem : https://www.yadvashem.org/yv/en/exhibitions/volary_death_march/index.asp (consulté le 20 décembre 2022).
2. Pour en savoir plus sur les camps annexes d'Auschwitz, les marches de la mort, les survivants et les procès, voir le site Internet « Subcamps of Auschwitz » de la Tiergarten4Association : https://subcamps-auschwitz.org (consulté le 18 décembre 2022).
3. Voir « Commandant of Nazi Concentration Camp Re-indicted in Germany », *JTA Archive*, 30 septembre 1959, https://www.jta.org/archive/commandant-of-nazi-concentration-camp-re-indicted-in-germany (consulté le 20 décembre 2022). Pour en savoir plus sur Bernhard Rakers, voir « The First Trial of Bernhard Rakers » au mémorial de Wollheim : http://www.wollheim-memorial.de/en/1_rakersprozess_en_2 (consulté le 21 décembre 2022).
4. L'article « Freilegungen: Auf den Spuren der Todesmärsche », *Yearbook of the International Tracing Service*, Göttingen, Walstein Verlag, 2012, vol. 1 offre une très bonne compilation de ces approches.
5. Voir Wachsmann, 2017 ; Caplan et Wachsmann, 2009 ; Stone 2017 ; Boum et Stein, 2018.
6. Voir Rousset, 1946. Pour en savoir plus sur David Rousset, voir Pollock et Silverman, 2014. Voir aussi Agamben, 1998.
7. Ces études incluent Giaccaria P. et Minca C., « Nazi biopolitics and the dark geographies of the *selva* », *Journal of Genocide Research*, 2011, 13 : 1-2, p. 67-84 ; Cole T., *Holocaust Landscapes*, Londres, Bloomsbury, 2016 ; Gigliotti S. *et al.*, « From the Camp to the Road: Representing the Evacuations from Auschwitz, January 1945 » *in* Cole T., Giordano A., Knowles A. K. (dir.), *Geographies of the Holocaust*, Bloomington, Indiana University Press, 2014, ch. 7, p. 193-225.
8. Voir Morina C. et Thijs K. (dir.), *Probing the Limits of Categorization: The Bystander in Holocaust History*, New York, Berghahn Books, 2018.
9. Concernant le massacre de Gardelegen, voir les chapitres 8, 9 et 10 de Blatman D., *Les Marches de la mort. La dernière étape du génocide nazi*, trad. Nicolas Weill, Paris, Fayard, 2009. Voir aussi l'entrée « The Gardelegen Massacre » sur le site internet de la *Fondation des Mémoriaux de Buchenwald et de Mittelbau-Dora* : https://liberation.buchenwald.de/en/otd1945/the-gardelegen-massacre (consulté le 19 décembre 2022).
10. Voir par exemple les clichés de Maria Seidenberger dans les archives du Museum américain de l'Holocauste à Washington DC. Source Record ID : Collections : 2010.511.1 : https://collections.ushmm.org/search/catalog/pa1172515 (consulté le 19 décembre 2022).
11. Par la suite, Freddie Knoller a été incarcéré à Dora-Mittelbau et Bergen Belsen avant d'être libéré en avril 1945. Il a beaucoup témoigné pour les projets de mémoire en Allemagne, aux États-Unis et au Royaume-Uni. Il a également échangé avec les organisations d'éducation à l'Holocauste au Royaume-Uni et publié plusieurs ouvrages. Cet épisode est tiré de Knoller F., Landaw J., *Au-delà du désespoir*, trad. Gilbert Fouquet, Paris, éditions de la Neva, 2002.
12. Voir aussi Internet Archive : *Promises Kept*: https://archive.org/details/promiseskept0000mich/page/n9/mode/2up (consulté le 20 décembre 2022).
13. D'après la transcription anglaise d'un entretien de David Boder mené en yiddish avec Kalman Eisenberg, 31 juillet 1946, Château de Boucicaut, Fontenay-aux-Roses, France. Source : *Voices of the Holocaust* (Illinois Institute of Technology) : https://voices.library.iit.edu/interview/eisenbergK?search_api_fulltext=eisenberg (consulté le 20 décembre 2022).

Références bibliographiques

Agamben G., *Homo sacer. Le pouvoir souverain et la vie nue,* trad. Marilène Raiola, Paris, Seuil, 1998.

Agamben G., *Ce qui reste d'Auschwitz. L'archive et le témoin*, trad. Pierre Alferi, Paris, Payot/Rivages, 1999, p. 82 88.

Blatman D., *Les Marches de la mort. La dernière étape du génocide nazi*, trad. Nicolas Weill, Paris, Fayard, 2009, p. 16.

Czech D., Kłodziński S., Lasik A. et Strzelecki A. (dir.), *Auschwitz 1940-1945: Central Issues in the History of the Camp*, Oswiecim, Auschwitz-Birkenau State Museum, vol. 5, 2000.

Goldhagen D. J., *Les Bourreaux volontaires de Hitler. Les Allemands ordinaires et l'Holocauste*, trad. Pierre Martin, Paris, Seuil, 1998.

Wachsmann N., *KL : Une histoire des camps de concentration nazis*, trad. Jean-François Séné, Paris, Gallimard, 2017.

Caplan J., Wachsmann N. (dir.), *Concentration Camps in Nazi Germany: The New Histories*, Routledge, 2009.

Stone D., *Concentration Camps: A Short* History, Oxford, Oxford University Press, 2017.

Boum A. et Abrevaya Stein S. (dir.), *The Holocaust and North Africa*, Stanford, Stanford University Press, 2018.

Rousset D., *L'Univers concentrationnaire*, Paris, Éditions du Pavois, 1946.

Pollock G., Silverman M., *Concentrationary Memories: Totalitarian Terror and Cultural Resistance*, Londres, I.B. Tauris, 2014.

Michel E. W., *Promises to Keep: One man's Journey against incredible odds*, New York, Barricade Books, 1993.

Berenice Peñafiel
Université de Strasbourg

Femmes sans-abris : l'itinérance comme mode de survie

Des femmes à la rue

La dernière enquête réalisée par l'Insee indique que 37 % des personnes sans-abris sont des femmes (Yaouancq et Duée, 2013). Elles sont moins nombreuses à dormir à la rue tous les jours car elles trouvent plus souvent asile dans des hôtels ou d'autres types de logement. Elles sont plus rarement logées dans des hébergements collectifs qui offrent un lit pour la nuit, avec obligation de les quitter le lendemain matin à une heure précise. Les femmes et les enfants sont prioritaires dans l'action sociale, il existe des dispositifs dédiés à des situations particulières : femmes enceintes, avec de jeunes enfants, ou en situation de violence conjugale. Les chiffres seuls ne permettent pas d'éclairer le parcours de ces femmes, véritables combattantes de la vie quotidienne. L'analyse sociologique à leur propos se limite parfois à mettre en évidence des stratégies dites « vitales » telles que manger et dormir. Cependant, d'autres aspects de leur quotidienneté éclairent la singularité de leur débrouillardise face à ces conditions de précarité. Cet article explore la marche des habitantes de la rue. Ce sujet n'est guère abordé en sociologie, alors que pour les femmes sans domicile, cette activité est au cœur de la mobilité urbaine pour passer le temps, se protéger des dangers de la nuit, se rendre aux différents rendez-vous administratifs, aller manger dans les associations ou se procurer de la nourriture, trouver un lieu pour faire la manche ou se ressourcer, etc.[1] Dans ces conditions, quels types de communication ces femmes nouent-elles avec leur environnement social ?

La nécessité quotidienne de marcher

Les habitantes de la rue sont presque toujours en alerte ou en mouvement. Plusieurs d'entre elles cheminent sur de longs parcours avec des buts précis : se rendre aux rendez-vous médicaux ou rencontrer les assistants sociaux, la Caisse d'allocations familiales (CAF), l'assurance maladie, etc. Dans ces conditions précaires, marcher est souvent pour elles le seul mode de déplacement. Elles n'ont guère les moyens de payer des abonnements mensuels ou des tickets à l'unité pour le métro, le bus ou le tram.

Victime de violence conjugale, Claudia fuit son agresseur et se retrouve sans toit. Elle est prise en charge par le 115 (numéro d'urgence et d'accueil pour les personnes sans-abris) et elle dort à l'hôtel avec son enfant de douze ans. Enceinte de quatre mois, elle réalise les démarches auprès de l'administration pour accéder au tarif solidaire. Elle est sans revenu, la tarification solidaire lui permettrait de prendre les transports publics gratuitement. Premier papier à fournir, une attestation de la CAF, mais elle ne reçoit aucune aide de cette institution. Dans cette situation, une assistante sociale de la ville est en mesure de lui fournir une attestation indiquant ses revenus. La prise de rendez-vous s'établit par téléphone. Ne parlant pas français, elle dépend de ses amis pour les traductions. En attendant, elle continue à se déplacer à pied plusieurs fois par jour pour récupérer les repas offerts par une association, pour elle et son fils, ainsi que pour continuer le suivi médical avec la sage-femme. Quand elle est reçue, l'assistante sociale lui pose des questions d'ordre général (âge, état civil, la raison de sa présence en France, etc.), mais ne lui fournit pas d'emblée l'attestation de ressources, Claudia attendra quelques jours avant de pouvoir l'obtenir. Finalement, le document en main, elle demande à ses amis de l'accompagner pour les traductions auprès de la compagnie de transport.

Marcher est la seule solution pour pallier les difficultés économiques d'accès au bus ou au tram. Cependant, cette activité au quotidien est exténuante. Ces femmes doivent parfois honorer plusieurs rendez-vous à la suite dans des quartiers opposés de la ville. Un jour, Marie doit par exemple choisir entre un rendez-vous chez le médecin ou se rendre à l'association où elle mange le midi. L'éloignement de ces deux lieux l'empêche de mener les deux activités de front. Alors, elle va au rendez-vous, plus urgent à ses yeux, et manque le déjeuner. Ce sont des heures de déplacement à travers la ville, quelles que soient les saisons, malgré le froid, la chaleur, la pluie, la neige. Qu'un impondérable surgisse et toute la journée est chamboulée. Romane dort près de Paris, dans la proche banlieue, elle marche parfois deux heures pour prendre une douche dans une association fermée l'après-midi. En arrivant à l'heure, elle a le temps de se laver et de prendre un café. Un jour, elle se blesse au pied, son allure devient lente, elle fait de longues pauses. Après des heures, épuisée et en souffrance, elle abandonne. Elle attend jusqu'au soir, assise sur un banc, qu'un ami de la rue vienne la chercher. Quelques jours plus tard, malgré sa blessure, elle se rend, toujours à pied, à la consultation d'un médecin.

Les douches et la laverie sont parfois éloignées de l'association où une même personne prend ses repas. Ces longs trajets occupent le fil du jour. Ann a marché jusqu'au petit matin, épuisée elle se dissimule derrière les barrières d'un chantier, soudain un homme l'agresse, déchire son pantalon, elle réussit à s'enfuir. Exténuée, elle se rend au commissariat de police pour porter plainte. La plainte ne sera pas reçue car elle ne parle pas français. Elle part ensuite à la recherche d'un pantalon. Toujours à pied, elle se rend dans les locaux d'une première association où elle évoque l'agression. Elle dit qu'un pantalon d'homme fera l'affaire, mais la bénévole refuse et lui donne une autre adresse et le nom d'une autre association où elle pourra récupérer des vêtements « femme », mais Ann trouve porte close. Elle poursuit son chemin vers une autre association, cette fois-ci pour manger. En arrivant, elle raconte son agression à la responsable qui parle aussi anglais, mais cette dernière lui répond : « You don't speak french, you don't eat. » Désespérée, elle s'assied sur un banc jusqu'au soir : « J'avais renoncé. Abdiqué. Mes larmes étaient intarissables. Mon esprit engourdi. Comme mort… J'ai traversé la moitié de Paris comme une somnambule. J'étais gelée, épuisée, mes pieds et mes jambes me faisaient horriblement mal. Je me suis obligée à me concentrer sur chaque pas. Un pied devant l'autre. » (Webb, 2011, p. 135) Trente-trois heures après l'agression, après avoir sollicité en vain plusieurs associations, elle obtient finalement un pantalon. Pendant tout ce temps, elle se déplace à pied avec un pantalon déchiré. Marcher sans fin est aussi une forme de résistance intérieure. Après avoir échappé à cette tentative de viol, la peur au ventre, malgré la faim, la fatigue, le froid, Ann se concentre sur les mouvements de ses jambes afin de continuer et de penser à autre chose qu'à son agression. Pour les femmes à la rue, la marche n'est pas une source de tranquillité ou de bonheur, elle n'est pas une flânerie mais une contrainte. Elles sont hors de la communication sociale ordinaire, en marge, contraintes même d'éviter certains contacts pour éviter la drague et le harcèlement.

Passer le temps

Marcher est une manière de laisser le jour s'écouler et d'attendre le lendemain. « Je marche dans les rues », dit Betty. « Douze heures et quinze minutes par jour, tous les jours, je marche dans les rues. C'est pour ça que je suis devenue sobre ? Pour marcher dans les rues ? » Elle poursuit en disant qu'elle s'assied sur de nombreux bancs à la recherche de quelqu'un à qui parler. Souvent, il n'y a personne, alors elle parle aux oiseaux. Les oiseaux et elle échangent beaucoup dans la journée, dit-elle (Liebow, 1993, p. 29). Elle vit dans un hébergement d'urgence, s'y rend pour se reposer la nuit, mais, elle a peu d'activités durant la journée, alors elle se voue à une marche interminable. « Je m'ennuie beaucoup, il y a rien à faire à la rue, alors je marche, je marche, je connais très bien certains quartiers, mais j'essaie de découvrir des petits coins dans la ville, tu sais, il y a rien à faire, tu vas prendre ton café à l'assos' et puis rien. » (Amelia) Certaines femmes en errance combattent l'ennui en marchant inlassablement, parfois avec leurs affaires sur le dos, des sacs en plastiques à la main, des valises, poussent un caddie ou un chariot improvisé pour transporter leurs affaires personnelles d'un lieu à un autre, elles marchent avec leur *chez-soi*. Dans certains cas elles n'ont pas d'autre choix car les lieux où elles dorment la nuit ne les autorisent pas à y rester la journée, ni à y stocker leurs affaires. Alors elles parcourent la ville, en attendant le soir, manière de « passer le temps » quand on n'a pas le choix.

La marche est une technique d'oubli pour de nombreuses femmes : « Donc je me balade toute la journée dehors avec ma maison sur le dos. Pas pratique pour démarcher… De toute façon, je suis brisée. Moral dans les chaussettes. J'ai l'impression d'être une merde. Même réfléchir, me concentrer cinq minutes est devenu difficile… » (Brigitte, 2007, p. 130) Marcher est parfois un moyen de se dissoudre dans ses propres pas, sans objectif précis. Forme de solitude en mouvement, leur déambulation est une tentative d'évasion : « Je ne sais pas où je vais, ça n'a pas d'importance, mais je sens que si je ne le fais pas, je vais me noyer. » (Irène) Des femmes en errance essaient d'échapper au sentiment que la rue les étouffe. Leurs pas les libèrent de l'incertitude. Elles marchent pour oublier, se sentir plus légères, se soustraire à l'attente des événements quotidiens, de la distribution de nourriture, de l'inquiétude quant à l'attribution d'un hébergement avec parfois le sentiment que la marche mène quelque part, peu importe où. « Je ne sais pas ce que je cherche, mais je vais trouver quelque chose […], j'aime marcher en choisissant à chaque coin de rue le chemin que je veux prendre, en ayant toujours le sentiment que je vais découvrir quelque chose, il y a toujours quelque chose sur le chemin. » (Zoe)

Se protéger la nuit

Les femmes habitantes de la rue disent leur peur de s'endormir la nuit et d'être à la merci d'un éventuel agresseur. À la différence des hommes, elles ne peuvent jamais s'abandonner. Ann refuse l'invitation d'un passant d'aller boire un café, elle esquive ses questions, cependant il s'aperçoit qu'elle dort dehors : « Il m'a dit une chose que je n'avais pas encore entendue, mais qu'on allait beaucoup me répéter par la suite : "Si vous n'avez nulle part où dormir, vous devez marcher. Il faut que vous restiez un mouvement. C'est dangereux pour une femme seule, Paris la nuit". » (Webb, 2011, p. 44) Elle commence à peine son errance et constatera plus tard, en effet, que marcher la rassure et la réchauffe en hiver. Si elle s'arrête, un sentiment de danger la saisit : « Si je me posais sur un banc, même un banc en pleine lumière, des hommes sortaient de nulle part, comme s'ils avaient attendu dans l'ombre. Ils venaient s'asseoir, tentaient de me toucher ou de me passer le bras autour des épaules. Il arrivait qu'ils soient très insistants. » (Webb, 2011, p. 46)

Si dormir signifie « lâcher prise », marcher implique de « rester en alerte ». De temps en temps, ces femmes prennent de petites pauses, elles s'assoient dans des lieux à leurs yeux protégés. Ce relâchement ne dure jamais longtemps, car s'asseoir signifie aussi « baisser la garde ». Alors elles marchent sans répit, parfois toute la nuit. « Je marchais là où il y avait des voitures, où il y avait des gens. Sur les grilles des bouches d'aération du métro, rue de Rivoli, on peut se réchauffer un peu les pieds, mais si on s'y arrête trop longtemps, les loups arrivent. Il faut rester sur ses gardes tout le temps. J'ai pris soin de me cantonner aux lieux bien éclairés et de ne jamais m'arrêter plus de quelques minutes. » (Webb, 2011, p. 73) Même s'il arrive que des femmes se fassent agresser en journée, la présence physique des passants les rassure et les protège malgré tout. La nuit, les trottoirs sont vides, les magasins fermés.

Certaines habitantes de la rue essaient d'alterner temps de marche et temps de repos durant la nuit. Lucie, une femme d'une quarantaine d'années, organise son temps de repos ainsi : « Je marche un peu, je m'endors et vers 1 h 30 ou 2 h 00 je me réveille, et je continue ma route, si je m'endors, les mecs peuvent venir me toucher… je me méfie… j'ai peur, je dors d'un œil… » Dans une mobilité à ce point contrainte, il n'y pas de relâchement des tensions, l'alerte est permanente, elles marchent là où il y a de la lumière, là où elles espèrent ne pas tomber sur les « loups », toujours en éveil. Anne est heureuse de voir marcher son fils : « Il est superbe ! Il sera un homme debout. Je n'aurai plus à le porter contre moi jour et nuit. En cas de problème, on pourra courir en se tenant la main… » (Lorient, 2016, p. 163) Désormais, grâce à l'autonomie grandissante de son enfant, une fuite rapide est possible en cas de danger. Jamais un homme n'aurait de telles pensées, pensées qui en disent long sur les peurs qui ne cessent de tarauder ces femmes toujours vulnérables dans l'espace urbain.

Elles parcourent les rues, mémorisant les plus sûres et celles qui sont dangereuses, les coins où elles se protègent du froid, du vent, de la pluie. Vivre dans la rue implique d'apprendre à connaître la ville et ses chausse-trappes, certaines cheminent à l'intuition, mais peu à peu elles acquièrent une expérience propre et renoncent à certains itinéraires. Elles ne s'aventurent jamais dans l'inconnu la nuit.

S'apaiser

Dans la marche, il y a quelque chose qui guérit, « marcher c'est reprendre corps, cesser de perdre pied et de faire des faux pas » (Le Breton, 2020, p. 141). Dehors, rares sont les moments où les femmes marchent pour reprendre leur souffle. Parfois elles s'y abandonnent, elles oublient la dureté de la rue pour se concentrer sur les mouvements de leur corps, leurs sensations intimes. L'épaisseur du monde devient moins oppressante, plus légère. Dans ces circonstances particulières, marcher nourrit un retour à soi, une pause, un renouvellement des forces intimes. Les autres soucis du quotidien passent à l'arrière-plan, suspendus dans le temps. Ce type de marche favorise un apaisement, une réconciliation avec leurs corps, leurs sensations. Il procure l'oubli de ce qui blesse ou incommode autour de soi (bruits forts, regards méprisants, documents volés, recherche de toit, de nourriture, etc.).

D'autres femmes cherchent des lieux qui leur rappelle des moments heureux, quand elles avaient encore un chez-soi. Ce sont de moments de sérénité où elles puisent des forces nouvelles. Sylvie utilise le parc en ville pour se détendre : « j'aimais bien quand je trouvais des parcs, le jour quand il faisait à peu près beau, dans les parcs, oui, là où il y avait des arbres, l'herbe…, j'aimais bien regarder jouer [les enfants], voilà les endroits comme ça quand je trouvais je m'arrêtais pour me reposer un peu, ou alors je trouvais aussi des endroits où il y avait des livres, vous savez là où on dépose les livres, on peut lire, ça aussi, je lisais ou je ne lisais pas, des fois je faisais comme si je lisais, c'était pas grave, j'étais posée. » Sylvie cherche le bonheur de la journée, en se souvenant de moments paisibles de son enfance. Elle noue une communication flottante avec son environnement pour se sentir moins seule.

Les soins des pieds

Les longues marches au quotidien à travers les rues, sans les soins appropriés et avec parfois de mauvaises chaussures, provoquent des ampoules, des cors, des mycoses, des blessures. Il arrive que les blessures ne guérissent pas. Certaines souffrent de particularités physiques. Se couper les ongles des pieds est un acte anodin, mais effectuer ce geste devant les passants ne l'est pas. Martine se rend dans les locaux d'une association qui offre ce genre de soins. Les infirmières lui coupent les ongles et lui procurent d'autres attentions. Elle parcourt quotidiennement entre dix et quinze kilomètres. Ses chaussures ne sont pas adaptées à ses pieds, elle a une déviation vers l'extérieur du gros orteil. Sur des chaussures qu'elle se procure dans une association, les soignants font du bricolage pour qu'elle soit plus à l'aise. Chaussures et chaussettes cachent aux passants les blessures provoquées par ces longues marches.

Certaines femmes à la rue ne regardent leurs pieds que lorsqu'elles prennent des douches. Quelquefois, les lésions ne sont traitées que si elles empêchent totalement de marcher. Le maquillage ou la coiffure sont des soins visibles aux yeux des autres, car ils s'appliquent au visage, les pieds en revanche, dissimulés dans les chaussures, passent inaperçus. À Paris, une maraude unique en son genre réunit des podologues qui se soucient des personnes à la rue. La responsable, Sophie Jourdin, rapporte un souvenir : « Une dame qui vivait sous une tente, à la rue depuis longtemps, n'avait pas coupé ses ongles depuis plusieurs années, et au bout de deux soins [deux rendez-vous] on a réussi à couper ses ongles, elle est sortie du camion [de la maraude], elle a pleuré en nous disant qu'elle avait oublié qu'elle pouvait marcher sans avoir mal. » (Moreau, 2020) Les soins podologiques se font dans un camion organisé pour ménager une petite salle de consultation, avec des outils stérilisés et un fauteuil spécialisé.

Retirer les chaussettes et les chaussures signifie dévoiler une partie intime du corps, avec d'autant plus de honte que les femmes se sentent parfois sales : « je vous préviens ça ne sent pas très bon. Ce n'est pas très propre ». Mettre les pieds à nu, c'est faire confiance au soignant. Les personnes à la rue continuent de marcher même en ayant mal, elles n'ont pas le choix. La douleur devient partie intégrante de leur déplacement. Ces soins permettent de se retrouver, de se réconcilier avec soi, ils sont intimes. Ils ressemblent aux soins de beauté dans la mesure où ils mettent en place une délicatesse d'action, se réalisent avec douceur, patience, les mains touchent les corps pour en prendre soin à travers une forme élémentaire du *care*. Le podologue désinfecte, il applique des pommades antibiotiques, il traite des pathologies, soigne des blessures, des durillons, des verrues, des ongles incarnés, etc. Il coupe les ongles, râpe les callosités, masse avec des crèmes hydratantes et applique aussi le vernis à ongles. La maraude ne néglige pas les conditions de l'hospitalité, elle accueille les patientes avec de la musique, des boissons (comme la plupart des maraudes), elle offre du nécessaire de maquillage, de nouvelles chaussettes et chaussures.

En apparence négligeables, les chaussettes sont essentielles pour supporter de longues marches dans ces conditions d'errance. Elles protègent les pieds des frottements, évacuent la sueur et amortissent les pas. Les changer sous le regard des autres ne choque pas vraiment. Un lieu privé ne s'impose pas, comme pour les sous-vêtements. Cependant, elles ne sont pas toujours faciles à obtenir. Si les habitantes de la rue n'ont pas de chaussettes adaptées à chaque saison, elles se débrouillent autrement. Marcher l'été avec des chaussettes d'hiver n'est guère confortable, alors elles vont pieds nus dans leurs chaussures quand elles n'en ont pas de plus adaptées. L'hiver, lorsque le froid frappe plus durement, plusieurs chaussettes sont superposées, même si elles entravent parfois le cheminement « [...] tu mets plus de chaussettes, après c'est difficile de marcher, mais c'est chaud », « je fais quand même attention, l'hiver, j'en mets deux, trois même quatre la nuit ». Même trop larges ou trouées, elles sont utilisées plusieurs jours, voire des semaines.

Nombre de femmes en situation de rue ne portent pas de chaussures adaptées aux longues marches, ou aux différentes saisons. Il arrive que leurs chaussures ne correspondent pas à leur pointure, trop serrées, trop larges ou trop longues pour leurs pieds. Ces disproportions entraînent des blessures aux pieds, des difficultés à marcher, des déséquilibres. Irène témoigne : « Moi, j'ai des petits pieds, 34-35, on ne trouve pas souvent ces tailles, je dois porter souvent du 37, une bénévole gentille met de côté les chaussures données pour les enfants, parfois j'essaie celles-là. » Nombre de femmes possèdent une seule paire de chaussures pour toutes les saisons, tous les temps, à cause du manque de place dans leur sac à dos, la difficulté est d'en trouver à leur taille et à leur gout. Sans compter le fait de les surveiller pour qu'elles ne soient pas volées pendant leur sommeil, car elles sont très convoitées dans la rue. Certaines dorment avec leurs chaussettes en tenant leurs chaussures près du corps et restent vigilantes pour ne pas se retrouver démunies au réveil. D'autres, proches de l'oubli de soi, n'enlèvent ni leurs chaussettes ni leurs chaussures pendant longtemps, sauf si elles ont accès à une douche.

Conclusion

La marche des femmes de la rue répond à des stratégies de protection, de mobilité, d'apaisement, d'occupation du temps. Elle est contrainte par les circonstances. Elle change radicalement de tonalité lorsque les femmes abandonnent la rue. Quand tous les aspects de la vie sont assurés, sans lutte quotidienne pour manger, aller aux toilettes, dormir, se vêtir, se soigner, se protéger, la vie prend une autre allure, elles retrouvent alors les conditions ordinaires de la communication avec les autres. Le monde leur appartient à nouveau, les couleurs changent, les dangers disparaissent, la flânerie redevient possible. La marche n'est plus une contrainte, une recherche de protection, elle est choisie, heureuse.

NOTE

1. Ce texte est issu de ma recherche de thèse « La vie quotidienne des femmes en errance », soutenue en 2022 à l'université de Strasbourg sous la direction de David Le Breton.

RÉFÉRENCES BIBLIOGRAPHIQUES

BRIGITTE, *J'habite en bas de chez vous*, Éditions de Noyelles/France Loisirs, 2007.

DUMONT E., *Longtemps, j'ai habité dehors*, Flammarion, 2013.

LE BRETON D., *Marcher la vie. Un art tranquille du bonheur*, Métailié, 2020.

LIEBOW E., *Tell them who I am: The lives of homeless women*, Free Press, 1993.

LORIENT A., *Mes années barbares*, Éditions de La Martinière, 2016.

MOREAU E., « Un podologue va à la rencontre des sans abris pour soulager leurs pieds », émission « L'esprit d'initiative », France Inter, 17 décembre 2020, en ligne sur <https://www.franceinter.fr/emissions/l-esprit-d-initiative/l-esprit-d-initiative-17-decembre-2020>.

WEBB A., *Survivre dans la rue. Américaine et SDF à Paris*, Albin Michel, 2011.

YAOUANCQ F. et DUÉE M., « Les sans-domicile en 2012 : Une grande diversité de situations – France », Insee, 2014, en ligne sur <https://www.insee.fr/fr/statistiques/1288519?sommaire=1288529>.

David Le Breton
Université de Strasbourg

La marche comme résistance

Reprendre corps dans la communication

Si la marche était une activité de loisir plutôt traditionnelle dans différents pays, en Amérique du Nord, ou en Angleterre, en Suisse, en Allemagne, notamment, à partir des années 1990, elle prend une ampleur sociologique grandissante et touche peu à peu une immense partie du monde. Sur les chemins de grande randonnée comme ceux de Saint-Jacques-de-Compostelle ou de la *via Francigena*, on croise des hommes ou des femmes du monde entier, de tous âges et de toutes catégories sociales. Ils marchent pour voyager, découvrir du pays, savourer les heures sans autre souci que de mettre un pied devant l'autre en délaissant provisoirement les anciennes responsabilités sociales, familiales, professionnelles, amicales. Ils retrouvent le monde par corps, rompent avec une vie trop routinière, animés d'un désir de renouvellement, d'aventure, de rencontre, par une volonté de suspendre les tracas du jour, de peupler les heures de découvertes, etc. Disparition heureuse de soi en n'ayant plus de comptes à rendre à personne et en s'attachant plutôt aux trouvailles et aux rencontres sur le chemin (Le Breton, 2015). La vie ordinaire est fréquemment faite d'une accumulation de routines qui ne laissent plus de temps à soi. Les agendas sont souvent saturés. Maintes raisons font de la marche un recours, et même une résistance à l'encontre des tendances du monde contemporain qui dépossèdent chacun d'une part de souveraineté et du plaisir d'être soi (Le Breton, 2012 ; 2020). Elle s'impose désormais comme un contre-pied nécessaire aux valeurs et aux conditions d'existence de nos sociétés contemporaines. Le nombre de marcheurs ne cesse d'augmenter.

Autrefois, on marchait pour arriver à défaut d'autres moyens de se déplacer. Aller à pied n'était pas un privilège mais une nécessité pour se rendre aux champs, au travail, faire ses courses ou visiter des amis. Encore aujourd'hui, maintes populations à travers le monde se déplacent ainsi : pauvres, personnes sans-abris, migrants, réfugiés qui n'ont guère le choix. Dans nos sociétés, depuis la fin des années 1980, la marche est devenue un loisir de plus en plus prisé à travers le monde.

Nos contemporains passent de plus en en plus de temps assis derrière leur volant ou devant leur écran de portable, d'ordinateur ou de télévision. La sédentarité est un souci majeur de la santé publique. Les ressources physiques sont négligées, l'effort perçu comme un désagrément. N'étant plus au cœur de l'expérience, sinon à titre anecdotique, le corps se fait parfois entendre sous une forme pénible. La notion banale de « fatigue nerveuse » en est une illustration. On entend parfois dire : « Je suis épuisé aujourd'hui, pourtant je n'ai rien fait », sinon sans doute une longue station en voiture parmi les embouteillages chargés en tensions, en piétinements. On transporte son corps, il ne nous transporte plus. L'effort lui-même est souvent instrumentalisé comme un devoir de santé, il tourne dans le vide dans des salles de mise en forme qui proposent maints exercices dans l'immobilité spatiale devant son mobile ou un écran de télévision avant de reprendre sa voiture au sein d'un monde technologique et d'un emploi du temps où tout est déjà contrôlé et aseptisé.

En ce sens, la marche prend à contrepied cette tendance à l'immobilité et à la subordination aux techniques. Célébration du corps, des sens, de l'insouciance, de l'affectivité, de la curiosité, présence active au monde, elle remet en contact avec soi et avec la sensation d'exister. Certes, elle contribue à la santé, mais s'y astreindre pour cette seule raison serait une forme de puritanisme, un devoir à accomplir propice à l'ennui. En reprenant pied dans son existence, le marcheur redécouvre son corps sous un autre jour en baignant dans le plein vent du monde. Nombre de maux liés au manque d'exercices physiques ou aux tensions du quotidien s'effacent au long des heures ou des jours de progression. Cet effort n'est jamais vécu comme tel, la marche est un jeu, elle ne sollicite aucune allure minimale, ni limitation de vitesse, chacun avance à son rythme sans avoir de compte à rendre même après un détour ou une sieste.

Le propos n'est pas nécessairement un retour évangélique à la pauvreté, mais la volonté intérieure de se libérer du superflu et de revenir à l'élémentaire d'un corps à corps avec le monde (Zaponni, 2011). La tenue souligne la détente, l'indifférence aux conventions : short, t-shirt, chemise ou maillot, chapeau, casquette, avec parfois des chaussures boueuses ou trempées, vestige d'un passage difficile. Mais sur les sentiers ou à l'arrivée à la ferme-auberge ou au gite, nul n'a le souci de mondanités. Après les difficultés des premières heures ou des premiers jours, le corps trouve ses plis de mouvements, son aisance et la jubilation de s'immerger à nouveau dans des sensations oubliées, le plaisir de la dépense physique quand elle ne vient que de soi.

Retour à la conversation

Nous sommes de moins en moins ensemble et de plus en plus distraitement côte à côte. Plus l'on communique et moins l'on se rencontre, plus la présence physique de l'autre devient superflue. Souvent, aujourd'hui, le téléphone en main, chacun autour de la table consulte ses mails ou envoie un SMS en distribuant charitablement un mot de temps en temps pour se rappeler le fait d'être ensemble malgré tout, mais ils pourraient très bien ne pas être là. La connexion implique la virtualité, la distance, la décorporation, l'absence physique ou morale. Les conversations deviennent rares. Elles sollicitent une disponibilité, une attention à l'autre, la valeur du silence et du visage. Quand elles existent, des interlocuteurs toujours là physiquement disparaissent soudain après l'audition d'une sonnerie de leur portable ou dans le geste addictif de retirer ce dernier de leur poche dans la quête lancinante d'un message quelconque rendant secondaire la présence bien réelle de leur vis-à-vis contraint à l'attente, l'échange rompu. Plus la communication numérique s'étend et plus elle engendre l'aspiration à se taire, au moins un instant, afin d'entendre le frémissement des choses et de porter son attention sur le visage de l'autre.

L'une des raisons du succès de la marche tient justement à ces retrouvailles avec la parole, l'échange, avec les proches ou avec les autres marcheurs, les convives autour des tables des fermes-auberges ou des gîtes. Elle est un instrument puissant de retrouvailles avec les proches pour ces moments de plus en plus mesurés où l'on est tout entier dans le souci de l'autre tout en partageant des moments privilégiés. Marcher avec des enfants devient un moment précieux de longue disponibilité à leur égard, un temps de retrouvailles et de transmission dans le partage d'une expérience insolite pour eux, l'un des rares lieux d'une commune présence. Mais ces temps d'attention mutuelle valent aussi pour les amants, les amis, les proches qui cheminent ensemble sans le parasitage du téléphone cellulaire. Marcher ensemble est un éloge de la conversation. Quant au marcheur solitaire il est dans un seul lieu, ouvert aux événements, plongé dans sa rêverie, dans un dialogue intérieur sans fin.

Prendre son temps

La marche est une expérience du temps autant que de l'espace. Elle est une célébration de la lenteur (Le Breton, 2012). Elle est contraire à l'urgence, elle se donne le temps, elle est sans contrainte, elle n'a que faire de la tyrannie de l'immédiat, elle provoque le flottement de la pensée. Elle détache de la durée de la vie quotidienne jalonnée par les tâches du jour, les agendas. Le marcheur baigne dans une prodigalité qu'il n'aurait jamais imaginée avant de quitter les activités professionnelles, familiales et sociales où il se trouvait engoncé. Le temps s'étire, s'arrête, accélère, ralentit, seulement soumis au rythme du corps et des curiosités. Nulle contrainte à l'encontre du marcheur, lui seul est à l'œuvre avec la souveraineté d'une journée qui lui appartient, ouverte aux sollicitations du chemin, dans le seul plaisir de musarder, sans plus de réponses à apporter aux urgences ou de rendez-vous à honorer. Le marcheur n'est plus « pris » par le temps, mais il prend lui-même son temps, il en a à revendre. Il décide enfin de son propre rythme de vie.

Maintes curiosités appellent son attention : des colonnes de fourmis, une couleuvre qui glisse nonchalamment vers un fossé, la migration d'une horde de minuscules grenouilles, les innombrables bousiers, la présence insistante des limaces en temps de pluie, les ruines d'anciennes fermes, de maisons abandonnées, de cabanes à demi-effondrées. En Lorraine, ce sont les vestiges de la guerre de 1914-1918 qui demeurent autant de cicatrices sur la terre, les traces sensibles des tranchées, des trous d'obus, des casemates, des plaques commémoratives des résistants fusillés dans une autre guerre… Pour d'autres ce sont les arbres, les oiseaux… Ce sont aussi les myrtilles, les fraises, les mûres, les framboises, les prunes, les champignons, chaque région selon les saisons, offre ainsi ces tentations qui font du marcheur un cueilleur et un gourmet.

Privilège de ne plus rien devoir à personne pendant des heures, des jours, dans l'indifférence de l'horloge et dans ce grappillage de moments d'exception. L'avantage de cheminer à pied amène à la possibilité de s'arrêter n'importe où, de s'attarder, de regarder un paysage, de revenir sur ses pas en éprouvant le remord de ne pas avoir suffisamment observé le détail d'une branche, l'eau transparente d'un ruisseau ou le léger bruissement derrière le fourré. Une progression ressemble à une *jazz session* en lien avec l'environnement, le marcheur a une destination en tête ou une durée, mais le reste est improvisation sur un thème donné. De trouvaille en trouvaille, au-delà des pensées qui ne cessent de s'agiter en lui, il trace son chemin avec son seul désir. « On observe tout le pays ; on se détourne à droite, à gauche. On examine tout ce qui nous flatte ; on s'arrête à tous les points de vue. Aperçois-je une rivière, je la côtoie ; un bois touffu, je vais sous son ombre ; une grotte, je la visite ; une carrière, j'examine les minéraux. Partout où je me plais j'y reste. À l'instant que je m'ennuie, je m'en vais… », écrit Rousseau (1966, p. 540). Toute occasion est bonne à saisir qui transforme le marcheur en artiste des circonstances et en flâneur.

Ce goût de la lenteur, le fait de marcher à quelques kilomètres par heure, là où une voiture accomplira le même parcours en quelques dizaines de minutes, fait de la marche un acte provisoire de résistance à l'encontre de la vitesse, du rendement, de l'efficacité. Le marcheur baigne plutôt dans un univers de disponibilité, de curiosité, d'amitié, de gratuité, de générosité, autant de valeurs résolument opposées aux sensibilités ultralibérales qui régissent désormais la tonalité de nos existences. La frénésie de la vitesse, du rendement, appelle en réaction la volonté de ralentir, de calmer le jeu. La marche est une occupation pleine du temps, mais dans la lenteur, un refus de ces impératifs des mondes contemporains qui élaguent le goût de vivre. Aujourd'hui sur les sentiers, des flâneurs vont à leur guise, à leur pas, en leur temps, en conversant paisiblement ou en méditant. Seule la lenteur permet d'être à la hauteur des choses et dans le rythme du monde. Elle restaure un rapport de communication avec l'environnement, met à hauteur des sens les particularités du parcours et elle donne les moyens de se les approprier aussitôt. Elle implique une progression attentive, voire contemplative, la possibilité de la halte pour profiter d'un lieu où se reposer. Elle est un mouvement de respiration.

Marcher pour rien

Certes, tous n'apprécient pas de marcher. On se souvient de la réplique culte de Jean-Pierre Marielle dans le film de Bertrand Tavernier, *Coup de torchon* (1981) : « penser déjà c'est dur, mais marcher en pensant, non ! ». Quand Stevenson entame son périple au Monastier, les villageois sont étonnés de le voir parcourir les environs. On lui demande où il veut aller, mais il ne le sait pas trop lui-même. Marcher pour rien, sans but, est contraire à leurs yeux à toute logique. « Je voyage non pour aller quelque part, mais pour marcher, je voyage pour le plaisir de voyager. L'important est de bouger, d'éprouver de plus près les nécessités et les embarras de la vie, de quitter le lit douillet de la civilisation, de sentir sous mes pieds le granit terrestre et les silex épars avec leurs coupants. » (1978, p. 76) En 1971, J. Lacarrière, sur son chemin de Saverne dans les Vosges, jusqu'à Leucate, près de la Méditerranée, est souvent seul sur les routes ou les sentiers. Chemineau, homme sans feu ni lieu, seulement de passage. Il s'étonne de la solitude des forêts où il ne croise jamais de promeneurs, même en plein mois d'août, pas même de chercheurs de champignons. Un jour où il demande son chemin à un paysan, l'homme lui répond : « Le chemin du bois Villiers ? Mais personne ne le prend plus jamais. On ne va pas dans ces bois-là. Et si vous vous cassez une jambe, qui ira vous chercher ? » (Chemineau, 1977, p. 127). Marcher pour marcher n'a alors guère de sens, on va à pied mais pour des raisons utilitaires, non par loisir. En 1977, P. Barret et J.-N. Gurgand sur les traces du chemin de Compostelle au départ de Vézelay découvre une voie quasiment abandonnée, défaite par le bitume et le remembrement, coupée par des barbelés ou des clôtures électriques. Ils sont si insolites dans le paysage que des enfants les prennent pour des parachutistes à cause de leur sac à dos (1999, p. 270). Éminemment suspects aux yeux des populations locales, ils sont dénoncés et contrôlés à neuf reprises en quinze jours par des gendarmes (1999, p. 276).

L'envol sociologique de la marche en France accompagne son engouement dans d'autres parties du monde. Désormais « marcher pour rien » est une valeur de plus en plus partagée (Le Breton, 2012 ; 2021), nourricière d'une communication planétaire intense. Le cheminement prime sur l'arrivée, chaque pas à son importance. L'environnement n'est pas un adversaire à affronter, mais une enveloppe bienveillante qui accompagne les efforts paisibles des chemineaux, étonnés de retrouver une sensorialité foisonnante qui les éloigne de l'asepsie courante de leur existence citadine.

Homo ludens

Le marcheur est dans un parcours nomade, il échappe à toute fonctionnalité du chemin car il progresse dans un espace ouvert à tous les possibles, à toutes les haltes, à toutes les explorations. Il est au sens fort un *homo ludens* mu par ses désirs, s'appropriant les lieux traversés de tous ses sens, il est joueur des occasions qu'il croise. Il ne laisse aucune trace de son passage. Il détourne les lieux et les routes, il n'est plus dans leur utilité, leur raison commune d'être, il n'est pas soucieux de l'arrivée mais de son chemin tel qu'il se fait. Même sur un parcours balisé, la marche est toujours une dérive, mais elle fait partie du jeu, elle est dans l'évidence du monde, elle n'est pas un exercice. Le marcheur s'écarte parfois du chemin jalonné et bien dessiné sur le sol, pour voir ce que recouvre une ouverture dans les taillis ou une autre piste à peine dessinée dans la forêt, suivre une route forestière, ou effectuer un détour pour aller voir de plus près les ruines d'une maison, regarder un étang, ou plonger dans un lac ou une rivière. Une marche prend la clé des champs, toujours un peu erratique. L'imprévisible l'emporte souvent sur le probable et modifie la progression et son rythme.

La réconciliation avec le monde est souvent inhérente au chemin. L'environnement est une enveloppe protectrice, une étoffe heureuse à la disposition sensorielle du chemineau. Une constellation de données soutient le marcheur dans la reconquête de soi. Le fait de s'éloigner de son habitation en se livrant à l'incertitude de la progression amène à se détacher de la rumination des soucis et à cesser de tourner en rond. Partir de chez soi, au sens littéral et symbolique, revient à laisser les tracas derrière soi, à se livrer à un exercice de dépouillement. D'où le sentiment de renaissance de ceux qui se lancent sur les routes en pleine dépression, en deuil, dans les affres d'une séparation douloureuse, un chômage durable, ou même une maladie chronique, ou le désir d'une autre vie. Les sentiers affranchissent des routines de la souffrance en rompant un moment avec l'entourage et avec tout ce qui rappelle la situation malheureuse. Une longue marche est souvent « une thérapie d'imprégnation par la fatigue », dit justement Alphonse Dupront (1987, p. 103). Le marcheur laisse derrière lui la zone de turbulence qui l'éloigne d'un monde où il ne se reconnaissait plus. Il retrouve au fil des jours un centre de gravité. Il n'est plus occupé des soucis qui l'encombraient.

Certes, malgré ces échappées belles hors des impératifs de nos sociétés ultralibérales, la marche ne change pas radicalement le monde, elle offre plutôt un abri pour se reconstruire, guérir de son mal de vivre, renouer avec une communication qui devenait difficile avec son environnement. Elle est une parenthèse heureuse propice au renouvellement du rapport au monde. Elle rappelle le prix des choses sans prix sans lesquelles l'existence serait morne et sans perspective : il y a toujours une forêt, un désert, un espace où retrouver un enracinement propice, un recours pour ne pas se perdre, un lieu où l'on se sent à sa place.

RÉFÉRENCES BIBLIOGRAPHIQUES

BARRET P. et GURGAND J.-N., *Priez pour nous à Compostelle*, Paris, Hachette, 1999.

DUPRONT A., *Du sacré. Croisades et pèlerinages. Images et langages*, Paris, Gallimard, 1987, p. 103.

LACARRIERE J., *Chemin faisant*, Paris, Livre de Poche, 1977.

LE BRETON D., *Marcher la vie. Un art tranquille du bonheur*, Paris, Métailié, 2020.

LE BRETON D., *Disparaître de soi. Une tentation contemporaine*, Paris, Métailié, 2015.

LE BRETON D., *Marcher. Éloge des chemins et de la lenteur*, Paris, Métailié, 2012.

ROUSSEAU J.-J., *Émile*, Paris, Garnier-Flammarion, 1966, p. 540.

STEVENSON R. L., *Voyages avec un âne dans les Cévennes*, Paris, 10-18, 1978.

ZAPPONI E., *Marcher vers Compostelle. Ethnographie d'une pratique pèlerine*, Paris, L'Harmattan, 2011.

Lève-toi et marche

À différentes époques, dans différents pays, des citoyens ont marché jusqu'à l'épuisement. Ou la victoire.

Ils ont marché par milliers, et occupé les places, plus ou moins pacifiquement. Ils voulaient changer la classe politique au pouvoir. Les appels à descendre dans la rue, relayés dans l'histoire récente sur les différents réseaux sociaux, et des points de rencontres sont fixés. Les manifestants affluent. Anonymes. Puis convergent vers une même direction. Une grande place. Ou l'entrée d'un parlement, pour dire aux représentants du peuple, qu'ils n'ont pas œuvré dans son meilleur intérêt. Pire, qu'ils l'ont spolié de sa souveraineté, de son argent et de sa sécurité.

Au-delà d'exprimer leur colère, que croyaient donc ces citoyens pouvoir accomplir par la marche ? D'ailleurs combien croient *réellement* qu'il est en leur pouvoir de changer les choses ? Et combien n'y croient plus ? Pourquoi, dans d'autres lieux et à d'autres époques, les rues et les places sont-elles désespérément vides, alors que les raisons de manifester sa colère et de se révolter, sont bien plus nombreuses ? Pourquoi personne ne marche-t-il ?

Qu'est ce qui fait qu'à un instant « t » un peuple se soulève et prend les rues ? Dans cette même revue, nous nous étions interrogés : « pourquoi les peuples arabes se révoltent-ils en 2011 contre leurs dictateurs, alors que ces mêmes régimes sévissent depuis des décennies ? » (Zakhour, 2011). Nous avions conclu que, si « l'imaginaire est le moteur de l'histoire, même si aucun évènement d'histoire n'est fabriqué que d'imaginaire… (Bayard, 1996, p. 181) pour tous les peuples opprimés, pour passer à l'action, en plus de croire que cela est possible, il faut briser le mur de la peur, et… avoir les moyens de sa révolution. »

Croire que cela est possible…

Y croire, c'est se battre. Trouver l'énergie, les moyens, les raisons, les arguments. Ne plus y croire, c'est baisser les bras. Abandonner la bataille. Le pays. Tourner le dos. Sauver sa peau. Puisqu'il n'y aurait plus rien d'autre à sauver. Partir. À la recherche d'une nouvelle patrie. Émigrer. La marche revendication se mue en exil. Cette marche en vue de quitter sa terre et les siens, en quête d'un monde meilleur. Est-il permis alors de parler de *burn out* collectif ? Est-il permis à un peuple d'être fatigué ? De ne plus marcher pour se révolter. De ne plus lancer d'appel. De ne plus y répondre. Marcher, à quoi bon ? Cela ne sert à rien. Ils ont tenté. Et échoué jusque-là. De défaite en défaite, au fil des générations, la course leur semble sans issue. Alors ils s'arrêtent net. N'avancent plus. Un ras le bol. Un étiolement, voire un anéantissement de la capacité de résistance. De la volonté de résistance, peut-être. Ils n'ont plus les moyens de leur révolte. Dans certains pays, ils ont perdu la guerre, la vie, un bras ou un œil, etc. Dans d'autres, la situation économique étrangle bon nombre de citoyens, qui se démènent pour subsister. S'il est une chose qui n'a pas changé, c'est bien leur volonté que les choses changent. Mais c'est désormais en leur aptitude à pouvoir faire changer les choses, par la marche, que ces citoyens ne croient plus. Se sentent-ils désormais impuissants ?

On a beau chercher les mots pour convaincre, si les discours ont un rôle performatif, « le pouvoir des mots ne s'exerce que sur ceux qui sont disposés à les entendre, les écouter, bref à les croire ! » (Eribon, 1982, p. 28) Le paralytique de la piscine de Bethesda a choisi de mettre sa foi en Jésus qui lui ordonna de se lever, et de marcher :

« lève-toi prend ton lit et marche ». Il fut ainsi guéri, sa foi l'ayant sauvé, selon les évangiles. Aujourd'hui, quel récit ou quel interlocuteur est-il susceptible de redonner foi à des peuples, qui semblent avoir tout perdu, jusqu'à l'espoir ? Comment instaurer, consolider, rétablir, voire réhabiliter un imaginaire capable de se projeter dans l'avenir ? Comment leur donner envie d'y croire – encore – et de marcher vers cet avenir ?

Nombreux sont les peuples qui restent paralysés. Désormais la seule raison pour laquelle ils se relèveraient, c'est la course aux visas ; ou, pour les plus désespérés, l'immigration illégale. Ils le savent bien, le temps imparti, celui qu'il reste à chacun, est compté. On n'a qu'une vie après tout, et celle-ci, ils préfèrent la jeter dans une embarcation de fortune qui, elle aussi, menace d'échouer et de se noyer en pleine mer. Un risque que des migrants sont prêts à prendre, et qui en dit long sur la conviction de leur impuissance à rester et résister sur place. Une bataille qu'ils pensent perdue, et qu'ils ne sont plus prêts à mener.

Marcher. Mais pour fuir cette fois, ce que l'on ne croit plus pouvoir changer. Ce en quoi l'on ne croit plus. Il est d'autres terres, d'autres rivages, d'autres histoires qui font rêver. Churchill a dit : « Si tu traverses l'enfer, surtout continue d'avancer. » Oui, mais la direction choisie peut varier. Le choix est tributaire d'une lueur. D'espoir. Au loin. Ou dans un coin de la tête.

Lina Zakhour
Avocate – écrivain

RÉFÉRENCES BIBLIOGRAPHIQUES

BAYART J.-F., *L'Illusion identitaire*, Fayard, 1996, p. 181

ERIBON D., « Dévoiler les ressorts du pouvoir. Le fétichisme politique », entretien mené avec Pierre Bourdieu à l'occasion de la publication de *Ce que parler veut dire* (1982), *Libération*, 19 oct. 1982, p. 28.

ZAKHOUR L., « Printemps arabe : de l'imaginaire au réel. Les moyens d'information et de communication font la révolution », *Hermès*, n° 61, 2011.

Céline Bryon-Portet
Université Paul Valéry – Montpellier 3

La marche militaire : quand les corps font corps

Introduction

Bon nombre de travaux de recherche se sont intéressés à la dimension onirique, méditative voire initiatique de la marche, c'est-à-dire à l'activité intérieure du marcheur et à ce qui se joue, au plan spirituel, lorsque le corps se meut afin d'aller d'un point A à un point B ou préfère errer au hasard des routes. Des rêveries d'un philosophe aimant à se promener dans la nature (Rousseau, 2011) aux pérégrinations d'un pèlerin cheminant vers Saint-Jacques-de-Compostelle (Zapponi, 2010), en passant par les flâneries d'un intellectuel explorant les passages de la ville de Paris et autres curiosités urbaines (Benjamin, 2021), ce sont principalement les réflexions de l'individu et l'introspection à laquelle ce dernier se livre dans le cadre d'une quête identitaire, les effets psychologiques de la mobilité mais aussi les émotions et le plaisir que procure la rencontre avec le *genius loci*, qui ont retenu l'attention des chercheurs.

Aux antipodes de ces déambulations solitaires qui suscitent parfois un éloge de la lenteur (Le Breton, 2000) et dont certains soulignent la charge poétique, la marche militaire, objet du présent article, est une manœuvre collective et contraignante. Loin des approches hédonistes où vagabondage rime avec jouissance de l'espace et du temps, éveil sensoriel au monde et lâcher prise, la discipline qui soumet les soldats au pas cadencé possède une raison d'être propre, que nous proposons d'analyser.

Nécessité tactique et impératif opérationnel de la marche militaire

La marche militaire se déploie dans une perspective plus large, celle d'une « économie du corps » (Ehrenberg, 1983, p. 21) qui domine la culture des armées et s'exprime de diverses manières, par exemple par des exercices physiques (pompes, course à pied, etc.) et par du CAC (combat au corps-à-corps). L'accroissement de la résistance et de l'endurance des soldats, indispensable lors de la réalisation des missions de combat, est l'un des objectifs de ces séances d'entraînement. « Comme tout entraînement, l'entraînement à la marche doit être lent et progressif, continu et basé sur la force des hommes les plus faibles », stipulait *Le Livre du gradé d'infanterie* française[1] dans son édition de 1905.

Arnaud Guinier note également que la codification de la marche militaire, inspirée de celle des anciens Spartiates et des Romains, trouve son origine dans des impératifs tactiques :

> « De la Renaissance à la Révolution, l'époque moderne est marquée par le triomphe des formations serrées, que ce soient les carrés de piquiers suisses ou les longues lignes de fusiliers du XVIIIe siècle. De telles dispositions impliquent un minimum de coordination entre les différents acteurs afin de préserver l'ordre adopté. Un impératif d'autant plus fort que les conséquences de la désunion peuvent être catastrophiques. […] De cet impératif naît un progressif mouvement de codification de la marche au combat qui vise à en définir le rythme, l'étendue et même le déroulement. Initialement simple pratique empirique, le pas militaire est ainsi progressivement transformé en un savoir positivement normé, celui du pas cadencé. » (Guinier, p. 15)

Pourvoyeuse de coordination et d'ordre, la marche militaire, parce qu'elle impose une mesure et un tempo, et parce qu'elle rigidifie les déplacements des soldats en les faisant entrer dans un cadre préétabli, minimise les risques de dislocation et de dispersion des membres du groupe. Aussi, « apprendre à marcher au pas équivalait, depuis Frédéric II, à savoir se battre. Car ce n'était pas la maîtrise du combat qui était l'objet de cette instruction, mais la possibilité de rester sans faillir sous le feu » (Ehrenberg, 1983, p. 38).

La marche militaire revêt donc avant tout une dimension utilitaire. Cela la range dans la catégorie de ces « techniques du corps » que Marcel Mauss a étudiées et dont il a souligné qu'elles sont orientées vers « un but » et recherchent « l'efficacité », comme toute technique (Mauss, 1936). Et l'anthropologue d'ajouter :

> « Le corps est le premier et le plus naturel instrument de l'homme. Ou plus exactement, sans parler d'instrument, le premier et le plus naturel objet technique, et en même temps moyen technique, de l'homme, c'est son corps. »

Sans doute cela est-il plus manifeste encore dans des métiers qui reposent en grande partie sur la mobilisation des corps : métiers sportifs, métiers de la mode, métier des armes, etc. Marcel Mauss lui-même avait d'ailleurs tiré bon nombre de ses enseignements sur les diverses techniques du corps de son passage dans l'armée, où il s'engagea comme caporal en 1914 et resta jusqu'à la fin de la guerre. Comme beaucoup de chercheurs, il relève l'utilité de la marche codifiée mais cette fois-ci en mettant l'accent sur les conséquences préjudiciables qu'entraîne sa suppression (Mauss, 1936) :

> « Caporal, voici comment j'enseignais la raison de l'exercice en rang serré, la marche par quatre et au pas. Je défendais de marcher au pas et de se mettre en rang et en deux files par quatre, et j'obligeais l'escadron à passer entre deux arbres de la cour. Ils se marchaient les uns sur les autres. » cf (Mauss, 1936)

Contraindre le corps afin de plier la volonté : une technique disciplinaire pour un dressage total

Inconfortable, la marche militaire consiste à contrarier les postures naturelles, auxquelles elle substitue une rigueur gestuelle qui exige – tout du moins quand on n'y est pas habituée – une attention soutenue et un effort musculaire constant. En ce sens, elle s'inscrit également dans une logique d'assujetissement de l'individu à l'organisation qui entend contrôler ce dernier, révélant les enjeux de pouvoir et de domination à l'œuvre dans l'armée.

Définie comme une « institution totale » par Erving Goffman (1968) et comme une « institution disciplinaire » par Michel Foucault (1975), l'armée exerce des formes de coercition, des techniques de « dressage » de la volonté, des « forceries »[2] qui instrumentalisent le corps pour changer la personnalité de ses membres et s'en faire obéir. Transformer l'homme, le rendre docile, le plier à un cadre normatif, en effet, implique d'agir tant sur sa chair que sur son mental, ainsi que l'a bien montré Foucault dans *Surveiller et punir* :

> « [L]e soldat est devenu quelque chose qui se fabrique ; d'une pâte informe, d'un corps inapte, on a fait la machine dont on a besoin ; on a redressé peu à peu les postures ; lentement une contrainte calculée parcourt chaque partie du corps, s'en rend maître, plie l'ensemble, le rend perpétuellement disponible, et se prolonge, en silence, dans l'automatisme des habitudes. » (1975)

Louis Pinto évoque un « travail d'inculcation » (1975). Alain Ehrenberg (1983), à son tour, a insisté sur l'efficacité du « drill », inspiré des méthodes de l'armée prussienne et destiné à favoriser « l'obéissance passive » (Girardet, 1998), traduite par l'adage « nicht raisonniren » que les chefs se plaisent à rappeler à leurs subalternes. Dans une approche fonctionnaliste, on peut donc considérer que la marche réglée participe d'un façonnage et d'un conditionnement du soldat, et poursuit un « rendement humain » (Mauss, 1936).

Or le rendement humain dont il s'agit ici, on l'aura compris, n'est pas seulement un rendement physique, tel que l'augmentation de l'endurance ou de la force du soldat. Il est également psychique et comportemental.

Au fil du temps, la mécanique finit par être si bien huilée, les mouvements forcés deviennent tellement spontanés, que les troupes n'ont plus besoin de se concentrer pour se déplacer de la sorte. Ce curieux mélange, presque paradoxal, de contrainte préalable et de spontanéité acquise, explique que le défilé du 14 juillet reste un sujet d'attraction pour la population qui s'émerveille d'une maîtrise corporelle et d'une précision rythmique parfaitement intériorisées.

Quand la marche militaire, qui est une marche forcée et contre-nature, prend des tours naturels et donne l'impression d'être réalisée sans efforts, c'est la preuve que l'éducation et la socialisation militaires des corps sont achevées et qu'elles engendrent une « hexis corporelle » intégrée dans un système d'habitus modifiant l'être en profondeur. Car comme le fait remarquer Pierre Bourdieu, « l'hexis est le mythe réalisé, *incorporé*, devenu disposition permanente, manière durable de se tenir, de parler, de marcher, et, par-là, de *sentir* et de *penser* » (1972, p. 193).

La parade : souci d'esthétisme ou expression d'une rectitude morale ?

Si le pas cadencé les rapproche, marche en situation de combat et marche en situation de parade diffèrent tant dans les objectifs visés que dans certains détails formels (tenues vestimentaires, posture, etc.). Le défilé, soutenu par un cérémonial et accompagné de musique, traduit un souci esthétique qui pourrait sembler contradictoire par rapport aux impératifs opérationnels de la guerre (Teboul, 2015).

Cependant, il convient de relativiser la contradiction dans la mesure où la parade, bien qu'ostentatoire, divertissante pour les spectateurs et auréolée d'un certain prestige, ne peut être réduite à l'un de ces « usages ludiques du corps », telles les activités sportives parfois conçues comme pure distraction et que Luc Boltanski décrit (1971). Outre qu'elle est une démonstration de puissance et d'unité, la parade possède une portée symbolique : se tenir droit, bomber le torse, relever le menton, avancer et balancer les bras de conserve, avec une extrême régularité, tout cela n'exprime-t-il pas des « valeurs faites corps », selon les mots de Pierre Bourdieu (1980, p. 117) ?

Dans sa grande majorité, la culture somatique du militaire n'est guère constituée de signes arbitraires ; elle représente l'idéologie que véhicule l'institution : la rigueur gestuelle est supposée être un miroir de la rigueur intellectuelle et la rectitude posturale est censée incarner la rectitude morale que l'armée s'efforce de développer chez ses membres. En effet, on a vu que la droiture comportementale doit procéder d'une série de violences disciplinaires et de lentes imprégnations, à travers lesquelles se noue une interaction entre le paraître et l'être, le corps et l'esprit. Alain Ehrenberg, citant Pierre Jean Georges Cabanis, insiste sur ce point :

> « "Le physique et le moral se confondent à leur source ; ou, pour mieux le dire, le moral n'est que le physique considéré sous certains points de vue". Il n'y a pas d'un côté, l'aspect purement physique (force, taille, vitesse, etc.) analysé, perfectionné, mesuré suivant des procédures particulières, et de l'autre, le moral, traité à partir d'autres procédures. On se donne plutôt comme projet la connaissance d'un homme total chez qui le moral dérive du physique, comme ce qui colle à la peau. » (1983, p. 55-56)

Ce à quoi il faudrait ajouter que le physique, à son tour, est comme une exsudation du moral…

Paraphrasant Blaise Pascal, pour qui c'est en accomplissant les gestes de la foi (génuflexions, signes de croix, récitation de prières, etc.) qu'on est porté vers la croyance, on pourrait avancer l'idée que c'est en adoptant le maintien et la marche militaires qu'on se met à penser en soldat. Pourquoi cela ? Peut-être parce qu'au-delà du caractère suggestif et incitatif que revêtent ces symboles en actes, « ce qui est appris par le corps n'est pas quelque chose que l'on a, comme un savoir que l'on peut tenir devant soi, mais quelque chose que l'on est. » (Bourdieu, 1980)

Ce n'est pas un hasard si de nombreuses pratiques militaires évoquent des lignes verticales (garde-à-vous) et des angles droits (salut avec positionnement des pieds et bras en équerre, lit « au carré », etc.), rappelant l'expression « être carré » forgé par Napoléon Bonaparte pour pointer le type de personnalité qui convient au métiers des armes[3]. Ainsi que le note Pierre Bourdieu, « toute la morale de l'honneur se trouve à la fois *symbolisée* et *réalisée* dans l'*hexis* corporelle » (Bourdieu, 1972, p. 193). Dès lors, on peut considérer que la marche de parade n'est pas le contraire de la marche de combat ; plutôt est-elle l'extériorisation, la monstration spectaculaire des qualités intérieures, mentales et morales, que les combattants ont acquises : l'abnégation, la précision et l'ordre, la fierté aussi, mais elle révèle surtout une domestication de la force, mise au service de la violence légitime de l'État (Teboul, 2015), ainsi qu'une socialisation qui donne la priorité au collectif.

Marche coordonnée et cohésion du groupe

Comme la plupart des institutions totales, l'armée ne remodèle l'individu que pour mieux lui ôter son individualité, c'est-à-dire son caractère unique et indivisible (du latin « individuum »). En entrant dans les rangs, le soldat doit perdre son ancienne autonomie, se fondre dans la masse, adhérer aux valeurs communes, ne plus vouloir en propre, abandonner la poursuite d'intérêts personnels pour servir l'intérêt général.

Émile Durkheim l'a bien montré dans *Le Suicide* :

> « [L]a première qualité du soldat est une sorte d'impersonnalité que l'on ne rencontre nulle part, au même degré, dans la vie civile. Il faut qu'il soit exercé à faire peu de cas de sa personne, puisqu'il doit être prêt à en faire le sacrifice dès qu'il en a reçu l'ordre. […] Mais, pour cela, une abnégation intellectuelle est nécessaire qui n'est guère compatible avec l'individualisme. » (2004, p. 254)

L'hyper-régulation et l'hyper-intégration du soldat au groupe (qui s'opposent à l'anomie et à l'individualisme caractéristiques des sociétés modernes occidentales), provoquent d'ailleurs, dans des cas extrêmes, des suicides de type « altruiste » au sein de l'armée.

La marche favorise ce remodelage et cette hyper-intégration du soldat, non seulement parce qu'il s'agit d'un exercice collectif, capable de souder tous ceux qui y participent, mais parce que les pas coordonnés et les mouvements synchrones contribuent à former un « esprit de corps ». Le sentiment d'appartenance des soldats à une même communauté, mieux encore à une grande famille, en accord avec le principe de fraternité d'armes sur lequel reposent les relations interpersonnelles des militaires, se trouve renforcé par l'harmonie et l'unité que crée une évolution spatiale où chacun est lié à tous et tous à chacun, où la concordance globale de la chaîne dépend de la capacité d'insertion et de mise en conformité des maillons qui la composent grâce à ce que Gabriel Tarde appelait les « lois de l'imitation » (1890).

En effet, quand une troupe se déplace à l'unisson, la synergie est telle que ses membres ont l'impression de ne faire plus qu'un : ils font corps par leurs corps indissociablement mêlés et par leurs esprits, qui entrent en communion. Ce phénomène de groupe est bien connu des psychosociologues. À certains égards, la marche militaire est semblable à une symphonie que produisent les musiciens d'un orchestre parfaitement accordés, et ce qu'éprouvent alors les soldats est proche de l'égrégore[4] que disent ressentir parfois les francs-maçons lorsqu'ils pratiquent leurs rites de façon synchronique. La marche cadencée, d'ailleurs, a pu être considérée comme un rite (Pinto, 1975), tant par son aspect répétitif, initiatique voire sacré s'il s'entoure d'un cérémonial, que par les effets cohésifs qu'elle produit. On pourrait ainsi appliquer aux militaires ce que Bernard Lamizet déclare à propos de ceux qui :

> « savent, au moment où ils participent à un rite, que tous les autres sont en train de participer au même rite, et ils acquièrent, de cette manière, la conscience de l'appartenance à une communauté d'existence, par la conscience de la dimension sociale et culturelle de la temporalité » (2002, p. 178)

De l'identité communautaire aux ardeurs martiales

Le processus de construction identitaire auquel contribue la marche est d'autant plus opérant que l'apprentissage du pas cadencé distingue les militaires des civils – les premiers seuls évoluent de la sorte – et joue donc le rôle d'un rite de passage. Mais le pas cadencé différencie également les militaires entre eux puisque ses normes (rapidité de la marche, hauteur de la jambe, etc.) varient d'un pays à un autre, et même d'un corps d'armée à un autre au sein d'une même nation.

Marcel Mauss a ainsi commenté le « pas de l'oie » de l'armée allemande, difficile à pratiquer pour un soldat français, pour des raisons à la fois physiques et socioculturelles :

> « Extension de la jambe. On se moque du "pas de l'oie". C'est le moyen pour l'armée allemande d'obtenir le maximum d'extension de la jambe, étant donné surtout que l'ensemble des hommes du Nord, hauts sur jambes, ont le goût de faire le pas le plus long possible. Faute de ces exercices, un grand nombre d'entre nous, en France, restons à quelques degrés cagneux du genou. Voilà une de ces idiosyncrasies qui sont à la fois de race, de mentalité individuelle et de mentalité collective. » (1936)

L'enracinement culturel est tel qu'il est extrêmement malaisé de se dessaisir de ces habitudes devenues habitus (Mauss, 1936).

En France, la marche des légionnaires, par exemple, est aisément reconnaissable car beaucoup plus lente que celle des autres corps d'armée, notamment. Par conséquent, le pas cadencé est un facteur de cohésion à la fois au niveau inter-institutionnel (la communauté militaire *versus* la société civile) et au niveau intra-institutionnel (tel corps d'armée par rapport à tel autre).

L'aspect culturel de la marche, et ses effets cohésifs, ne peuvent être décorrélés de la dimension opérationnelle présentée au début de cet exposé. En effet, la concorde, la création de liens interpersonnels de nature « organique » – pour emprunter le mot de Ferdinand Tönnies (2010) – sont recherchées dans un but avant tout utilitaire, celles-ci décuplant tant le sentiment de puissance que la résilience face à l'adversité. Plus les soldats sont soudés entre eux et développent le sens de la fraternité, plus grande est la motivation combattante et l'émulation réciproque dont ils font preuve au cours d'un conflit. L'entraide et le réconfort qui en résultent, poussant au sacrifice suprême, augmentent les chances de succès face aux troupes ennemies de manière significative.

Conclusion

La marche militaire est à la fois un impératif tactique, un moyen de dressage, un habitus dont la dimension symbolique révèle l'état d'esprit du soldat, un facteur de cohésion et une pratique culturelle identificatoire ayant des conséquences opérationnelles. Les combats se gagnant autant par la force de la volonté que par la force physique, autant par l'union des soldats que par leur aptitude à se battre, on comprend l'importance que revêt le pas cadencé.

NOTES

1. *Le Livre du gradé d'infanterie. À l'usage des élèves-caporaux, caporaux et sous-officiers d'infanterie*, Berger-Levrault et Cie, 1905, p. 290.
2. Selon le mot de Goffman (1968).
3. « Ce qui était le plus désirable et tirait aussitôt quelqu'un hors de ligne, c'est que chez lui l'esprit ou le talent fût en équilibre avec le caractère ou le courage : c'est ce qu'il appelait être carré autant de base que de hauteur » (Las Cases, 1828, p. 238).
4. Esprit de groupe.

RÉFÉRENCES BIBLIOGRAPHIQUES

BENJAMIN W., *Paris, capitale du XIXe siècle. Le livre des passages*, Paris, Éditions du Cerf, 2021.

BOLTANSKI L., « Les usages sociaux des corps », *Annales*, n° 26, 1971, p. 205-233.

BOURDIEU P., *Esquisse d'une théorie de la pratique*, précédé de *Trois études d'ethnologie kabyle*, Genève, Droz, 1972.

BOURDIEU P., *Le Sens pratique*, Paris, Minuit, coll. « Le Sens commun », 1980.

BOZON M., *Les Conscrits*, Paris, Berger-Levrault, 1981.

DURKHEIM É., *Le Suicide. Étude de sociologie*, Paris, Presses universitaires de France, 2004.

EHRENBERG A., *Le Corps militaire. Politique et pédagogie en démocratie*, Paris, Aubier, 1983.

FOUCAULT M., *Surveiller et punir. Naissance de la prison*, Paris, Gallimard, 1975.

GIRARDET R., *La Société militaire de 1815 à nos jours*, Paris, Perrin, 1998.

GUINIER A., « De guerre et de grâce : le pas cadencé dans l'armée française de la seconde moitié du XVIIIe siècle (1750-1791) », *E-Phaïstos*, vol. IV, n° 1, avril 2015, p. 15-26.

GOFFMAN E., *Asiles*, Paris, Minuit, 1968.

LAMIZET B., *Politique et Identité*, Lyon, Presses universitaires de Lyon, 2002.

LAS CASES (comte de), *Mémorial de Sainte-Hélène. Journal ou se trouve consigné, jour par jour, ce qu'a dit et fait Napoléon durant dix-huit mois*, tome 1, Paris, L'auteur – Tous les libraires de France et de l'étranger, 1828, p. 238.

LE BRETON D., *Éloge de la marche*, Paris, Métailié, 2000.

MAUSS M., « Les techniques du corps », *Journal de Psychologie*, XXXII, n° 3-4, 1936.

PINTO L., « L'armée, le contingent et les classes sociales », *Actes de la recherche en sciences sociales*, vol. 1, n° 3, 1975, p. 18-40.

ROUSSEAU J.-J., *Les rêveries du promeneur solitaire*, Paris, Flammarion, 2011.

ROYNETTE O. et CABANES B. (dir.), « La fabrique des soldats », *Une histoire de la guerre*, Paris, Seuil, 2018, p. 259-268.

TARDE G., *Les lois de l'imitation. Étude sociologique*, Paris, Félix Alcan, 1890.

TEBOUL J., « Combattre et parader. Des masculinités militaires plurielles », *Terrains & Travaux*, n° 27, 2015, p. 99-115.

TÖNNIES F., *Communauté et Société*, Paris, Presses universitaires de France, 2010.

ZAPPONI E., « Le pèlerinage vers Saint-Jacques-de-Compostelle », *Archives de sciences sociales des religions*, n° 149, 2010, p. 73-87.

Gaëtan Rivière
Avignon Université

Parader dans la ville : rencontre avec l'altérité

La parade se fait tentative de communication. Si elle implique une relation dans la reconnaissance de l'autre (Wolton, 2014), les entreprises de cirque voient dans cette marche réglée, qui efface les différences, la possibilité d'agir directement sur les habitants. Alors que la communication humaine peut faire figure de fausse note dans l'accélération du monde qui l'entoure (Winkin et Galli, 2021), la marche permet d'accorder ses acteurs. Les artistes tendent vers une communion, essaient de produire une harmonie avec les spectateurs. La communion est un espace de réciprocité (Labbé, 2009) qui efface les différences entre les individus au travers d'un tiers unifiant. Cette identité transcende ses membres : dépassant la simple addition de ses composants, elle construit une identité collective unie. Cet espace se veut alors harmonieux, telle l'ancienne métaphore de l'orchestre (Winkin, 2014), où vibrent à l'unisson tous ses membres dans une pratique mimétique (Ossman, 1998).

Lorsqu'on retourne aux origines étymologiques de la communication, la communion est pourtant mise à mal dans cette tension permanente qu'offre la parade entre communication et incommunication. Ce simulacre de mêmeté tente de réduire la tension primaire entre mouvant et statique. Une illusion car si les spectateurs entrent dans la marche, ils se réinscrivent dans leur identité immobile dans les gradins du chapiteau. Le cirque perçoit alors dans cette marche orchestrée la possibilité d'une publicité aux allures humaines, communautaire. Or, cette harmonie artificielle se heurte aux incommunications : la marche lente et réglée se transforme parfois en capharnaüm incontrôlé. L'information, vecteur de connaissance, qui se dissimule sous une communication, comme interpellation de l'interlocuteur (Bréchignac, 2000) ne résiste pas face à l'altérité. Dans ce contexte, comment la parade tente-t-elle d'instaurer une communion entre communautés par cette marche rituelle, dans le cadre d'une tension entre information publicitaire et communication humaine ?

La marche, volonté unificatrice de la parade

Pratique ostentatoire carnavalesque, exhibition de force militaire, cérémonie du pouvoir royal ou exhibition d'artistes de cirque, la parade est une pratique plurielle qui a pour dénominateur commun la marche et la monstration. La parade circassienne[1] est une pratique publicitaire qui apparaît au milieu du XIXe siècle, connaissant un succès jusqu'au milieu du XXe siècle[2]. Si la pratique trouve ses racines, comme le cirque moderne, dans le monde militaire et populaire, elle est une pratique principalement publicitaire, informative, inspirée par les cirques américains. Cependant, cette pratique entre en tension avec la forme qu'elle prend, entre données informationnelles unilatérales et communication pluridimensionnelle, de la communication-négociation à l'idéal de la communication-partage (Wolton, 2018).

La parade prend alors place dans un cadre rituel qui organise les relations de ceux qui s'y inscrivent, permettant l'engagement de tous les acteurs impliqués dans cette marche. Forme de communication humaine des plus efficaces, ce contexte spatio-temporel sécurisant (Scheff, 1979), dans lesquels s'engagent les corps, permet l'enchevêtrement d'autres relations, engendrant un sentiment fort de convivialité. S'inscrivant dans le présent de l'expérience, réduisant la parade à son aspect festif, elle permet la rencontre entre ses membres (Piette, 2005). Cette marche, spectacle rituel, semble être de ces rites qui permettent la création d'un commun, entre les circassiens et un public à conquérir. Ils usent ainsi de l'atmosphère de leurs parades pour transformer les curieux venus à leur rencontre, les faisant entrer dans la marche, dans leur rythme. La parade est un phénomène qui interpelle les sciences de l'information et de la communication.

Pratique d'information publicitaire, défilé pour attirer du public, la parade hérite des traditions circassiennes forgées aux XIXe et XXe siècles. Cette parade urbaine, où circassiens et habitants tendent à marcher à l'unisson, est une des pratiques premières de la publicisation de la présence des cirques. Marchant au pas, d'un ordre réglé, ce groupe bigarré d'artistes s'oriente vers le chapiteau, point de chute de cette marche rituelle. Dans l'unisson établi d'un rythme lent, d'une direction commune, rassemblant les différents membres du cirque, le groupe cherche à communiquer avec ces habitants venus admirer ces étrangers dans les rues qu'ils arpentent tous les jours.

Cette marche fait événement : le pas tente de définir, dans cette temporalité extraordinaire, un espace de rencontre, de communication humaine, d'ouverture aux autres et au monde (Le Breton, 2014). La parade marche jusqu'à son public, dont le rendez-vous fut donné en amont. Avant-courriers, affiches et boniments précèdent l'installation du cirque, informant la ville de l'arrivée imminente des artistes (Hodak, 2002). La rencontre entre la parade de cirque et ses publics n'est donc pas un hasard.

Cette marche essaie de communiquer, tout en informant : revue des artistes et des animaux, on présente le spectacle sous chapiteau. Tel un programme dont on tourne les pages, le cortège introduit les artistes regroupés par discipline, compagnie ou famille. Cette structure favorise la présentation individuelle des artistes tout en soulignant l'identité de groupe qui caractérise les établissements de cirque[3]. La diversité des artistes et des disciplines se fond dans le cortège où tous marchent à l'unisson. Elle reprend le pas typique du monde militaire où elle trouve ses origines et y ajoute les atours des marches festives et populaires du carnaval. Ce cortège se montre et avance dans la rue, transformant l'espace urbain traversé de cette marche lente et bruyante, immense et exaltante : dans la rencontre avec les habitants, le cortège est en tension entre information publicitaire et communion festive. La parade est une publicité vivante, popularisée sous la Troisième République, complémentaire à des affiches inertes.

Le cortège n'est pas la simple accumulation des membres qui le composent, mais cette communauté circassienne, unie, qui marche d'un seul pas. Identité et pratiques communes unifient et transcendent les individualités qui le constituent, facilitant un discours qui se concentre alors sur l'établissement. Cette revue traditionnelle est à la fois l'occasion d'informer sur le cirque, ses artistes et ses numéros, en transformant l'espace par le pas, mais aussi par le tintamarre distinctif de ce cortège.

La parade, par sa présence physique – corporelle (Renucci, 2018) et sonore – transforme l'espace de vie ordinaire des habitants, se l'approprie pour en faire un territoire de la rencontre. Donnant rendez-vous au public, la parade part à sa rencontre faisant de la rue un espace de publicité. Cet espace est transformé par le rythme, la marche de groupe qui pousse au déplacement commun, tendant vers l'harmonie. Le déplacement forme l'espace de la rencontre et de la communication, espace du mouvant. S'opposant à la conversation statique et institutionnalisée sous chapiteau, aux rites dialogiques des espaces différenciés de l'expérience spectatorielle, la parade simule un espace de communion où se mélangent circassiens et habitants marchant à l'unisson vers le chapiteau. Les cris, les rires et la marche s'étendent et tendent à dépasser les frontières entre les groupes, les appelant à communiquer, à intégrer cette unité.

Espace de communion entre les artistes autour d'une identité commune, qui transcende les individualités, il y a aussi communion avec le public par l'éclatement de la frontière qui les sépare, qui les distingue. La parade cherche à déconstruire cette division, à transformer les spectateurs en les faisant entrer dans le tempo, cherchant à en réduire l'altérité.

Altérité et communication : une tentative de communion

Deux rythmes différents cohabitent : le cortège marchant, se déplaçant d'un tempo lent et réglé ; le public, altérité de rythme, immobile dans l'attente de la parade. Lors de ce rendez-vous, le public attend le cortège qui le rejoint et le traverse. L'immobilisme du spectateur et la lenteur de la marche permettent la contemplation du cortège : de son arrivée, à la distinction nette des artistes qui le composent. Les habitants se postent tout au long de l'itinéraire annoncé afin d'être croisés par la parade, l'encadrant du début à la fin du trajet. Le public attend que le cortège vienne à sa rencontre, démarrant la conversation entre les groupes, entre les rythmes. Le cortège avance, les artistes apparaissent. Alors, les regards se croisent, les applaudissements du public se mêlent aux salutations des artistes, les rires font écho aux cabrioles des clowns-acrobates. Ils se répondent, s'observent dans les détails minutieux de la revue. Si ces altérités se différencient par leur (im)mobilité, formant les acteurs de la conversation, la distinction et le rythme lent permettent cette discussion, enclenchent la communication lorsque les deux se reconnaissent.

La marche a pour dessein de communiquer avec le public. Par la présence physique et la proximité, la conversation s'engage entre les artistes et le public qui se trouve en face-à-face. Ce sont des voix, mais aussi des corps, des odeurs (Munier, 2016), des regards et une chaleur, une présence qui se donne à lire à l'autre (Le Breton, 2014). Le public encadre le cortège et s'engage dans la conversation, en touchant, en applaudissant, en répondant à cet appel. Le marcheur est l'énonciateur face au contemplateur. Il est énonciateur face à celui dont il se démarque, altérité immobile, séparée par le mouvement. Cohabitent alors altérité de mobilités et de tempo : la communauté de la marche et celle de l'immobilité sont séparées, mais cherchent à effacer cette frontière. Face à l'acommunication entre le cirque et ses publics, la parade cherche la communication, faisant fi de toute incommunication : la marche sert cette volonté de communion où les obstacles s'effacent.

Cependant, ce dessein ne peut s'effectuer que par l'intégration communautaire des spectateurs lors d'une communion festive. Espace de rencontre performatif, la marche transforme l'identité du spectateur immobile en membre à part entière du corps du cortège : le contemplateur passif devient le marcheur actif, entraînant lui-même d'autres spectateurs dans la parade. Son intégration ne passe pas par l'entrée dans la communauté circassienne mais dans la communauté de pratique, mimétique (Wulf, 1998) : le spectateur choisit la marche, avance avec le groupe. La frontière entre la parade et son public disparaît quand le cortège pousse les spectateurs à transgresser les limites, à sortir de son état, passant des périphéries au centre de l'acte. Cette harmonie artificielle a pour but de se propager, de dépasser celle du cortège et de faire vibrer à l'unisson les différents membres du public, pour les intégrer dans cette danse par la marche. Tous ensemble avancent du même pas et s'accordent pour faire communauté, commun et communion. Ce simulacre de communication humaine avec les périphéries, incarnée sous le chapiteau par la célèbre figure du bonimenteur, M. Loyal, s'inscrit dans les pratiques publicitaires.

La communauté circassienne a la volonté de ne faire qu'un dans le cortège, dans la marche. Si cela fonctionne avec ces altérités que sont les spectateurs, des tensions subsistent dans le cortège, dans cette illusion d'unité où existe la coercition de la pratique de la marche. Si le public prend part au cortège par choix, certains artistes, à l'instar des animaux, sont obligés de marcher, de participer à cette mise en scène.

Altérité et incommunication : une harmonie remise en cause

Dans cette pratique d'information publicitaire qui cherche la communion, la parade fait buter sur l'autre. Cette autre altérité qu'est l'animal s'oppose aux artistes et aux spectateurs dans son essence même d'animalité. Malgré cette altérité, les animaux sauvages et exotiques sont intégrés dans le cortège : regroupés par espèce, ils marchent au milieu des autres artistes[4]. Les groupes de fauves, d'éléphants, les singes ou les chevaux sont intégrés dans le cortège par divers moyens : montés, encagés, dressés. Ils font partie du cirque, du programme, de la communauté des circassiens. Ils sont ainsi assimilés : intégrés dans la parade, leur individualité est effacée au profit de l'identité qu'ils partagent avec les autres. Fondus dans le cortège, ils sont dans la communauté et participent au dispositif de communication. Leur mise en scène est importante afin de souligner aussi bien leur originalité que leur identité commune de circassien. On souligne le caractère sauvage des fauves en faisant rugir le lion, et le caractère mystico-religieux de l'éléphant en le parant d'étoffes orientales. Les faire marcher avec les artistes, dans la ville, rejoint les pratiques symboliques d'intégration dans le cirque et dans la civilisation.

L'altérité semble donc assimilée, en harmonie avec la communauté. L'illusion fonctionne. Cependant, l'examen minutieux des conditions de mise en mouvement des animaux dans le cortège montre que l'image de l'animal comme artiste intégré dans la communauté circassienne, acteur de sa liberté, est plus complexe que le discours contenu dans la mise en scène du cortège. L'animal n'est pas acteur de sa présence dans la parade, il ne décide pas de marcher, mais est intégré par le cirque dans ce mouvement. L'altérité animale est intégrée de manière coercitive pour faire montre d'une harmonie. Une marche qui diffuse cette image communautaire, d'unisson de cette communauté du cirque, entre les hommes et les animaux. Des stratégies coercitives sont déployées pour faire marcher : les éléphants d'Asie sont accompagnés de leurs cornacs, les fauves sont dans des voitures-cages poussées, les singes de petite taille sont portés, quand les félins sont posés sur des chars. Ces animaux véhiculés, dont les circassiens connaissent la dangerosité comme le refus probable de la marche, avancent de force au rythme du cortège.

Forcé à parader, l'animal n'est pas acteur de sa marche. Si la marche est un acte naturel pour l'éléphant, qui la pratique à l'état sauvage, son déplacement dans le cortège est une mise en scène artificielle, humaine. La parade n'est pas une marche naturelle mais un acte social, culturel, dont le but est d'exhiber, de montrer dans un contexte artistique et publicitaire, qui s'adapte aux capacités de l'animal et des humains. Il y a ainsi une illusion de naturalité qui utilise les compétences innées des animaux. L'intégration coercitive passe par la dissimulation des outils déployés pour ne pas troubler l'harmonie entre les hommes et les bêtes. Ainsi, l'altérité s'efface dans la communication pour laisser place à l'idée de communauté.

Cette harmonie établie est cependant remise en cause ou rejetée par l'animal contraint. Face à cette communion humaine, l'animal réinscrit son altérité dans la parade en soulignant sa naturalité, réaffirmant son essence sauvage dans son identité. L'animal ne pouvant parler, il rugit ou barrit pour rappeler sa présence. Pour pallier ce manque de moyens conversationnels que ne lui offrent pas ses cris, ce refus de l'harmonie passe par la volonté de briser le rythme de la marche. Une protestation qui ébranle ces tentatives de relations face auxquelles elle se construit, prenant deux formes qui s'opposent à la parade.

Dans un premier temps, l'animal peut refuser la marche. Bloquant le cortège, l'éléphant qui refuse d'avancer produit du désordre, est créateur d'incommunication entre les humains. Le refus du tempo crée la distinction par la fin de cette pratique commune et communautaire. Dans un second temps, l'animal peut décider de courir vers la foule. Suite à quelques stimuli, l'éléphant charge, réinscrivant son altérité dans cette course folle et sauvage, incontrôlable. Cette course sans but, d'orientation ou de rythme, fait que l'altérité crée une disharmonie. Élément même de cette parade qui refuse cette unité, l'animal qui charge les spectateurs produit des courses de peur, mettant fin à la tentative de communication. Le public se met à courir dans toutes les directions et non plus dans un flux dirigé. L'atmosphère festive s'estompe : cet événement met fin à la communion, car les individus se singularisent et sortent de cette identité globale et transcendante.

Conclusion

Le caractère soudain face au caractère préparé, l'événement face au rituel, induit la primauté de la marche dans la tentative de communication humaine pour communier. Le refus dans l'immobilisme – de l'animal ou du public qui ne suit pas le cortège – comme dans la course effrénée de l'animal qui court dans le public, interrogent le mouvement lent de déambulation, espace de la rencontre avec l'altérité et de son intégration.

La parade instaure un simulacre de communion entre les communautés présentes par l'instauration d'une convivialité artificielle. Pris dans ce mouvement, les spectateurs, qui étaient immobiles, ne reçoivent plus seulement l'information publicitaire, mais discernent une invitation à la communication, à la mise en mouvement. Les cirques usent de la parade pour instaurer cette ambiance qui unie ces altérités, brouillant les lectures de l'événement où le spectateur en marche oublie qu'il est avant tout consommateur, cible de cette publicité vivante.

Les approches de l'atmosphère par Hermann Schmitz et Gernot Böhme permettent d'apporter un regard critique face à cette parade : l'illusion d'harmonie, d'une communauté marchant d'un même pas, s'inscrit dans un « capitalisme esthétique » (Böhme, 2016) qui exploite les espaces individuels, des espaces du « corps vécu », par des agencements techniques. Les industries culturelles usent pour leur part de ces techniques publicitaires, de plus en plus envahissantes (Böhme et Le Calvé, 2018).

NOTES

1. Relatif au cirque.
2. L'histoire des spectacles populaires en France depuis la Seconde Guerre mondiale est un « long combat contre [l']envahissement » de la ville par les automobiles et les politiques urbaines d'éloignement des cirques en périphérie (Gourarier, 2002).
3. L'identité est justement cette contradiction entre l'individu et le collectif. Si Dominique Wolton voit dans le caractère individuel de l'identité la possibilité d'une libération, il considère que l'identité collective a pu être productrice de haine (Wolton, 1997). Ici, plusieurs identités sont en jeu : des identités individuelles, mais aussi la communauté circassienne et le public.
4. Dès le XIXe siècle, les établissements de cirque, et plus particulièrement les dompteurs, les présentent comme artistes à part entière, légitimant leur présence sous les chapiteaux.

RÉFÉRENCES BIBLIOGRAPHIQUES

Böhme G., *Ästhetischer Kapitalismus*, Berlin, Suhrkamp Verlag, 2016.

Böhme G. et Le Calvé M., « L'atmosphère, fondement d'une nouvelle esthétique ? », *Communications*, n° 102, 2018, p. 25-49, en ligne sur <https://doi.org/10.3917/commu.102.0025>.

Bréchignac C., « Éditorial », *Hermès*, n° 26-27, 2000, p. 7-8.

Gaudin O. et Le Calvé M., « La traversée des ambiances. Regards sur les atmosphères en sciences sociales », *Communications*, n° 102, 2018, p. 5-23, en ligne sur <https://doi.org/10.3917/commu.102.0005>.

Gourarier Z., « La parade du cirque Pinder », *in* Grimaldi Forum (dir.), *Jours de Cirque*, Arles, Actes Sud, 2002, p. 79-80.

Hodak C., « Réussir l'entrée en ville », *in* Grimaldi Forum (dir.), *Jours de Cirque*, Arles, Actes Sud, 2002, p. 42-49.

Labbé Y., « La réciprocité comme communion », *Nouvelle revue théologique*, n° 131, 2009, p. 262-284, en ligne sur <https://doi.org/10.3917/nrt.312.0262>.

Le Breton D., « Le corps entre significations et informations », *Hermès*, n° 68, 2014, p. 21-30, en ligne sur <https://doi.org/10.3917/herm.068.0021>.

Munier B., « À vue de nez », *Hermès*, n° 74, 2016, p. 89-97, en ligne sur <https://www.cairn.info/revue-hermes-la-revue-2016-1-page-89.htm>.

Ossman S., « Mimesis », *Hermès*, n° 22, 1998, p. 9-15, en ligne sur <https://doi.org/10.4267/2042/14942>.

Piette A., « Fête, spectacle, cérémonie : des jeux de cadres », *Hermès*, n° 43, 2005, p. 39-46, en ligne sur <https://doi.org/10.4267/2042/23988>.

Renucci F., « Le corps et ce besoin de l'autre », *Hermès*, n° 80, 2018, p. 89-95, en ligne sur <https://doi.org/10.3917/herm.080.0089>.

Winkin Y. (dir.), *La Nouvelle communication*, Paris, Seuil, 2014 [1981].

Winkin Y. et Galli D., « Fausse note dans la communication », *Alliage. Culture – Science – Technique*, n° 82, 2014, p. 11-17.

Wolton D., *Penser la communication*, Paris, Flammarion, 1997.

Wolton D., *Informer n'est pas communiquer*, Paris, CNRS Éditions, 2009.

Wolton D., « Incommunication et altérité. Entretien », *Hermès*, n° 68, 2014, p. 212-217, en ligne sur <https://doi.org/10.3917/herm.068.0212>.

Wolton D., « Information et communication : urgence théorique », *Hermès*, n° 82, 2018, p. 10-18, en ligne sur <https://doi.org/10.3917/herm.082.0010>.

Wulf C., « Mimesis et rituel », *Hermès*, n° 22, 1998, p. 153-162, en ligne sur <https://doi.org/10.4267/2042/14960>.

Le marcheur, figure de la contestation environnementale

La relation entre la marche et l'opposition à un projet d'implantation ayant un fort impact environnemental peut s'appréhender de trois manières en lien avec les problématiques de communication.

Si le caractère apparemment systématique de la contestation aux projets de construction d'équipements s'effectue symboliquement autour des figures radicales du zadiste (Subra, 2016) ou du Black Bloc, il n'en a pas toujours été ainsi, loin de là. En effet, et cela constitue historiquement l'apparition des premières contestations, celles-ci sont effectuées par des collectifs de marcheurs souhaitant préserver l'esthétique des paysages traversés.

C'est ainsi que le premier cas recensé apparaît en Grande-Bretagne en 1844, dans le comté de Cumbria dans la région des lacs (Lake District). Il a pour origine un projet de construction d'une ligne ferroviaire reliant Kendal à Windamere et se fédère autour d'une personnalité, William Wordsworth, auteur de guides touristiques sur la région. Le mouvement était en germe dès 1833 avec la création du *Select Committee on Public Walks* qui, au nom de la défense des droits de passage sur les sentiers ruraux engagea la lutte pour la protection d'espaces verts dans le voisinage des grandes villes industrielles (Mathis, 2010, p. 116). Quelques années plus tard, et toujours avec l'implication des randonneurs et dans ce même lieu, le projet en 1870 d'un programme de barrage sur le lac Thirlmere génère de fortes contestations (Ritvo, 2009). Aux États-Unis, c'est également le projet de construction d'un barrage dans la vallée de Hetch Hetchy, dans le Yosemite, qui fédère en 1908, des collectifs de randonneurs.

En France, la première opposition date de 1908 lorsque la société des excursionnistes de Marseille décide de s'opposer au projet d'installation d'une usine d'exploitation du sable et de la chaux par le groupe chimique Solvay dans les Calanques avoisinantes. « C'est la mobilisation générale, plus d'un millier d'excursionnistes manifestent contre le projet. C'est la première fois que les citoyens se mobilisent contre un projet industriel destructeur de l'environnement naturel. L'année d'après, c'est au club Cévenol de protester auprès des pouvoirs publics contre les menaces qui pèsent sur les forêts des Causses. » (Cans, 2006, p. 48)

En dehors de la figure du randonneur, appelé originellement excursionniste, le marcheur est, depuis longtemps également, un symbole de contestation. À la différence du cas précédent, il ne s'agit pas ici du marcheur en tant qu'individu directement concerné par un projet l'impactant dans son activité de marche, mais de tout individu concerné ou non par un projet et qui utilise le moyen de la marche pour sensibiliser à son combat.

C'est ainsi que le marcheur est depuis longtemps une figure de la contestation. Depuis qu'en mars 1907, Marcelin Albert, viticulteur de l'Aude entreprit une marche depuis son village vers Narbonne pour protester contre la commercialisation de vin frauduleux, la Marche du sel de Gandhi en 1930 ou plus récemment la marche en 2001 du mouvement zapatiste dirigé par le sous-commandant Marcos qui s'effectua sur trois mille kilomètres en direction de Mexico.

La marche est conçue prioritairement comme une force d'opposition apte à fournir du fait des distances parcourues une visibilité dans l'espace public, en échelonnant la prise de parole médiatique sur des lieux-étapes distincts et en recherchant l'accroissement progressif des troupes au travers de collectifs locaux.

La réussite communicationnelle de la marche n'est toutefois pas évidente, notamment si elle échoue dans ses relations publiques au long du parcours et plus particulièrement durant les étapes. L'indifférence des publics rencontrés conjuguée à une faible attractivité médiatique risque de réduire à néant les efforts physiques déployés[1]. C'est ainsi que la Marche pour une société sans plutonium qui se déroula entre le 28 mars et le 17 avril 1982 entre Creys-Malville et Paris témoigne de cas où, selon l'expression de Sylvie Ollitrault, les marcheurs « ne rencontrèrent ni le succès escompté, ni les soutiens d'antan tout au long du parcours qui se déroula dans une indifférence quasi générale » (Ollitrault, 2008, p. 96).

La troisième force de contestation en lien avec la marche est aussi la plus traditionnelle ; il s'agit de la manifestation. Par la marche, les manifestants exposent leurs corps compacts dans l'espace urbain, parfois au coude à coude pour renforcer l'image d'une cohésion et expriment leur contestation par des slogans, pancartes, chants. Il y a dans la marche du manifestant autant un symbole d'opposition à une situation ou à un projet qu'une mise en valeur d'un lien social. Cette mise en scène a d'ailleurs fortement évolué avec la puissance médiatique traditionnelle et celle des réseaux sociaux. Il s'agit d'abord de faire de la marche un support communicationnel apte à attirer l'attention des médias. « On pourrait presque dire, en forçant un peu l'expression, que le lieu stratégique où se déroulent les manifestations, qu'elles soient d'ailleurs violentes et spontanées ou pacifiques et organisées, n'est pas la rue, simple espace apparent, mais la presse (au sens large). » (Champagne, 1990, p. 232) Le terme même de « marche » tend parfois à supplanter celui de « manifestation » pour conférer à l'événement une touche de modernité et de positivité, on manifeste « contre » mais on marche souvent « pour » à l'exemple des marches pour les droits civiques ou pour le climat.

Marche, manifestation, rassemblement, cortège, les occasions de mise en scène dans l'espace public, même profondément renouvelées par les nouveaux angles médiatiques, restent un des plus puissants symboles de la contestation.

Thierry Libaert
Collaborateur scientifique au Earth & Life Institute
Université catholique de Louvain

NOTE

1. À ce sujet voir Libaert T. et Pierlot J.-M., *Les nouvelles luttes sociales et environnementales*, Vuibert, 2015.

RÉFÉRENCES BIBLIOGRAPHIQUES

Cans R., *Petite histoire du mouvement écolo en France*, Delachaux et Niestlé, 2006, p. 48.

Champagne P., *Faire l'opinion, le nouveau jeu politique*, Éditions de Minuit, 1990, p. 232.

Mathis C.-F., *In nature we trust. Les paysages anglais à l'ère industrielle,* Presses universitaires Paris-Sorbonne, 2010, p. 116.

Ollitrault S., *Militer pour la planète. Sociologie des écologistes*, Presses universitaires de Rennes, 2008, p. 96.

Ritvo H., *The Dawn of Green: Manchester, Thirlmere and modern environmentalism*, Chicago Press, 2009.

Subra P., *Zones à défendre. De Sivens à Notre-Dame-des-Landes*, Éditions de l'Aube, 2016.

Istanbul, 1990.
Crédit : B. Plossu.

Carlo Grassi
Antoine de Baecque
Thierry Paquot
Daniele Zappalà
Paul Rasse et Vincent Lambert
Thierry Paquot
Gérard Régimbeau
Pascal Robert
Augustin Berque

II. Les esthétiques communicationnelles de la marche

Carlo Grassi
Université IUAV de Venise

La marche funèbre et ses figures de rhétorique cheminatoire

Socialisation de la mort et communication théâtralisée

Dans le cycle sans fin de naissance, croissance, vieillissement et mort de toute chose, l'humanité est soumise aux lois universelles de la nature. Forts d'une telle cognition, de quelque latitude qu'ils viennent, les êtres humains conçoivent la mortalité non pas comme un état définitif, mais comme un mouvement de perturbation et d'instabilité, de suspension des contacts et d'interruption des relations. Un événement tel que le décès d'un proche peut déboucher sur une situation régentée par l'incommunication, la perte d'identité et la dissolution des formes, qui, selon les cas, peut être vécue comme plus ou moins modérée et gouvernable ou bien extraordinairement violente et irrépressible (Baudry, 2004).

L'échelle qui va du contrôlable à l'irréfrénable dépend du modèle de socialisation de la mort adopté qui, dans sa forme la plus générale, prévoit qu'à la suite du décès, le défunt s'enfonce dans un processus de changement et de transformation : qu'en d'autres termes il emprunte un nouveau chemin dans une zone de désordre et de turbulences qui le conduira jusque dans l'espace des défunts. La traversée de cette dernière région est extrêmement risquée car, tout en se décomposant et en corrompant ses frontières claires et bien définies pour tomber dans l'état informe du cadavre, la dépouille du trépassé met également en danger l'intégralité de ses proches ; non seulement la famille et les amis, mais aussi la société elle-même, par rapport à laquelle la dépouille agit comme un miroir qui met en évidence une caducité analogue (Thomas, 1975 ; Assmann, 2000).

Ce moment de crise sera neutralisé grâce à une multiplicité de rituels, de gestes et de pratiques symboliques, dont le but est de transfigurer le statut impur du corps décédé, de purifier ce dernier et de le transmuer en une entité bénéfique. Cela de manière à le protéger dans son pas au-delà et, en même temps, à préserver les membres de la société du contact d'avec ce qui lui arrive. Ainsi, mue par l'espoir d'épargner à ce dernier une attente pénible et, en même temps, motivée par le désir de se libérer dès que possible de sa présence ambiguë et troublante, la société prend soin de le préparer au voyage qui le portera vers la terre où il devra être accueilli (Baudry, 2005).

Au sein de la pluralité de ces cérémoniaux de conversion, qui se placent à mi-chemin entre rite et jeu ritualisé du rite, et vis-à-vis desquels on se sent plus ou moins intensément investi selon les circonstances, la marche funèbre se configure comme une rhétorique cheminatoire dont les figures visent à communiquer que quelque chose de grave s'est produit. C'est-à-dire :

- la mort, sa situation préjudiciable, son prolongement néfaste et ses retombées tragiques ont fait leur apparition dans la société ;
- la collectivité est impliquée dans son vaste retentissement ;
- les humains vont à nouveau se retrouver face-à-face avec la présence du néant ;
- les acteurs sociaux sont en cours d'apprêter des dispositions de sauvegarde pour se sécuriser à travers cette même communication théâtralisée au plus haut niveau ;
- un certain nombre d'individus est en marche en train de procéder à un déplacement en direction de l'inconnu se façonnant à la fois comme un rapprochement et un éloignement : une approche au passage qui borde deux camps, au Rubicon entre l'humain et le non-humain ; un écartement provisoire de l'habitat où demeurent les vivants et de tout ce qui concerne leur condition (Jankélévitch, 2017).

L'acte de marcher comme maîtrise d'une réalité mythique

En ces termes, la procession funéraire s'est toujours constituée comme une technique exemplaire vouée à préparer des relations complexes de distanciation, à communiquer leur sens et à diffuser leur pratique : à faciliter le passage au non-humain en imaginant ses formes, en dessinant son *iter* particulier, en évoquant ses hypothétiques moments clés, en dressant une théâtralité soutenue dont l'emphase aide à affronter la douleur du deuil, à se séparer du défunt, à s'éloigner de lui et à favoriser l'oubli (Baudry, 2010).

Le fait de marcher définit alors une activité indispensable à l'épuisement du deuil. Il s'agit à la fois de barrer la route à l'idée que des mauvais esprits sont prêts à envahir le cadavre pour s'en emparer et, d'autre part, d'empêcher cette pensée maline de répandre son influence funeste dans le monde environnant. Ce lent déplacement, qui va dans le sens de la délivrance du défunt car son but est de mettre fin à l'état instable d'oscillation de ce dernier, a en effet comme projet de stabiliser la situation fluctuante des vivants, placés dans un état effrayant d'indécision par le contact avec la mort, et de leur permettre de rentrer indemnes dans l'existence ordinaire.

Ce chemin réel et métaphorique est parsemé d'innombrables déchirures qui en font un voyage incomplet et toujours inachevé. La dramatisation de ce parcours tragique est, à bien des égards, attendue, car elle favorise l'identification : mouvement par lequel on se retrouve à expérimenter le double tracé du passage et du risque. D'un côté, le déplacement et la dislocation au-delà de l'humain et, de l'autre, la proximité de forces dangereuses et perturbatrices dont les vivants croient devoir se protéger. C'est en ce sens que se mettre en route jusqu'à marquer une halte sur le seuil de la mort, en effleurant la bordure tout au long du défilé, permet de rétablir des relations renforcées et mieux équilibrées à l'intérieur de la communauté des vivants.

Aspects et caractères du convoi funèbre peuvent varier, mais leur sens général persiste. Les vivants doivent s'affranchir d'un fardeau douloureux qui les afflige de manière à pouvoir retourner à leurs anciennes occupations ; afin de réussir à demeurer séparés du royaume des morts, se dissocier des puissances maléfiques qui sont censées l'habiter et finalement réintégrer le monde normal en tant que rescapés. Cette marche exprime alors avec force et crédibilité la valeur symbolique et le sens concret de tout l'enterrement : ne pas y participer serait comme ne plus faire partie de son peuple, ne plus savoir qui l'on est, d'où l'on vient et où l'on va. Ce serait nier ce tissu social qui permet à chaque individu dans sa singularité, et à la communauté dans son ensemble, de se reconnaître autour d'une institution qui, du même coup, représente les liens d'appartenance et les nombreuses différenciations qui interconnectent la communauté (Baudry, 1999).

En avançant lentement derrière le cercueil, la tête inclinée, les marcheurs expriment une douleur considérée comme obligatoire. Ainsi manifestent-ils leur participation à l'état présent des choses si proche de l'ombre, de l'obscurité, de la destruction. Leur voyage ose la descente dans le chaos, catabase vers la fin aveugle des temps ; pour ensuite graduellement remonter dans l'anabase vers l'ordre, qu'il faut regagner et ramener à l'horizon de la présence. Ce qui en résulte n'est pas du tout une espèce de délire, mais la maîtrise d'une réalité mythique, la conversion des souvenirs en mémoires et en souvenances de sorte que soit rendue possible leur ouverture à un futur partagé (Hertz, 1905-1906).

Suivre en procession pour ne pas suivre en condition

Le rituel d'accompagnement du défunt au cimetière désindividualise les compagnons parce qu'il perturbe le sens de leurs parcours quotidiens et désarticule les principes de la structure spatiale urbaine environnante en en redéfinissant le cadre régulateur. Démarrant l'itinéraire préétabli, les suiveurs sondent ses limites et ses frontières, ils recréent et reconstruisent le territoire en termes de lieu exclusivement de passage ; une contrée dépourvue de toute possibilité d'implantation et d'amarrage. Puis, poursuivant leur périple, ils se métamorphosent en intrus qui longent, frôlent et presque envahissent un terrain qui n'est pas le leur. Ils y laissent les traces d'une présence éphémère mais vitale, problématique mais féconde : processus collectif, regard multidimensionnel, solitude individuelle, errance dans une foule familière devenue anonyme.

L'impression douloureuse que le défunt continue d'exister fait prendre conscience que ce dernier s'éloigne progressivement et irrémédiablement vers notre destin commun, sinistre et odieux. Le cortège funèbre se présente ainsi comme une tentative de recomposer le juste rapport entre les vivants et les morts que l'achèvement d'une existence est venu perturber. Son but premier est, en effet, d'assurer la transformation de cet être devenu aléatoire et gênant en un ancêtre amical et puissant qui va s'installer résolument au monde des ombres et avec qui peuvent être donc entretenues des relations claires et bien définies. Chaque homme n'est enterré qu'une seule fois, tout comme il ne meurt qu'une seule fois. La présence physique du corps sans vie est pour cela cruciale. Dans le cortège funèbre, les vestiges du défunt devancent un attroupement plus ou moins dense. Multitude qui marche derrière non pas pour retenir le cher disparu, mais pour le laisser partir : qui le suit en procession de la même manière qu'elle le suivra en condition (Vuillemin, 1948 ; Boselli, 2012).

Le cortège sur la voie publique est en réalité lui-même une source constante de renouvellement du lien social. Les gens se reconnaissent parce qu'ils marchent au même temps tout en gardant un rythme personnel et en vivant une expérience privée dans laquelle ils s'interrogent sur les rapports entre les uns et les autres, entre l'un et le multiple, entre les singularités individuelles et les institutions. Ceux qui se déplacent ensemble vivent en fait un pic dans l'acuité de compréhension à l'égard de la vulnérabilité de la condition humaine et de sa tension constante vers l'inattendu, le désordonné, l'invisible, le néant. Discernement qui concerne aussi l'extraordinaire puissance unificatrice, qui découle de sa même prise de conscience, qui se traduit dans la nécessité de la communiquer incessamment et dans l'obligation sociale de répandre à travers le monde sa force cohésive.

La démarche sépulcrale célèbre la communication collective à propos du passage de vie à trépas. Elle annonce qu'un hommage est rendu à la mémoire du disparu. Elle représente, en effet, l'occasion de témoigner le dernier signe d'entente envers celui qui a péri en l'accompagnant dans sa mise au tombeau. Mais, d'un seul et même mouvement, elle légitime également les sentiments de répulsion du démoniaque et d'expulsion des esprits malveillants, de rejet du désordre et du chaos attribués à l'œuvre de mort, ainsi qu'au seuil incertain et au processus de décomposition qui accompagne les dépouilles. Bannissement de cette sorte de corps/non-corps, de matière atteinte et non plus intègre qui sont soupçonnés déclencher un processus tangiblement antipoïétique envers tous ceux qui y sont exposés, jusqu'à compromettre l'élan vital de chacun pris singulièrement et de la société dans sa globalité.

Le cortège funéraire, les gestes et les rites s'y rattachant, les préparatifs avant le départ, l'arrivée au lieu de rassemblement, le vécu collectif lors du transfert du cercueil, les comportements et les impressions au cours de la cérémonie, le trajet de retour. L'ensemble de ces moments met en scène un lieu et une durée qui détraquent l'espace et le placent dans et hors du temps : un *limen* à traverser et sur lequel brièvement s'arrêter pour approcher et à la fois tenir à distance l'invisible et l'antihumain. Forme expérientielle extrêmement intense, la procession funèbre donne la mesure de l'énergie qui se déclenche dans le partage. Pendant le mouvement des intervenants vers l'enterrement, destination finale de la marche, s'avérant de plus en plus solennel au fur et à mesure qu'il progresse, le chemin engage des variations dans la nature et dans l'intensité des relations entre les membres du groupe. Au début, ce qui va être exposé c'est un état d'âme subjectif de componction, sa démarche signale un caractère mesuré et conventionnel. Puis, lentement, l'appareil funéraire, son faste, sa pompe et sa somptuosité éventuelles, le contexte urbain qui les accueille passent progressivement à l'arrière-plan pour être de plus en plus négligés et, enfin, devenir presque imperceptibles. Jusqu'à ce que, dans la phase culminante, le défilé puisse en venir à incarner un véritable voyage sacré : triste, douloureux, étourdi, au point de se montrer pratiquement dépourvu de tout point de repère (Freund, 1975).

Au dernier moment, chaque pas est condensé. Perturbés, désorientés, perdus, les participants aux obsèques se présentent les uns aux autres comme des individus nivelés et égaux, dépouillés des leurs attributs sociaux habituels. Ceux qui défilent souhaitent s'identifier à la désolation commune et conçoivent le tourment individuel tel qu'une détermination ponctuelle et locale de la souffrance intrinsèque au fait d'être au monde. Ils marchent avec une lenteur affligeante, autorisant au malheur à s'installer, permettant même à la douleur de se nouer tout autour du sillage de celui ou celle qui a disparu, à humer les réminiscences d'un passé bienheureux dans le souci irrationnel de le ramener en vie (Ziegler, 1975).

Marches privées et publiques : communication collective d'une solitude irrémédiable

Une distinction supplémentaire doit alors être faite entre les marches privées et publiques, entre les rites funéraires particuliers conçus pour la famille et les amis plus ou moins chers du défunt et ceux, collectifs, consacrés aux personnalités les plus populaires liées au spectacle, au sport, à la politique, à la religion ou au monde militaire, mis en place pour un public plus large sous l'égide des institutions concernées. Ces types de rituels requièrent chacun un mode distinct de participation, avec pour conséquence une diversification et une disparité dans le réseau des relations qu'ils engagent. Le premier suivant une disposition plus horizontale et le deuxième pouvant plus facilement être structuré hiérarchiquement selon une composition verticale et pyramidale (Ariès, 1975).

Pour simplifier, on peut dire que les défilés mortuaires privés sont censés communiquer une consolidation des liens rituels entre les groupes sociaux en les renforçant grâce au renvoi à des références plus générales et en essayant de les renouer avec des thèmes qui se veulent universels. Alors que les cérémonies publiques et leurs présentations médiatiques visent à diffuser la célébration de l'ordre et de sa permanence, à renouer, d'une part, le contact entre l'imaginaire ancré au défunt et, d'autre part, avec ceux qui s'y sont identifiés et qui ont trouvé des raisons pour se reconnaître dans les symboles évoqués par ce dernier. Les premières, privées, se concentrent sur l'inclusivité, les secondes, publiques, sur l'exclusivité. Les unes mettent l'accent sur le désintérêt provisoire pour la vie sociale, sur une sorte de résignation pudique, ainsi que sur la périssabilité et le manque foncier de sens de tout projet individuel. Les autres sur les idéaux, les valeurs partagées, les alliances idéologiques, les complicités spirituelles et l'esprit d'antagonisme qui les nourrit (Ragon 1991 ; Huntington et Metcalf, 1991).

Les marches institutionnelles se focalisent sur la responsabilité de tous plutôt que sur l'implication personnelle. Il s'agit de rituels dont l'éclat et le flamboiement sont directement liés au rôle socio-politique du défunt et à sa position dans la société. Où le cortège funèbre prend un caractère extraordinairement solennel et où le rite funéraire est également ciselé par l'exhibition et l'étalage d'ornementations éminentes et de parement insignes. Mettant entre parenthèses le domaine des relations de parenté immédiate et de voisinage affectif, ces genres de rituels sont propres à accentuer l'exaltation du bien commun, l'encensement de l'intérêt général, l'apologie de l'action publique. Ils ont ainsi tendance à enflammer et même à enfiévrer leurs auditoires. Ils substituent la condition de membre de la famille ou de proche du défunt à celle de partenaire idéologique ou d'admirateur enthousiaste.

La marche funèbre est au fond ceci : prise en compte collective et reconnaissance réciproque d'une solitude irrémédiable. Seul dans la foule, on s'accroche et on se met à l'écoute. La douleur est maintenant une force. Pour les uns et pour les autres. Pour chacun et pour tous. Destin commun auquel nul ne peut prétendre échapper car la mort n'oublie personne. Mais elle n'est pas pour autant une objection préventive contre l'existence. Se savoir mourant est la même chose qu'apprendre à vivre et la vie est surement mieux comprise si on l'observe à la lumière de la mort (Elias, 1998 ; Ricoeur, 2007).

RÉFÉRENCES BIBLIOGRAPHIQUES

ARIÈS P., « *Du sentiment moderne de la famille dans les testaments et les tombeaux* », in ARIÈS P., *Essais sur l'histoire de la mort en Occident*, Paris, Seuil, 1975.

ASSMANN J., *Der Tod als Thema der Kulturtheorie*, Frankfurt am Main, Suhrkamp Verlag, 2000.

BAUDRY P., *La Place des morts. Enjeux et rites*, Paris, Armand Colin, 1999.

BAUDRY P., « L'espace des morts, l'enjeu de l'incommunication », *MEI*, n° 21, 2004, p. 51-56.

BAUDRY P., « La ritualité funéraire », *Hermès*, n° 43, 2005, p. 189-193.

BAUDRY P., « La mort, une mutation sociale », *Les Cahiers du Musée des Confluences*, t. 6, 2010, p. 47- 53.

BOSELLI G., « Il rito delle esequie », *Rivista liturgica*, vol. 99, n° 11, 2012, p. 44-70.

CERTEAU M. (de), *L'Invention du quotidien*, Paris, UGE, t. I « Arts de faire », 1980.

ELIAS N., *La Solitude des mourants*, Paris, Christian Bourgois, 1998.

FREUND J., « La Signification de la mort et le projet collectif/ Meaning of Death and Collective Purpose », *Archives de sciences sociales des religions*, n° 39, janvier-juin 1975, p. 31-44,

HERTZ R., « Contribution a une étude sur la représentation collective de la mort », *in* HERTZ R., *Sociologie religieuse et folklore*, Paris, PUF, 1970, p. 14-79.

HERZLICH C., « Le travail de la mort », *Annales. Économies, Sociétés, Civilisations*, 31e année, n° 1, 1976, p. 197-217.

HUNTINGTON R. et METCALF P., *Celebrations of Death: The Anthropology of Mortuary Ritual*, London-New York-Melbourne, Cambridge University Press, 1991.

JANKÉLÉVITCH V., *La Mort. Précédé d'un entretien avec Frédéric Worms*, Paris, Flammarion, 2017.

MEYER L. H., « Obligations persistantes et réparation symbolique », *Revue Philosophique de Louvain*, t. 101, n° 1, 200, p. 105-122.

RAGON M., *L'Espace de la mort. Essai sur l'architecture, la décoration et l'urbanisme funéraires*, Paris, Albin Michel, 1991.

RICOEUR P., *Vivant jusqu'à la mort. Suivi de Fragments*, Paris, Seuil, 2007.

SCHMIT-PANTEL P., « Evergetisme et mémoire du mort », *in* GNOLI G. et VERNANT J.-P., *La mort, les morts dans les sociétés anciennes*, Paris-Cambridge, Éditions de la Maison des sciences de l'homme-Cambridge University Press, 1990, p. 177-188.

THOMAS L.-V., *Anthropologie de la mort*, Paris, Payot, 1975.

VUILLEMIN J., *Essai sur la signification de la mort*, Paris, PUF, 1948.

ZIEGLER J., *Les Vivants et la mort. Essai de sociologie*, Paris, Seuil, 1975.

Antoine de Baecque
ENS Ulm

Une nouvelle façon de marcher

La forme balade dans quelques films Nouvelle Vague

Gilles Deleuze, à la fin de *L'Image-mouvement*, alors qu'il dresse en cinq points, dans son laboratoire des formes, la liste des symptômes de la crise de l'image-action, des années 1950 aux années 1970, identifie très justement la marche comme l'un des marqueurs du passage à la modernité cinématographique. « Une crise de l'image-action peut-elle être présentée comme nouvelle ? », se demande le philosophe, et quelles formes spécifiques peuvent lui donner sens ? Deleuze regarde, comprend, classe les films : il y repère des « épisodes hors action », des « temps morts entre actions », des « extra-actions » ou des « infra-actions ». Il souligne aussi des moments de « détours par le direct », des moments de « situation dispersive », avec multiplicité de personnages, sans hiérarchie (comme chez Robert Altman), des moments de « lacune du récit », avec des enchaînements faibles entre actions, ou l'intervention des hasards (chez John Cassavetes), l'omniprésence des « clichés courants d'une époque », plus ou moins ironisés, la dénonciation obsessionnelle du « complot » (chez Francis Ford Coppola ou Brian De Palma).

La marche, témoin de la crise du cinéma

La cinquième caractéristique de cette nouvelle figure de cinéma marquant la crise, est précisément la « forme-balade ».

> « Ce qui a remplacé l'action, c'est la promenade, la balade, et l'aller-retour continuel. La balade a trouvé les conditions formelles et matérielles d'un renouvellement. Elle se fait par nécessité, intérieure ou extérieure, par besoin de fuite. Mais elle perd l'aspect initiatique qu'elle avait dans la tradition européenne, notamment le voyage allemand. Elle en conserve une partie malgré tout dans le voyage *beat* (*Easy Rider* de Dennis Hooper, 1969) ou adolescent (*Alice dans les villes* ou *Faux Mouvement* de Wenders, 1974-75), mais elle devient surtout balade urbaine et se détache de la structure active et affective naturelle

> qui la soutenait, la dirigeait, lui donnait des directions même vagues. C'est le plus clair de la balade moderne, elle se fait dans un espace quelconque, gare de triage, entrepôt désaffecté, tissu dédifférencié de la ville, par opposition à l'action qui se déroulait le plus souvent dans les espace-temps qualifiés de l'ancien réalisme. Comme dit Cassavetes, "[i]l s'agit de défaire l'espace, non moins que l'histoire, l'intrigue ou l'action". » (Deleuze, 1983, p. 280)

Cette forme-balade dont le but est de « défaire l'espace », Gilles Deleuze la voit naître dans le néo-réalisme italien, dans les marches du *Voleur de bicyclette* (Vittorio de Sica, 1948), dans certains épisodes de *Païsa* (Roberto Rossellini, 1948) ou l'errance vers le volcan d'Ingrid Bergman dans la cendre de *Stromboli* (Rossellini, 1950), puis s'épanouir au sein de la Nouvelle Vague française.

> « C'est là que la forme-balade se libère complètement des coordonnées spatio-temporelles qui lui restaient encore du vieux réalisme social, et se met à valoir pour elle-même ou comme expression des rites d'une nouvelle société, d'un nouveau présent pur. » (Deleuze, 1983, p. 287)

Deleuze détaille quelques exemples : la visite du village et de sa campagne enneigée par allers et retours constants dans *Le Beau Serge* et les virées pédestres de personnages désœuvrés à travers Paris dans *Les Cousins*, *Les Bonnes Femmes* et *Les Godelureaux* (Claude Chabrol, entre 1958 et 1961) ; chez François Truffaut les déplacement ironiques et louvoyants, voire burlesques, d'un personnage inadapté à son présent (la trilogie Antoine Doinel : *L'Amour à vingt ans*, *Baisers volés*, *Domicile conjugal*, de 1962 à 1971) ; l'enquête-dérive pour Jacques Rivette (*Paris nous appartient*, 1962) ; enfin, chez Jean-Luc Godard, les errances amoureuses de la drague (*À bout de souffle*, *Une femme est une femme*, *Bande à part*, de 1959 à 1962), les parcours péripatéticiens des prostituées (*Vivre sa vie*, 1962), les balades-fuites (*Pierrot le fou*, *Week-end*, 1965-1967), les promenades sociocritiques (*Masculin Féminin*, *Deux ou trois choses que je sais d'elle*, 1965-1967), ou les mésaventures erratiques des *Carabiniers* (1963), entre campagnes désolées et grands ensembles quasi totalitaires.

> « C'est là [reprend le philosophe], que naît une race de personnages charmants, émouvants, qui ne sont qu'à peine concernés par les événements qui leur arrivent, même la trahison, même la mort, et subissent et agissent des événements obscurs qui se raccordent aussi mal que les portions de l'espace quelconque qu'ils parcourent. Ce qui tend à disparaître dans cette nouvelle forme, c'est une continuité sensorimotrice qui faisait l'essentiel de l'image-action. Voici la scène célèbre de *Pierrot le fou*, "J'sais pas quoi faire…", où la bal(l)ade devient insensiblement poème chanté, marché et dansé ; c'est aussi toute une montée de troubles sensoriels et moteurs, à peine indiqués au besoin, mouvements qui font faux, gauchissant les perspectives, ralentissant le temps, altérant les gestes, entraînant les corps dans de longues et incertaines dérives urbaines. » (Deleuze, 1983, p. 287)

Du flâneur rohmérien…

Les deux plus belles figures marcheuses de la Nouvelle Vague me semblent toutefois attachées aux films d'Éric Rohmer et de Jean Rouch. Deleuze cite d'ailleurs les « errances devenues analytiques, instruments d'une analyse de l'âme » (Deleuze, 1983, p. 287) chez Rohmer (dans la série des « Contes moraux »). Non seulement, la marche ouvre à Rohmer, lui-même grand praticien, une manière de filmer Paris, imprimant les pas de ses personnages sur la carte de la ville en une sorte de maping topographique précis et obsessionnel (*La Sonate à Kreutzer*, *La Boulangère de Monceau*, *La Carrière de Suzanne*, entre 1956 et 1963). Le regard du marcheur recompose la topographie et la carte de la ville. Mais la marche permet au cinéaste de travailler une figure de déchéance et de survie, qui rejoint à sa manière celle du tramp des *Temps Modernes* de Chaplin. *Le Signe du lion* (1960) instaure un rapport au monde : comment vivre avec rien dans la grande cité, c'est le trajet du film. La marche, les clochards le savent, est une des rares activités qui, dans la ville chère, ne coûte rien. Cependant, le corps qui marche réclame ; l'épreuve physique est exigeante, il lui faut son énergie : manger. Alors, errer dans la ville, c'est en faire l'expérience, s'en ouvrir tous les possibles. La marche permet les rencontres, la survie par l'aubaine, voire le vol. En même temps, elle coûte beaucoup : le corps en marche s'abîme, le physique est usé par l'endurance et la faim, l'esprit en souffrance. La marche est une mise à l'épreuve suprême du corps et de l'esprit. Néanmoins, seule cette ascèse du dénuement offre la paix de l'âme, son salut, dans une structure narrative rohmérienne qui vise à une forme de mysticisme.

Rohmer, de plus, reprend à son compte la figure baudelairienne, benjaminienne, du flâneur parisien, assumant l'histoire de la marche urbaine. Pour Baudelaire, comme chez Deleuze, la modernité de la ville passe par la marche, incarnée par la figure du flâneur, qui met en mouvement pédestre le regard curieux, observant, scrutateur, et badaud, « flânant », porté sur les rues, les vitrines, les autres, les monuments, les métiers. Comme s'il lisait dans la physionomie de la ville un livre ouvert.

Cette figure du flâneur est familière chez l'auteur de *Ma Nuit chez Maud*, *La Femme de l'aviateur*, du *Conte d'hiver*, mais le grand film rohmérien de la flânerie est sans conteste *L'Amour l'après-midi* (1972), où le personnage divaguant de Frédéric marche à travers la ville tout en pensant, comme si sa voix commentait sans cesse ses pas :

> « J'aime la grande ville [confie-t-il en voix off d'une succession de plans de rues, de foule, de femmes]. La province et les banlieues m'oppressent. Et malgré la cohue et le bruit, je ne rechigne pas à prendre mon bain de foule en marchant. J'aime la foule comme j'aime la mer, non pour m'engloutir, m'y fondre, mais pour voguer à sa surface en écumeur solitaire, docile en apparence à son rythme pour mieux reprendre le mien propre dès que le courant se brise, s'effrite. Comme la mer, la foule m'est tonique et favorise ma rêverie. Presque toutes mes pensées me viennent dans la rue, même celles qui concernent mon travail. […] Ce qui donne tant de prix à mes yeux aux marches de la rue parisienne, c'est la présence constante et fugitive de ces femmes croisées et que j'ai la quasi-certitude de ne jamais plus revoir. Il suffit qu'elles soient là, indifférentes et conscientes de leur charme, heureuses de vérifier son efficacité auprès de moi, comme je vérifie le mien auprès d'elles, par un accord tacite sans besoin d'un sourire ou d'un regard, même à peine appuyé. Je ressens profondément leur attirance sans être attiré pour autant. […] Mais je sens que ma vie passe, que d'autres vies se déroulent parallèlement à la mienne et je suis comme frustré d'être resté étranger à ces vies, de n'avoir pas retenu chacune de ces femmes, ne serait-ce qu'un instant, dans leur marche précipitée vers je ne sais quel travail, vers je ne sais quel plaisir. Et je rêve, je rêve que je les possède toutes, effectivement. »

…au filmeur-marcheur rouchien

Au début de *La Punition*, film expérimental et parisien que Jean Rouch tourne durant l'été 1960 avec une caméra à l'épaule et du son direct en bandoulière, en « style direct » et en marchant avec, à côté ou derrière ses personnages, les jambes d'un homme arpentent le jardin du Luxembourg, vues de dos, suivies par la caméra mobile. La voix de Rouch commente, off, ces images de marche : « Je vais vous dire ce que je vois quand je traverse en marchant le Luxembourg dans les premiers jours d'octobre alors qu'il est un peu triste et plus beau que jamais car c'est le temps où les feuilles tombent une à une sur les blanches épaules des statues. » Jean Rouch incarne le filmeur-marcheur qui, lui-même, met ses personnages en marche afin que lui et eux puissent décrire, penser, raconter.

La caméra suit ainsi la jeune Nadine Ballot qui marche à travers Paris, traversant un pont sur la Seine, allant, pressée, vers le lycée Fénelon où elle est élève en khâgne, par les petites rues qui jouxtent le fleuve. Quand, après son retard, elle est renvoyée du lycée pour une journée, la caméra continue de la suivre dans son désœuvrement. Elle se dirige vers le Luxembourg, où l'accompagne bientôt un jeune homme qui lui parle lors de ses déambulations, devenues communes. Il lui parle, elle l'écoute ; il la drague, elle hésite. Puis le quitte pour rejoindre, toujours à pied, le Jardin des plantes, dans lequel elle pénètre. Un autre jeune homme, Noir, qu'elle connaît déjà, Landry, la croise, et ils marchent en parlant, montent au belvédère, entrent dans le Muséum, longent les vitrines pleines d'animaux empaillés. Bientôt, ils se séparent ; elle continue seule, errant dans les rues, atteint le quai de la mégisserie, où elle feuillète des livres à l'étal des bouquinistes. Un homme, à nouveau, l'aborde : « Vous aimez Chateaubriand ? » Il l'accompagne le long des quais en parlant de l'auteur des *Mémoires d'outre-tombe*, puis en acceptant de participer, chacun, au « jeu de la vérité » qui consiste à tout se dire, à tout s'avouer. Cette « petite expérience » de séduction, qui use précisément du protocole pédestre, les conduit jusqu'à la Tour Eiffel. « Il faut qu'en quelques heures il m'arrive quelque chose d'extraordinaire », lui confie-t-elle en espérant. La marche est la condition de possibilité de ce qui sort de l'ordinaire. Enfin, quand ils parviennent chez lui pour boire un verre, après quelques dialogues, Nadine s'endort, épuisée, sur un fauteuil. La marche, ses effets de fatigue, est aussi ce qui permet au film de bifurquer soudain loin de sa conclusion trop attendue et convenue. On retrouve la jeune femme de nuit : elle a repris sa marche dans Paris. Quatre hommes (et une femme) l'abordent, chacun demandant, avec plus ou moins d'insistance : « Je peux vous accompagner quelque part ? » Elle longe, lasse, des vitrines de magasin et répond à chaque reprise : « Laissez-moi tranquille… » La marche permet également la fuite hors des griffes des prédateurs. Nadine finit par s'éloigner seule dans la nuit, tandis que la voix de Rouch conclut : « Aujourd'hui encore, je n'attends rien que de ma seule disponibilité, que de ma soif d'errer à la rencontre de tout. Attendre est encore une occupation ; c'est ne rien attendre qui est terrible. »

À la section cinéma de l'université de Nanterre, créée par Jean Rouch en 1969, il existait un « cours facultatif de gymnastique pour les opérateurs » (Buob, 2020, p. 72-78), élaboré à la demande du cinéaste ethnographe, placé sous la direction de Maria Mallet de la troupe du mime Marceau, supervisé par Michel Brault, le filmeur qui tient la caméra dans *La Punition*. Il s'agit d'apprendre à bouger, et notamment à marcher, caméra au poing ou à l'épaule, de « favoriser la disponibilité des cinéastes aux mouvements, face aux manifestations les plus imprévues de l'action filmée, tout en permettant la réalisation de plans stables d'une grande fluidité » (Buob, 2020, p. 75). La technique du corps filmeur s'adapte ici au corps filmé, les deux également mis en marche. Il faut, dit encore la présentation de l'atelier, « apprendre à désapprendre à penser pour partir à la conquête de la corporéité ». Rouch souhaite ainsi déléguer au corps une part considérable de la responsabilité du filmage. Cette méthode du « filmeur-marcheur » détermine un état corporel mais également un état mental du cinéaste engagé dans un tournage de cinéma direct et désengagé de la pensée, dérèglement des sens qui vise à mettre la raison à distance. Cette improvisation en situation de marche suppose un « état athlétique » nécessaire au filmeur. Seule la caméra portée, dans un espace-temps étiré et allongé à la déambulation aventureuse, permet la coordination des mouvements de l'action filmante et de l'action filmée. Jean

Rouch réinvente le geste de filmer par, tout à la fois, la création du mouvement de marcher et sa captation.

Voilà ce que la Nouvelle Vague doit à l'auteur de *La Punition* (1961), de *Chronique d'un été* (1961), de *Moi, un Noir* (1958), à l'homme comme à l'artiste : le filmeur-marcheur tenant à la main sa caméra. Ce que disent les *Cahiers du cinéma* de septembre 1961, sous la plume d'un jeune critique, François Weyergans, légendant ainsi une photo du tournage de *La Punition* : « Rouch à l'œuvre est un spectacle absolument fascinant, qui ne peut se comparer à rien, sinon à certaines figures chorégraphiques de Jerome Robbins. Je l'ai vu, la caméra sous le bras comme une mitraillette, sans viser, l'objectif pointé sur le cœur de ses personnages, marcher autour d'eux comme Haroun Tazieff autour d'un cratère. Évidemment, les cadrages sont parfois ratés et les travellings arrières un peu risqués, mais qu'est-ce que cela fait puisque ce film sera une réflexion sur, précisément, la liberté du cinéma. » (Weyergans, 1961)

Jean Rouch est ce filmeur en marche, la caméra pointant le cœur de ses acteurs. La technique cinématographique et la technique pédestre se réinventent l'une l'autre sur le terrain parisien de ces films d'errance et de déambulation. En expérimentant, en compagnie de Michel Brault, avec la caméra Coutant KMT et le Nagra, Jean Rouch ne fait pas qu'innover en filmant poétiquement, sensiblement, les confessions de jeunes femmes qui se livrent en liberté, il forge dans le même mouvement la cinématographie marchée, le personnage marchant et le filmeur-marcheur, autant de formes qu'il offre à la Nouvelle Vague, qui saura en faire bon usage.

RÉFÉRENCES BIBLIOGRAPHIQUES

DELEUZE G., *L'image-mouvement,* Paris, Éditions de Minuit, Cinéma 1, 1983, p. 280-287.

BUOB B., « Jean Rouch à l'université : de la ciné-gym à l'ethnographie cinématique en passant par la ciné-transe », *in* LE PÉRON S. et SOJCHER F. (dir.), *Cinéma à l'université. Le regard et le geste*, Les Impressions nouvelles, 2020, p. 72-78.

WEYERGANS F., « Photo légendée », *Cahiers du cinéma*, n° 123, septembre 1961.

Dérive urbaine

Dans les n° 9-10-11 de *Potlatch* (« Bulletin d'information du groupe français de l'Internationale lettriste »), publié entre le 17 et le 31 août 1954, Michèle Bernstein publie « La dérive au kilomètre ». Pour dériver, il faut prendre un taxi, laisser le chauffeur décider de la destination et revenir au point de départ, en marchant au hasard et en s'arrêtant boire régulièrement dans un bar. Le n° 17 indique que « Quelques formes que prendra la dérive » : « Elle doit-être : a) dans le temps – constante, lucide ; influentielle et surtout énormément fugitive. b) dans l'espace – désintéressée, sociale, toujours passionnante. Peut s'effectuer à l'état latent, mais toujours les déplacements la favorisent. En aucun cas elle ne doit être équivoque. » Le n° 26 propose un « lexique lettriste » consacré au verbe « dériver » qui reprend ses significations fluviale (« détourner l'eau »), maritime (« écarter de la rive ») et technique (« défaire ce qui est rivé »). La « Théorie de la dérive » de Debord paraît dans le n° 9 des *Lèvres nues* (1956), et sera republiée dans le n° 2 de l'*Internationale situationniste* (1958) avec quelques modifications mineures. La première phrase annonce la couleur : « Entre les divers procédés situationnistes, la dérive se définit comme une technique du passage hâtif à travers des ambiances variées. Le concept est indissolublement lié à la reconnaissance d'effets de nature psychogéographique, et à l'affirmation d'un comportement ludique-constructif, ce qui l'oppose en tous points aux notions classiques de voyage ou de promenade. »[1]

Thierry Paquot
Philosophe de l'urbain

NOTE

1. À ce sujet, voir : Paquot T. (dir.), *Les Situationnistes en ville*, Gollion, Infolio, 2015.

Daniele Zappalà
Sorbonne Université

Édifier en cheminant, ou le message condensé de Ferdinand Cheval

La marche forge parfois une vie, comme pour l'historien Paul Veyne, ayant trouvé enfant un tesson antique, en déambulant en Provence (Veyne, 2014). Un siècle plus tôt, dans le même Sud-Est français, à Hauterives (26), la marche fut à l'origine d'une entreprise devenue célèbre : l'édification du Palais idéal du facteur Cheval, fruit de trente-trois ans de travail solitaire d'un bâtisseur autodidacte, Ferdinand Cheval (1836-1924).

La séduction de cet objet ne s'est jamais démentie, comme le confirme une longue liste d'hommages illustres, de Picasso à Durrell (Denizeau, Thévoz, Nageishi *et al.*, 2012). Aujourd'hui, l'édifice est encore inséré dans des sélections de merveilles architecturales contemporaines (Demeulemeester et Gigou, 2021).

Mais derrière les formes de l'artefact éblouissant, l'exploit de Ferdinand Cheval s'inscrit aussi de manière singulière dans l'histoire de la marche. Car cette entreprise peut être comprise comme l'archétype d'une pratique intentionnelle extrême de la marche ayant pour but d'inscrire durablement un message dans le paysage, à l'opposé de ce qui arrive généralement aux marcheurs, ne laissant pas de traces derrière eux. Cela fut donc aussi une entreprise de communication conçue dans le berceau de la marche.

Le marcheur et le bâtisseur

Pour Ferdinand Cheval, la marche est une pratique professionnelle, puisqu'il a à parcourir une trentaine de kilomètres par jour pour sa tournée de facteur dans sa contrée rurale de la Drôme. Cela jusqu'au jour où il bute sur une belle pierre dont la forme séduit ce marcheur au tempérament contemplatif (Borne, 2021).

Ce 19 avril 1879, un court-circuit se produit pour l'humble facteur. Il conserve jalousement la pièce à l'origine de sa chute, en réalisant la puissance du message esthétique qu'il reçoit chaque jour par le milieu naturel. Cheval développe ainsi l'intuition que la marche est un moyen par lequel un message grandiose devient accessible.

Le facteur pourrait se limiter à collectionner les pierres ramassées chemin faisant. Mais il a intériorisé le potentiel de la marche en tant qu'expérience révélatrice et émancipatrice d'apprentissage (Gélard, Gosselain et Legrain, 2016), ce qui le pousse à concevoir un projet à la hauteur du message reçu : « Puisque la nature fournit la sculpture, je me ferai architecte et maçon » (Borne, 2021, p. 30).

Il entame son « rocher », comme il nomme son artefact de rêve, en suggérant déjà ainsi la source qui inspire sa création, qu'il appellera aussi « temple de la nature ». L'œuvre devra rayonner comme le fait chaque jour la souveraine sculptrice qu'est la nature. Plus précisément, les pierres et coquillages remarquables ramassés pourront être assemblés dans un édifice se voulant une caisse de résonance de l'attitude contemplative dont le facteur est coutumier. Cheval pourra ainsi restituer symboliquement l'émotion et le message reçus quotidiennement en provenance du paysage.

À partir de 1879, le facteur consacre sa vie à une entreprise presque sacrificielle dont la marche demeure le moteur puissant, après en avoir été l'inspiratrice. Ayant pu observer des images d'architectures exotiques qu'il considère en résonance avec la nature, le facteur nourrit le désir de « faire renaître toutes les anciennes architectures des temps primitifs » (Denizeau, 2011, p. 127).

Cheval conçoit ainsi son palais comme une machine communicationnelle pour envoyer à l'humanité un message intemporel. Au-delà de son caractère passablement mégalomane, l'objectif se veut noble.

Le facteur n'est ni architecte, ni maçon, mais sachant pétrir la pâte à pain, il apprend à assembler ses matériaux. Reste que dans l'entreprise, l'effort de construction n'est qu'une suite logique du travail de collecte des « sculptures » naturelles. C'est pourquoi, tout au long du chantier achevé en 1912, la pratique de la marche demeure au cœur du projet.

Cheval double son parcours quotidien déjà harassant. La tournée habituelle matinale lui permet de faire du repérage. L'après-midi, avec une brouette, il part récupérer ses matériaux. Puis, la nuit tombée, il s'attèle à l'édification.

Notons qu'il marche la plupart du temps. La vie diurne de l'infatigable facteur devient une marche interminable, avant que le marcheur ne soit relayé, la nuit, par le bâtisseur. Mais les deux rôles ne sont pas vraiment séparés. Car si le marcheur ne doit rien au bâtisseur, ce dernier est trois fois redevable au premier : pour l'inspiration, la matière première, l'éthique. Cette triple dette sera au cœur du message que le facteur veut lancer au monde.

Dans cette entreprise, il y a bien une « logique hodologique », au sens de la cristallisation d'un cheminement dans une entité spatiale (Besse, 2009, p. 215). C'est pourquoi le Palais s'avère encore aujourd'hui une machine communicationnelle triplement orientée à partir de l'expérience fondamentale de la marche.

Communiquer une harmonie

L'événement fondateur de l'entreprise est un typique accident de marcheur, un trébuchement suivi d'une chute. Ce qui représente une manière assez brutale de rencontrer un paysage.

Un promeneur inexpérimenté aurait pu n'en tirer qu'une modeste leçon à ranger parmi les mauvais souvenirs. Mais Cheval est un marcheur tout à la fois entraîné, averti et contemplatif. En marchant, il est donc entré dans une pleine disponibilité vis-à-vis du monde et de ses aléas, ce qui est justement propre aux marches au long cours (Le Breton, 2012). Il ne se démonte pas pour une chute, celle-ci étant associée à un risque toujours à prendre en compte dès le départ. Au contraire, l'accident peut offrir des cadeaux inattendus à ceux vivant de manière pleine l'expérience de la marche. Parmi ces cadeaux, de nouveaux messages esthétiques spécifiques. Ce qui arrive justement au facteur, prêt à contempler la cause même de son accident, jusqu'à s'en extasier (Borne, 2021, p. 30).

Notons qu'il y a une correspondance précise entre cet évènement fondateur inscrit dans la marche et l'œuvre finale d'art brut. Le marcheur averti est prêt à affronter un chemin semé d'embûches. Au fond, marcher est une expérience ouverte pouvant faire office même de métaphore de la vie, donc toujours porteuse elle aussi de risques. Pourtant, pour celui qui vit la marche et la vie en contemplatif, ces risques n'enlèvent rien au caractère sublime du paysage et de l'existence. Dans la marche, comme dans la vie, il parvient à saisir le beau même face à l'adversité.

Sensible à cette double harmonie toujours possible, de la marche et de la vie comparable à une marche, Cheval cherche à la traduire dans son œuvre. Comme la marche quotidienne du facteur, le Palais idéal est une création spontanée qui ramène aux origines : une œuvre brute, réalisée en autodidacte, pour revenir aux fondamentaux des « temps primitifs » d'une humanité directement inspirée par la nature.

L'harmonie « naturelle » poursuivie dans l'artefact se concrétise chaque jour pleinement dans la continuité de l'harmonie vécue par le marcheur, selon un mode de pensée qui donne à voir sa genèse analogique (Hofstadter et Sander, 2013).

En concevant et en réalisant son artefact comme une machine communicationnelle pour transmettre aux générations futures le sens de l'harmonie, ainsi que les valeurs contiguës de paix et de fraternité, Cheval puise à pleines mains dans son expérience fondatrice de marcheur.

Au niveau social, il se sait et il se professe fièrement du côté des humbles « paysans » (Borne, 2021, p. 100), mais de ces humbles sensibles aux dons gratuits et quotidiens de la nature. Un humble donc pouvant se payer chaque jour le luxe de rentrer dans une intimité, sinon une communion, avec la beauté, sous l'égide de la nature. Tout cela Cheval l'a appris grâce à l'expérience humble et universelle de la marche. C'est pourquoi il peut aussi croire fermement que tout visiteur de son artefact, soit-il cultivé ou pas, pourra finalement en rester ébloui.

Communiquer une écologie

Chaque jour, concrètement, Cheval s'attèle à une soustraction suivie par une addition. En pleine nature, il repère et ramasse les menues parties du paysage qui touchent le plus son sens esthétique. Mais cette soustraction n'est pas celle d'un pilleur. Car le facteur choisit ses matériaux pièce par pièce, de manière discrète et sans porter préjudice au paysage qu'il admire. Additionnés et assemblés, les matériaux sont ensuite restitués au même paysage grâce au chantier du palais. Au niveau écologique, le facteur œuvre donc sur un mode circulaire. En ce sens, Cheval n'est certainement pas du côté des « extracteurs » et il y a fort à parier qu'il prêterait aujourd'hui main forte aux « ravaudeurs » (Latour 2021).

Toujours au niveau écologique, en deuxième lieu, l'entreprise obéit à un mode local. Entre le chantier et la tournée de Cheval, les distances couvertes sont réduites par rapport à celles de l'industrie de la construction, même de l'époque. À ce propos, le bâtisseur s'enorgueillit de cet usage de matériaux locaux et de n'avoir « absolument acheté que la chaux et le ciment » (Denizeau, 2011, p. 130).

Un troisième mode écologique de l'exploit de Cheval concerne sa gratuité, inspirée encore une fois par une volonté d'émulation de la nature. Le labeur de forçat que le facteur s'impose ne sera jamais rémunéré, sinon éventuellement par la monnaie très évanescente de la gloire. Entre une logique économique de rentabilité et une logique écologique de transformation gratuite et esthétique du paysage, le choix du facteur est clair.

Il ne faut pas soustraire abusivement l'entreprise de Cheval du contexte de son époque. Néanmoins, il est frappant de constater que ce triple mode écologique – circulaire, local, gratuit – paraît un précurseur involontaire, à maints égards, par rapport à celui des microsociétés alternatives des années 1970 faisant un « éloge de la dépendance à l'égard d'environnements locaux » (Debarbieux, 2015, p. 258).

Au sein de la machine communicationnelle qu'est le palais, ce versant écologique trouve une traduction poétique et imagée dans les inscriptions qui tapissent l'œuvre, racontant l'exploit. Mais plus profondément, l'œuvre transmet son message écologique par la fruition même que les visiteurs peuvent en faire.

Le Palais idéal a été conçu pour être admiré, certes, mais également pour être pénétré, parcouru et monté, grâce à ses anfractuosités, ses couloirs, ses terrasses et ses escaliers. C'est un temple dédié à la nature, mais pas un sanctuaire interdit aux non-initiés.

Encore une fois, cela ramène le message inscrit dans cette machine communicationnelle à l'expérience fondamentale de la marche. Fruit de la marche, le palais pousse finalement à la marche même les visiteurs les plus paresseux. En plus de ses formes naturalistes, c'est une œuvre s'inscrivant écologiquement dans le paysage car elle n'opère pas de rupture de continuité par rapport à la liberté de marcher. Littéralement, c'est une œuvre qui met en marche.

Communiquer une éthique

Cheval s'est avéré capable de puiser tout le génie enfoui en lui. Il n'en est pas peu fier. Au moment d'achever son œuvre, le facteur a le souci d'y graver un message qui se veut une leçon d'endurance aux générations futures appelées à se rendre à Hauterives :

> « 1879-1912, dix mille journées, quatre-vingt-treize mille heures, trente-trois ans d'épreuves.
> Plus opiniâtre que moi se mette à l'œuvre. »

L'autodidacte se voit en champion absolu d'opiniâtreté et notamment de ténacité dans l'envie d'aller jusqu'au bout de ses aspirations. Mais si l'endurance en question est certainement celle d'un bâtisseur capable sans cesse d'apprendre de ses erreurs, elle est encore plus celle d'un marcheur infatigable.

En plus de fortifier les muscles de Cheval, la marche a façonné son style de vie. Elle a également orienté secrètement l'art choisi par le facteur pour répandre son message. En effet, pour célébrer la nature, le facteur aurait pu la peindre ou la dessiner. Mais en choisissant de façonner un palais à partir de matériaux ramassés, le créateur s'est finalement résolu à utiliser les mêmes ressources physiques et sensorielles que le marcheur : la force, l'endurance corporelle, le sens du toucher. La même structure ostéo-musculaire travaille le jour pour marcher et ramasser, puis la nuit pour bâtir. L'autarcie de Cheval devient ainsi intime et investit jusqu'à l'usage du corps et des sens, en s'appuyant notamment sur le toucher, permettant des capacités progressives d'apprentissage sur le tas (Le Breton, 2006, p. 187-188).

Encore une fois, même dans l'éthique qui a orienté l'action et une vie, pas de vraie rupture entre le marcheur et le bâtisseur. Le tour de main nocturne prend organiquement le relais de l'art diurne de cheminer. Ainsi, le bâtisseur révèle avoir fait ses classes chez le marcheur.

Tout épris qu'il est d'un éthos communicationnel, le facteur a le souci d'exprimer par les inscriptions dans son œuvre la leçon de vie qu'il estime avoir apprise : on peut franchir tout horizon grâce à une volonté d'acier. « Ma volonté a été aussi forte que ce rocher », écrit-il (Borne, 2021, p. 44) en promouvant ainsi, à l'enseigne de l'éthique, la pleine identification de toute une vie avec l'œuvre. Il s'agit de la volonté qui permettra au facteur d'une humble contrée reculée de forcer même l'admiration des grands de ce monde.

Cette leçon de vie est celle d'un homme fort d'avoir découvert son potentiel créatif insoupçonné chemin faisant, au creux de l'expérience totale de la marche. Ce qui lui a ensuite permis de faire de toute sa vie une seule marche vers l'envoi d'un message intemporel condensé.

La vie de Cheval s'est ainsi inscrite dans l'histoire des escapades obstinées de l'imagination humaine capables notamment de transformer et ré-enchanter un paysage (Tuan, 1998), en poussant à l'extrême la logique insolite d'une marche doublement édifiante : sur les plans matériel et éthique. Un grand envol tout en gardant les pieds sur terre.

RÉFÉRENCES BIBLIOGRAPHIQUES

BESSE J.-M., *Le Goût du monde. Exercices de paysage*, Arles-Versailles, Actes Sud-ENSP, 2009.

BORNE A., *Le Facteur Cheval et son Palais idéal*, Strasbourg, L'Atelier contemporain, 2021.

DEBARBIEUX B., *L'Espace de l'imaginaire. Essais et détours*, Paris, CNRS Éditions, 2015.

DEMEULEMEESTER T. et GIGOU J., *150 Houses you need to visit before you die*, Tielt, Lannoo, 2021.

DENIZEAU G., *Palais idéal du facteur Cheval. Le Palais idéal, le tombeau, les écrits*, Paris, Scala, 2011.

DENIZEAU G., THÉVOZ M., NAGEISHI H. *et al.*, *Cent regards pour le facteur Cheval*, Lyon, Fage, 2012.

GÉLARD M.-L., GOSSELAIN O., LEGRAIN L., « La promenade sensorielle comme outil pédagogique », *Hermès*, n° 74, 2016, p. 158-167.

HOFSTADTER D. et SANDER E., *L'Analogie. Cœur de la pensée*, Paris, Odile Jacob, 2013.

LATOUR B., *Où suis-je ? Leçons du confinement à l'usage des terrestres*, Paris, Les Empêcheurs de penser en rond, 2021.

LE BRETON D., *La Saveur du monde. Une anthropologie des sens*, Paris, Métailié, 2006.

LE BRETON D., « Les pieds sur terre : marcher avec Seuil pour trouver son chemin », *in* LE BRETON D., MARCELLI D. et OLLIVIER B., *Marcher pour s'en sortir*, Toulouse, Éditions Érès, 2012, p. 45-56.

TUAN Y.-F., *Escapism*, The Johns Hopkins University Press, Baltimore, 1998.

VEYNE P., *Et dans l'éternité je ne m'ennuierai pas*, Paris, Albin Michel, 2014.

Paul Rasse
Siclab Méditerranée de Université Côte d'Azur
Vincent Lambert
Siclab Méditerranée de Université Côte d'Azur

Regards anthropologiques sur les métamorphoses d'un chemin

Le chemin agropastoral

Avant d'être abandonné après la Seconde Guerre mondiale, un beau chemin non carrossable mais soigneusement empierré, reliait les différents espaces indispensables à l'économie quasi autarcique d'un village alors perdu aux confins de la Provence. Il constituait l'épine dorsale d'un système agropastoral structuré par les communautés villageoises, en s'ingéniant à tirer le meilleur parti du contexte écologique, là où elles s'étaient enracinées, ainsi que le décrit admirablement Braudel dans *La Méditerranée* (Braudel, 1988) ou *L'Identité de la France* (Braudel, 1986). Quand, siècle après siècle, par-delà les avanies de l'histoire, elles s'étaient efforcées de survivre en sélectionnant plantes et animaux les plus adaptés au milieu, d'inventer des façons de faire, de cultiver, de bâtir, et de tirer le meilleur parti possible des conditions environnementales, climatiques et physiques caractérisant chaque micro-milieu. Dans notre cas, ce chemin traverse les différents espaces de production, depuis la montagne aride jusqu'aux espaces plus propices aux cultures nécessaires à l'alimentation de la communauté villageoise. Dans la partie supérieure menant à la montagne, ce chemin était d'abord emprunté par les bergers pour conduire les quelques moutons et chèvres de chaque famille pâturer d'immenses espaces communaux relativement désertiques. Les animaux, en rentrant tous les soirs au village, ramenaient avec eux un concentré de matière végétale broutée dans la journée, car après digestion ils fourniraient le fumier indispensable à l'enrichissement des jardins potagers installés autour de l'agglomération bâtie. Ces derniers, soigneusement cultivés, fournissaient chaque famille en fruits et légumes mijotés dans la cuisine quotidienne.

Au fur et à mesure que la communauté se développait, les paysans défrichaient de plus en plus loin, de plus en plus haut à l'assaut de la montagne pour coloniser dolines et fonds de vallons plus fertiles, soigneusement aménagés en restanques par des murs de pierre sèche où il était possible de cultiver seigle, sarrasin, lentilles, etc. Le samedi soir, plus exceptionnellement, les jeunes l'empruntaient pour aller à la fête dans les villages plus reculés, jusqu'à trois heures de marche, pieds nus à travers la montagne avec les belles chaussures du dimanche attachées autour du cou, de façon à ne pas les user et les réserver au bal. Dans sa partie inférieure autour et en dessous du village, le chemin se divisait en de nombreux petits sentiers menant aux différentes zones agricoles étagées, aménagées ici pour le blé, là pour les vignes ou l'olivier et bien d'autres essences encore, sélectionnées en fonction des besoins des rotations, de leurs exigences en matière d'ensoleillement, d'arrosage, de qualité du sol. Et le soir, il ramenait femmes, hommes et bêtes au village. Car si la population se dispersait dans la journée sur tout le territoire, à la tombée de la nuit elle se rassemblait intra-muros pour des raisons de sécurité, mais surtout pour la sociabilité indispensable à la microéconomie du contexte autarcique, reposant sur une multitude d'échanges quotidiens de services et de produits, de dons et de contre-dons entre les villageois (Braudel, 1988) : chacun peut alors s'attarder un peu sur les places, dans les rues, bavarder quelques instants assis sur les bancs de pierre posées devant les maisons à commenter ce mode unique qu'ils ont en commun qui les réunit et dont les frontières dépassent rarement celle de la paroisse.

Quand le chemin rejoint le chemin de fer

Cela dure jusqu'au début du XXe siècle, jusqu'à l'arrivée du train qui sonne le glas des systèmes autarciques et de leur organisation sociale et culturelle (Weber, 1998 ; Berger, 2003). À partir de 1890, une voix secondaire de chemin de fer passe désormais au pied du village, il l'ouvre au monde, mais bouscule, puis ruine, l'économie locale en permettant pour la première fois de transporter passagers et matériaux à des coûts raisonnables. Une diversité de choses autrefois indispensables au mode de vie autarcique, mais si délicates et si difficiles à produire dans le contexte local, arrivent maintenant en quantité et à des prix défiants toute concurrence sur place : le beurre, le lait, toutes les productions bovines par exemple, mais aussi les engrais et les outils agricoles. « Jusque-là les communautés submergées par les nécessités de l'autarcie, obligées à tout produire dans une grande pauvreté de moyens, manquaient toujours de force dispersée en mille activités indispensables mais terriblement dispendieuses mobilisant tant d'énergie pour des résultats médiocres, parce que toujours aux limites du possible. » (Rasse, 2006) Pour pouvoir les acheter les paysans se réorganisent.

Comme un peu partout en France et en Europe, le chemin de fer permet maintenant de développer, sur un mode semi-industriel, les productions agricoles les mieux adaptées au contexte agro-écologique local, pour les exporter. Certains se spécialisent dans la production de fleurs d'oranger, de violette ou de jasmin pour fournir des matières premières odorantes aux industries aromatiques de Grasse, elles aussi en plein développement. Cueillies tôt le matin, elles sont amenées fraiches dans la journée par le train jusqu'aux parfumeries (Rasse et Lambert, 2018). Ailleurs, ils se lancent dans la production de raisin tardif vendu aux premiers aristocrates en villégiature sur la Côte d'Azur, et plus tard encore dans l'œillet de Nice et la production de fleurs sous serres exportées vers les grandes villes. Et cela dure un temps, mais bientôt avec la mondialisation des moyens de communication, les industries grassoises préfèrent s'approvisionner dans les pays en développement, où les coûts de main-d'œuvre sont moins élevés et la terre moins ingrate. Il en est de même pour les fleurs coupées et les autres expériences de production intensives rattrapées par une compétition plus élargie et plus agressive. Les activités proto-industrielles périclitent et ruinent artisans et paysans qui s'y étaient essayés, contraints d'émigrer vers la ville.

Les élus locaux s'étaient battus pour que le chemin de fer parvienne jusqu'à eux, jusques aux villages les plus reculés, pour les désenclaver. Ils espéraient qu'il les revitaliserait, alors qu'au contraire, il facilita l'exode et les vida de leurs habitants. Là comme aux alentours, les villages se dépeuplent. Le sentier n'est plus parcouru que par les bergers d'un ou deux éleveurs qui se sont appropriés les pâturages autrefois communs pour développer un élevage plus intensif, proto-industriel de moutons, auquel s'ajoute quelques chasseurs et très exceptionnellement les premiers alpinistes venus s'entraîner, pour escalader les falaises en hiver quand il y a trop de neige dans les Alpes (Reclues, 1880). À ces quelques exceptions près, plus aucun habitant du village n'arpente ces territoires abandonnés envahis de broussailles. Parfois encore, très exceptionnellement, les enfants baguenaudent sur le chemin à l'occasion d'une sortie annuelle avec le club paroissial ou les premiers centres aérés. Et c'est devenu un exploit, ils vont jusqu'au sommet, là où la montagne domine les habitations, et crient pour que les parents restés au village les entendent.

À partir des années 1960, les flux s'inversent, la commune des contreforts de la Côte d'Azur se repeuple, les campagnes abandonnées sont viabilisées et vendues pour construire des résidences principales ou secondaires, la partie la plus escarpée du chemin, située au-dessus du village devient un sentier de petite randonnée où s'aventurent les familles, parents, enfants, amis venus de Nice et des villes côtières pour un pique-nique dominical, avec grillades sur des barbecues sommaires aménagés dans les rochers. Les premiers conflits d'usage peuvent apparaître entre les promeneurs, les chasseurs et les bergers qui, pour monter en 4x4, ont cassé les marches séculaires en pierre.

Nouveaux usages du chemin, reflets de l'hypermodernité

À partir des années 2010, le village est intégré à la communauté urbaine de Nice, la population a été multipliée par cinq, les campagnes alentours se couvrent de villas, il devient un lieu résidentiel de la conurbation Nice-Antibes-Cannes. La partie supérieure de la commune, celle des rochers et des pâturages, au départ inconstructibles faute d'eau, est maintenant en zone protégée, intégrée à un parc naturel régional, le chemin pompeusement renommé « la porte des Préalpes » devient le lieu de nouvelles pratiques sportives et ludiques : la marche rapide, le *cyclocross*, le *jogging*, les marathons. Il conduit aussi aux falaises aménagées pour la *varappe* et le *slackline*, et à des pistes de décollage de parapente.

Pour l'essentiel, ces activités se pratiquent seul, chacun va à son propre rythme, en fonction de ses compétences, *coaché* par son programme individualisé de développement sportif. La plupart des pratiquants sont enfermés dans une bulle ; ils se croisent, au mieux se saluent, centrés sur la maîtrise de leur respiration, de leur fréquence cardiaque, sur le contrôle des mouvements, en compétition d'abord avec eux-mêmes en fonction des défis qu'ils se sont lancés pour se dépasser, ou plus tard avec l'âge, simplement pour se maintenir. Les applications proposent aux adeptes de telle ou telle pratique d'enregistrer et d'afficher les temps de leurs parcours, bref, de désynchroniser la compétition, pour l'élargir aux autres pratiquants sans qu'ils n'aient besoin de faire la course ensemble. Si ces activités sont physiquement engageantes, extatiques, elles se pratiquent seul, à la différence par exemple d'une randonnée en haute montagne, qui jusque-là ne pouvait s'organiser qu'en équipe solidaire, pour des questions de sécurité et des motivations conviviales. Chacun s'y engage quand il veut et quand il peut, à tout moment du jour et parfois même de la nuit. Elles durent peu, se logent dans un créneau horaire précis, de façon à être rentré chez soi plus vite et après une bonne douche, passer à autre chose.

Le matériel utilisé atteint des sommets de technicité et est sophistiqué, conçu pour la spécificité de chaque activité. Les grimpeurs se dépouillent, abandonnent les gros souliers de montagne pour des chaussons d'escalade, inversement les cyclocrosseurs s'harnachent d'un exosquelette sensé les protéger des chutes. La marche se fait, lente, rapide, fractionnée, nordique, d'endurance, de *trainning*, *cardio trainning*, *trail running*, *trekking*… Chacune requiert des équipements spécifiques, ses propres vêtements en tissus respirants et fluorescents, collant à la peau, conçus pour améliorer les performances, mais aussi censés mettre en évidence les silhouettes bodybuildées. Le niveau technique progresse, toujours plus souple, plus fluide, plus vite, plus individuel, dominé par le culte du corps et de la santé. Des algorithmes de plus en plus sophistiqués mesurent et partagent le nombre de pas, de kilomètres parcourus, le dénivelé réalisé, les dépenses caloriques. La randonnée balade, édénique, se transforme en programme sportif individualisé et paroxystique.

En semaine, le chemin est emprunté par des randonneurs, essentiellement des groupes de retraités issus de catégories socioprofessionnelles aisées, qui eux pratiquent la randonnée en groupe, habillés et chaussées avec des vêtements et du matériel de marque. Ils vont ensemble, mais la sociabilité reste limitée, pour le pique-nique chacun a amené son propre repas composé en fonction des recommandations, des régimes et des interdits alimentaires de chaque participant. Se rajoutent encore plus exceptionnellement, des *rave parties* sauvages, des visites à thème, organisées par des gourous et autres spécialistes de la santé ou de la nature, le passage de marathons, semi-marathon, bi ou triathlon. Le sommet du rocher duquel on admire le grandiose panorama littoral est devenu, selon le quotidien régional *Nice-Matin*, l'un des dix spots les plus instagramés de la Côte d'Azur à ne pas rater, ce qui ajoute encore à notre énumération des vagues de jeunes touristes aventureux, mal équipés, peu entraînés, mais avides de grimper au sommet pour se photographier, et réaliser quelques selfies qu'ils posteront sur leurs réseaux.

La diversité des pratiques et le nombre croissant des excursionnistes conduisent à des conflits d'usage. D'abord avec les éleveurs, dont les troupeaux de chèvres ou de moutons de plus en plus importants conduisent au surpâturage et à la négligence des paysages : les bergeries, les restanques traditionnelles en pierres, les pâturages ne sont plus entretenus. S'ajoute la guerre avec le loup qui les opposent aux valeurs de ceux qu'ils nomment « les écolo-bobo-urbains » et les oblige à s'équiper de gros chiens patou, plus au moins bien dressés qui affolent les randonneurs. Viennent encore les chasseurs avec leurs fusils, leurs chiens, leurs imposants véhicules. Comme les bergers, ils sillonnent ces lieux depuis des générations, mais leur espace de jeu se réduit au fur et à mesure que leur nombre augmente, que l'urbanisation repousse les espaces sauvages et que progresse la réglementation comme la critique sociale à leur égard. Les promeneurs, les randonneurs, les *joggers*, de plus en plus nombreux, s'opposent aux *motocrosseurs* bruyants ou aux *cyclo-trekkings* plus silencieux, mais que l'on n'entend pas arriver quand ils déboulent en maîtrisant approximativement leur trajectoire. Le stationnement des voitures de l'ensemble des visiteurs est un casse-tête pour la municipalité : les samedis et dimanches, pendant les jours de vacances, elles débordent les parkings de tous côtés et obstruent les rues du village… Aussi a-t-il fallu obliger les randonneurs à se garer au pied du village pour emprunter l'ancien chemin séculaire, depuis sa base jusqu'au village et ensuite jusqu'au sommet.

Conclusion

Que retenir de tout cela, de l'approche anthropologique et historique de ce chemin pastoral où l'on peut encore lire quelques aspects des grandes mutations qui depuis deux siècles ont agité nos sociétés et modifié nos modes de vie ? Au départ, il était l'axe qui structurait l'activité et l'essentiel de la vie quasi-autarcique d'une communauté. Les habitants n'avaient pas le choix, ils naissaient là, ils habitaient là, comme membres d'une communauté indispensable à leur existence, qui les englobait et dont ils n'étaient qu'un élément organique. Leur monde se limitait aux frontières de la commune, qu'ils franchissaient très exceptionnellement pour visiter les villages où les bourgs alentours, les jours de marché ou de fête. Le projet de la première modernité a extirpé les individus de cette gangue vernaculaire, pour que chacun ait le choix, la liberté de vivre son existence comme il l'entendait. Le temps de loisirs, dont celui de la randonnée, s'est voulu un espace réparateur, compensatoire des contraintes et de l'aliénation du travail par son aspect créatif, ludique et l'occasion qu'il représente de renouer avec la nature, d'enrichir les liens sociaux, familiaux ou amicaux. À notre époque, celle de l'hypermodernité, il tend à devenir le vecteur d'une multitude d'activités possibles, que chacun pratique individuellement, seul, obnubilé par son programme de coaching en compétition avec lui-même.

RÉFÉRENCES BIBLIOGRAPHIQUES

BERGER S., *Notre première mondialisation*, Paris, Seuil, 2003.

BRAUDEL F. (dir.), *La Méditerranée*, Paris, Flammarion, 1988.

BRAUDEL F. (dir.), *L'Identité de la France, Les hommes et les choses,* 2 tomes, Paris, Flammarion, 1986.

LAMBERT V. et RASSE P., « Paradoxes et bilan critique des processus de patrimonialisation dans les industries aromatiques de Grasse », *Recherches en Communication*, n° 45, 2018, p. 99-114.

RASSE P., *La Rencontre des mondes*, Paris, Armand Colin, 2006, p. 118.

RECLUS É., *Histoire d'une montagne*, Paris, Pierre-Jules Hetzel & Cie, 1880.

WEBER E., *La Fin des terroirs. La Modernisation de la France rurale, 1870-1914*, Paris, Fayard, 1998.

Thierry Paquot
Philosophe de l'urbain

De la flânerie

Le flâneur est une des figures tardives du marcheur urbain qui se trouve désorienté par l'automobilisation des villes dès la fin du XIXe siècle et plus encore au cours du siècle suivant. En effet, l'automobile reconfigure les villes et impose sa vitesse et ses emplacements réduisant d'autant la place réservée aux piétons et dévalorisant la lenteur, propre au flâneur. En quelles circonstances peut-on flâner ? Le pouvons-nous encore dans les mégalopoles du XXIe siècle, ou dans les villes-dortoirs ?

Du piéton au flâneur

La promenade naît dans les villes italiennes au cours du XVIe siècle, les jardins des hôtels particuliers accueillent le public un jour par semaine, l'on y marche pour se distraire, se faire remarquer, converser, flirter. Dans les villes, ce sont les « gens de peu » qui marchent, les bourgeois et les aristocrates vont à cheval, en calèche, en chaises à porteurs. Les premiers piétons, parmi les gens de qualité, sont des bourgeois à qui la médecine conseille un peu d'exercice pour se mettre en appétit comme pour bien digérer. Pour marcher, il faut des chaussures et non pas des bottes, aussi l'orthopédiste et le cordonnier sont-ils mobilisés, il convient de ne pas chuter ou de ne pas être bousculé, alors des trottoirs vous protègent de la circulation, le premier est construit à Paris en 1781, rue de l'Odéon. Louis-Sébastien Mercier justifie le déplacement piéton dans ses *Tableaux de Paris* : « Socrate allait à pied ; Horace allait à pied. Jean-Jacques allait à pied. Qu'un *Jourdain* moderne, qu'un faquin ait une berline anglaise et une porte cochère ; à la bonne heure qu'il ne nous écrase pas dans la fange, parce que ce n'est point un crime digne de la roue, que de savoir se servir de ses jambes, ou de rêver un peu dans son chemin. » Il note également : « Que de tableaux éloquents qui frappent l'œil dans tous les coins des carrefours, et quelle galerie d'images, pleine de contrastes frappants pour qui sait voir et entendre ! » Son contemporain, Nicolas Edme Restif de La Bretonne rédige *Les Nuits de Paris ou le Spectateur nocturne*, plusieurs volumes de notations précises, d'anecdotes et de réflexions. Le mot « piéton » dérive de « pied » et désigne le « fantassin », ce simple soldat qu'on envoie au casse-pipe qui ne bénéficie pas de l'aura du cavalier. Ce n'est que récemment que le mot « piéton », quitte le vocabulaire militaire pour nommer celui qui va à pied en ville, frère du chemineau qui arpente les chemins de campagne et musarde…

L'on connaît la sentence hugolienne, dans *Les Misérables* : « Errer est humain. Flâner est parisien. » Point de vue que partage Walter Benjamin qui écrit dans ses notes préparatoires à *Paris, capitale du XIXe siècle* : « Paris a créé le type de flâneur. » Le flâneur furète, farfouille, cherche, folâtre, muse, vadrouille, badaude, baguenaude, bref il va et vient et se rassasie du spectacle permanent de la rue. Il observe tout et tout l'intéresse. Victor Fournel, dans *Ce qu'on voit dans les rues de Paris* (1858) nous informe sur une fausse synonymie : « N'allons pas toutefois confondre le flâneur avec le badaud : de l'un à l'autre il existe une nuance que sentiront les adeptes. Le simple flâneur observe et réfléchit ; il peut le faire du moins. Il est toujours en pleine possession de son individualité. Celle du badaud disparaît, au contraire, absorbée par le monde extérieur qui le ravit à lui-même, qui le frappe jusqu'à l'enivrement et l'extase. Le badaud, sous l'influence du spectacle, devient un être impersonnel ; ce n'est plus un homme : il est public, il est foule. » Ainsi, le badaud plutôt falot suit le mouvement, se fond dans la masse, y disparaît, alors que le flâneur fait le tri, se singularise. Dans la *Physiologie du mariage* publiée en 1830, Balzac façonne cette géniale définition de la flânerie : « Quel est le fantassin de Paris dans l'oreille duquel il n'est pas tombé, comme des balles en un jour de bataille, des milliers de mots prononcés par les passants, et qui n'ait pas saisi une de ces innombrables paroles, gelées en l'air, dont parlait Rabelais ? Mais la plupart des hommes se promènent à Paris, comme ils mangent, comme ils vivent, sans y penser. Il existe peu de musiciens habiles, de physionomistes exercés qui sachent reconnaître de quelle clef ces notes éparses sont signées, de quelle passion elles procèdent. Oh ! errer dans Paris ! adorable et délicieuse existence ! Flâner est une science, c'est la gastronomie de l'œil. Se promener, c'est végéter ; flâner, c'est vivre. » La formule est là, magnifique, puissante, sertie comme un diamant à une bague, prête à être gravée dans du marbre : « La flânerie est la gastronomie de l'œil » ! A-t-il conscience de l'incroyable originalité de son expression ? L'on devine qu'il a lu *La Physiologie du goût* de Brillat-Savarin (1825) et l'on sait le prix qu'il accorde à la bonne chère, à cette « gastronomie » du plaisir… En 1833, il publie *La Théorie de la démarche* remarquable analyse dont je me contente de recopier quelques aphorismes, non pour vous mettre en appétit, mais pour alimenter votre curiosité : « La démarche est la physionomie du corps. » ; « Le repos est le silence du corps. » ; « Le mouvement lent est essentiellement majestueux. » ; « Tout mouvement saccadé trahit un vice, ou une mauvaise éducation. » ; « En marchant, les femmes peuvent tout montrer, mais ne rien laisser voir. », etc. Balzac flânait, observait tout, enregistrait tout, ce qui nourrissait son imagination et stimulait son écriture, du reste ses écrits témoignent de ce *tout* qui agitait la ville et ses habitants à cette époque bénie de la flânerie. D'autres auteurs participent à cette tentative de retenir ce qui déjà n'est plus, tant les métamorphoses de la grande ville et de ses habitants se succèdent au nom de la « modernité », ce terme tout neuf, que Charles Baudelaire consacrera. Parmi ces auteurs, à présent oubliés, Louis Huart (1813-1865) et Auguste Delacroix (1805-1891). Le premier rédige la *Physiologie du Flâneur* en 1841 : « l'homme s'élève au-dessus de tous les autres animaux, écrit-il, uniquement parce qu'il sait flâner. » Le flâneur n'est ni un musard, ni un badaud, ni un badaud étranger (il s'agit du touriste), ni un batteur de pavé. Qui est-il ? « Bonnes jambes, bonnes oreilles, et bons yeux, tels sont les principaux avantages physiques dont doit jouir tout Français véritablement digne de faire partie du club des flâneurs quand on en établira un, ce qui ne peut pas tarder. » Le second est chargé dans *Les Français peints par eux-mêmes. Encyclopédie morale du dix-neuvième siècle* (10 vol., 1840-1842) du chapitre sur « Le flâneur ». Il admet à son tour que le flâneur est un Parisien, surtout pas un provincial ou un touriste. Voici sa définition : « Le flâneur est un être essentiellement complexe, il n'a pas de goût particulier, il a tous les goûts ; il comprend tout, il est susceptible d'éprouver toutes les passions, explique tous les travers et a toujours une excuse prête pour toutes les faiblesses. C'est une nature nécessairement malléable, une organisation d'artiste. » Dans ses matériaux accumulés pour un livre inachevé, *Paris, capitale du XIXe siècle*, Walter Benjamin note : « Un paysage… c'est bien ce que Paris devient pour le flâneur. Plus exactement, ce dernier voit la ville se scinder en deux pôles dialectiques. Elle s'ouvre à lui comme paysage et elle l'enferme comme chambre. » C'est effectivement ce nouveau regard sur l'intériorité de l'extérieur et l'extériorité de l'intérieur qui caractérise le « colportage de l'espace » qu'effectue incessamment le flâneur et dont s'inspirera l'architecture moderne avec ses larges baies vitrées, par lesquelles on est vu et l'on voit. Le flâneur existe dans cet *entre-deux* du développement du capitalisme qui autorise encore l'oisiveté comme un moment de répit face au salariat. Mais le flâneur est également contemporain de la foule, comme le remarque Charles Baudelaire, dans *Le Peintre de la vie moderne* (1859) : « Pour le parfait flâneur… c'est une immense jouissance que d'élire domicile dans le nombre, dans l'ondoyant… Être hors de chez soi, et pourtant se sentir partout chez soi ; voir le monde, être au centre du monde et rester caché au monde, tels sont quelques-uns des moindres plaisirs de ces esprits indépendants, passionnés, impartiaux, que la langue ne peut que maladroitement définir. » Le verbe « flâner » ne sera ainsi admis à figurer dans le dictionnaire de l'Académie française qu'en 1878. On le trouve pour la première fois dans celui de Boiste en 1808 qui évoque une origine scandinave, *flana*, « courir çà et là », que les Vikings sèmeront en Normandie où « flâner » signifie « paresser » et où l'on repère dès le XVIIe siècle les mots « flânerie » et « flâneur ». Quant à « flâneuse », il n'entre dans le *Larousse* qu'à la fin du XIXe siècle. Cette reconnaissance tardive en dit long sur la place de la femme dans la ville, sans compter que ne sera reconnue et acceptée comme « flâneuse » qu'une femme dotée d'une forte personnalité qui ose affronter, sur leur terrain, les hommes…

Passages et boulevards

Nous l'avons vu, la flânerie réclame des trottoirs, des chaussures, mais aussi des passages et des boulevards. Ces dispositifs sont indispensables au piéton. Le passage est une ruelle couverte par une verrière qui traverse des immeubles et relie deux rues. Généralement il dessert des boutiques qui offrent au regard des passants leurs vitrines où sont exposés des « nouveautés ». Les passages s'enchaînent les uns les autres et constituent un véritable labyrinthe facilitant la circulation des piétons, à l'abri des intempéries et de la cohue. Les galeries en bois du Palais Royal, édifiées en 1786, préfigurent les passages parisiens, comme le passage Feydeau (1791), du Caire (1799) du Panorama (1800). Viendront ensuite la galerie Vivienne, le passage du Trocadéro, le passage Brady, ceux des Variétés, de Montmartre, etc. Aragon en exalte la surréalité dans *Le Paysan de Paris* (1925). Comme Paris est la capitale du XIXe siècle, selon Walter Benjamin, pas étonnant que les passages s'exportent à Londres, Bruxelles, Milan, Moscou, Liège, Prague, Cologne, Berlin, Rotterdam, Philadelphie, etc. Avec la généralisation de l'automobile, les passages perdent leur attrait. Les boutiquiers s'en vont, les chalands de même. Les passages sont mal entretenus et il faudra attendre les dernières années du XXe siècle pour les réhabiliter, en faire une destination touristique et les intégrer aux parcours ordinaires des habitants.

Quant au boulevard (le mot vient du néerlandais *bolwerc*, le chemin de ronde d'une fortification), il s'impose dans les villes au fur et à mesure où celles-ci se séparent de leur enceinte fortifiée, devenue inutile face aux nouvelles armes, et gênant leur indispensable extension avec l'arrivée des migrants de l'intérieur. Il devient un lieu de promenade. À Paris, les « Grands boulevards » vont de la Madeleine à la Bastille, des théâtres s'y ouvrent avec des cafés et des restaurants qui drainent toute une population de noctambules. Le jour, des bonimenteurs y vendent du rêve, des jongleurs amusent les files d'attente des théâtres, des pickpockets soulagent les bourgeois de leurs montres à gousset ou de leurs portefeuilles, des prostituées proposent leur charme. Ainsi, le trottoir, le passage et le boulevard assurent au piéton de bonnes conditions de déplacement, en contact permanent avec le spectacle urbain…

Pour une ville pédestre

Et à présent ? La flânerie n'entre plus dans l'emploi du temps urbain et ses anciens itinéraires (les passages, les boulevards, les quais, les jardins publics, etc.) ont été profondément modifiés et, pour la plupart d'entre eux, encore accaparés par l'automobile, même si les quais parisiens s'en sont débarrassés depuis quelques années. À défaut de flâner que fait le piéton en ce XXIe siècle ? Il déambule, mais en contrôlant sa marche et sa destination. Au besoin, il confie à son téléphone portable le choix du cheminement le moins pollué et le plus rapide. Une application propose un trajet avec des boutiques qui accordent une réduction le temps du parcours… Plusieurs villes établissent des cartes indiquant selon l'heure les « bons » itinéraires, en privilégiant tel ou tel critère. Dans une enquête vieille de dix ans, que mentionne Jérémy Gaubert (2021), la marche qui représentait alors 60 % des déplacements urbains en 1930 avoisine dorénavant les 22 %. Comme toute moyenne, il convient de pondérer ce résultat et de mesurer les écarts entre Los Angeles, Paris, Shanghai, Venise ou Ouagadougou. De même, on marche moins dans les banlieues et encore moins dans le « péri-urbain » pavillonnaire où les routes servent de rues et ne sont pas équipées de trottoir. Sortir de la ville à pied relève du parcours du combattant, il faut franchir les autoroutes, les voies ferrées et les vastes zones commerciales avec leurs sinistres parkings. Florence Marchal et Jean-François Pirson (2008) relatent leur tour du Grand Bruxelles, ses non-lieux et surtout leurs difficultés à réaliser cette excursion. Toute ville n'est pas marchable. Comme au temps de Sébastien Mercier, les plus pauvres marchent, tandis que les plus aisés prennent leur automobile ou les transports en commun. Les femmes vont plus fréquemment à pied que les hommes. Bref, la marche urbaine affronte d'innombrables obstacles, d'où la revendication d'une réelle « marchabilité », née aux États-Unis (*walkability*) pour lutter contre la « pandémie » d'obésité qui fait des ravages et provoque des maladies cardiovasculaires. Des logiciels proposent des marches « amusantes » (www.walkscore.com). Des sites paramédicaux expliquent comment marcher et combien de temps (trente minutes par jour représentent un minimum). D'autres s'évertuent à calculer la marchabilité des cités et à les comparer, l'Irvine Minnesota Inventory tient compte de cent-soixante-quatorze critères (!) regroupés dans quatre thématiques (accessibilité, attractivité, sécurité, urbanité). En France, la question de la marchabilité s'avère toute neuve. Quelques municipalités, aidées par des associations, commandent des évaluations préalables, établissent des comités d'expert, avant de proposer des améliorations pour rendre la marche plus commode (revêtement des trottoirs, mobiliers urbains plus amènes, rues piétonnes, réduction de la vitesse des automobiles, disposition de bancs et de toilettes, etc.). À l'initiative de quelques associations (60 millions de piétons, Rue de l'Avenir et la Fédération française de la randonnée pédestre) un « baromètre » des villes marchables a été établi et publié en septembre 2021, il sera suivi de l'édition 2023.

La flânerie, tout comme le « hasard objectif » des surréalistes et la « dérive » des situationnistes, participe d'une ville pédestre, or, les mégalopoles contemporaines sont conçues pour l'automobile. Flâner et dériver s'avère de plus en plus compliqué, ce sont des activités qui demandent une continuité des espaces publics que les infrastructures, souvent gigantesques, que sont les autoroutes et les voies ferrées, empêchent, de même que la multiplication des enclaves résidentielles sécurisées (*gated communities*) deviennent des obstacles pour le piéton, obligé de les contourner. De plus en plus de rues sont achetées par leurs riverains, au nom de la tranquillité, aux États-Unis comme en France[1]. De plus en plus de villes stigmatisent les SDF et interdisent la mendicité. Les rues ne sont plus gratuites et accessibles à tous, un usage discriminant s'instaure sans qu'on en y prenne garde. La pandémie de la Covid-19, avec l'interdiction d'aller au-delà d'un kilomètre et en imposant un couvre-feu a permis aux habitants de découvrir leur quartier et de marcher, au lieu de circuler en automobile ou en empruntant le métro et le tramway. De ce fait, la marche est à nouveau appréciée et certains habitants sont heureux de flâner, même si les commerces sont alors en partie fermés ainsi que les cafés et restaurants. Flâner à présent, relève de la résistance à la ville fonctionnelle et à l'idéologie de la vitesse. Marcher pour rien d'autre que le plaisir de prendre un bain de ville, d'entrer dehors[2]…

NOTES

1. À ce sujet, voir « Murs et frontières », *Hermès*, n° 63, 2012 et le chapitre sur les *gated communities* dans Paquot T., *Désastres urbains. Les villes meurent aussi*, Paris, La Découverte, 2019.
2. Pour plus d'informations sur la marche et la marchabilité dans nos territoires et en particulier en milieu urbain, se pencher, entre autres, sur les publications de la Fédération française de randonnée pédestre, du CEREMA ou de l'association Rue de l'Avenir.

RÉFÉRENCES BIBLIOGRAPHIQUES

Gaubert J., *Philosophie du marcheur*, Saint-Mandé, éditions Terre Urbaine, 2021.

Kahn G., *L'Esthétique de la rue*, préf. de Thierry Paquot, Gollion, InFolio, 2008 [1900].

Marchal F., Pirson J.-F., *La Limite comme chemin*, Bruxelles, espaces. regards éditions, 2008.

Paquot T., *L'Espace public*, Paris, La Découverte, coll. « Repères », 2015 [2009].

Paquot T. (dir.), *Les Situationnistes en ville*, Gollion, Infolio, 2015.

Paquot T. et Rossi F. (éd.), *Flâner à Paris. Petite anthologie littéraire du XIXe siècle*, Gollion, Infolio, 2016.

Paquot T., *Dicorue. Vocabulaire ordinaire et extraordinaire des lieux urbains*, photographies de Frédéric Soltan, Paris, CNRS Éditions, 2017.

Turcot L., *Le Promeneur à Paris au XVIIIe siècle*, Paris, Le Promeneur, 2007.

Gérard Régimbeau
LERASS-CERIC, Université Paul-Valéry, Montpellier 3

Des documents dans la marche : guides, supports et traces

L'accompagnement documentaire de la marche relève de moyens et de situations d'une communication qui porte en elle une partie de l'histoire des supports d'inscription portatifs autonomes ou « télématiques ». On y retrouve les différentes modalités d'une médiation de l'information, pensée et agie en fonction des buts et de l'expérience de la marche marquée par le renseignement, l'enregistrement, la transmission et la traduction (au sens sociologique) de données. Prolonger une réflexion sur la marche, où étaient abordées ses représentations dans les idées et les images (Régimbeau, 2007), nous a entraîné vers ce que suppose cet accompagnement. Non pas uniquement en tant que documentarisation du voyage où l'on restitue une scénarisation, notamment par le récit, mais en observant simplement les éléments d'une documentation « portable » : des supports, papiers ou numériques, avec leur matérialité ou leur fonctionnalité. Ils regroupent la carte, dont l'usage est autant synonyme de tracé codifié que de territoires à arpenter par l'imagination ; le guide, dont la fonction, contenue dans son nom, est de programmer, de prévenir et d'aider dans la progression ; le topo-guide, incorporant les fonctionnalités de la carte assorties de commentaires décrivant le parcours ; le carnet de route, outil accessoire et aléatoire prévu toutefois pour laisser une trace ; l'ouvrage et le livre, pour les moments de pause ou pour intensifier les moments vécus ; le bout de papier, nécessaire à la prise de note urgente, etc., autant d'informations enregistrées mises au service de la connaissance et de l'identité (les papiers personnels), déterminant leur catégorie : celle de documents par intention (Meyriat, 1974). Ces documents, socialement et administrativement assignés à servir de documentation, se distinguent des documents par attribution lesquels recouvrent tous les éléments interprétés comme témoins d'un fait, d'un phénomène ou d'une époque.

La marche s'est constituée en objet de recherche au fur et à mesure des intérêts historiques et culturels pour les vies quotidiennes, le privé, les expériences subjectives, l'intime. Nous laisserons de côté la geste politique pour demeurer à ce que la marche induit dans nos mobilités plus banales, dans le travail ou les loisirs ; par ses pratiques qui ont inventé le sentier, le chemin, la route et tous leurs dérivés en trajets, promenades et randonnées. Des usages et des moyens qui, dans la vie ordinaire, nous rappellent la question du strict nécessaire. Cependant, du piéton au promeneur, du trimardeur au vagabond, du vadrouilleur au randonneur, du pérégrinateur au chemineur, les figures du marcheur sont aussi nombreuses que celles de la marche, pour reprendre le titre d'une exposition : « Un siècle d'arpenteurs, figures de la marche » (2000). Proche de l'idée qui guidait Jean Meyriat dans son essai pour une approche plurisystémique du document par intention (Meyriat, 2006) en maintenant le cap sur sa valeur info-communicationnelle, nous souhaiterions ici apporter quelques éléments d'une observation (participante) à verser au dossier documentologique. Envisager le document dans le contexte des mobilités pédestres, c'est retrouver « l'infra-ordinaire » de la vie quotidienne cher à Pérec (1989) : « comment parler de ces "choses communes", comment les traquer plutôt, comment les débusquer, les arracher à la gangue dans laquelle elles restent engluées […] ? ». Ajoutons à cet effort, celui des documentologues, relevant comme Paul Otlet (1935) « l'expression documentée des choses […] », pour souligner que les sciences sociales ont maintenant largement investi de tels objets d'étude.

Le document dans le « barda »

Entre marche et voyage[1], les liens se sont noués et dénoués dans l'histoire en fonction de l'horizon du parcours. Tous les voyageurs ne sont pas des piétons. Les pèlerins des chemins de Compostelle, au Moyen Âge, étaient plutôt des cavaliers (Barret et Gurgand, 1978). Aujourd'hui, le regain d'intérêt pour la marche en tant que pratique écotouristique a marqué un renouement avec le voyage (Le Breton, 2000). Les documents sont une partie du viatique du marcheur voyageur. Jean-Paul Kauffman le confirme : « Pour le marcheur, la question de savoir ce qu'il emporte dans son sac à dos est fondamentale. D'autant plus s'il est, comme je le suis, un grand lecteur, hanté par la crainte de ne plus rien avoir à lire. » (Kauffmann, 2018) Pour sa déambulation dans le désert d'Adrar, Cédric Gras, emporte « dans [sa] poche un Théodore Monod qui cite l'*Ancien testament* – un grand livre sur le désert – à toutes les pages », et replonge à intervalles réguliers dans les livres, « ces inépuisables compagnons de voyage » (Gras, 2018).

« Le poids est l'ennemi ! », ainsi commence le paragraphe consacré à l'équipement dans un guide sur *Le chemin du Puy* (Veron *et al.*, 2001). Les documents par intention conseillés pour la randonnée ne sont pas si nombreux. Un petit guide publié par *La Marche magazine* préconise d'emporter dans le paquetage : « […] papiers d'identité, numéros de téléphone, *credencial*, […] extraits de guide ou cartes nécessaires et […] carnet pour noter vos impressions. » (« Saint-Jacques-de-Compostelle », 2002) La credencial tamponnée à chaque étape par le lieu d'accueil du pèlerin fait figure de laissez-passer pour quelques hébergements et atteste de son déplacement en fin de parcours. Il est vrai que le secours d'un âne ou d'une mule peut relativiser ces questions de poids mais en posant d'autres contraintes. Et le smartphone est venu à son tour imposer d'autres choix.

Les nouveaux porte-documents

Légers, peu encombrants, tablettes, portables et smartphones, proches d'un livre s'ouvrant au format de poche pour certains modèles, doublés des fonctions d'appareil photo, de caméra et de magnétophone, pour l'enregistrement et la lecture, contiennent les fichiers, dossiers, cartes et guides d'un bureau portatif. Contre un abonnement auprès d'un fournisseur, ils autorisent l'accès pour certains, à un univers documentaire mondialisé avec pour seules limites (mais pas négligeables) la mémoire numérique, l'énergie de la batterie, le format de l'écran et la couverture géographique des antennes cellulaires. Les contraintes existent mais les pratiques dans les mobilités confirment un usage qui se généralise. Un site, parmi d'autres, spécialisé dans les loisirs de nature annonce que « même si l'autonomie est toujours un souci par rapport à un GPS dédié, le smartphone est largement utilisé pour la randonnée » et précise plus loin que « la plupart des randonneurs choisissent en général de tirer parti de la polyvalence du smartphone qui permet entre autres de prendre des photos, d'afficher une carte couleur ou encore de vérifier les prévisions météorologiques » (GPSZapp, 2021). L'affaire semblerait entendue mais il est pourtant rappelé dans les conseils du même site que « la carte papier et la boussole restent une sécurité en cas de panne du smartphone. » Ainsi, pour quelques temps encore, le document profitera de la diversité des supports d'écriture, de son et d'images. L'appareillage numérique n'a pas encore éradiqué le document papier qui demeure conseillé dans les guides de voyage, au moins en tant que secours, notamment pour les cartes. Le rapport à la carte, le fait qu'elle réponde instantanément à certaines questions sur le terrain, que son échelle autorise une lecture « pratique », qu'elle soit en phase et à jour, dans certains cas, avec des ressources en matière d'abri, de logement ou de campement, est loin d'en faire un support obsolète.

La « carte de rando »

La carte au 1/25 000 vient en premier entre tous les documents utiles de la marche. Longtemps regardée comme un trésor de l'état-major militaire, de l'ingénierie des eaux et forêts ou des travaux publics, la carte à cette échelle s'est démocratisée, en France, avec l'IGN (Institut géographique national). Fini les approximations du 1/50 000 quand il fallait suivre une route de montagne prolongée par un sentier de pâture. Avec les 1/25 000, on retrouvait le déroulé métaphorique du mouvement : d'une courbe de niveau à l'autre, d'une masse rocheuse à un pré, d'une laquette (petit lac dans les Pyrénées) à un névé, tout y était. Mais avant les « Top 25 » de l'IGN (titre de la collection) et en parallèle aux cartes Michelin, il y eut les cartes artisanales diffusées dans les offices de tourisme, comme celles de Luz-Saint-Sauveur ou de Gavarnie dans les Pyrénées ; il en émanait la valeur d'un sésame. Peu de couleurs, de simples repères qui ne prenaient leur sens qu'une fois sur place mais c'était des indicateurs précieux. Elles n'étaient pas encore protégées d'un film de plastique, elles n'étaient pas non plus paraffinées ni imperméabilisées, et il fallait éviter les plis qui effacent des zones figurées entières et les fragilisent jusqu'à la déchirure. D'ailleurs, il en fut longtemps de même avec les cartes publiées de l'IGN qui, pour les mêmes raisons, posaient parfois des cas de perplexité devant le sentier à poursuivre.

Les guides pratiques destinés au pèlerin, publiés par Rando Éditions et la Fédération française de la randonnée pédestre (FFRP), lui réservant logiquement la rubrique « cartographie », soulignent la place incontestable, mais compliquée par le volume et la charge, de la carte pour les longues randonnées. On demeure alors partagé entre la recommandation rappelant que « la carte est un auxiliaire indispensable de votre périple, un élément de sécurité en cas de situations imprévues » (Id., *ibid.*) et le principe de réalité réaffirmé plus loin à propos de la carte au 1/25 000 : « Compte tenu du balisage et de la précision du descriptif, ces cartes ne sont pas indispensables d'autant qu'il en faudrait un très grand nombre pour couvrir l'itinéraire […]. » (Id., *ibid.*) Limitées par le nombre, à ce stade interviendra la question de l'échelle la mieux adaptée, qui demeurera imparfaite, quelle qu'elle soit : on se tournera, alors vers les guides de randonnée, détaillant les parcours en fragmentant les cartes au 1/50 000.

Le guide

Aussi déterminant et nécessaire que la carte, le guide a d'abord conquis sa place en relevant les lieux de prière, les « caractères » des populations rencontrées et les obstacles sur les chemins du pèlerin vers Compostelle, comme celui qui fut attribué à Aimery Picaud au XIIe siècle (Vieilliard, 1978). Puis, lentement, il a investi toutes les formes de l'imprimé, de la brochure au livre. Lisible et pratique il a acquis une sorte de format conventionnel qui permet de le glisser dans la poche d'un blouson ou d'un sac à dos. Une spécialisation s'est également opérée entre guide de voyage et guide de randonnée. Les guides conçus pour préparer un circuit, tels les guides Michelin, relevant de la catégorie dite « touristique », dont Barthes (1957) dresse le portrait dans *Mythologies*, ne sont plus de ceux qu'on emporte pour marcher. Le guide de voyage a donné un rejeton en allant vers ce que Barthes – dans un texte qui visait en réalité à démonter l'idéologie franquiste sous-jacente du *Guide bleu de l'Espagne* de cette époque – appelait de ses vœux, avec des références à la sociologie, l'économie, la vie pratique, etc. Ce type d'ouvrage correspond maintenant à la plupart des titres des éditions Lonely Planet, du Routard ou des Guides verts, traitant, avec des rappels sur la société, la politique ou l'économie, d'entités naturelles, agricoles, urbaines et géographiques à travers des enquêtes de journalistes et d'auteurs de terrain, même si la stéréotypie touristique du paysage unique et exceptionnel, de la découverte « initiatique » et des rencontres incomparables reste en bruit de fond du discours des guides en général (Urbain, [1991] 2002).

Le guide de randonnée actuel est un concentré touristique de géographie humaine et physique en ajoutant à son utilité ce qu'il faut connaître de l'expérience du chemin et du lieu : une topographie à arpenter, où s'arrêter, comment ressentir. Ainsi Georges Véron dans son *Guide de la haute randonnée pyrénéenne* attire l'attention sur un passage assez singulier des sentiers pyrénéens : « Cet itinéraire [...] se déroulant dans un fantastique paysage karstique, peut constituer l'étape la plus insolite de toute votre traversée. » (Véron, 2003) Le guide de randonnée, par la précision du déroulé topographique se fait un instrument essentiel au cheminement mais il remplit aussi le rôle d'un récit de voyage « à vitesse humaine » et au plus près des pieds (!). La lecture et le pas se révèlent l'un l'autre dans des formulations qui auraient réjoui Pérec : « suivre scrupuleusement le balisage qui ondule entre les blocs » ; « Du col d'Anaye (2 011 m), se diriger à travers les lapiaz, en gros vers le sud-S.O. » (Id., *Ibid.)* ; « Suivre la ligne de crête, passer au signal du Bougès (1 421 m) puis redescendre vers un petit replat » (*Le Chemin de Stevenson*, TopoGuide GR 70, 2008).

Carnets et feuilles volantes

La pratique de la prise de notes est visible au long des randonnées, parfois dans la journée, en bordure des sentiers, lors d'une halte, ou alors plus fréquemment le soir, dans les refuges, avant ou après le repas. Le carnet de route ou de bord, chiche ou luxueux, à spirale ou relié, est un document en formation, évoluant au gré du parcours. Le carnet accompagne Jean-Claude Bourlès dans son *Retour à Conques* qui mentionne en incipit : « Dernières lignes du carnet de route. Lundi 26 juin ». Plus loin, au fil du voyage, il évoque « quelques lignes griffonnées sur le carnet de route » (p. 36), et en fin d'ouvrage, il reprend : « Voilà ce que j'aurais dû consigner dans mon carnet de route. » (p. 149) (Bourlès, 2001)

Quand le journal de bord est un carnet à dessin ou de croquis, il devient document de la marche avec intention d'en restituer, en ambiances et détails singuliers et selon les intentions esthétiques des dessinateurs, les événements, les personnes, les animaux et les choses rencontrés, les lieux traversés. Un amateur de paysages saura en retirer une « griserie » selon le terme du dessinateur Emmanuel Guibert (Guibert, 2018). Dans ses carnets de voyage, Paul Vidal de La Blache, géographe pionnier, « combine l'appréhension perspectiviste et cinétique du paysage dans l'axe du trajet, le regard suspendu du flâneur qui parfois stationne, le coup d'œil aigu sur le détail rapproché » (Robic, 2004). Ce type de support interroge la notion de document par intention car il est document *in progress* ; plus son auteur avance, plus il contient d'informations. L'artiste marcheur, par choix ou par opportunité, devient le chroniqueur de son parcours. La photographie, la carte postale et le support sonore occupent de même une place à part car ils peuvent, à l'instar du carnet et du journal, appartenir à la catégorie des documents consultables, mais ils servent aussi plus habituellement à documenter (et documentariser) la marche en étant diffusés ou intégrés dans des restitutions après coup.

Quand Stevenson, inspiré par Henry Thoreau (Lacassin, 1978), part pour un voyage à pied dans les Cévennes, en 1878, il peut, grâce à Modestine, son ânesse, emporter un chargement utile qui comprend son cahier et ses outils d'écrivain. Son carnet de route fut un petit cahier d'écolier conservé à la bibliothèque Huntington de San Marino (Californie) (Keen, 1979). On y retrouve, au fil du texte, quelques mentions des moments où il écrit ses notes : « Le jour suivant (mardi 24 septembre), il était deux heures de l'après-midi, avant que j'eusse terminé mon journal [...] » (p. 59) ; plus loin, il nous renseigne sur les conditions de l'écriture dans une auberge : « voyant que je m'efforçais d'écrire mon journal sur les genoux, la plus âgée des filles rabattit à mon usage une table à charnières » (p. 74) (Stevenson, 1978).

Dans la catégorie des autres documents, ici minuscules, vient enfin le papillon, cet improbable bout de rien dont la perte ou la lecture impossible provoque l'embarras du porteur. C'est l'adresse d'un site remarquable vanté par d'autres, rencontrés au gîte le soir, et qu'on aura reporté sur le rabat interne d'un emballage cartonné ou un « post-it ». Ces supports transitoires mal rangés, se froissent, se déchirent, se délavent et parfois se perdent. Ils recèlent le numéro de téléphone donné par un tiers lors d'une fin de trajet difficile, quand le marcheur recherche un lieu où dormir, parfois se restaurer ou bien conservent des précisions sur un endroit photographié. Avec leur accessibilité immédiate, leur utilité et leur fragilité, ils font penser aux petits supports collés autour des écrans d'ordinateur qui représentent les bricolages nécessaires à la communication.

Ce petit parcours épistémique dans l'ordinaire des pratiques de la marche et de ses environs, permet de renouer avec un type d'enquête en info-communication qui s'attache aux questions subsidiaires mais actives et attachantes de nos outillages mémoriels. Parce qu'elle entraîne ceux qui la pratiquent dans une disposition à ne pas s'encombrer, qu'elle impose la légèreté, la marche nous met face à ce qui nous semble important ou essentiel durant l'expérience ; un moment à observer, de document en document.

NOTE

1. Ce sous-titre est formulé ainsi en référence au sac du fantassin, au chargement du marcheur et au titre en forme de mot-valise de l'ouvrage de Gérard Genette, *Bardadrac* (Paris, Seuil, 2006) où sont soudés les termes de « barda » et de « bric-à-brac ».

Références bibliographiques

Barret P. et Gurgand J.-N., *Priez pour nous à Compostelle*, Paris, Hachette, coll. « Hachette Littératures », 1978.

Barthes R., *Mythologies*, Paris, Éditions du Seuil, coll. « Pierres vives », 1957, p. 136-139.

Bourlès J.-C., *Retours à Conques. Sur le chemin de Compostelle*, Paris, Éditions Payot et Rivages, coll. « Petite Bibliothèque Payot. Voyageurs », 2001 [1993].

FFRP, *Le Chemin de Stevenson. GR 70. Le Puy. Le Monastier. Florac. St-Jean-du-Gard. Alès*, Paris, Fédération française de la randonnée pédestre, Clermont-Ferrand, Chamina, coll. « TopoGuides », 2008.

Fréchuret M. et Davila T. (dir.), *Un siècle d'arpenteurs, les figures de la marche*, catalogue d'exposition, Paris, Réunion des musées nationaux, 2000.

GPSZapp.net [blog], *Tests, guides d'achat et astuces sur la marche, la natation, le VTT, la course à pied*, 2022, en ligne sur <https://www.gpszapp.net/quel-smartphone-randonnee-choisir/>, page consultée le 02/03/2022.

Guibert E., « En pays sage », *in* Ortoli S. (dir.), *Marcher avec les philosophes*, Paris, Philosophie magazine éditeur, 2018, p. 191-203.

Gras C., « Au désert de l'Adrar », *in* Ortoli S. (dir.), *Marcher avec les philosophes*, Paris, Philosophie magazine éditeur, 2018, p. 175-203.

Kauffmann J.-P., « La marche, un chemin vers la liberté : entretien avec Jean-Paul Kauffmann », *in* Ortoli S. (dir.), *Marcher avec les philosophes*, Paris, Philosophie magazine éditeur, 2018, p. 19-27.

Keen D., « Journal de route en Cévennes. Book Review », *Études Anglaises*, Paris, vol. 32, n° 2, avril 1979, p. 238-239.

La Marche magazine. L'officiel Rando, « Saint-Jacques de Compostelle », n° hors-série, 2002.

Le Breton, D., *Éloge de la marche*, Paris, Métailié, 2000.

Meyriat J., « Pour une compréhension plurisystémique du document (par intention) », *Sciences de la société*, 2006, n° 68, p. 11-28.

Meyriat J., « Document, documentation, documentologie », *Schéma et Schématisation*, n° 14, 1981, p. 51-63.

Ortoli S. (dir.), *Marcher avec les philosophes*, Paris, Philosophie magazine éditeur, 2018.

Otlet P., *Monde. Essai d'universalisme*, Bruxelles, Éditions Mundaneum, 1935. En ligne sur : <http://www.laetusinpraesens.org/uia/docs/otlet_monde/otlet_00.pdf>, page consultée le 02/03/2022.

Pérec G., *L'Infra-ordinaire*, Paris, Éditions du Seuil, coll. « La Librairie du xxe siècle », 1989.

Régimbeau G., « La marche entre art et communication touristique : idées et images », 13e colloque national de la recherche des IUT, Thionville-Yutz, Université Paul Verlaine-Metz, mai 2007. En ligne sur <https://hal.archives-ouvertes.fr/hal-00606390/document>, page consultée le 02/03/2022.

Robic M.-C. et Vidal de la Blache P., « Chemin faisant : routes et chemins de l'ancienne France », *Les Carnets du paysage*, n° 11, 2004, p. 134-151.

Stevenson R. L., *Voyages avec un âne dans les Cévennes*, Paris, 10/18, 2016 [1978].

Urbain J.-D., *L'Idiot du voyage. Histoires de touristes*, Paris, Éditions Payot et Rivages, coll. « Petite Bibliothèque Payot », 2002 [1991].

Véron G., *Haute randonnée pyrénéenne*, Ibos, Rando Éditions, 2003.

Véron G., Laborde-Balen L. et Véron J. (dir.), *Le Chemin du Puy vers Saint-Jacques-de-Compostelle : guide pratique du pèlerin*, Ibos-Paris, Rando Éditions-FFRP, 2001.

Vielliard J., *Le Guide du pèlerin de Saint-Jacques de Compostelle*, Paris-Mâcon, Impr. Protat Frères (diff. Paris, Vrin), 5e éd., 1978.

Pascal Robert
Enssib-Elico

Tintin pas à pas

La marche dans Tintin, entre (levée de l') incommunication et ironie de l'objet

On se déplace beaucoup dans *Tintin*, par le truchement d'une logistique pléthorique et omniprésente. Même l'album du supposé repos, *Les Bijoux de la Castafiore*[1], met notamment en scène, outre une deux-chevaux et une roulotte, un fauteuil roulant. J'ai déjà eu l'occasion de montrer (et d'autres avant moi) que Tintin emprunte toute une panoplie de moyens de transports : voitures, avions, hélicoptères, bateaux, motos, char d'assaut etc. et même une fusée ne l'oublions pas (Robert 2021). Mais on marche également beaucoup dans *Tintin*. Degré zéro de la logistique que celle de la marche[2]. Car il s'agit de cette logistique du corps qui nous permet de nous déplacer, mais à hauteur d'homme, à l'échelle d'un environnement que l'on ne domine pas, dans lequel on évolue. La marche serait alors un outil de levée de l'incommunication (Robert 2016 et 2019), et c'est ce qui va retenir notre attention ici, avec, également, parfois, ce que j'ai appelé l'ironie de l'objet (Robert 2019). N'y aurait-il pas là comme une (double) leçon offerte par Hergé ?

La marche fonctionnelle et la marche-gag

Peut-être convient-il, dans un premier temps, de nous attarder quelque peu sur ce que l'on peut appeler la marche fonctionnelle et la marche-gag. Par marche fonctionnelle entendons celle qui permet l'avancée du récit comme une sorte de récitatif lorsque, par exemple, Tintin mène l'enquête et se déplace dans tel ou tel lieu. Ainsi en va-t-il, lorsqu'il avance, en compagnie d'Haddock sur ce trottoir en ville, ce qui les amène à rencontrer un homme qui va être la victime d'une tentative d'assassinat sous leurs yeux (*Licorne*, p. 30). Ici, la marche, sans être elle-même aventureuse, débouche sur l'aventure. Par ailleurs, la marche permet, et c'est important sur le plan narratif, de passer d'un point géographique à un autre, sans qu'ils soient trop éloignés et donc sans qu'il soit nécessaire d'équiper techniquement plus lourdement la logistique du déplacement, comme lorsque

Tintin arrive à la gare (*Sept boules*, p. 3-4) et va à pied à Moulinsart, retrouvant un capitaine Haddock qui vient juste de chuter de cheval. Elle est alors comme une pause avant le gag (et/ou sa préparation) à moins qu'elle ne soit, en revanche, elle-même le lieu du gag, ce qui est souvent le cas. Par exemple, lorsque Tournesol s'en va à pied au village prendre le train, alors qu'une voiture noire l'attend au tournant, au double sens du terme (*Affaire* p.12-13) et qu'il doit, manifestement, être enlevé, mais que ses ravisseurs se font doubler (également au double sens du terme) par l'irruption de la camionnette de la boucherie Sanzot qui propose alors au professeur de l'emmener. Dans *L'Île Noire* (p. 40-41), Tintin doit se rendre à Kiltoch, à vingt milles de son point de départ. Malgré la distance, il décide de s'y rendre à pied. Il ne sera nullement inquiété, car le gag va frapper Milou (gag qui ne concerne que rarement Tintin et beaucoup plus son entourage[3]). En effet, celui-ci se met à courser un lièvre, roule dans les cailloux et tombe dans un chardon particulièrement piquant. D'ailleurs, tout le piquant de ce petit gag est bien là. Charmante promenade, par ailleurs, dans les paysage écossais.

On l'aura compris, la marche peut également, poussant un peu plus loin cette logique, devenir véritablement une marche-gag, que ce soit celle d'Haddock (dans *Rakham*, p. 2), journal à la main, qui heurte une colonne Morrice sur laquelle il est écrit que *La Dépêche* offre des « information qui frappent », ou cette marche champêtre de Tintin et Haddock sous un ciel menaçant qui, bientôt, laisse place à la pluie. Ils pourraient s'en protéger en utilisant le parapluie que porte Milou dans sa gueule, mais le temps qu'ils s'en aperçoivent, ironie des choses, le soleil brille à nouveau (*Tournesol*, p. 35). Il en va de même avec cette déambulation des Dupondt sur le quai de Callao (*Temple*, p. 3). L'un d'eux demande à Haddock ce qu'est le guano et, bien évidemment, un oiseau le lui montre en acte (ce que souligne le capitaine), maculant ainsi son melon, l'autre se moque et, tout aussi évidemment, reçoit la même chose. La marche a été ici suspendue pour que le gag puisse pleinement avoir lieu. La marche mène ainsi au gag, et plus encore lorsqu'elle est interrompue par ce qui constitue le gag lui-même : les Dupondt viennent heurter un panneau (*Temple*, p. 13), alors même qu'ils se retournent ensemble pour répondre à Haddock qu'ils ouvriront l'œil ! La marche-gag donc, peut déboucher sur cette ironie de l'objet (au sens large, et qui, ici, renvoie aussi bien au chardon, qu'au Guano en passant par le panneau) qui le retourne contre les protagonistes et dont nous avons tous fait l'expérience (Robert 2019). Cette ironie de l'objet, qui nourrit donc le gag, qui, lui-même à la fois ponctue et retarde toujours l'action, interrompt cette marche, qui mènera ultérieurement à un desserrement de l'incommunication.

La marche de la purification

On a pu écrire que cet album (*Tibet*) formait une sorte de mandala (Floch 2002). Il y a surement quelque chose de mystique dans cette histoire, mais c'est peut-être plus simplement celle de la purification. Or, on ne se purifie pas avec des machines (de l'eau peut-être, mais pas l'homme lui-même). D'ailleurs l'avion n'est qu'une épave perdue dans la montagne. La purification vient de la marche. Marche en haute montagne, difficile, éprouvante et pleine de pièges (crevasses, falaises etc.). Et tout au bout de cette ascension les retrouvailles avec Tchang. Marche de l'amitié donc. Même avec le Yeti, la relation finit par se nouer grâce à cette technique photographique qui le foudroie d'un éclair aveuglant, sans le tuer pour autant. Le gorille de l'Île noire n'était, en définitive, pas si méchant que ça, le yéti non plus. Marche de l'apprivoisement aussi quelque part, réciproque peut-être, par levée de l'incommunication qui reposait sur cette peur partagée. Mais la couverture avait tout dit : puisqu'il y est question de traces de pas dans la neige, celles du yeti, justement, qu'il suffit de suivre, à pied manifestement à en croire l'équipement des protagonistes. Le yeti n'est pas là, mais c'est bien Tchang et lui en définitive que l'on va chercher[4]. Dans la typologie de Pierce, ces traces disent le corps qui en laisse l'empreinte, le désignant, le trahissant, elles sont dites indicielles. La marche est graphique, l'album le dit. Et ça *marche* dans la bande dessinée, l'album non seulement ne le cache pas, mais le revendique[5].

La marche de l'oubli

Vol 714 pour Sydney commence sur le tarmac de l'aéroport de Djakarta, puis se poursuit dans les airs, avant cet atterrissage plein de suspense sur une île perdue, car la piste, manifestement bricolée, est courte. Détournement. Ensuite on plonge sous la terre, la couverture l'annonce sans détour. Et on marche, assez longtemps, dans ces souterrains, sous la conduite de Mik Ezdanitoff qui, grâce à sa petite antenne, est télépathe aussi bien avec les hommes que les extraterrestres. On en sort, par la gueule d'un volcan, comme chez Jules Verne, emporté par ce qui est manifestement une soucoupe volante. La science-fiction hergéenne commence ici et s'arrête là, tout en même temps[6]. On marche donc dans ces contrées chtoniennes et au bout, on y perd la mémoire. Tout est arrivé, l'album en témoigne, mais rien ne s'est passé, puisque l'on ne se souvient de rien. La marche là aussi, d'une certaine manière purifie, puisqu'elle débouche sur ce retour au point de départ : on va enfin pouvoir aller à Sydney – mais est-ce bien utile, en définitive ? De retour, cependant, on a tout oublié : ce que tous les protagonistes confirment à la face du monde par le biais de leurs déclarations à la télévision (p. 60-61). Pessimisme d'Hergé dans cet avant-dernier album ? Car ici la levée d'incommunication ne peut avoir lieu, elle est rendue impossible par l'oubli d'une part et par l'embrayage sur une parole télévisée d'autre part, qui n'apporte rien pour les uns et qui n'est pas crue pour l'autre : car lorsque Tournesol déclare que l'objet qu'il détient est d'une composition telle qu'il ne peut être que d'origine extraterrestre, le spectateur moyen, représenté par Lampion, se moque de lui devant son poste. Variation sur l'ironie de l'objet informationnel, qui vient, littéralement, brouiller la levée d'incommunication, menant ainsi à une sorte d'impasse.

On a marché sous l'eau

P. Masson a intitulé son passionnant ouvrage consacré aux voyages de Tintin *On a marché sur la terre*. Certes, mais on y marche aussi sous l'eau (*Rackham*), en scaphandre (non autonome, nous sommes en 1945) à l'époque. Une marche lourde et lente, moins agile même que celle que l'on mène, tout aussi harnaché, sur la Lune, nous y reviendrons. On avance ainsi, parmi les dangers des fonds marins, à l'instar des requins (p. 45-47), et pour récupérer un trésor, suppose-t-on, alors qu'on va trouver de l'information et retrouver une mémoire cette fois, grâce aux messages cachés. Ces messages constituent le véritable trésor en quelque sorte du moment, qui permettra de s'assurer de la propriété de Moulinsart, avant que, par déduction on ne découvre, plus tard, le vrai trésor, composé de bijoux. Cette marche, où Tintin risque sa vie, est cependant seconde. Elle vient après le voyage en sous-marin de poche, à la pointe du progrès, qui permet d'aller plus vite, plus profond peut être et, espère-t-on, d'être plus efficace… sauf à coincer l'hélice dans les algues. La marche est ainsi un aboutissement : elle termine le travail d'exploration global qu'autorise l'usage des machines modernes, par un travail de précision, techniquement équipée, mais qui reste néanmoins une marche, quoiqu'encombrée[7].

On a marché sur la Lune

Le titre le dit, il l'avoue, il le revendique même comme jamais : on a bien marché et non pas roulé, pas plus qu'on ne dit s'être posé sur la Lune. Mettre le pied, arpenter à pied, c'est beaucoup plus fort symboliquement, mais d'abord en termes kinesthésiques (ce qui implique le corps). Car c'est bien le corps qui, même engoncé dans son scaphandre, éprouve des sensations. Une marche qui peut devenir étrangement légère, par les bonds gigantesques que Tintin, Haddock et les Dupondt (aux cheveux longs et verts) effectuent grâce à l'apesanteur. Marche bondissante que cette marche lunaire : marche joyeuse qui n'est pas véritablement une marche de conquête, ni même, dans un premier temps d'exploration. Car celle-ci va revenir aux machines, et notamment à ce char qui permet d'aller plus loin et là encore de manière plus efficace, mais notons, cependant, que l'exploration souterraine, elle, qui exige de la précision dans le geste, s'effectue à pied. Comme si la marche était, justement, en retrait de la logique de l'efficacité pure, comme si elle restait dans un autre registre, celui de l'humain qui ressent les choses, qui n'est pas encore, même équipé, totalement coupé de son environnement.

Car, même dans cette contrée hostile aux non habitués (*Or noir*), qui entraîne les Dupondt équipés techniquement, puisqu'ils sont en Jeep, à se perdre dans leurs propres traces (ils tournent en rond, dit-on[9]), parfois, dans l'opacité de la tempête, naît la rencontre. Dans la tempête, en effet, tout se brouille, tout se mélange… et le melon de l'un des Dupondt vole ainsi jusqu'à Milou, chapeau que Tintin reconnaît, lui qui a été abandonné dans le désert. Il tire un coup de fusil et appelle les Dupondt qui ont quitté leur véhicule et sont à pied. Des Dupondt qui sont aux prises depuis de nombreuses pages avec les mirages (et leurs quiproquos) en voiture, vont conclure qu'il s'agit d'autre chose, puisqu'un mirage ne parle pas. Ce qu'ils ne peuvent entendre que parce qu'ils sont à pied. Ils allaient s'éloigner de Tintin en Jeep, ils y reviennent piétons. Perdus en voiture dans leurs propres traces, sous un ciel limpide, ils renouent avec l'autre dans ce vent pourtant cinglant où le contact semble bien improbable. Comme si la marche, par sa patience, par son humilité rendait possible l'impossible. La technique éloigne, la marche rapproche.

La marche ambivalente

La couverture (*Crabe*) présente, encore une fois, une marche, mais hybride, marche certes, mais sur le dos d'un animal (un dromadaire). On va ainsi plus vite et plus longtemps qu'avec la marche humaine, mais moins vite, quoique de manière plus écologique[8], qu'avec la progression technique. Au sein même de l'album (*Crabe*, p. 30-31), la marche, pour une fois, mène à la folie. Celle de Haddock qui, quoique s'étant rapproché de Tintin, puisqu'il s'appuie sur son épaule dans un premier temps, le confond ensuite, sous les effets délétères d'un implacable soleil, avec une bouteille de champagne et en vient à l'agresser. Alors que la marche est levée d'incommunication, ici, elle mène à la folie meurtrière, mais c'est sous l'influence néfaste du soleil du désert.

La marche de la rédemption

La logique traitresse d'un wagon qui se détache[10], vous frôlez la mort, ne reste que la marche, celle des animaux et celle des hommes (*Temple*). On grimpe la montagne, on descend dans la forêt, on revient en montagne et l'on gagne une sorte de passé resté en l'état par un réseau chtonien qui, là aussi, semble abolir sinon la mémoire (Tintin jure en tout cas de ne pas trahir les Incas), du moins le temps. Les Incas sont tels qu'au premier jour du débarquement de Pizzaro, protégés par la montagne inaccessible aux machines, au point d'être étrangement à l'abri même des avions semble-t-il. Protégés par la marche longue et dangereuse et les efforts qu'elle exige pour les atteindre. Au bout – et l'on est donc souvent au bout d'une marche – de cette marche, une rédemption : les savants qui avaient violé les tabous anciens en s'emparant des momies et objets sacrés, sortent de leur ensorcellement, de leur folie, mais sans se souvenir, là aussi, de quoi que ce soit. La rédemption est à ce prix. La marche, une fois encore, nettoie les têtes et efface les dettes.

Conclusion

La marche dans Tintin ouvre, nous venons de le voir, sur la rencontre avec l'autre (avec Tchang, le Yeti, les Incas, Zorino, les Dupondt, les moines bouddhistes, etc.). Même lourdement équipée elle reste plus précise ou plus joyeuse que celle des véhicules qui roulent, volent ou flottent. Elle parvient souvent à lever l'incommunication et à déboucher ainsi sur une forme de communication par reconnaissance de l'autre. Si elle permet, au final, de renouer avec les hommes, elle peut aussi être marquée par l'ironie de l'objet, qui, nous l'avons vu, sert la logique du gag, voire une forme de pessimisme communicationnel (que l'on a pu déceler dans *Vol 714*).

Enfin, cependant, remarquons que dans *Tintin au Tibet*, lorsque Haddock se lance, un peu fier à bras, dans la marche, inévitablement très longue, et l'ascension de la montagne, on le voit, de profil, en tête, puis progressivement rattrapé par les autres et bientôt dépassé : leçon d'humilité qu'apporte la marche, car là encore, il ne suffit pas de courir ou d'aller vite, mais d'arriver à temps, en mesurant son effort et en solidarité avec les autres, ce qu'Haddock découvrira pleinement lorsqu'il voudra courageusement couper la corde à laquelle ils sont accrochés, avec Tintin pour sauver son compagnon (p. 40-41). Son couteau lui échappera, heureusement.

Sources

Liste des albums de *Tintin* (tous publiés chez Casterman) et leur équivalence simplifiée :

- *Crabe* : *Le Crabe aux pinces d'or*, n° 9, novembre 1941.
- *Étoile* : *L'Étoile mystérieuse*, n° 10, décembre 1942.
- *Rackham* : *Le Trésor de Rackham le Rouge*, n° 12, novembre 1944.
- *Temple* : *Le Temple du Soleil*, n° 14, septembre 1949.
- *Or noir* : *Tintin au pays de l'or noir*, n° 15, décembre 1950.
- *Lune* : *On a marché sur la Lune*, n° 17, août 1954.
- *Affaire* : *L'Affaire Tournesol*, n°18, octobre 1956.
- *Tibet* : *Tintin au Tibet*, n° 20, janvier 1960.
- *Bijoux* : *Les Bijoux de la Castafiore*, n° 21, janvier 1963.
- *Vol* : *Vol 714 pour Sydney*, n° 22, janvier 1968.

NOTES

1. La liste des références précises des albums analysés dans cet article se trouve dans les sources, en fin d'article. Ils seront réduits à une expression simplifiée (Ici, par exemple, *Bijoux*) dont l'équivalence est donnée dans cette liste.
2. On court également beaucoup dans *Tintin*, mais ce n'est pas ce qui va nous occuper ici.
3. Cf. *Licorne*, p. 8 par exemple, où Tintin doit attendre qu'une dame sorte de la cabine téléphonique alors qu'il pleut, laquelle, parlant à son chien, explique que maintenant qu'il fait beau, ils peuvent sortir.
4. Si Tchang n'est pas présent par un signe sur la couverture, il le sera dans l'album, par un objet-signe qui le rappelle : son écharpe.

5. Alors que « montagne » peut également vouloir dire « ski », ce que *À la recherche de Peter Pan* de Cosey (Le Lombard, 1984) met en scène dès sa couverture.
6. *L'Étoile mystérieuse* relève plus du fantastique que de la SF.
7. Ce qui montre les limites de la technique : comme le sous-marin est bloqué par les algues, le scaphandre est à la merci d'une panne ou d'un accident ou de la fainéantise des Dupondt qui arrêtent de pomper l'air.
8. Parce qu'inscrite dans son territoire et ses difficultés, moins abstraite.
9. Pour une analyse fouillée du « mécanisme » en jeu dans ce passage, cf. Robert 2016, p. 51.
10. Ironie de l'objet qui se retourne radicalement contre vous (Robert 2019).

RÉFÉRENCES BIBLIOGRAPHIQUES

FLOCH J.-M., *Une Lecture de Tintin au Tibet*, PUF, 2002.

LE BRETON D., *Marcher. Éloge des chemins et de la lenteur*, Paris, Métaillé, 2012.

MASSON P., *On a marché sur la Terre. Essai sur les voyages de Tintin*, Lyon, PUL.

ROBERT P., *De l'incommunication au miroir de la bande dessinée*, Clermont-Ferrand, PUB, 2016.

ROBERT P., *La bande dessinée : une intelligence subversive*, Lyon, Presses de l'Enssib, 2018.

ROBERT P., « Incommunication et ironie de l'objet chez Hergé », *Hermès*, n° 84, 2019.

ROBERT P., « Les aventures de Tintin, une affaire de logistique », *in Actes du Colloque international « Tintin au XXIe siècle », Louvain-la-Neuve, 17-20 mai 2017*, Chêne-Bourg, Georg, 2020.

Augustin Berque
Géographe et orientaliste

L'amble du Tôkaidô

Si l'on définit l'Asie orientale comme l'aire culturelle du sinogramme, et sans compter les quadrupèdes ni les mille-pattes (qui s'y bornent du reste à « cent-pattes », 百足, lu *mukade* en japonais), marcher, en Asie orientale, concerne quotidiennement quelque quatre milliards de jambes couvrant cumulativement une trentaine d'unités astronomiques, ce qui est, dit-on, la distance de Pluton au Soleil. C'est donc un fait anthropologique de première grandeur, et certainement le plus spécifique du genre *Homo*, qui fut bipède avant d'être loquace.

Comment les sinogrammes, justement, ont-ils représenté la marche ? Le plus courant à cet égard, *bù* 歩, a pour ancêtre le pictogramme ci-contre (fig. 1) :

Pictogramme, ancêtre de *bù*. Domaine public.

L'on reconnaîtra facilement l'empreinte de deux pieds qui, se suivant, forment un pas.

Soit dit en passant, comme de telles traces de pas font à la longue des chemins – *al andar se hace camino*[1], comme on dit dans les campagnes de Castille –, cette étymologie ne manquera pas d'évoquer un autre trait marquant de l'Asie orientale : la place qu'y a tenue culturellement la notion de chemin, *dào* (plus connu dans l'ancienne transcription *tao*) 道 – sinogramme dont l'étymologie est explicitement liée à l'idée de marcher : l'élément de gauche, *chuò*, écrit 辵 lorsqu'il est seul, signifie « aller pas à pas ». Quant à l'élément de droite, *shǒu* 首, il représente une tête humaine, celle du marcheur.

On remarquera que ce sinogramme *dào*道 associe, dans une intime ternarité (je n'irai pas jusqu'à parler de trinité, ce serait ambigu), le chemin, le marcheur et la marche. D'où trois évocations :

- Avec le vers de Machado ci-contre, dont la syntaxe sibylline, avec son absence d'article, laisse à penser non tant que – c'est la traduction habituelle – on ferait son chemin en marchant, mais plutôt que, en marchant, on *se* ferait chemin ; autrement dit, que l'on deviendrait chemin.

- À l'appui de cette interprétation peu commune, mais grammaticalement correcte, invoquons la très orientale sentence qui suit (elle prend son origine dans les *Stances du milieu par excellence* de Nagarjuna, mais, avec le bouddhisme du Grand Véhicule, c'est en Asie orientale qu'elle a le plus compté) : *le marcheur ne marche pas* (en sanskrit *gantā na gacchati*). Apparent non-sens qui signifie en fait que l'unité du phénomène ne sépare pas l'agent de mouvement du mouvement lui-même, comme au contraire le fait arbitrairement le langage.
- Alors, pourquoi ne pas faire un pas de plus et poser, comme le *Laozi* (stance XXV) : « L'Homme se règle sur la Terre, la Terre se règle sur le Ciel, le Ciel se règle sur le Tao, le Tao se règle de lui-même » [Rén fǎ Dì, Dì fǎ Tiān, Tiān fǎ Dào, Dào fǎ zìrán 人法地、地法天、天法道、道法自然] ?

Si l'on ajoute que ce *zìrán* 自然, « de soi-même ainsi », a pris de nos jours le sens de « la nature », la question devient trop vaste pour qu'on puisse y répondre en quelques pages. Réduisons-la donc à la suivante : en admettant qu'en Asie orientale marcheurs, marche et chemins s'unissent en un seul phénomène, ne conviendrait-il pas d'en citer un cas ou deux, concrètement ? C'est ce que je vais tenter de faire en prenant l'exemple du Japon, pays le plus oriental de l'Asie orientale – la Chine ne l'a-t-elle pas qualifié d'« Origine du soleil », *Rìběn* 日本 (ce que les Japonais lisent *Nippon*)[2] ?

De tous les aménagements humains, les chemins sont parmi ceux qui résistent le plus aux changements de l'histoire. Si beaucoup de rues de Tokyo sont sinueuses, c'est parce que ce sont d'anciens chemins ruraux, comme l'a bien montré l'architecte Jinnai Hidenobu, dans un livre sur la spatialité de Tokyo[3]. Pour sentir cette spatialité, sa méthode, c'est avant tout de marcher dans la ville. Il l'a utilisée non seulement au Japon, mais aussi dans des villes étrangères, notamment en Italie et en Chine. Il appliquait en somme ce précepte que m'a transmis le géographe Jean Delvert, qui dirigea ma thèse, Dieu ait son âme : « Un géographe, ça pense avec ses pieds ». J'ai mis longtemps à digérer ce principe, parce qu'il me laissait craindre que les géographes, par rapport à des anthropologues ou des sociologues, par exemple, ne fussent bêtes comme leurs pieds. Bien entendu, l'inverse est plus vraisemblable : les géographes auraient ainsi une intelligence du pied digne d'un cerveau humain. Et en fait, nous en sommes tous là : nous pensons de tout notre corps, de la tête aux pieds, et des pieds à la tête. C'est pourquoi la marche est favorable à la méditation. Un linguiste et un cogniticien américains en ont même tiré, voici une vingtaine d'années, un livre qui s'intitule tout simplement : *Philosophie dans la chair* (Lakoff et Johnson, 1999).

« Marcher » se dit en japonais *aruku* 歩く. Le mot est ancien. On le trouve déjà dans le *Manyôshû* 万葉集, le plus ancien monument de la littérature japonaise. Mais si ce mot est resté à peu près tel quel depuis les premiers écrits en langue japonaise, ce qu'il recouvre a-t-il toujours été ce que nous connaissons aujourd'hui ? Peut-être pas. Aujourd'hui, les Japonais marchent à peu près comme nous, à de menues différences près, dont je dirai un mot tout à l'heure. Il se pourrait cependant qu'ils aient marché autrefois d'une autre manière, comme le laissent soupçonner deux expressions : *Nanba aruki* ナンバ歩き et *Nanbabashiri* ナンバ走り, ce qui veut dire respectivement « marche à la Namba » et « course à la Namba » (*Nanba* est l'ancien nom d'Ôsaka). Cette « course à la Namba », *Nanbabashiri*, serait la manière dont couraient les « pieds volants », *hikyaku* 飛脚, messagers qui faisaient à pied la liaison entre la capitale administrative, Édo (aujourd'hui Tokyo) et la région du Kamigata (Kyôto et Ôsaka) par l'itinéraire du Tôkaidô (東海道, « Voie des mers de l'Est »). D'Édo à Kyôto, en cinquante-trois étapes, la distance était de quatre cent quatre-vingt-quinze kilomètres. D'Édo à Ôsaka, en cinquante-sept étapes, elle était de cinq cent quarante-six kilomètres. Au tarif du courrier ordinaire, les coureurs mettaient un mois pour couvrir cette distance, soit entre quinze et vingt kilomètres par jour. Le tarif express était appelé « dans les quatre jours », *yokkagiri* 四日限, ce qui impliquait des étapes quotidiennes de plus de cent kilomètres. Pour ménager leur corps, ces coureurs auraient adopté une démarche spéciale, le *Nanbabashiri*, qui aurait été ce que l'on appelle en français l'*amble* (mot qui vient du latin *ambulare*, marcher). Chez les animaux, c'est la façon de marcher naturelle aux chameaux, aux girafes, aux ours, etc., qui avancent en même temps les deux pattes du même côté. Le cheval aussi peut aller l'amble, mais il faut le lui apprendre. Chez l'homme, cela consiste à avancer en même temps pied droit et main droite, puis pied gauche et main gauche. Cette démarche aurait eu l'avantage d'augmenter l'enjambée. Cependant, avec la disparition des « pieds volants » (remplacés par le train), la tradition s'est perdue sous Meiji, et il ne subsiste aucun texte ou dessin qui la décrive expressément. La piétaille des *hikyaku* ne valait pas que s'y intéressent les lettrés…

Même interrogation quant à la « marche à la Namba », *Nanba aruki*. Là aussi, l'avantage aurait été d'allonger l'enjambée. On dit encore que cela aurait facilité le travail du paysan, notamment le désherbage, tâche la plus lourde dans un climat comme celui du Japon. Mais là aussi, la tradition s'est perdue, et l'on manque de documents précis. Les estampes de l'époque d'Édo, puis les photographies et surtout les films, ne permettent pas de juger si l'amble, autrefois, a bien été la démarche normale des Japonais. L'on y voit plutôt des gens qui marchent comme à notre époque. Reste qu'aujourd'hui encore, j'ai l'impression qu'il y a bien une certaine façon nippone de marcher, que je n'ai pas remarquée ailleurs. C'est difficile à définir, mais si l'on a la question en tête, cela pourrait vaguement évoquer l'amble, dans la manière de déplacer le bassin ; mais je n'ai pas de documentation sérieuse sur cette question. Demeure l'idée que cet amble, le *Nanba aruki*, aurait intimement lié le Tôkaidô et ses coureurs à pied : à force de le parcourir, ils en auraient acquis une bipédie particulière…

À côté de cela, il y a les déformations qu'entraînent l'usage du tatami et la manière correcte de s'y agenouiller, le *seiza* 正座, dans lequel la cheville est à la fois allongée à 180° et tordue vers l'intérieur à 90° ; ce qui fait qu'une fois debout, les Japonais et surtout les Japonaises ont tendance à marcher les pieds en dedans. L'usage du tatami a aussi engendré des générations de « jambes de crabe », *ganimata* 蟹股, où la déformation du tibia donne à la jambe l'allure d'un point d'interrogation à l'envers. Cela ne manque pas de retentir sur la démarche. Depuis que le kimono a laissé place à la jupe, la jambe de crabe a été un souci permanent pour les Japonaises (cela se voit moins chez les hommes, grâce au pantalon), jalouses des jambes chinoises ou coréennes. Aussi les jeunes générations évitent-elles autant que possible le *seiza*, ce qui leur est du reste facilité par la transformation du mobilier. Aujourd'hui, même chez soi, l'on est beaucoup plus souvent assis sur une chaise qu'agenouillé sur un tatami. Cependant le problème existe encore, et alimente les instituts de beauté ou de *huittonesu* フィットネス (*fitness*) où l'on vous apprend à corriger votre « démarche de crabe » (*ganimata aruki* 蟹股歩き) – ce qui ne veut pas dire qu'on se déplace latéralement, comme les crabes, mais avec les pieds exagérément en dedans, surtout le droit, qui dans le *seiza* féminin se trouve au-dessus du pied gauche, et donc encore plus tordu (pour les hommes, c'est l'inverse : le gauche au-dessus).

Que la marche ou la course à la Namba aient été plus ou moins généralisées dans le Japon d'autrefois reste conjectural ; mais ce qui est certain, c'est que les grands itinéraires d'avant Meiji, les *kaidô* 街道, étaient des chemins pédestres. On pouvait également y aller à cheval, mais sans voitures. Le Japon était ce cas de civilisation peu commun qui, bien qu'utilisant la roue, s'en est peu servi pour les transports de personnes. Cela sans doute a quelque rapport avec le caractère montagneux du pays. Avant Meiji, la règle était que le peuple aille à pied, les élites en palanquin ou à cheval. Le transport des pondéreux se faisait par voie d'eau. La seule exception notable est celle des chars à bœufs (*gissha* 牛車) que l'on utilisait depuis l'Antiquité dans la région de Kyôto, la capitale impériale, tant comme carrosses pour la noblesse de cour que pour transporter les marchandises entre Heian (l'ancien nom de Kyôto) et le port d'Ôtsu, sur le lac Biwa. Mais curieusement, cet usage ne s'est pas répandu dans le reste du pays.

Cette prépondérance de la marche est un aspect essentiel de la culture japonaise, à tel point qu'on a pu la qualifier de « culture du chemin », *michi no bunka* 道の文化. Le cheminement pédestre d'un lieu à un autre a été systématiquement mis en valeur, à l'époque d'Édo, par exemple dans l'art des jardins-promenades (*kaiyû-shiki teien* 回遊式庭園), où tout le plaisir de la visite est de découvrir une scène après l'autre, par de subtiles transitions où A devient B, l'un devient l'autre. Lesdites scènes renvoient souvent à des paysages célèbres, par le procédé du *mitate* 見立て. Qu'est-ce qu'un *mitate* ? Littéralement, cela consiste à « établir » (*tateru* 立てる) quelque chose « par le regard » (*mi* 見). Autrement dit, c'est un voir-comme, un voir-en-tant-que. C'est voir ceci en tant que cela. La notion a une longue histoire dans l'esthétique de l'Asie orientale, notamment en matière de paysage[4]. Elle s'est illustrée en particulier dans les « huit paysages d'Ômi » (*Ômi hakkei* 近江八景), aux environs du lac Biwa (au Japon), vus à l'instar des « huit paysages de la Xiao et de la Xiang » (jp *Shô-Shô hakkei*, cn *Xiāo-Xiāng bā jǐng* 瀟湘八景), aux environs du lac Dongting (en Chine centrale)[5]. Dans une *trajection* à la fois physique et onirique, vous marchez quelque part, et c'est comme si vous marchiez ailleurs…

Le plus célèbre de ces jardins-promenades est, dans l'arrondissement de Shinjuku à Tokyo, le Koishikawa Kôrakuen 小石川後楽園, qui illustre l'inspiration chinoise, et plus particulièrement taoïste, de tels jardins-promenades. Son aménagement final fut réalisé par un lettré chinois, Zhu Shunshui, resté fidèle aux Ming renversés par la dynastie mandchoue des Qing en 1644, et qui s'était réfugié au Japon. Le nom même de *Kôrakuen* (« Jardin de la réjouissance ultérieure », en chinois *Hoùlèyuán*) est une citation des *Notes de la tour de Yueyang (Yuèyánglóu-jì* 岳陽樓記*)* de Fan Zhongyan (989-1052), ministre de la dynastie Song ; laquelle signifie dans son intégralité : « s'inquiéter avant que ne s'inquiète l'Empire, se réjouir après que s'est réjoui l'Empire » (*xiān Tiānxià zhi yōu ér yōu, hòu Tiānxià zhi lè ér lè*先天下之憂而憂 、後天下之楽而楽). Mais alors qu'en Chine la spatialité paysagère du jardin de lettré – dont la source est le paradigme érémitique des Six Dynasties – s'oppose à celle de la ville, dominée par une géométrie cosmique[6], au Japon elle s'étend à tout le territoire, dont le terreau shintoïque lui était propice. En effet, ce qui dans les jardins chinois était un refus de l'ordre géométrique dominant le monde, au Japon était justement cet ordre-monde (*kosmos*) ; mais en l'occurrence une topologie concrète, où les lieux étaient fonction les uns des autres par voisinage, et où la transition de l'un à l'autre s'effectuait au pas humain[7]. C'est cela même que l'on ressent en découvrant à loisir, d'une ambiance à l'autre au gré de la marche, les diverses phases du jardin-promenade. Et dans le de-soi-même-ainsi de cet espace-temps, *zìrán* 自然, la rêverie du promeneur fait devenir chemin…

NOTES

1. Vers de Machado.
2. Je reprends ci-après quelques éléments d'une conférence donnée le 10 octobre 2013 à l'École spéciale d'architecture de Paris dans le cycle de conférences « La Marche ».
3. Dont il existe une traduction anglaise (Jinnai, 1995).
4. Sur ce thème, voir Berque, 1995 et 2016 [2008], où l'on trouvera de plus amples références, notamment à Nakamura, 1980, où j'ai initialement découvert la notion de *mitate*.
5. À ce sujet voir Baker, 2010.
6. Voir Berque, 2010.
7. Voir Berque, 1982 ; 2004 ; 1993.

Références bibliographiques

Baker J., *The Eight Views: from its origin in the Xiao and Xiang rivers to Hiroshige*, College of Arts at the University of Canterbury, 2010.

Berque A., *Vivre l'espace au Japon*, Paris, PUF, 1982.

Berque A., *Du Geste à la cité. Formes urbaines et lien social au Japon*, Paris, Gallimard, 1993.

Berque A., *Les Raisons du paysage. De la Chine antique aux environnements de synthèse*, Paris, Hazan, 1995.

Berque A. et Sauzet M., *Le Sens de l'espace au Japon. Vivre, penser, bâtir*, Paris, Autrement, 2004.

Berque A., *Histoire de l'habitat idéal, de l'Orient vers l'Occident*, Paris, Le Félin, 2010.

Berque A., « Marcher au Japon », *Techniques & cultures*, n° 61/2, 2013, p. 254-269.

Berque A., *La Pensée paysagère*, Bastia, Éoliennes, 2016 [2008].

Jinnai H., *Tokyo: A Spatial Anthropology*, Berkeley, University of California Press, 1995.

Lakoff G. et Johnson M., *Philosophy in the flesh. The embodied mind and its challenge to Western thought*, New York, Basic Books, 1999.

Nakamura Y., *Fûkeigaku nyûmon* [*Introduction aux études paysagères*], Tokyo, Chûôkôron, 1980.

Niger, 1975.
Crédit : B. Plossu.

Jean-Paul Kauffmann
Patrice Spadoni
Bernard Ollivier
Audrey Erpelding et Cristina Lindenmeyer
Yvan Detraz
David Le Breton
Simon Citeau et Thibaut Guiné
Céline Bryon-Portet
Tim Ingold
Franck Renucci
Bernard Plossu

III. Les témoignages et expressions de soi par la marche

Jean-Paul Kauffmann
Journaliste – écrivain

Retour sur Terre

David Le Breton : D'où vous vient ce goût de la marche qui semble être assez tardif dans votre histoire ?

Jean-Paul Kauffmann : Le fait sans doute d'avoir été enfermé pendant trois années. Un besoin d'oxygène, de grands espaces. J'ai choisi d'habiter les Landes, l'horizon y est illimité. Je m'étais juré que si je sortais vivant de cette histoire, je réaliserais ce rêve d'enfance, aller aux Kerguelen. Le destin de son découvreur, qui refusera de poser le pied sur sa découverte, m'avait fasciné. En fait, c'est cet archipel qui m'a révélé la marche. Avant ma captivité, aller à pied, c'était perdre son temps. J'étais un journaliste pressé et impatient. « Il n'a pas le temps, donc il est de son temps », vous connaissez la formule de Foucault. Aux Kerguelen, je n'avais pas le choix. Si je voulais découvrir cette terre dont la superficie est à peu près égale à celle de la Corse, je devais payer de ma personne. Sur ce sol souvent spongieux, il n'y a pas d'autres moyens de locomotion que la marche. À l'époque, on se déplaçait chaussés de bottes de caoutchouc, ce qui n'est pas idéal pour avancer. Que de fois me suis-je embourbé dans ces souilles à l'eau couleur de rouille, avec cette sensation d'être comme aspiré dans les entrailles de la terre !

Je n'ai pas compris sur le moment que ce périple correspondait littéralement à un retour sur la Terre. La majuscule est importante. Éprouver charnellement, au moyen de tous les sens, que j'appartenais à cette humanité temporelle qui avait failli pour moi disparaître. Une appétence que je ne mesurais pas alors s'emparait peu à peu de moi. À mesure que j'arpentais ces paysages, que je les palpais non seulement avec les pieds, mais avec tout mon être, une ardeur inconnue montait en moi. Je sentais physiquement la texture de ce globe terraqué où nous vivons. Dommage qu'on n'utilise plus guère cet adjectif, terraqué, de terre et d'eau, qui traduit bien la nature des Kerguelen. Chemin faisant, j'ai compris que cette Terre n'était pas qu'une matière tellurique qui supporte les êtres vivants, où poussent les végétaux, mais aussi un espace à aimer qui possède un caractère mystérieux. « C'était le temps inoubliable où nous étions sur la Terre », j'ai voulu placer ce vers de Supervielle en épigraphe à mon livre *La Maison du retour*. Aux Kerguelen, on est dans « le trop mou ou le trop dur », comme dirait Bachelard. La plante des pieds se trouve dans une perpétuelle auscultation qui se transmet au corps tout entier. Tous les sens sont mis à contribution, ils se chevauchent, empiètent les uns sur les autres, « l'œil écoute », selon la formule de Claudel. On peut aussi parler de toucher visuel. La marche permet de comprendre qu'on ne peut enfermer aucun de nos sens dans leur stricte définition, ils ne cessent de se répondre et de communiquer entre eux.

DLB : Dans *L'Arche des Kerguelen*, vous dites combien votre désir de parcourir cet espace relève de votre imaginaire, mais d'autres raisons s'y mêlent. Pourquoi choisir pour marcher un lieu aussi austère ?

J-PK : Les Kerguelen n'entrent dans aucune catégorie. On ne peut étiqueter ou définir un tel endroit. J'ai essayé de le faire, mais une part inconnue et insaisissable échappe à toute caractérisation. Que dit le paysage ? C'est une perpétuelle interrogation à laquelle on ne peut répondre. On ne sait trop si cet archipel relève de l'aube ou de la fin du monde, ce qui est après tout la même chose, la terre s'étant constituée par de grands épisodes catastrophiques, d'explosions, de collusions en tout genre. J'ai eu l'impression de voir une planète en train de naître, sentir la soupe primitive, le cinquième jour de la création dont parle la Genèse, juste avant l'apparition de l'homme. Cela relève sans doute de mon imaginaire, mais je ne suis pas le seul à avoir éprouvé l'étrangeté de cette terre. En tout cas, on ne peut se remettre d'un tel voyage. Ceux qui ont connu les Kerguelen ne parviennent pas à raconter vraiment ce qu'ils ont vu. Mon livre rend compte d'ailleurs de cette incapacité. Nous avons aperçu la part indicible de l'histoire de notre planète, le début des âges de la vie ou peut-être la fin. Une innocence en même temps qu'une désolation, le nirvana ou l'Hadès. Certains paysages ressemblent aux cercles de l'Enfer décrits par Dante. Il existe d'ailleurs un pic de Dante.

La toponymie est capitale aux Kerguelen. Il a fallu nommer ces monts, ces vallées, ces lacs, ces caps, tous ces blancs. Dans la Genèse, l'Éternel donne pouvoir à l'homme de nommer tout ce qui est vivant. Déambuler dans de tels paysages est un privilège que je n'ai pas su évaluer sur le moment. Même si je pressentais que tous les autres voyages venant après apparaitraient bien pâles.

Est-ce austère, comme vous le dites ? Oui, d'une certaine façon, mais ce dépouillement est si insolite, si inattendu ; il possède tant d'ampleur qu'il en devient opulent et même somptueux. C'est très paradoxal car cette nature singulière, ces panoramas inédits peuvent posséder aussi une physionomie familière. Certains sites, avec leurs châteaux de pierre et les collines au loin, semblent avoir été dessinés par Poussin. Mais pour moi, l'artiste qui se rapproche le plus de la grandeur hallucinée des Kerguelen est Gustave Doré, l'illustrateur de *L'Enfer* de Dante, avec ces vallées escarpées, ces amas de pierres et surtout cette beauté sombre et énigmatique, laquelle possède son versant lumineux et même étincelant. L'atmosphère est si changeante ! Il faut dire que la lumière des Kerguelen est exceptionnelle par sa pureté et son chatoiement. Certes, il y a le vent qui habite l'archipel en permanence, c'est le personnage central. Il faut constamment affronter sa violence, collaborer avec sa fureur ou le contourner. Mais la plupart du temps, quand il se lève, inutile de ruser. C'est l'un des points du globe où il souffle avec le plus de violence. Alors, il faut s'arrêter, se mettre à l'abri et attendre. Aux Kerguelen, il ne cesse de battre des records, atteignant régulièrement des pointes de 150 km/h.

DLB : Alors pourquoi avoir choisi de marcher dans un environnement aussi hostile ?

J-PK : Parce que le spectacle l'emporte très largement sur la difficulté. Un exemple : le vent ne siffle jamais, pour la bonne raison qu'il ne connaît pas d'obstacles. Ni arbre, ni fil électrique, ni clôture. Il gronde, il hurle. Parfois, c'est insupportable. En même temps, on assiste à de curieux phénomènes. Ainsi une cascade dont l'eau, plaquée sur les rochers, semble devenue inerte. Ou une cataracte qui se tarit subitement sous l'effet du vent. Le vent est le grand nettoyeur. Il apporte à l'air cette netteté que l'on n'observe nulle part ailleurs. Marcher aux Kerguelen, c'est en fait arpenter un théâtre de pierres et d'eau. Le décor change en permanence, comme si une machinerie cachée actionnait le tout avec ses praticables, ses lointains.

DLB : À vous entendre, la marche était jusqu'alors une obligation pénible.

J-PK : Pendant mon adolescence, j'étais demi-pensionnaire dans un établissement religieux de Rennes. Chaque jour, je devais quitter mon village pour prendre le train, lequel me déposait à la gare de Rennes. Ensuite, je devais traverser la ville d'un bout à l'autre, l'institution se trouvant à l'opposé de la gare. Galoper, je n'ai fait que cela pendant des années au détriment de mes études avec l'appréhension continuelle de rater le train. Vous conviendrez que le souvenir de cette contrainte ne me prédisposait guère, adulte, à la randonnée, laquelle suppose un rapport confiant avec le temps. Je n'ai cessé de subir sa limite oppressante. Arriver à l'heure dépendait pour une large part de mon pas. Cette pression du présent tourné vers un futur immédiat a empoisonné ma jeunesse. J'étais plein d'ardeur, mais à la longue, cette course contre la montre m'éreintait.

J'ai découvert aux Kerguelen ce rapport apaisé au temps qu'induit la marche. Et pourtant, au terme de la journée, j'étais vidé. Mais non pas surmené, état qui procède d'une fatigue cérébrale. Aux Kerguelen, je n'étais confronté qu'à l'effort physique. J'ai le souvenir d'une grande fluidité, d'une progression mélodique, d'une durée immense. Tout s'articulait parfaitement malgré des conditions naturelles difficiles.

Aujourd'hui, je marche au moins deux fois l'an avec mes deux fils ainsi qu'avec un groupe d'amis bordelais que j'ai baptisé il y a plus de vingt-cinq ans les « Diablotins de Caramany ». Le nom est volontairement ridicule et tire son origine d'un village des Pyrénées orientales où nous étions morts de soif et où il n'y avait pas âme qui vive.

DLB : Pensez-vous que vos longues marches soient liées à un désir de réparation, de guérison ?

J-PK : Personnellement, je ne crois pas trop à ces histoires de reconstruction. Je me plais à dire que je ne suis pas une maison qu'on retape et dont on rebouche les plaies. Bien sûr, une expérience extrême comme celle que j'ai connue m'a révélé de manière radicale la précarité de notre condition humaine. J'ai lutté pour avoir des chances de survivre.

Suis-je guéri ? Je me suis longtemps vu comme un plongeur remontant par paliers des profondeurs, ce « silence de la mer » où les squales exterminent froidement leurs proies. Dans cette « remontée », les Kerguelen ont constitué une étape capitale. Une véritable renaissance. Elles sont apparues miraculeusement comme le bon endroit au bon moment. Je ne m'en suis aperçu que longtemps après. J'ai connu en effet après ma libération ce qui peut s'apparenter à une forme d'acédie, un état de torpeur, un détachement proche de l'indifférence. Ce périple a réveillé chez moi la capacité d'émerveillement. J'ai compris plus tard que je ne parviendrai pas à apaiser cette curiosité, j'allais dire cette voracité, face au spectacle du monde. Cette appétence retrouvée est née aux Kerguelen. Sans la marche, je n'aurais peut-être pas retrouvé cette force. Je la sentais battre dans mes veines, mais j'ignorais alors qu'elle avait été déclenchée au cours de cette odyssée. Je n'emploie pas ce mot gratuitement. Ce fut un voyage inédit et mouvementé. Un jour, je me suis même perdu et je peux vous assurer que se perdre aux Kerguelen est lourd de conséquences.

DLB : Vous avez remonté la Marne à pied jusqu'à sa source, en quoi est-ce une expérience différente des Kerguelen ?

J-PK : Là, je parlerais plutôt de déambulation. Ce n'était pas une vraie randonnée, je suivais platement le cours de la rivière avec l'impression parfois d'avancer sur un tapis roulant. Le décor défilait de part et d'autre en pilotage automatique. Je me laissais porter sans effort par le chemin de halage. Nul besoin de cartes, impossible cette fois de se perdre. D'où le caractère involontaire voire somnambulique du cheminement. Je me suis vu souvent comme un rêveur debout. Il s'agissait pour moi de décrire une France de l'intérieur, en dehors de l'axe actif, apparemment hors service. Mon interrogation était la suivante : ce pays qu'on dit abîmé et même, par certains côtés, lessivé, a-t-il encore la grâce ? Lors de ce voyage, j'ai fait des rencontres étonnantes que seule permet la marche, ces « pétrifiantes coïncidences » dont parle André Breton, lequel d'ailleurs a fait la découverte déterminante de l'œuvre de Freud au bord de la Marne, à Saint-Dizier. Mieux que personne, dans *Nadja*, il a parlé de « la vertu magique de la rencontre ».

La Marne, au fond, c'est l'anti-Kerguelen. L'histoire imprègne et même sature cette rivière. Toutes les catastrophes nationales viennent de la Marne. « C'est là qu'il faut attaquer la maison française avec une chance d'en enfoncer la porte », affirmait Fernand Braudel. J'en ai gardé pour ma part le souvenir d'une flânerie exceptionnelle, une promenade dans une France invisible des champs, des villages déserts, qu'a bien décrite naguère Jacques Lacarrière. Il ne cessait de pleuvoir des signes, des circonstances fortuites.

L'important pour moi, dans cette marche, était l'idée de remontée. Je n'ai pas suivi le cours de la rivière, c'était s'acheminer vers la disparition. Je voulais aller à la source. Une sorte d'anabase. Marcher aussi à contre-courant. La surprise pour moi a été de découvrir une France nullement moribonde, une face cachée de ce pays, une manière différente d'habiter le monde.

DLB : Venise, sujet de votre dernier livre, constitue-t-elle une autre expérience de la marche ?

J-PK : On ne pense pas nécessairement à se munir de chaussures de marche quand on visite Venise, mais c'est essentiel. J'ai habité plusieurs mois dans cette ville. Le nombre de kilomètres qu'on peut parcourir en une journée est impressionnant. Le soir, j'étais presque aussi épuisé qu'aux Kerguelen. Et pourtant, le centre historique est peu étendu, mais l'organisation labyrinthique de cette cité contribue à la rendre immense, presque inépuisable. Au début, j'avais un plan à la main pour me guider. De toute façon, c'est une ville où il est nécessaire de s'égarer. C'est la cité de l'errance. La marche m'a permis de comprendre intimement la forme de cette ville. Elle paraît bien délimitée. En réalité, elle ne finit jamais. C'est un emboîtement constant, un peu à la manière des matriochkas russes. On ne vient jamais à bout de cette complication inextricable, sauf peut-être au moyen de la marche. Selon moi, le bateau ou la barque qui ne permettent de voir que les façades, ne rend pas compte de cette imbrication qui exige sans arrêt de revenir en arrière. C'est la ville des culs-de-sac. L'absence de pont sur un canal oblige sans cesse à rebrousser chemin. La beauté de cette ville tient certainement au fait qu'on est souvent contraint d'effectuer le même parcours dans les deux sens. Cette répétition et cette réversibilité permettent de multiplier les points de vue et de diversifier le champ d'observation.

Le paradoxe est qu'à part quelques axes très fréquentés comme San Marco-Rialto, où l'on a l'impression que la foule qui piétine est en procession, il existe beaucoup de lieux déserts négligés par les visiteurs. Mon but à Venise était de me faire ouvrir les églises fermées, de plus en plus nombreuses. Certaines renferment des peintures et des sculptures remarquables devenues aujourd'hui invisibles. Je suis parvenu à m'en faire ouvrir un certain nombre. Ce sont des édifices d'une grande beauté, et c'est un crève-cœur que de les savoir définitivement cadenassés. J'ai envisagé cette enquête comme un jeu de piste. Mais cette fois, les signes et les indices que je recherchais devaient être palpables et opérants. C'était très excitant quoique harassant. Un va-et-vient incessant impliquant de faire demi-tour. Un changement ininterrompu de rythme. Je crois connaître à présent Venise mieux que Paris qui est, c'est vrai, autrement plus vaste. J'ai trouvé en partie la méthode permettant de sortir d'un dédale incroyable où l'art et l'histoire vous poursuivent et vous étourdissent sans répit. De ce point de vue, le marcheur-touriste est une sorte de gibier. En tout cas, pour moi, qui m'étais fixé un but, marcher fut pour une large part esquiver le spectacle somptueux qui me harcelait.

Randonner à Venise, le mot peut paraître incongru, mais il faut savoir qu'à l'origine, c'est un terme de vénerie qui désigne le circuit qu'effectue le gibier autour de son habitat. Cela s'appliquait parfaitement à moi.

DLB : Quelles valeurs accordez-vous à la marche dans le contexte de nos sociétés contemporaines !?

J-PK : Je m'interroge sur les motivations des marcheurs qui sont, je suppose, au moins aussi inestimables que les miennes. Cela va peut-être vous étonner après tout ce que j'ai raconté sur les Kerguelen, mais je ne vois pas la marche comme un exercice spirituel, encore moins comme une recherche de la performance. De plus en plus, je l'envisage modestement comme un partage, une relation de confiance entre membres d'un même groupe ou d'une même équipe, exempte d'esprit de compétition. Avec les Diablotins de Caramany, nous formons une bande soudée. Nous sommes très complices. Nous partageons les mêmes codes, les mêmes plaisanteries depuis plus de trente ans. On se charrie beaucoup. La marche scande la mise en commun de nos vies et de nos histoires personnelles. Nous évitons les chemins de Compostelle devenus à certains moments de l'année de véritables autoroutes piétonnières. Au sein de notre groupe, il est loisible à chacun de se ménager des moments de solitude.

Mais je m'aperçois que je n'ai pas parlé de la récompense suprême du marcheur, le dîner. Il faut préciser que nos randonnées, qui durent trois ou quatre jours, ne se déroulent que dans les pays de vignoble. C'est la règle. Nous les avons pratiquement tous arpentés, excepté l'Alsace. Pour moi, le vin comme la marche procède de la même démarche, le partage. J'ai dirigé longtemps une revue, *L'Amateur de Bordeaux*. Cette notion d'amateur est essentielle. Elle implique l'échange ainsi que le bon plaisir. L'amateur est un promeneur, un flâneur, un passant. Il a le temps. Cette disponibilité caractérise l'amateur. Il est dans l'attente. Peut-être viendra la surprise, peut-être pas. Être un amateur, c'est être à la fois vacant et attentif. Cette définition s'applique exactement au marcheur.

Il faut bien des remèdes pour atténuer ou guérir une souffrance morale. La marche peut contribuer à remettre sur pied. Mais, selon moi, cela ne suffit pas. Ne rêvons pas. Elle ne saurait être l'antidote aux maux de l'existence. Mais dans mon cas, elle a participé efficacement à l'amélioration de mon état. Ma famille, ma période de solitude dans les Landes, sans oublier le temps, ont agi dans le sens d'un mieux-être.

DLB : Revenons au dîner. Selon vous, c'est la récompense suprême du marcheur…

J-PK : C'est sa gratification souveraine, on ne peut la lui enlever. Toutes les toxines que notre groupe a pu éliminer pendant la journée sont regagnées le soir en faisant joyeuse bombance. C'est ce qui m'a fait défaut en remontant la Marne. J'ai dû me contenter de ces mangeoires où la chère est de plus en plus médiocre. J'ai constaté que dans la plupart des restaurants, on fait de moins en moins la cuisine. Les plats sous vide ou congelés sont préparés ailleurs. Il ne s'agit pas de festoyer, mais de goûter en toute simplicité des produits de bonne qualité. Je me rattrapais sur le champagne. Pour les Français, il est l'emblème de la fête, mais sur tout mon parcours, j'ai constaté qu'il était un marqueur très fort, même chez les gens modestes. Une sorte d'attribut régional, un trait culturel. Le champagne est en réserve dans le réfrigérateur. On ne le sort pas seulement pour les grandes occasions.

DLB : La revue *Hermès* est une revue centrée sur la communication, en quoi la marche, selon vous, y participe-t-elle ?

J-PK : Hermès, qui s'adapte à tout et dont on peut interpréter la figure à l'infini, est une représentation qui m'est devenue familière par la force des choses. J'ai écrit un essai biographique sur Raymond Guérin, un écrivain qui n'a cessé de se dépeindre dans ses livres sous le nom de Monsieur Hermès, l'homme insaisissable. On peut probablement associer ce dieu à la marche. N'est-il pas la figure emblématique des voyageurs et des routes ? Au carrefour, il indique le bon chemin. On n'a peut-être pas assez évoqué ici le problème crucial de la bifurcation ou de la croisée des chemins, qui se pose à tout randonneur. Beaucoup de chemins sont parfaitement balisés, parfois même trop. Je préfère pour ma part l'absence de signalisation quand le groupe s'arrête pour délibérer. Cela donne lieu à des joutes verbales où la discussion en vue de démontrer, de réfuter ou d'emporter la décision peut atteindre les cimes les plus hautes de la dialectique. Mais la logique et le raisonnement ne font pas nécessairement bon ménage avec la marche, qui est aussi l'art de l'adaptation et de l'opportunisme, qualités du dieu Hermès. Je ne sais pas si la marche favorise la concentration, mais elle facilite à coup sûr la discussion et l'échange. On affirme qu'elle met l'esprit en mouvement, je dirais qu'elle le met surtout en confiance. Le pas qui avance donne de la hardiesse. Le fait d'échanger latéralement, car dans la marche on se trouve rarement face à face avec l'interlocuteur, a peut-être aussi un effet libérateur. Le corps, qui va de l'avant et attaque le paysage de face, se sent naturellement en expansion comme désencombré. On ne voit pas les réactions de son compagnon, on se surveille moins.

Je conclurai en disant que je ne pouvais que marcher à fond dans le thème que vous avez choisi.

Canal Marches

Les marches européennes contre le chômage

Au cours des années 1990 les mouvements de chômeurs et précaires se sont multipliés en Europe. Le projet des « marches européennes contre le chômage, la précarité et les exclusions » de 1997 offrait à cette émergence une ampleur internationale. Des groupes de marcheurs partis des points les plus éloignés, du Grand Nord finlandais comme de Tanger au Maroc, allaient converger vers Amsterdam où devait se tenir en juin un sommet européen. Un projet d'autant plus ambitieux que le mouvement ne bénéficiait d'aucun grand soutien, et que la fragilité sociale des marcheurs ajoutait aux difficultés.

Les marcheurs vidéastes

Au sein de ce projet, le collectif Canal Marches a été créé par des militant·e·s, des vidéastes, des photographes, des poètes, des chômeuses et chômeurs. L'association avait initié à la prise de vue une dizaine de « marcheurs vidéastes[1] ». La plupart n'avaient jamais tenu de caméra. Leur mission : filmer chaque jour leurs « carnets de route vidéo ». Capter la trace de l'événement tel qu'ils le vivaient, au jour le jour, de l'intérieur : les marches de ville en villages, les rencontres sur le chemin, la découverte de réalités très différentes de pays en pays. Filmer les temps forts, les actions spectaculaires des marcheurs mais aussi leur quotidien. Et glaner, à chaque étape, les témoignages des acteurs de l'événement.

Deux chômeurs du Nord-Pas-de-Calais, Jean-Marie et Farid, ont ainsi filmé durant deux mois de Tanger à Amsterdam. Cyril, jeune ouvrier électricien, a suivi son groupe depuis Brest. André a filmé le périple de chômeurs irlandais, français et belges partis de Belfast. Michel le bruxellois a remonté l'Espagne, la France, l'Allemagne tandis que Christelle, et Jacques du Comité des sans-logis, traversaient les Alpes puis la Suisse en direction des Pays-Bas. Une dizaine de vidéastes ont également prêté main-forte à cette aventure, tel le cinéaste Robert Kramer parti de Jarrow au nord de l'Angleterre et formant sur le tas son coéquipier Michel.

Créer son propre média

À partir des rushes de ces carnets de route, quatre magazines vidéo ont été montés pendant l'événement par l'équipe de Canal Marches. Ces magazines étaient envoyés sur les marches sous forme de K7 VHS et diffusés en projections publiques lors des étapes. Les marcheurs considéraient ces vidéos comme « La télé des marcheurs ». Le projet contribuait ainsi immédiatement à la visibilité du mouvement, mais aussi à une circulation horizontale des émotions et de la solidarité, entre les marcheurs des différents parcours, et avec les personnes rencontrées à chaque étape. Le média n'était pas seulement un outil de communication, il contribuait à forger et à impulser le mouvement. Il exprimait aussi une aspiration : prendre sa propre expression en main, se donner son propre média, en toute autonomie, témoigner depuis l'intérieur du mouvement et non depuis l'extérieur.

Un projet utopique

Un pari utopique est au cœur du projet de Canal Marches, sur la capacité des marcheuses et marcheurs à se réapproprier eux-mêmes l'outil technique et le mode d'expression audiovisuelle. L'utopie a été en grande partie réalisée. Près de mille heures de rushes ont été rassemblées en deux mois. Quatre magazines vidéo, puis un documentaire sur la 5, un livre[2], une exposition, une installation vidéo se sont nourris de cet extraordinaire fonds d'archives, brossant ainsi le portrait d'une Europe précaire et rebelle.

Difficultés et rebonds

L'expérience a montré que des actrices et acteurs d'un mouvement social peuvent prendre la caméra en main avec un regard juste et une réelle sensibilité artistique. Certes le projet a rencontré des limites. Une moitié seulement des carnets de route ont pu être montés en tant que films autonomes. Le temps et les moyens ont manqué. Pourtant nous avons persisté, accompagnant des marches européennes vers Cologne en 1999, vers Séville en 2002, puis vers Rostock en 2007, où Jean-Marie et Farid, reprenant la caméra, ont embarqué dans l'aventure un monteur qui réalisait avec eux, sur place, les chroniques de la marche qui étaient diffusées chaque jour sur internet. En 2013, Farid reprenait la caméra et filmait une nouvelle marche partie de Montpellier.

L'Université populaire audiovisuelle

L'expérience cinématographique ouverte avec les marcheurs vidéastes, nous l'avons renouvelée sur d'autres terrains, avec des habitantes et habitants des quartiers populaires, des sans-papiers, des Roms, des salariés, des sans-voix de toutes sortes, en organisant des centaines d'ateliers vidéo, et en lançant en 2009 l'Université populaire audiovisuelle, l'Upopa. Avec toujours en tête la même utopie qu'en 1997 : proposer à des sans-voix de passer, ne serait-ce qu'une seule fois, de l'autre côté de la caméra, de l'autre côté de l'écran.

La première époque, celle 1997, était marquée par la vidéo analogique. La logistique était lourde. En 2007 les chroniques de Rostock signalaient l'entrée dans l'ère du numérique et d'internet, l'expérimentation de modes de réalisation et de diffusion très différents. La troisième époque, qu'elle sera-t-elle ? La possibilité de filmer et même de monter avec son smartphone ouvre, en théorie, le champ des possibles. Pourtant, l'usage de la vidéo par les mouvements sociaux se limite encore le plus souvent à la saisie brute de quelques temps forts. L'expérience des marcheurs vidéastes de 1997 mériterait donc d'être revisitée, pour inventer de nouveaux chemins, pour créer, qui sait, de nouveaux médias, porteurs de cette aspiration à une expression directe des actrices et acteurs des mouvements sociaux.

Patrice Spadoni
Réalisateur, initiateur du projet Canal Marches
www.canalmarches.org

NOTES

1. Voir *La Marche aux mille voix*, documentaire en DVD ou en ligne sur <https://vimeo.com/546545389>.
2. Schmitt B. et Spadoni P. (dir.), *Les Sentiers de la colère*, préf. de Pierre Bourdieu et Claire Villiers, Paris, Éditions L'Esprit frappeur, 2000.

Bernard Ollivier
Marcheur – écrivain

Rencontre avec Bernard Ollivier

Hermès : Quand vous avez marché pour la première fois sur le chemin de Compostelle, vous n'aviez pas une expérience tangible de la marche. Pourquoi Compostelle ? Pourquoi en marchant ?

Bernard Ollivier : En homme pressé, j'avais préféré la course. En réalité, mes activités sportives ont toujours été curatives plutôt que préventives. Je me suis mis au sport en sortant d'un an d'hôpital pour une tuberculose quand j'avais dix-huit ans. J'ai commencé la course de long à trente-cinq ans pour me guérir de la cigarette gauloise dont je fumais deux paquets par jour. J'ai pratiqué entre deux et trois marathons par an pendant dix ans avec un entraînement quotidien et j'ai même fait deux fois des cent kilomètres toujours avec des performances moyennes. J'ai cessé de courir à la mort de ma femme. J'avais alors cinquante-et-un ans.

La marche s'est imposée à l'approche de ma retraite en 1998. Inconsolé de la mort de Danièle, mes enfants ayant quitté le nid et mon intérêt pour le journalisme épuisé, n'ayant aucun projet et pas envie d'en chercher, à l'approche de noël, j'ai fait une tentative de suicide. Ayant raté mon affaire, je me suis dit qu'avant une nouvelle tentative, je devais essayer de trouver une bonne raison de vivre. C'est alors que mon intérêt pour l'histoire européenne et la place centrale que représente l'Espagne dans la construction de l'Europe m'a titillé. Je savais quelques bribes de la conquête musulmane et de la *reconquista*, *Le Cid* et les rois catholiques mais guère plus. Et puis cet intérêt naissant pour le chemin de Compostelle m'intriguait. Qu'allaient-ils chercher à Santiago au Moyen Âge, ces milliers de pèlerins en sabots ? J'ai eu envie de mettre mes pas dans les leurs.

La marche a été un merveilleux élixir de vie. Je suis parti de Paris sous la pluie et je crois me souvenir que j'ai compté des ondées quotidiennes pour mes vingt-deux premiers jours de marche. Pourtant, malgré mes chaussettes à tordre tous les soirs, mon moral s'améliorait. Et, miracle que je n'attribue pas à saint Jacques mais à mes pieds détrempés, je me suis mis à faire des projets d'avenir autres que de corde ou de saut dans le vide. La marche a été un enchantement, une succession de belles rencontres dans les gîtes et sur les chemins, d'émotion dans la traversée de la Meseta, d'histoires rigolotes inventées par les moines pour les pèlerins naïfs.

Je m'étais convaincu que j'étais vieux car dans mon enfance paysanne, un homme de soixante ans était un vrai vieux. Et voilà qu'après une petite période de rodage, j'étais capable de marcher trente à trente-cinq kilomètres en une journée sans souffrir. Je parlais avec tout le monde. Je m'intéressais à tout. Une nouvelle jeunesse. Et puis j'ai entendu parler, grâce à « radio Camino », de jeunes voyous à qui un juge belge avait proposé d'aller à Compostelle en quatre mois au lieu de croupir en prison. Et cette information allait faire son chemin.

H. : Puis vous avez accompli un périple étonnant qui vous a mené d'Istanbul à la Chine sur l'ancienne route de la soie, avec la publication de trois livres magnifiques. Pouvez-vous nous dire pourquoi vous avez décidé de partir si loin ?

BO : J'ai fait une déduction simple : en revenant de Santiago, je n'avais que soixante-et-un ans et dix, peut-être quinze années[1] à tuer avant que la dernière ne me tue. Que faire ? J'ai alors pensé à continuer cette activité de marche qui me donnait du plaisir. Et surtout pas un pèlerinage dont j'avais épuisé les légendes. Je voulais un chemin d'histoire, revivre les émotions d'autres marcheurs, soldats, aventuriers, commerçants. Et il fallait que ce soit un long chemin, car j'avais des années de loisirs pédestres devant moi.

J'ai un moment pensé suivre la piste des pionniers de l'Ouest américain que j'ai finalement abandonnée ; trop courte pour m'occuper longtemps. Puis m'est venue cette idée folle de parcourir la route de la soie. Et là, j'étais comblé : la distance, l'histoire, les cultures, tout y était. Je n'ai pas balancé longtemps. À peine rentré à Paris, puis en Normandie où je déménageais, je me suis tracé un itinéraire. Grosso modo celui qu'a suivi Marco Polo. Mais là encore, j'ai découvert une vertu merveilleuse à la marche : le voyageur en train ou en voiture est prisonnier des rails ou du bitume. Le voyageur à pied trace son chemin en toute liberté. Je me suis inventé et dessiné « ma » route de la soie. De la même façon, les caravaniers variaient leur parcours pour éviter épidémies ou guerres. Il n'y a pas une mais des routes de la soie.

H. : Quelles valeurs accordez-vous à la marche dans le contexte de nos sociétés contemporaines ?

BO : Je l'ai dit, la marche est un antidépresseur puissant que recommandent de plus en plus les médecins. C'est un antidote à l'urgence. La marche favorise la réflexion et l'introspection durant la déambulation et l'échange aux étapes. Elle est un puissant facteur de socialisation. Ayant accompli une marche de Lyon à Istanbul[2] avec ma merveilleuse compagne Bénédicte, excellente marcheuse, j'ai pu constater que les rencontres en couple étaient plus rares et moins chaleureuses que lorsque je marchais seul. La solitude du marcheur provoque étonnement, curiosité et questionnement, donc dialogue. Je recommande toujours aux gens de partir seuls si possible.

La voiture résiste, même si elle perd du terrain au bénéfice du vélo. Le marcheur n'est pas bienvenu dans les cités. Il n'est nulle part à sa place, ni dans la rue ni sur les trottoirs encombrés. On discerne certes les prémisses d'un exode urbain et on peut rêver d'une ville du futur, entièrement dédiée aux marcheurs. Mais ce n'est pas demain la veille qu'un marcheur deviendra plus célèbre qu'un pilote de Formule 1 [rire].

H. : Pouvez-vous nous raconter des moments où la marche a été pour vous un émerveillement ?

BO : J'aime contempler les beaux paysages, mais j'adore les surfaces lisses. J'ai eu ma première grande émotion en traversant ce haut plateau qu'est la Meseta (la petite table) sur le *camino francès*. J'ai adoré marcher dans les quatre déserts que j'ai traversés, en particulier dans le Gobi, en Chine. Lorsque le soleil se levait, aux premières lueurs, j'apercevais une vague montagne à l'horizon. Après une journée de marche elle était presque aussi lointaine. Lorsque rien n'arrête le regard, l'esprit peut vagabonder sans être distrait ou arrêté par un obstacle. Je me faisais l'effet d'être immobile alors pourtant que les bornes kilométriques sur les routes chinoises me confirmaient une immense forme, des trajets quotidiens d'au moins quarante kilomètres. Un jour, j'ai marché soixante-huit kilomètres et cinquante le lendemain. Pas mal pour un vieux. Une jeune fille de quinze ans et demi marchant avec Seuil a douché ma vanité en couvrant soixante-douze kilomètres en une longue journée.

H. : Pouvez-vous évoquer de sales moments ?

BO : À deux ou trois reprises, pendant ma marche vers la Chine, j'ai eu peur. Un peu des serpents et des araignées « veuves noires » dans le désert iranien du Dasht-e Kavir. Et aussi lorsque j'ai été attaqué par deux kangals, ces molosses qui défendent les troupeaux contre les loups et les ours et qui n'obéissent qu'au berger. Néanmoins, mes trouilles les plus intenses ont été provoquées par des hommes. Quand un type à cheval a essayé de m'égarer pour mieux me dépouiller, ou qu'un autre, un peu dérangé, s'est équipé d'une petite hache et a envisagé de me tuer, fasciné qu'il était par mes chaussures qu'il guignait. J'étais hébergé chez lui car il était le fils du chef du village absent ce jour-là. Impossible de refuser l'hospitalité. J'ai dormi veillé par deux hommes et l'imam du village qui m'ont protégé toute la nuit. Au matin, j'ai pu m'eclipser et tromper la vigilance du malade mais c'est la seule fois où j'ai fait demi-tour.

J'ai encore eu peur lorsque je me suis engagé, parce que les gardiens interdisant son accès étaient à la mosquée pour la prière du vendredi, dans un immense tunnel interdit aux piétons et cyclistes. Sans trottoirs et sans aération, sans protection contre les camions qui rugissaient, dans le noir, a demi asphyxié par les gaz d'échappement, j'ai vécu l'angoisse pendant d'interminables kilomètres jusqu'à ce qu'enfin, réapparaisse le grand jour.

Et puis il y eu la maladie. Une amibiase qui m'a obligé à arrêter mon voyage alors que je venais d'apercevoir le mont Ararat. Une montée de fièvre rapide, un premier évanouissement au bord de la route puis plusieurs jours de délire dans une chambre d'hôtel de Dohubayesit à quelques kilomètres de la frontière iranienne, un rapatriement sanitaire très douloureux en ambulance sur deux mille kilomètres et enfin une arrivée peu glorieuse à Orly sur un brancard ; un cauchemar.

Mais la marche que je venais de faire m'avait à ce point préparé à l'épreuve qu'un mois plus tard, opéré et remis sur pied, je rédigeais le premier tome de *Longue marche*[3] et préparais la deuxième étape. Huit mois plus tard, je me faisais déposer par un bus à l'endroit exact où j'avais perdu connaissance et repartais vers Samarcande, la deuxième étape de ma route.

H. : Vous êtes le fondateur en France d'une expérience belle et forte qui consiste à proposer de longues marches à des jeunes délinquants, pouvez-vous en parler ?

BO : Durant mon cheminement vers Compostelle, j'entendis parler de ces deux jeunes délinquants belges dont j'ai parlé tout à l'heure, deux adolescents promis à la prison et à qui on avait proposé une alternative à l'incarcération.

C'était un moment charnière pour moi qui cherchais alors des raisons de ne pas mourir. Je l'ai dit, je n'avais aucun projet sinon, pour un temps, marcher. J'arrivais vers la fin de ma vie en mauvais état et la marche m'avait requinqué. Et je ne pus que faire le parallèle avec ces jeunes qui entamaient mal leur vie d'adulte. Leur appliquer le traitement de la marche au long cours m'avait semblé une idée lumineuse, une sorte de pont entre les entrants jeunes et les sortants vieux. Après quelques recherches, j'ai découvert et visité l'association flamande Oikoten, laquelle, à l'initiative d'un procureur pratiquait ces marches. Tout le contraire de nos sinistres centres éducatifs fermés (CEF) ou établissements pénitentiaires pour mineurs (EMP). Séduit, ravi que le hasard me propose ce projet de vie, j'ai déposé les statuts d'une association que j'ai nommée « Seuil[4] ». Elle proposait aux jeunes une porte ouverte vers une société que ces gamins mal éduqués ou abandonnés par des parents eux-mêmes égarés avaient rejetée.

Cela fut facile de faire passer le message. Ma notoriété toute neuve grâce au succès si surprenant pour moi de la trilogie *Longue marche*[5] m'ouvrait des portes et les faveurs de la presse. Je fus, pour un temps, un habitué des plateaux télé, studios de radio et les journaux étalaient mon aventure sur des pages entières. En outre, les livres m'apportaient assez d'argent pour payer les premiers frais des marches, la location d'un bureau à Paris, l'achat d'un peu de matériel informatique et des voyages pour visiter les lieux d'enfermement des gamins.

Ces livres eurent deux autres vertus : ils firent connaître l'association et circulèrent dans les milieux de l'éducation spécialisée et des juges des enfants. Par la suite, de nombreux lecteurs se proposaient d'accompagner des jeunes de Saint-Jean-Pied-de-Port ou de Séville à Santiago ou de Briançon à Palerme.

Ce fut plus difficile avec l'administration de la protection judiciaire de la jeunesse (PJJ[6]) qui reçut ma proposition comme une folie qui allait provoquer des drames. Les jeunes me disait-on fugueraient, voleraient, commettraient mille délits. J'avais l'immense tort de ne pas être « du métier ». Au total, en dix ans de conflits multiples, de crispations réciproques et même une interdiction de la part de Rachida Dati, alors ministre de la Justice, qui se traduisit par deux années blanches, les marches avec les jeunes restèrent limitées à deux ou trois par an.

Un nouveau directeur de la PJJ, marcheur lui-même, reconnut les vertus éducatives de la marche et après douze ans de piétinement devant la porte du ministère, la méthode Seuil fut acceptée et même encensée puisqu'une autre ministre de la Justice, Christiane Taubira, me décerna le titre de chevalier de la légion d'honneur. Un hommage mérité pour tous ceux qui ont œuvré avec moi pour que Seuil existe.

À ce jour, Seuil a fait marcher plus de trois cent cinquante adolescents, dont un tiers environ en alternative à l'incarcération. Chaque jeune, garçon ou fille, part avec un adulte, homme ou femme, pour une marche de mille six cents à deux mille kilomètres dans un pays étranger. Téléphone et musique sont interdits. Pour l'inciter à la réflexion, chaque jour, l'ado doit marcher au moins une heure en silence. La méthode est douce. Elle a surtout une vertu cardinale : les jeunes qui achèvent la marche ont un taux de récidive presque nul si on compare aux CEF et aux EPM où la récidive est effroyable, proche de 80 %. Seuil a même fait marcher des jeunes musulmans radicalisés avec succès.

En 2015, un cancer du poumon m'a mis sur le flanc, juste après mon retour d'une marche Lyon-Istanbul, nécessaire à mes yeux pour boucler la boucle « Route de la soie ». Aujourd'hui, une équipe neuve et dynamique anime l'association. Seuil se porte bien et pourrait doubler le nombre des jeunes pris en charge, si le ministère de la Justice voulait bien cesser d'embastiller les gamins et leur donner une chance de montrer leur bon côté.

Quelques temps après, ayant retrouvé presque toute ma santé et une certaine disponibilité, j'ai pu créer une nouvelle association, « air-e[7] ». Elle est dédiée à l'environnement et au risque d'effondrement, de *collapse*. Une tentative d'adoucir le risque mortel pour l'humanité qu'est le réchauffement climatique. Un projet hétérotopique[8] qui consiste à organiser de petits villages autonomes en nourriture, eau et énergie. Devenus assez nombreux, ils se réuniraient en une bio-région.

Le premier acte, en juillet 2021, a naturellement été… une « marche pour demain » dans les monts d'Arrée en Bretagne. Elle a réuni une centaine de marcheurs malgré les difficultés liées à la pandémie de Covid-19. Une équipe constituée à la fin de la marche s'est mise en devoir de créer un premier village, projet qui n'a pas encore débuté. Désormais, chaque année, une « marche pour demain » aura pour objectif de réunir un nouveau groupe de bénévole.

H. **:** La revue *Hermès* est une revue centrée sur la communication, en quoi la marche, selon toi, y participe-t-elle ?

BO : En tant que journaliste honoraire, je me sens très concerné par la communication. En tant que citoyen, je veux tout faire pour que les pensées avancent au sens propre comme au sens figuré. Qu'il s'agisse de randonnées, ou de manifestations « pour » ou « contre », la marche est facteur de rencontres, d'union, de mouvements des idées. Je suis heureux qu'elle ait retrouvé de l'élan et une certaine faveur, même si elle a fort à faire pour contrebalancer l'avalanche d'écrans, qui par définition imposent l'immobilisme. On rêve mieux debout, en marchant.

Je l'ai dit, sur le plan personnel, la marche m'a aidé. En me redonnant une bonne santé au physique comme au moral et par son succès médiatique et par la promotion incroyable de mes livres « Longue marche », elle m'a apporté assez d'argent pour financer l'association Seuil les premières années.

La marche militante m'intéresse aujourd'hui, par son pouvoir étonnant de médiatisation. J'avais été frappé, en 1983, par le phénomène alors nouveau et spectaculaire de la première marche du genre nommée par la presse « la Marche des beurs ». Partis tout juste une douzaine de Marseille, les jeunes arrivèrent à Paris soutenus par une foule de cent-mille personnes. Plus récemment, les marches lycéennes suscitées par l'action de Greta Thunberg ont également été des phénomènes très médiatiques.

Si ces marches ont eu du succès, c'est qu'elles se produisaient dans une atmosphère particulière. Pour la première, après plusieurs meurtres racistes ayant entraîné des troubles dans certaines villes. Pour la seconde, dans le contexte du réchauffement climatique et des alertes répétées du GIEC.

Pourtant, ni l'une ni l'autre n'ont débouché sur un projet politique.

N'ayant ni moyens pécuniaires ni soutien médiatique pour lancer le mouvement des villages air.e, les « marches pour demain » que nous organisons ont pour finalité de rassembler des forces militantes et aussi financières afin d'acheter des terres.

Je pense que nous avons une chance d'être entendus, car deux ensembles de faits peuvent y contribuer : les craintes exprimées sur un possible effondrement qui pousse certains à se rassembler pour résister d'une part, et le mouvement d'exode citadin qui semble s'amorcer d'autre part, nourri par la pandémie de Covid-19 et alimenté par de nombreux faits de violence urbaine.

Sans oublier bien sûr, les vertus merveilleuses du rassemblement par la marche qui avance et qui porte à l'action. Puisse-t-elle transformer en actes concrets le concert des voix innombrables d'intellectuels et de politiques qui gémissent, alertent, prophétisent à propos du réchauffement, mais piétinent sur place sans engager un seul acte à la mesure du problème. Une marche par des citoyens de base pourrait faire avancer notre proposition, si utopique soit-elle.

NOTES

1. Mauvais calcul ; j'ai aujourd'hui quatre-vingt-trois ans et malgré un mauvais cancer, je marche toujours. Grâce à la chance ou à la marche à pied ?
2. Ollivier B., *Longue marche, suite et fin*, Éditions Libretto, 2018.
3. Ollivier B., *Longue marche. À pieds de la Méditerranée jusqu'en Chine*, Paris, Phébus, 2000.
4. www.assoseuil.org
5. Les deux ouvrages suivants sont Ollivier B., *Vers Samarcande*, Paris, Phébus, 2001 et Ollivier B., *Le Vent des steppes*, Paris, Phébus, 2005.
6. Une des trois directions du ministère de la justice.
7. www.air-e.org
8. Inventé par Michel Foucault, ce mot signifierait, pour la circonstance, installer dans un lieu particulier une population désireuse de faire un pas de côté.

Audrey Erpelding
Université Sorbonne Paris-Nord
Cristina Lindenmeyer
Université Sorbonne Paris-Nord

Bouger, mobiliser, ralentir en psychiatrie

Bouger, se déplacer, marcher, se mobiliser ou ralentir sont souvent des comportements observés chez les patients inscrits dans un parcours de soin dans le champ psychiatrique.

Dans certaines institutions la marche comme activité permettant le soutien d'un projet thérapeutique peut également être envisagée. Elle est alors perçue non seulement comme une « activité », relative à l'action, mais aussi comme une activité permettant un projet thérapeutique. Il s'agit de marcher avec un ou plusieurs patients pour qu'ils se « changent les idées », et à partir de cela, accueillir des idées incidentes, des souvenirs qui font surface ou des affects qui se sont accommodés dans des formes de pensées pathologiques. Ainsi, la marche dans ces situations est le moyen d'engager l'invitation à un mouvement de pensée et par conséquent à une possible situation de communication. Ces différentes fonction subjectives de « la marche », nous interrogent quant à son statut thérapeutique.

Le sujet qui présente une souffrance psychique voit son rapport à lui-même et aux autres perturbé dans différents domaines. Les rythmes circadiens sont altérés (sommeil, faim, mémoire, vigilance, température corporelle, rythme cardiaque, etc.), l'allure ou la tenue générale est ralentie, lâche ou au contraire excessivement vive ou sthénique. On dit parfois que la personne « perd le fil », ou « est déboussolée » au sens propre du terme. On voit à travers ces expressions du langage courant, combien l'orientation signe un état psychique particulier. C'est le cas de M. A.[1], un patient présentant une allure assez « lâche », son corps étant un peu incurvé et mou, nous évoquant une attitude adolescente, à la manière de Gaston Lagaffe. Au fil du temps cette allure va se modifier, il portera également des vêtements plus denses qui modifient nos impressions de départ. M. A. avant sa prise en charge en psychiatrie, est parti dans une errance à travers le pays. L'hypothèse formulée par l'équipe soignante est qu'il s'agissait d'une errance à la recherche de continuité. Cependant, cette errance sans fin, soutenue par une marche sans fin paradoxalement lui donnait l'illusion d'un mouvement structurant encadré par et tenu dans la temporalité quotidienne du jour et de la nuit.

Orientation vient étymologiquement d'« orient » qui signifie surgir, se lever. Dans le cas de plusieurs patients suivis en psychiatrie, l'orientation qui se fait dans l'espace est perturbée tout comme le rapport au temps, indissociable du premier terme. Cette temporalité, est généralement vécue comme interminable par les patients et par les soignants en psychiatrie, puisque rien ne fait évènement. Autrement dit, le temps est perçu comme une étendue temporelle particulièrement abstraite car rien ne fait jalon. Et c'est un des axes de travail des équipes soignantes en psychiatrie : redonner du rythme au temps vécu du patient, ce qui peut passer par mettre le corps en mouvement. Ainsi, la marche qui s'opère au sein de ce couple existentiel d'espace-temps peut se présenter pour le sujet souffrant comme une « médiation », un objet tiers destiné à soutenir une situation thérapeutique de communication.

La médiation thérapeutique a été historiquement introduite par deux psychanalystes : Winnicott et G. Pankow. Winnicott a développé une métapsychologie du jeu en lien avec la créativité qu'il considère comme inhérente et constitutive du développement humain (1958), si son « environnement », c'est-à-dire ses premiers objets d'amour sont « suffisamment bons ». Winnicott propose un accompagnement par le dessin, le jeu-dessin ou *squiggle*, dans ses consultations avec les enfants. Il s'agit alors d'une véritable forme de mise en relation avec l'autre pour promouvoir la communication. Cette vision du jeu, il la met en lien avec l'appréhension de l'espace et du temps (1975), ce qu'il regroupera dans le concept d'aire transitionnelle, aire ni à l'intérieur, ni à l'extérieur, ni pas à l'intérieur, ni pas à l'extérieur, c'est-à-dire dans une autre aire, une aire propice au jeu, à la créativité ou à l'aire culturelle de manière plus générale pour l'adulte. Ainsi sa conception de cette aire de créativité qui permet l'engagement de la communication est un référentiel précieux pour penser la clinique des adultes psychotiques. Au cours du XXe siècle G. Pankow fut également à l'origine de l'utilisation des médiations dans le travail thérapeutique avec des patients psychotiques (1981). À partir de l'utilisation de la pâte à modeler avec les patients psychotiques, elle soutient qu'une voie d'accès à la communication se dessine, permettant ainsi l'émergence des contenus inconscients d'apparaitre, notamment autour de l'instauration de l'image du corps. Ces deux propositions rejoignent l'élaboration qu'en fait D. Wolton, quand ce dernier théorise la communication à partir de la place essentielle de l'autre (2009).

La marche, par sa capacité à faire ressurgir les éléments sensoriels présents dans la construction soma-psychique du sujet se révèle un support au travail de soin psychique dans un cadre psychiatrique.

Plusieurs exemples existent confirmant les vertus de la marche : Aristote enseignait en déambulant, pour stimuler la pensée à partir du corps en mouvement. L'écrivain écossais Stevenson, à la suite d'une rupture amoureuse, partit sur le chemin des Cévennes dont il tira un ouvrage. H. Maldiney, philosophe qui a travaillé sur la folie, la créativité, et l'espace, était un marcheur invétéré. Et parmi nos contemporains, D. Le Breton, fervent marcheur, soutient la marche comme un retour salvateur à la sensorialité et au temps retrouvé (Le Breton 2000 ; 2010 ; 2020). Autrement dit, les expériences de ces auteurs nous amènent à envisager la marche comme cadre de développement dans un espace-environnement favorisant l'interaction et la communication, et qui peut ainsi contribuer au travail thérapeutique avec le patient psychiatrique.

Du réveil sensoriel vers la communication primitive

D. Anzieu (Anzieu, 1985 ; 1993 ; 1999) a développé le concept d'enveloppe psychique, qui peut être très utile pour aider à penser un certain nombre de situations en psychiatrie. L'enveloppe, selon l'auteur, représente une première figuration dans le psychisme en construction du petit d'homme. Cette figuration primitive « infiltrée » par les mots, la relation à l'autre, les sensations et l'environnement dans son ensemble, évoluera vers le sentiment d'être rassemblé et unifié, instaurant ce que nous appelons le Moi. Les expériences sensorielles qui ont participé à la « communication originaire » (Anzieu, 1985, p. 73) même si refoulées, restent présentes chez tout sujet.

Dans un atelier thérapeutique dédié à la marche, ces éléments sensoriels sont réveillés, pouvant ainsi relancer l'inscription de nouvelles traces dans le cadre de séances de marche au sein d'une prise en charge psychiatrique. Le patient pourra alors s'appuyer sur ce nouvel environnement et explorer ce qu'a été nommé un « moi-corps-mouvement » (Le Poder, 2013).

Un autre patient, à l'occasion d'une sortie programmée en groupe dans la ville, nous a conduit dans des espaces évoquant son sentiment tantôt de petitesse, à travers un jardin miniature, tantôt ses sensations de toute puissance à travers la rencontre avec des architectures urbaines grandioses de la ville. Ces deux espaces rencontrés pendant les séances de marche ont permis une associativité de la pensée sollicitée à partir du corps dans le mouvement.

Cette exploration de la ville en mouvement amène à la découverte d'espaces tantôt familiers pour le patient, tantôt inconnus et qui vont au-delà de son périmètre habituel. En effet, ces séances peuvent convoquer des reviviscences proches du sentiment d'inquiétante étrangeté décrit par Freud (1919). C'est le cas de l'étrangeté d'une chose ou d'un lieu qui vient convoquer un sentiment, pas encore conscient par le sujet, de familiarité.

La marche, la communication, le groupe

La capacité à se sentir, la capacité réflexive, soutenue par les échanges et les présences des membres du groupe, incluant les thérapeutes, sont des clés qui permettent d'éprouver ce retour sur soi par écho, facilitant un « premier partage fournissant les "préformes" de la symbolisation » (Di Rocco, 2014, p. 141-142). C'est ce que nous avons pu observer avec Mme B., qui a l'habitude de trainer les pieds au sens propre et figuré, traduisant souvent une posture instable. À la fin des temps de marche, elle tient un rythme plus assuré qui surprend les soignants qui la voient passer à bonne allure.

Les groupes « marche » proposent une articulation entre intérieur et extérieur, qui peut être vue comme métaphorique d'une articulation du corps biologique au corps social, articulation qui constitue un double étayage indispensable pour le psychisme (Anzieu, 1985, p. 26). Ce corps social est au cœur des dispositifs de la psychiatrie de secteur. En effet, le courant de la psychothérapie institutionnelle propose de soigner « par » l'environnement, à l'articulation entre l'environnement et le sujet (Bonnet et Arveiller, 2012, p. 181-182). Le secteur tel qu'il a été conçu, offre un périmètre dans lequel le patient peut tisser des liens dans la continuité, alors qu'il a parfois du mal à occuper l'espace même de son quartier. « La marche est un remède au sentiment d'être à l'écart du monde » nous dit D. Le Breton (Le Breton, 2010).

Dans la marche, le rythme de chaque personne est différent. Cela peut mener à des groupes rassemblés ou distendus, des duos ou des avancées solitaires. La médiation-marche permet donc de constituer un groupe à géométrie variable, élastique, qui peut se distendre mais qui tient et permet d'explorer l'espace différemment. Dans la balade on observe souvent des binômes et le besoin de faire peau commune avec un autre. La progression de la marche permet d'alterner des moments de face-à-face, des moments côte à côte, et des moments à distance où le regard est absent, favorisant alors l'accrochage au monde interne du sujet et l'émergence de la pensée, tout en gardant la possibilité de se raccrocher si besoin. Cette alternance de temps de contact et de pause, caractérise le langage articulé et toute communication, plus largement. L'occupation de l'espace de chacun dans le groupe

« marche » est assez isomorphique de la manière d'être en contact des participants.

De plus, la marche à visée thérapeutique, prend en compte la réalité des difficultés, des contraintes (terrain abrupte, vent ou froid, gadoue) de la promenade qui, et c'est très important, a une fin. Autrement dit, nous ne risquons donc pas de nous laisser emporter dans des déambulations sans fin, sinon nous passerions de « marcher sans but » à « marcher sans fin », au risque de basculer dans l'errance et dans le pathologique.

Ainsi, un groupe « marche » offre une différenciation des espaces qui n'est pas un clivage, mécanisme de défense répandu dans de nombreuses pathologies psychiatriques.

Dans sa constitution même, il peut devenir une enveloppe, à travers sa fonction d'interface. Le groupe permet selon nous d'appréhender l'autre et les autres dans « un entre-deux », de le vivre différemment, « sous le regard de », c'est-à-dire avec la possibilité de transformer quelque chose psychiquement à partir du lien, et en écho aux liens premiers. Ainsi, le sujet avec une pathologie psychiatrique peut reproduire, dans un cadre thérapeutique, sa manière d'être en contact « élastique » dans le monde. Il peut s'appuyer sur la nature distendue, la géométrie variable du groupe et livrer une parole sur la maladie. Il peut également le faire via un accrochage individuel dans le groupe, « échappant » au groupe, à la marge, dans le cadre de la marche dans la rue. Il peut aussi apprendre à jouer avec les contours du groupe, en étant ni « hors du groupe », ni « dans le groupe » au sens d'une tenue conjointe. Autrement dit, il peut gérer la distance de sa présence ou de son repli dans un mouvement qui soutient son élaboration et non dans un mouvement de fuite. Cette appréhension particulière des espaces accompagnés par la marche permet aussi le soutien de l'émergence d'une parole, qui advient toujours à partir du souffle et d'un corps en mouvement.

Conclusion

La marche offre des appuis au sujet. Ces appuis sont de nature « écologique » car ils favorisent un certain équilibre entre l'homme et son environnement. Ce faisant cette démarche qui passe par le corps du sujet en mouvement, voire par son corps en effort, peut soutenir les enveloppes psychiques fragiles d'un sujet.

Nous pensons donc que la marche peut aussi être un objet de médiation thérapeutique corporelle, c'est-à-dire un outil permettant l'échange avec l'autre (praticien). Ainsi elle collabore à la mise en place d'un dispositif qui permet les conditions d'une associativité pour le sujet tout en offrant un cadre qui le protège de ces mouvements internes. Peut alors possiblement s'ouvrir l'espace de la narration de soi, et pourquoi pas le « je me souviens » de G. Perec, car la médiation est toujours une médiation entre soi et les autres. Une invitation à dire par les mots pourrait-elle être le prolongement de résonnances non verbales qui ont émergé de leurs racines sensori-motrices réveillées par la marche ?

NOTE

1. Toute référence clinique a été anonymisée.

RÉFÉRENCES BIBLIOGRAPHIQUES

ANZIEU D., « Le moi-peau familial et groupal », *Gruppo*, n° 9, 1993.

ANZIEU D., *Le Moi-Peau*, Paris, Dunod, 1995 [1985].

ANZIEU D., Le *Groupe et l'inconscient*, Paris, Dunod, 1999 [1975].

ANZIEU D. (dir.), *Les Enveloppes psychiques*, Paris, Dunod, 2013 [1987].

BONNET C. et ARVILLIER J.-P., « Psychiatrie sociale et communautaire », *in* KAPSAMBELIS V. (dir.), *Manuel de psychiatrie clinique et psychopathologique de l'adulte*, Paris, PUF, 2018 [2012].

DI ROCCO V., *Clinique des états psychotiques chez l'adulte*, Paris, Dunod, 2020 [2014], p. 129-135.

FREUD S., « L'inquiétante étrangeté », in *L'inquiétante étrangeté et autres essais*, trad. B. Féron, Paris, Gallimard, 1985, p. 213-263.

FREUD S., « La perte de la réalité dans la névrose et dans la psychose », in *Névrose, psychose et perversion*, trad. J. Laplanche, Paris, PUF, 2010.

LE BRETON D., « La marche comme renaissance », *Études*, n° 413, novembre 2010, p. 519-528.

LE BRETON D., *Éloge de la marche*, Métailié, 2000.

LE PODER A., « L'utilisation de la danse dans le traitement des troubles majeurs de la personnalité », *in* DUMET N. (dir.), *De la maladie à la création*, Toulouse, Édition Érès, 2013, p. 131-145.

LINDENMEYER C., « Chorégraphies du corps », *Revue française de psychanalyse*, vol. 74, n° 5, 2010, p. 1581-1587.

PANKOW G., *L'être-là du schizophrène*, Flammarion, 2006 [1981].

WINNICOTT D.W., *De la pédiatrie à la psychanalyse*, Paris, Payot, 1969.

WINNICOTT D.W., *Jeu et réalité*, Gallimard, coll. « Folio essais », 1975.

WOLTON D., *Informer n'est pas communiquer*, Paris, CNRS Éditions, coll. « Débats », 2009.

Yvan Detraz
Association bordelaise « Bruit du frigo »

Marcher autour de la ville

Anne Lehmans : Yvan Detraz, vous êtes l'un des fondateurs et le président de l'association bordelaise Bruit du frigo. Quelle est votre histoire et la raison d'être de l'association ?

Yvan Detraz : Bruit du Frigo, c'est une aventure qui a démarré au milieu des années 1990 en réaction contre l'enseignement de l'école d'architecture, trop déconnecté du réel et du quotidien des gens. En tant qu'étudiants, nous avions envie d'aller à la rencontre des autres, de comprendre comment les gens vivent la ville, l'habitent, quelles sont leurs envies, leurs rêves, leurs colères. En mettant les pieds dans la rue, nous avons réalisé que nous resterions sur ce terrain, qu'il y avait quelque chose à inventer, des projets et des actions à l'interface entre la société civile et les projets architecturaux, urbains et politiques. Nous essayons de recoudre des liens entre les acteurs de la ville, ceux qui décident, ceux qui fabriquent, ceux qui pensent et ceux qui habitent, de renverser l'ordre des choses et les systèmes de pouvoir. Nous essayons de trouver des contextes où de donner aux habitants une grande capacité d'inflexion et d'action sur leur propre cadre de vie, notamment par le biais de chantiers participatifs. Notre sujet, ce n'est pas tant l'architecture que l'espace public, l'endroit où l'on vit ensemble, où l'on se retrouve. On fabrique collectivement l'endroit où l'on fait société. En même temps, un système normatif de plus en plus strict fait qu'on arrive à des situations où les mêmes matériaux se retrouvent partout, les mêmes ambiances, les mêmes mobiliers urbains, les mêmes usages… Nous essayons de montrer qu'il y a d'autres approches possibles, d'autres manières de faire, et que l'enjeu aujourd'hui, c'est de réinscrire de la permissivité dans la question de l'espace public en termes d'usages et d'aménagements.

AL : Vous avez travaillé autour de projets éducatifs. Cette expérience de la marche avec des élèves a-t-elle été importante ?

YD : Nous sommes parvenus à travailler dans des situations concrètes, avec les habitants, sur la base d'une expérience de plusieurs années avec les enfants. Par exemple, il nous est souvent arrivé de choisir une zone, avec une classe, et d'inventer des protocoles de dérives, un peu dans l'esprit situationniste. Tout ça pour amener des élèves à explorer un lieu, à le comprendre, à le décrypter. On inventait des protocoles ludiques pour que, tour à tour, les élèves deviennent guides, établissent des dispositifs de rencontres, de questionnement. On proposait de choisir une personne aléatoirement, de la suivre, de noter ce qu'elle faisait et d'en tirer des déductions à la manière d'un détective. Tout ça était restitué dans des petites histoires, des photomontages, des collages, à partir de cette pratique de la marche. Quand on travaille avec des enfants, on est avec eux, dans l'espace public. Quand on démarrait un atelier avec des classes, on leur disait qu'on ne venait pas leur apprendre des choses, mais les inclure comme des chercheurs dans notre laboratoire de quartier, qu'ils soient vraiment dans l'esprit d'un labo de recherche, où on est tous excités de chercher, de creuser des sujets, des questions, d'explorer des endroits… C'est vraiment dans cet esprit-là qu'on a commencé, et pour répondre à toutes nos questions, on avait besoin d'aller rencontrer les gens. Avec les classes d'accueil d'élèves primo-arrivants allophones, ça a été un déblocage total sur la question du langage, de l'oralité. En classe, ils étaient tétanisés par la question de la langue. Alors que dans l'espace public, au bout de trois mois, ils couraient après les gens pour leur poser des questions. Ils étaient complètement désinhibés, même s'ils ne parlaient pas bien, ils se débrouillaient avec quelques mots de vocabulaire.

AL : Dans quelle mesure la marche participe-t-elle de cette appréhension de l'espace public que sont la ville et sa périphérie ?

YD : La marche est en filigrane dans tout ce que nous faisons. Je me suis toujours intéressé à la question d'arpenter le territoire, pendant mes études, mais aussi dans les actions de marches urbaines, de dérives, d'exploration du territoire. J'avais choisi ce sujet pour travailler la question du périurbain, cet espace monumental, gigantesque, insaisissable, issu de l'urbanisme du XXe siècle. Autour des villes, cette couronne qui constitue une nappe d'aménagements un peu fragmentée, chaotique, constituée de voies rapides, de zones industrielles, de zones d'activités, zones commerciales, pavillonnaires, juxtaposées plus ou moins les unes à côté des autres. Cet urbanisme qui échappe aux architectes, est un urbanisme d'investisseurs, de promoteurs, c'est celui d'une ville privée, pas du tout pensée, planifiée, avec architectes et urbanistes aux commandes. Quand on regarde, par exemple, même au début des années 1990, la carte de Bordeaux, on s'aperçoit qu'au moins 50 % du territoire, c'est la périphérie. C'est quasiment aussi la moitié des habitants. On a longtemps eu une vision très parcellaire de tout ça, très fragmentaire, parce que tout le monde prend la rocade, les gens ont des amis qui habitent dans des lotissements, on va faire ses courses, on va à Ikea. Est-ce que cet urbanisme contribue encore à fabriquer de l'espace public, est-il continu, structurant, gratuit, accessible à tous, ce qui est la condition de l'espace public historique depuis des siècles ?

L'urbanisme contemporain semble avoir rompu avec cette tradition historique de la ville, mais en même temps, il a généré une autre forme d'espace involontaire, à travers les espaces délaissés, tous ces lieux rebuts, tous ces rejets urbains, ces interstices entre les plaques, entre toutes ces zones, entre tous ces lieux aménagés. Il y a un retrait important vis-à-vis des routes, parce qu'entre deux zones, il faut toujours laisser des espaces tampons. On se retrouve avec des espèces de réseaux involontaires d'espaces de nature, où la végétation se déploie sans contrainte. Et tous ces espaces mis bout à bout constituent en puissance un réseau susceptible de porter les mêmes valeurs qu'un réseau d'espaces publics. La seule façon de l'appréhender, c'est la marche.

Je suis parti trois mois marcher comme un explorateur, avec un carnet de notes, une carte IGN, un appareil photo, pour cartographier ces réalités-là. Ça a donné une carte qui n'est pas exhaustive mais qui essaie de démontrer la continuité de tous les espaces délaissés. On y retrouve des éclats d'espaces autour d'infrastructures routières ou d'aménagements comme les centres commerciaux, un méandre vert qui traverse tout le territoire. J'ai dressé une typologie de tous ces lieux. Ce qui est important à retenir dans cette carte, c'est qu'elle dessine un réseau potentiel et qu'on peut faire le tour de Bordeaux à pied, en ne passant que par les coulisses de la ville, par ces espaces interstitiels oubliés.

Ma méthode, comme un archéologue, c'était de découper la carte de Bordeaux en carrés qui correspondaient chacun à peu près à une journée de marche. Tous les jours, je prenais le bus et j'allais explorer un carré avec comme repères la carte IGN et une vieille photo aérienne. À partir de ces deux données, j'essayais de trouver un peu les blancs dans la carte, d'y rentrer et de passer d'un blanc à un autre en parcourant le moins de distance possible dans la ville constituée pour vérifier cette hypothèse de la continuité. Cette expérience a été pour moi assez fondatrice. J'ai réalisé que mon sujet, c'était la marche. C'est ma technique, mais ça devient mon sujet. Si on se dit qu'on peut réinventer un espace public à partir de ces espaces délaissés, on doit aussi se poser la question de leurs usages. On ne peut pas se contenter d'y transposer les usages du centre-ville. Il fallait inventer de nouveaux usages pour ce nouvel espace public. Pour moi, l'usage le plus évident, le plus immédiat, c'est celui de la marche.

On est dans un territoire d'explorations, de randonnées, de grandes randonnées, sur des échelles considérables. Faire le tour de Bordeaux, c'est huit jours à pied. J'ai travaillé sur l'idée de considérer tous ces territoires, cette réalité invisible révélée, à travers la constitution d'une armature d'espaces publics que j'ai appelée « les terres communes » intégrées à l'ossature qui préexistait (parcs, réseaux de pistes cyclables…). Il était donc question de créer des sentiers, des refuges, des signalétiques, des points d'arrêt, d'observation, des zones de pique-nique… Donc tout un vocabulaire d'aménagements qui accompagnerait cette possibilité de la marche périurbaine, ce qui était une pratique totalement inexistante à l'époque.

***AL* :** Dans quelle mesure est-ce que la marche permet d'aller à la rencontre de l'autre ?

YD : Le fait de marcher, de créer cette continuité, de relier tous ces territoires par la marche, ces territoires fragmentés, procure un plaisir considérable à travers la découverte de paysages incroyables, de rencontres avec les habitants, et je voulais partager absolument cela. On a pu tester les premières randonnées collectives au début des années 2000. Marcher deux ou trois jours dans ces lieux redessine aussi une géographie mentale de la ville. On a fait des flyers qu'on disséminait partout dans Bordeaux en donnant rendez-vous, par exemple, dans une friche dans laquelle on se retrouvait à plus de cent parfois. On voulait qu'il y ait une sorte de marche d'approche qui durait parfois jusqu'à vingt minutes, une sorte de mise en condition avant d'arriver sur le site et de se retrouver pour ce moment de partage convivial. Et ça a été assez fondateur. Les gens ont demandé à en voir plus, et c'est là qu'on a vraiment planché sur les premières randonnées.

Aujourd'hui, c'est devenu une pratique assez répandue. Il y a un vrai public et on part à cent, cent cinquante pour deux jours, on fait un bivouac… On a des gens qui viennent de partout, pas forcément intéressés par les questions urbaines, qui ont parfois juste envie de redécouvrir la ville ou qui sont dans des clubs de randonnée. Progressivement, on est arrivé à créer le Sentier des terres communes, et des refuges périurbains qui sont devenus des équipements, des outils de connaissance et de valorisation du territoire pour la métropole. L'idée était d'exploiter des situations périurbaines singulières, mais aussi que passer la nuit dans un de ces refuges puisse devenir un élément déclencheur pour aller marcher. Cela n'a pas fonctionné comme on l'avait imaginé. Les gens réservent les refuges pour la nuit, ils n'y vont pas après une journée de marche, mais après une journée de travail. C'est l'occasion de passer un moment insolite, un peu transgressif. C'est déjà illégal de dormir dans les parcs en France, on fait quelque chose d'inhabituel. C'est devenu quelque part des refuges à l'envers, on commence par la nuit et on revient plus tard pour la marche. C'est l'inverse de la montagne. Sentiers et refuges forment un seul système qui fonctionne même si l'usage peut être différent de ce qu'on avait imaginé, et aujourd'hui on est vraiment dans l'optique de diffuser cette pratique. Contrairement à une marche en montagne où on traverse des milieux homogènes et parfois monotones, ici on a un effet « zapping » où l'environnement et l'ambiance peuvent changer radicalement tous les cinq cents mètres. On peut traverser une zone pavillonnaire où on entend des bruits domestiques, des bruits de tondeuse… Et puis on commence à rentrer dans une forêt et on n'entend plus rien, on a l'impression d'être loin de la ville. On continue de marcher et on entend une rumeur. On pourrait se dire que c'est une cascade au loin, et en fait c'est la rocade. Cela devient assourdissant, on ne peut plus se parler… C'est ce qui démarque la marche périurbaine des autres et la rend vraiment passionnante. On a tous les sens en éveil, et puis il n'y a rien de monotone, même si on peut trouver des paysages révoltants, on peut être en désaccord avec ce qu'on voit ou au contraire vivre un choc esthétique, dans un rapport contemplatif et poétique. Il y a plein de choses qui se mélangent dans ces longues marches : le désastre écologique qui pose la question des réseaux, des flux, la ville de la voiture, d'un point de vue social, la ville de l'individualisme, du capitalisme ou de la maison individuelle. Traverser toutes ces situations à pied, de manière calme permet aussi de s'interroger sur toutes ces réalités sans forcément sermonner. On n'est pas là pour ça mais pour apporter des clés de lecture à travers cet outil de la marche. Les gens ne sortent pas indemnes de ces marches.

AL : Dans quelles circonstances la rencontre à travers la marche est-elle impossible ?

YD : Il y a des lieux dans lesquels le dialogue est impossible. Je me suis fait agresser plusieurs fois, même dans des lotissements tout à fait ordinaires en apparence. C'est la forme urbaine qui est problématique. Dans un lotissement, on ne passe pas inaperçu, on constitue une menace potentielle. Les lotissements ont rompu tous les liens. Ce sont des bombes à retardement, où il sera impossible de mettre en place une politique de la ville. C'est pour ça que dans les sentiers, il y a cette idée de recréer des continuités, casser les effets d'impasse, pour que les gens se disent que même dans leur lotissement où ils connaissent tout le monde, voir des randonneurs passer, c'est normal, là où l'on a généré de l'entre soi, de l'exclusion, de la ségrégation, toutes ces formes contemporaines de la vie. Les cités, ça s'incarne dans des formes mastodontes qui ne laissent pas de doute. Mais marcher en cité, c'est plus simple. Il y a du monde et, même si un troupeau de cent personnes ne passe pas inaperçu, on n'a jamais eu de problèmes. Les jeunes viennent nous voir et bombent le torse, mais quand ils voient qu'on est juste un groupe de randonneurs et qu'on ne fait que passer, ils se détendent, nous accompagnent et discutent avec nous. On n'est pas une menace pour eux. En cité il y a un contact social et une continuité de lien qui existe toujours.

AL : Marcher sur les sentiers périurbains, c'est créer du lien ?

YD : Le propos des sentiers, c'est de dire qu'il faut banaliser cette pratique, cet acte d'aller arpenter la ville, pas seulement la ville, mais aussi sa périphérie. Le paysage qu'on a sous les yeux ne rentre pas dans les canons, ni de la beauté patrimoniale d'un centre historique, ni de la beauté naturelle d'une montagne, par exemple. Mais on essaie de réduire cette distance. On ne vit le périurbain quasiment qu'à travers nos pare-brise. Et déjà en soi, marcher dans le périurbain, c'est quelque chose de transgressif. Parce que c'est dans un environnement qui a été dessiné pour la voiture et pas du tout pour le piéton. Passée la rocade, il n'y a plus de passage piéton nulle part, on considère que le piéton n'existe plus. Le fait d'être à pied, c'est un acte transgressif et le refuge permet de dormir légalement dans un espace public. Les refuges sont des œuvres activées par un usage. Ce qui fait commun, c'est que c'est une aventure collective, qui permet de faire communauté sur un temps donné. On marche ensemble, on bivouaque ensemble, on mange ensemble, on monte les tentes… Ça fait aussi partie de l'aventure. Il y a plein de rencontres, notamment avec les habitants des zones traversées. On est dans cette forme de recherche du collectif, c'est comme ça qu'on propose l'aventure et c'est ce qui attire les gens. Il y a aussi, dans cet acte de la marche, l'idée de relier des territoires fragmentés. Faire ces marches permet de concrètement créer ces moments et de relier tous ces espaces. Et on est dans des lieux où le vrai problème est le manque de liant et de liens. Finalement, une colonne de randonneurs agit comme une aiguille qui viendrait recoudre tous ces territoires.

RÉFÉRENCE BIBLIOGRAPHIQUE

Detraz Y., *Zone Sweet Zone : la marche comme projet urbain*, WildProject, 2020. https://bruitdufrigo.com/

David Le Breton
Université de Strasbourg

Un sentiment cosmologique

Une « participation » au monde environnant

Pour les aborigènes, les anciens ont autrefois créé le monde par leurs chants, ils ont chanté les rivières, les montagnes, les lacs, les arbres, les étendues de sable, etc. Chaque voie possède son chant avec des perceptions ayant mobilisé les ancêtres, elles se croisent, se chevauchent, s'éloignent les unes les autres dans une même trame qui rend la terre intelligible et praticable. Gary Snyder raconte un séjour en Australie, en 1981, lors d'un conseil des arts aborigènes où il est invité. Il passe un long moment dans le désert central non loin d'Alice Springs, en territoire tribal pitjantjatjara puis pintubi, avec des populations parlant encore leur propre langue, et soucieuses de leurs traditions. Snyder monte dans un camion sur une piste défoncée avec un groupe d'aborigènes, il est assis dans la remorque en compagnie d'un ancien. La route poussiéreuse défile alors que les deux hommes sont assis à l'arrière du pick-up. Son compagnon commence à lui parler à toute allure. Il évoque des wallabies qui allaient dans la montagne là-bas, au Temps du Rêve, pour s'acoquiner avec quelques lézards femelles. Aussitôt fini l'homme embraye sur une autre histoire à propos d'une colline, et puis encore une autre. Déconcerté, Gary Snyder comprend vite que ces histoires sont faites pour être racontées en marchant. Le vieil homme lui raconte, à la vitesse du camion, des récits qui auraient pris des jours en marchant. Pendant ces longs déplacements dans le désert, les aborigènes se remémorent le temps de la création du monde en dépliant les péripéties selon les lieux traversés. Les chants des pistes sont innombrables. Le soir autour d'un feu, ils se demandent : « "Qu'est-ce qu'on chante ?". "Pourquoi pas la route pour Darwin", et ils se lancent dans le chant, les discussions… » (Snyder, 1999). Un jour, le véhicule s'immobilise et des hommes âgés viennent vers lui : « On va t'emmener voir un lieu sacré près d'ici. Je pense que tu es assez vieux. » Ils s'adressent à d'autres hommes, plus jeunes, et leur demandent de ne pas bouger. Le petit groupe se met en marche. Peu à peu au fil de leur progression sur la colline, ces hommes d'ordinaire joyeux et bavards deviennent graves et silencieux. L'un d'entre eux se tourne vers Gary Snyder et lui dit que désormais ils sont tout près. Ils se mettent à ramper sur les derniers kilomètres de l'ascension et arrivent dans une sorte de petit bassin avec des formes rocheuses insolites. Ils se recueillent un moment avant de descendre selon les mêmes modalités. Plus ils s'éloignent du territoire des ancêtres et plus ils retrouvent leur entrain habituel (Snyder, 1999, p. 107 *sq.*) La communication déborde la seule humanité pour englober le monde environnant.

Cette alliance se retrouve chez d'autres populations. Pour les Indiens, par exemple, la terre est plus qu'un territoire, elle est une âme commune. Geronimo évoque la sacralité de la terre natale chez les Apaches. Chez les Chiricahuas, à la naissance d'un enfant, une femme plaçait sur les branches d'un arbre ou d'un arbuste le tissu sur lequel la parturiente avait mis son enfant au monde. Cet arbre allait renaître à chaque printemps, grandir et renouveler ainsi sans cesse la vitalité de l'homme qu'il symbolisait. L'accoucheuse bénissait l'arbre en disant : « Puisse l'enfant vivre et grandir pour te voir porter des fruits de nombreuses fois. » En rédigeant ses mémoires, Geronimo rappelle la souffrance de l'exil. À ses yeux, Usen, le Grand Esprit, a créé le monde dans sa beauté et sa nécessité : « Ainsi était-ce au commencement : les Apaches et leur territoire, chacun créé l'un pour l'autre par Usen lui-même. Quand on les arrache de leur territoire, ils s'affaiblissent et meurent. Combien de temps faudra-t-il pour qu'il n'y ait plus d'Apaches ? » (Geronimo, 1975, p. 54) La géographie apache se trouve dans une myriade de récits qui mettent les lieux en perspective à travers un abrégé d'histoire. L'anthropologue Keith Basso, qui a vécu avec les Apaches à Cibecue (« vallée aux longues falaises rouges »), au sud de l'Arizona, a recueilli autour de la communauté de Cibecue, près de six-cents noms de lieux, avec autant de récits pour les caractériser. La précision visuelle de ces noms était telle qu'il put souvent les retrouver : Eau-Repose-avec-de-la-Boue-dans-une-Cuvette, Genévrier-se-Dresse-Tout-Seul, Rochers-Verts-Côte-à-Côte-Tombent-dans-Eau, etc. Un jour, il monte une clôture avec deux cow-boys apaches et entend l'un d'entre eux réciter une longue série de noms de lieux pendant une dizaine de minutes. Keith Basso lui demande la signification de ce geste, et l'homme lui répond qu'il aime faire cela : « Je voyage dans mon esprit. » (Basso, 1987, p. 101) Les noms sont toujours en résonance sensorielle. Ils sont vivants et rendent à nouveau les lieux sensibles. L'homme qui les énonce se retrouve immergé physiquement en eux. Chez les Apaches, il est important de raconter une histoire en la localisant. « Même si tu vas vivre au loin, dans une grande ville, dit un homme à Keith Basso, les lieux d'ici continuent à te suivre à la trace. Si tu ne vis pas selon les bons principes, tu entends les noms et tu vois les endroits en esprit. Ils te suivent à la trace même si tu traverses l'océan. Les noms de tous ces lieux sont bons. Ils t'aident à te rappeler comment vivre comme il faut, et comme ça tu as envie de revenir là où est ta place. » (Basso, 1984, p. 42) Les lieux eux-mêmes luttent pour ne pas tomber dans l'oubli.

En Amérique du Nord, il existe d'innombrables lieux dotés de pouvoir, et tributaires d'une longue histoire où les dieux et les hommes se croisent, transformant la terre ou les éléments en puissance. Les hommes ne vivent pas dans une seule dimension du réel marquée par les affaires courantes, ils n'y engagent que leur surface sociale. Pour les Amérindiens, des mondes parallèles interfèrent parfois avec les activités quotidiennes. Les rochers, les pierres, les sources, les cours d'eau, les lacs, les forêts, les collines, les animaux, le vent ne sont pas seulement ce qu'ils paraissent être, ce sont aussi des esprits à ne jamais maltraiter et dont il faut se concilier la protection, ils sont vivants et influencent les humains à leur entour. Tous ces lieux saturés de récits sont une mémoire de la terre que l'on transmet à ses enfants.

Le même sentiment cosmologique d'appartenance au monde traverse d'autres traditions. Ainsi, par exemple, dans la Chine ancienne, en l'an 400 de notre ère, Liu Zongyuan, moine boudhiste, chemine dans la montagne dans un corps-à-corps avec un relief difficile et contemple les terres qui flottent au-dessous de lui dans un sentiment de continuité : « Vus de là, leurs reliefs semblent des fourmilières et, sur mille lis condensés en quelques pieds, ils se pressent et s'entassent sans se confondre, méandres bleu noir et arabesques blanches, à la rencontre du ciel […]. Depuis lors je sais pourquoi cette montagne est unique et émerge du troupeau des collines. Je me dilate dans le souffle cosmique jusqu'à l'infini. Je suis heureux comme si je me promenais avec le créateur, sans savoir quand il s'arrêtera. » (Vallette-Emery, 2007, p. 31). Le narrateur est inclus dans l'environnement, en communication sensible avec lui, et non au-dehors. Augustin Berque rappelle la pauvreté du vocabulaire européen s'agissant des mots pour dire le paysage. Il n'en va pas de même de la tradition chinoise dont une série de termes décline la luminosité, les formes, la multisensorialité, ce qui le constituent, l'attirance qu'il provoque, etc. (Berque, 1995, p. 73) Dans la tradition chinoise le paysage est célébré, chanté. Il ne s'inscrit pas dans la séparation. Le sentiment d'une continuité entre l'environnement et soi se retrouve dans maintes sociétés humaines. Les ethnologues du début du XXe siècle, à l'image de Lévy-Bruhl, parlaient de « participation ». Pour maintes sociétés humaines l'environnement n'existe pas, il est une enveloppe vivante dotée d'éléments différents, mais sans ruptures ontologiques entre les uns et les autres. L'humain, l'animal, le végétal, les rochers, les montagnes, etc. vivent une existence propre mêlée à celle des humains (Descola, 2005).

De la séparation à l'inclusion dans la marche

Ce sentiment que le paysage traversé témoigne d'une vie dissimulée où des forces invisibles et inaudibles se mêlent hors de l'attention humaine est une disposition anthropologique que maints marcheurs (ou montagnards, marins, etc.) continuent à éprouver. Ils retrouvent cette intuition ancienne, réparent le monde en le restaurant dans son unité, dans le sentiment de le rejoindre de tous leurs sens sans être à part. Ils sont dans le paysage et non devant, ils sont au monde et non face à lui. L'environnement n'est pas une objectivité mais une sensibilité. Si les uns le ressentent de tout leur corps, d'autres, en ville notamment, passent sans lui prêter grande attention. Mais l'éthique de la marche sollicite une attention au monde. Le paysage alors n'est pas un point de vue découpé dans l'espace, il n'est pas une entité esthétique, il est l'environnement en son entier avec le ciel et la lumière qui l'accompagnent sur le moment, une certaine qualité de l'air, une tonalité particulière parmi les innombrables nuances entre la chaleur et le froid. C'est une enveloppe sensorielle toujours changeante. Ce n'est pas non plus une unité mais une mosaïque qui entremêle différents registres. Certains lieux deviennent des épiphanies pour le marcheur car ils sont perçus comme une nécessité intérieure. Ce sentiment parfois que les lieux vous attendaient et que toute votre vie conduit à ce moment. Ils sont une expérience, une immersion, ils s'incarnent et sont désormais associés à des souvenirs, des émotions. On s'approprie un paysage en marchant, avec cette lenteur, cette disponibilité, cette attention qui met les sens en éveil (Le Breton, 2020).

Le sentiment d'alliance avec le paysage est couramment éprouvé par les marcheurs. L'espace s'ouvre parfois et suscite une source vive de conscience de soi. Peter Matthiessen décrit un tel moment en contemplant la ligne des sommets himalayens après les longs efforts du jour : « Mes idées se clarifient bientôt dans l'air froid de la montagne, et je me sens mieux. Le vent, l'herbe agitée, le soleil : les graminées mourantes, les cris des oiseaux qui s'envolent vers le sud ne sont pas plus fugitifs que le roc lui-même ; ni plus ni moins : tout est pareil. La montagne se retire dans son silence, mon corps se dissout dans les rayons du soleil, des larmes jaillissent qui n'ont aucun rapport avec "moi". Pourquoi coulent-elles ? Je l'ignore. » (Matthiessen, 1983, p. 271) Ouverture brève sur une dimension inédite de soi tellement plus réelle et où l'individu est inclus à part entière, sans séparation. Henry Miller vit un moment d'éblouissement devant le paysage offert à ses yeux après des heures de marche vers Kalami. « L'atmosphère entière était criblée d'une splendeur biblique, à donner le frisson, ponctuée par le tintement des clochettes des poneys, le chant répercuté des brasseuses de poisson, le grondement lointain du ressac, tout en bas, et cet indicible murmure de la montagne, qui n'était autre, sans doute, que le marteau du sang sous les tempes, parmi la haute brume de ce matin étouffant d'Ionie. » (Miller, 1958, p. 30) La marche est prodigue de ces moments d'allégresse.

Nombreux sont aussi les randonneurs ou les voyageurs qui ont été un jour ou l'autre confrontés à un paysage qui suscitait en eux l'effroi, la conviction de se trouver soudain en danger, même sans en identifier la cause. H. D. Thoreau fait ainsi l'expérience du *wilderness,* en septembre 1846, un jour où il gravit seul le point culminant d'une montagne granitique escarpée du Maine, balayée par un vent froid : le Ktaadn. Sur ce haut sommet, les Indiens pentagouets considèrent que vit leur héros culturel : Glooscap qui leur envoie de là-bas les cerfs, les orignaux, ou encore l'ocre rouge des peintures rituelles. La montagne est sacrée, et les Indiens sont opposés à ce que les Blancs franchissent la lisière des arbres, à 1 200 mètres d'altitude. Ignorant sans doute cet avertissement, Thoreau laisse ses amis loin derrière lui et progresse sur la pente, enveloppé d'un brouillard tenace qui lui colle à la peau. Le monde cesse soudain de se donner à lui en toute évidence. Il ne se sent plus à sa place. « Les sommets des montagnes figurent au nombre des parties inachevées du globe : c'est un peu insulter les dieux que d'y grimper, c'est s'immiscer dans leurs secrets et éprouver leur ascendant sur notre humanité […]. La nature était là, sauvage et terrifiante, mais belle. À voir ce qu'y avaient fait les Puissances, à voir la forme, la manière et les matériaux de leur œuvre, je regardais le sol que je foulais avec une crainte respectueuse […]. C'était la Matière, vaste et terrible, non pas sa mère la Terre, dont on nous a parlé, faite pour y marcher et y être enterré – non, y coucher ses os serait encore faire preuve d'une familiarité excessive –, mais le séjour de la Nécessité et du destin. On ressentait clairement la présence d'une force que rien ne contraignait à être bienveillante pour l'homme. » (Thoreau, 2002, p. 73-79)

L'effacement de toute frontière claire entre les mondes crée une zone d'effroi. La terre n'est pas encore prête à accueillir l'humain, elle reste un chaos. Elle est une ligne d'ombre à ne pas franchir, il faut savoir la déceler ou alors se tenir sur ses gardes. De nombreux auteurs ont évoqué le sentiment d'une perte provisoire d'alliance avec un environnement et la sensation forte d'une menace pour leur existence. La sécurité ontologique vole en éclat, mais dans l'impuissance à en définir la nature. Thoreau ressent le plus souvent la bienveillance, l'hospitalité, mais il est aussi sensible à des résonances qui semblent réprouver la présence de l'humain en ces lieux.

Guérir l'espace

Si les longues marches sont des temps de ruptures biographiques, de redéfinition de soi sur le chemin et souvent bien au-delà du retour, même un parcours de quelques heures amène à un renouvellement de soi, une libération des contraintes d'identité qui laisse l'esprit battre la campagne à sa guise. Elles restaurent une communication souvent mise à mal dans le quotidien est souvent rétablie avec les autres randonneurs mais aussi avec le sentiment cosmologique qui les accompagne souvent. Le marcheur est dans un temps de marge, d'entre-deux. Il n'est plus l'homme ou la femme qu'il était au départ. Défait de ses routines de fonctionnement du quotidien, libéré de ses contraintes d'identité, dépaysé, chaque jour présente nombre de situations inédites dont il s'accommode. Il se découvre au jour le jour dans le bricolage, le tâtonnement, les communications avec les autres marcheurs ou les habitants des lieux. Et cette invention sans fin rend plus intense et mémorable son cheminement. Même à l'échelle plus modeste d'une journée de marche, toutes les orientations coutumières sont rompues et nous confrontent à des circonstances qui exigent de l'inventivité : des rencontres, des intempéries, des erreurs de parcours, une blessure, la fatigue, la fermeture inattendue de la ferme-auberge sur laquelle on comptait pour manger ou dormir, l'émerveillement d'un paysage, etc. (Le Breton, 2020)

Tout paysage cristallise les vestiges de mouvements innombrables de l'histoire terrestre, qu'il s'agisse de montagnes, de mers, de rivières, de collines, des arbres, des animaux, du travail des hommes. Le monde est un palimpseste. Il émane de maints mouvements de la nature au fil des millions d'années, des traces plus ou moins tangibles inscrites par l'humanité. Il ne cesse de se transformer sous les saisons, l'impact des tempêtes, des éruptions volcaniques, des inondations, des incendies, de la présence des animaux, parfois des guerres. Nous marchons sur les vestiges de mers anciennes qui se sont retirées, nous trouvons des coquillages ou des fossiles d'animaux marins à des milliers de kilomètres des océans, dans les hauteurs. La dimension tellurique des cheminements à pied accompagne tout marcheur en pleine conscience ou à son insu, mais elle est toujours là.

Si les humains n'ont pas de racines mais des jambes, sans doute est-il essentiel non seulement de se sentir appartenir à la terre et de disposer simultanément d'un espace à soi pour reprendre son souffle malgré la liquidité des mondes contemporains. La marche est une voie royale de restauration de la communication. Rappelons à ce propos que dans nos traditions Adam vient d'*adamah*, la terre, la poussière. Dans sa traduction de la Bible, André Chouraqui désigne Adam sous le nom de « glébeux », à la fois homme et femme dans le premier récit de la genèse, et humain en soi dans le second. Pour Maurice Tournier (Tournier, 2001, p. 146) ces étymologies rappellent la nature terrestre de l'humain. De même les formes latines *homo*, *humanus* trouvent leur origine dans *humus* (la terre). En parcourant les sentiers avec les seules ressources de leur souffle et de leurs muscles, en renouant avec la bipédie primitive (Picq, 2015) que les technologies tendent à occulter ou à mépriser (Le Breton, 2020 ; 2017), les marcheurs résistent à l'arraisonnement du monde, ils se mêlent à lui et retrouvent une part de cette enracinement cosmique qui rend solidaire *homo* et *humus*.

RÉFÉRENCES BIBLIOGRAPHIQUES

Basso K, « "Stalking with stories": Names, places and moral narratives among the Western Apaches », *in* Bruner E., *Text, Play and Story. The Construction and Reconstruction of Self and Society*, Prospects Heights, Waveland, 1984.

Berque A., *Les Raisons du paysage. De la Chine antique aux environnements de synthèse*, Paris, Hazan, 1995.

Descola P., *Par delà nature et culture*, Paris, Gallimard, coll. « Folio essais », 2005.

Geronimo, *Mémoires de Géronimo*, Paris, Maspero, 1975.

Le Breton D., *Marcher la vie. Un art tranquille du bonheur*, Paris, Métailié, 2020.

Le Breton D., *Bernard Plossu : marcher la photographie*, Mulhouse, Mediapop, 2019.

Le Breton D., *Anthropologie du corps et modernité*, Paris, PUF, 2017.

Matthiessen P., *Le Léopard des neiges*, Paris, Gallimard, 1983.

Miller H., *Le Colosse de Maroussi*, Livre de poche, 2002.

Nabokov P., *Là où frappe la foudre. Lieux sacrés de l'Amérique indienne*, Paris, Albin Michel, 2008.

Picq P., *La Marche. Sauver le nomade qui est en nous*, Paris, Autrement, 2015.

Snyder G., *La Pratique sauvage. Essais en liberté pour une nouvelle écologie*, Paris, Le Rocher, 1999.

Thoreau H. D., *Les Forêts du Maine*, Paris, Éditions Corti, 2002.

Tournier M., « Homme, humain, étymologie plurielle », *Mots*, n° 65, 2001, p. 146-152.

Simon Citeau
Conseiller municipal à la ville de Nantes

Thibault Guiné
Conseiller métropolitain à la ville de Nantes

Les quartiers nantais à quinze minutes : marche et communication politique

Vincent Liquète : Est-ce que vous pouvez me rappeler, m'expliquer en quelques mots la genèse de ce projet finalement ? Quels ont été les marqueurs qui ont fait que vous vous êtes engagés dans la ville du quart d'heure ?

Thibaut Guiné : Il y a deux genèses : celle du marketing du quart d'heure, entre nous, moi je le dis sans problème puisque je suis dessus, c'est une façon un peu vendeuse de vendre la proximité qu'on faisait quand même pas mal en amont déjà dans nos villes respectives. Je le vois, aujourd'hui, on se bat pour les modes actifs, on se bat pour changer les migrations pendulaires, mais aussi commerçantes, qu'il y a dans nos centres urbains et qui sont extrêmement conséquentes, avec quand même souvent encore l'usage de la voiture individuelle.

La ville du quart d'heure a été construite autour de la question des services publics, surtout avec une réflexion sur la proximité. Est privilégié le piéton et non pas les autres modes de déplacement en zone urbaine. C'est là qu'on avait une marge de manœuvre en termes de pouvoir politique. Mais Carlos Moreno, lui, quand il a théorisé cette question, y a vu une dimension extrêmement écologique, même s'il y a également une véritable dimension commerçante. Cette question est un contre-modèle des grands centres commerciaux des années 1980-1990. Et nous à Nantes, je peux vous dire qu'on connaît la question avec les deux immenses centres commerciaux que sont Atlantis et Paridis. Ces centres ont dicté une forme urbaine en termes de commerces et de pôles de centralité. Or, est-ce que c'est vraiment le modèle que l'on souhaite pour demain ?

De mémoire, il y a plusieurs villes qui ont posé le sujet de la ville du quart d'heure. Nous, en France, c'est vrai qu'il y a ce triptyque, on le voit bien, avec une volonté de Carlos Moreno, qui est intelligent, de ne pas avoir rendue partisane la notion de ville du quart d'heure puisque d'un côté il y a des villes de gauche et de l'autre côté il y a des villes de droite qui se mobilisent sur la question. On voit bien qu'il y a une logique de construction de cette notion extrêmement transversale, tant sur le plan politique mais aussi dans nos administrations.

Aux élections municipales de 2020, il y avait deux listes qui ont posé cette question majeure dans leur projet politique. Paris et Nantes. À Paris, Anne Hidalgo, comme à Nantes, avec cette petite nuance où à Nantes c'était vraiment tourné sur la question de l'offre de services publics de proximité.

VL : Est-ce quand même au départ impulsé par les acteurs politiques locaux, plus que par les citoyens eux-mêmes ? Est-ce que c'est plutôt une approche *top down* des acteurs politiques ?

TG : Oui et non. Oui, pour l'expression « ville du quart d'heure », toute cette ossature-là, comme je le disais, et j'emploie un peu à dessein le mot « marketer », on va dire que le fait que ce soit un joli terme, avec des mots qui parlent et plaisent, parce que le mot « quart d'heure », chaque citoyen voit bien à ce que ça renvoie… Tout à l'heure, en faisant ma revue de presse, je voyais Macron qui disait « je serai président jusqu'au dernier quart d'heure ». C'est un mot qui renvoie à un imaginaire collectif, de forme de proximité ou de dernier moment.

Du reste, on avait des élus sur le dernier mandat qui avaient déjà posé le concept du côté de la *Smart City* par le biais de Francky Trichet qui l'avait amené. Ainsi, l'association de déplacements évoque sans le dire la « ville du quart d'heure ». Les Mobilitains par exemple, qui est une association nantaise, m'évoquaient il n'y a pas longtemps, la question de la marche et des déplacements, et comment nous pouvions les considérer dans nos propres réflexions. Nous faisons face également à des habitants dans les divers quartiers qui nous ont posé et ont porté la question de la proximité. Les habitants nous disent « mais attendez, où sont les services publics, vous êtes mignons mais si on veut se déplacer, il faut qu'on puisse avoir un accès aux transports, aux services… ». Ils n'ont jamais dit directement « nous ce qu'on veut c'est la ville du quart d'heure » ; par contre, ils évoquent régulièrement la proximité dans les échanges et ça nous pousse, élus et acteurs des politiques locales, à trouver des solutions et à poser des politiques publiques ambitieuses sur le sujet.

Simon Citeau : Juste pour prolonger un peu ce que dit Thibaut, la force de la ville du quart d'heure, c'est que ce n'est pas qu'un enjeu de mobilité. Mais finalement, la politique de mobilité avait posé les jalons de la ville du quart d'heure, et quand on a arrêté le plan de déplacement urbain, si j'ai bonne mémoire en 2018, la question de la ville des courtes distances reposait sur une logique très servicielle, pas uniquement de commerces de proximité, mais aussi d'offres de services de proximité au sens large, et la question était de se demander comment est-ce qu'on construit la ville autour d'une hyperproximité ? Au-delà du plan de déplacement urbain, on avait aussi déjà des éléments dans le cadre de nos projets urbains. Et c'est tout l'enjeu aussi pour nous et pour l'ensemble du collectif des élus de la ville de Nantes, que de se dire que la ville du quart d'heure ne doit pas être que dans les secteurs où il y a des projets urbains, globaux mais sur l'ensemble de la métropole. Tout l'enjeu à présent, est de se dire « comment arrive-t-on à ce que l'ensemble de la ville de Nantes bascule ? » Et c'est là où c'est aussi un vrai et un beau défi.

VL : La question de l'environnement, pour l'instant, vous ne l'avez pas trop abordée. La question « écologique » et de préservation de l'environnement, est-ce une évidence ?

TG : C'est évident selon moi. C'est mon défaut presque, d'avoir tendance à vouloir poser les choses, qui souvent me reviennent aux oreilles sur la ville du quart d'heure, c'est à dire plutôt les questions de commerce, puisqu'on ne va pas se mentir ce sont les vraies logiques du quotidien qui sont automatiquement enclenchées. Mais pour le coup, c'est quand même aussi que la ville du quart d'heure est également une réflexion sur ce que va être la ville de demain, dans un monde où on a un réchauffement climatique majeur, où la densité urbaine nous pose des soucis. On ne va pas se mentir, il y a de multiples questions en jeu comme le « zéro artificialisation des sols ». On densifie quand même de plus en plus nos métropoles, sauf que déjà, si elles ne sont pas vivantes, vivables, ce sera un obstacle majeur. Et en plus, certes, il y a une réduction des coûts carbone en réduisant les déplacements, mais dans l'intégration même de nos réflexions sur la ville du quart d'heure, il y a aussi la question de la densité organique, c'est à dire la question des espaces verts, la problématique des minéralisations de nos centres urbains. On a souvent le débat entre nous, je peux vous dire que, ce que j'appelle la « passion pavé » fait que nous avons encore des pavés partout ! Sur le coup, c'est propre, c'est beau, je le sais, mais ça dégage aussi une chaleur extrêmement conséquente. On l'a vu aussi avec la période Covid, où l'on a eu une forme de fracture, une précarité kilométrique, des espaces verts manquants au regard de nos besoins de mobilité de proximité.

La ville du quart d'heure vise également la place de la nature en ville et la mise à disposition pour tous d'îlots de fraîcheur.

Aujourd'hui, quand même, on essaye, je ne dis pas que tout est parfait, mais on essaye d'intégrer le plus et partout les notions d'écologie. Comment fait-on pour réduire les coûts d'énergie et rendre les projets le moins énergivore possible ?

SC : Je pense que dans la genèse de la ville du quart d'heure, la dimension écologique est là. Actuellement, la question centrale est de savoir comment on fait converger tout le monde dans cette optique du quart d'heure ? Et du coup, on a cette logique qualité de vie au sens large qui émerge. Mais quand j'évoquais la genèse, que ce soit sur les projets urbains ou le plan de déplacement urbain, derrière, c'est clairement une logique écologique. Pourquoi est-ce qu'on parle de la vie des courtes distances dans le plan de déplacements urbains ? Parce qu'on sait qu'on a encore énormément de déplacements à faire dans une vie, de courtes distances qui se font encore en véhicules motorisés, qui génèrent des gaz à effet de serre et qui sont problématiques, en plus, en termes de saturation de l'espace public par les automobiles.

VL : Est-ce que vous dissociez ce qui est de l'ordre de la marche, de ce qui est plutôt du domaine du piéton ? Est-ce que vous faites le *distinguo*, justement dans votre stratégie politique d'aménagement, entre les deux ou pas nécessairement ?

SC : Si je tire un peu le fil, il y a deux choses : il y a la marche comme étant un outil de mobilité et donc du coup « comment améliore-t-on les continuités piétonnes et comment sécurise-t-on les cheminements, comment monte-t-on en qualité sur les continuités ? », et finalement, le piéton. Qui va être peut-être plus la question des aménités et de toute la qualité qu'on peut trouver, ça peut être des trucs assez classiques comme des bornes, mais qui sont encore très demandées et très importantes, ou le développement des fontaines à eau, qu'on a commencé à mettre en place l'été dernier. Donc oui, d'une certaine manière, on distingue les deux, mais sans l'avoir conceptualisé en tant que tel.

VL : Justement, dans votre démarche de communication interne, à Nantes et dans sa métropole, destinée aux habitants et aux citoyens, est-ce que vous avez des registres de communication privilégiés ? Qu'est-ce que vous essayez actuellement de faire passer autour de la ville du quart d'heure, du projet, et peut-être au-delà des aménagements que vous évoquez, fontaines à eau, etc., est-ce que vous communiquez là-dessus spécifiquement ? Depuis 2020 peut-être ?

TG : On a effectivement énormément communiqué, et travaillé cette question, notamment au niveau de la Prairie-au-Duc sur l'île de Nantes, où la notion de proximité a été vraiment pensée. On est allé souvent expliquer ce qu'était la ville du quart d'heure, on l'a posée avec, à chaque fois, ces différents triptyques, le côté gestion des services publics, la question des commerces, la question de l'espace vert, la forme de la ville, ce que ça va changer.

Nous ne sommes pas dans la sur-communication entre nous. Ce n'est pas que l'on a peur de communiquer, vous avez vu je n'ai pas peur d'utiliser le mot marketing, je sais que ce genre de mots existent, je sais que ce n'est pas spécialement ce que je préfère dans la politique tout le temps je vous avoue, mais ils existent, ils sont là et je ne vais pas vous raconter une histoire.

Maintenant, on s'y attelle pour permettre de dialoguer et de rentrer aussi en construction directe avec les habitants et les citoyens nantais, à partir de contrats de proximité qui sont des réflexions où il y a des projets dont des ZAC qui vont sortir de terre. *A contrario*, dans les quartiers où il n'y a pas eu de vrai dialogue avec les habitants, nous allons nous servir de la notion de proximité de ville du quart d'heure pour entrer en discussion, pour essayer de dresser une sorte de plan de la ville de demain, avec des fois des actions très concrètes à imaginer. Par exemple, la question de la mobilité scolaire dans les rues, dans les écoles, tout ça, ce sont des sujets qui sont de plus en plus pris à bras le corps par les habitants nantais eux-mêmes. C'est quand même régulier qu'on nous demande « quand est-ce qu'on peut piétonniser notre rue ? » Globalement, les citoyens ont compris qu'il y avait une amélioration de la vie, et que la voiture était quand même un souci… On pourrait rigoler, on parle parfois du lobby voiture, mais pour être taquin, on a aujourd'hui un vrai lobby piéton, et c'est plutôt une bonne nouvelle. Maintenant, nous, notre sujet, c'est comment, à partir de projets macro et théoriques, allons-nous redescendre dans la pratique et là, ça fait comme des navettes de discussions entre nous et les nantais, qui sont quand même extrêmement importants dans la façon dont on va faire de la politique. Parce que je vois bien qu'il y a aussi ça qui est sous-jacent dans vos questions, c'est « est-ce que la marche est un outil pour faire autrement de la politique ? »

SC : Au-delà de la question de la communication pour la ville du quart d'heure, on communique encore beaucoup sur la question de la proximité. Je n'ai plus l'intitulé exact, mais on a fait notamment une délibération en ce sens, je crois au dernier conseil municipal, où on valorise justement un peu cette nouvelle feuille de route en termes de proximité, et dont la ville du quart d'heure fait partie. Et pour donner un exemple assez concret en termes de nouveauté, en début de mandat, on n'a pas pu trop aller vers les citoyens, en tant que nouveaux élus c'était compliqué avec les règles de distanciation sociale et les contraintes sanitaires. Et donc on a créé des nouveaux temps à destination des citoyens, où on s'est mis sur l'espace public, sur pleins d'endroits, typiquement, moi, à l'échelle de mon quartier, on avait choisi quatre endroits différents, ce qui permet de toucher des micros secteurs et des micro quartiers, et d'incarner aussi différemment la proximité. C'est quelque chose qu'on va pérenniser en dialogue direct. Donc vous voyez, si j'en avais quatre, on avait au moins entre quarante et cinquante événements de ce type à l'échelle de la ville de Nantes, où les élus étaient à un endroit, pour échanger sur des enjeux de proximité. Mais tout ça pour dire qu'en fait, on continue à communiquer sur le concept de proximité et de ville du quart d'heure, et les deux sont étroitement liés.

VL : En vous écoutant l'un et l'autre, je me dis que la grande difficulté que vous devez avoir, et que vous aurez comme d'autres villes, c'est ce qui est de l'ordre de demandes presque individuelles, ou à l'échelle de quartiers ou d'une école, etc. Et puis effectivement, un schéma de politique globale, qui intègre à la fois les demandes très personnelles ou très locales, au regard d'un schéma directeur commun.

SC : Je suis convaincu qu'il n'y a pas de solution unique. Et en fait, l'enjeu du travail qu'on mène, c'est d'embarquer tout le monde. Et finalement, dans le travail que j'évoquais sur la question de la proximité, on renforce aussi le rôle des agents de quartier. Ça peut paraître un peu une tambouille interne, mais en fait non, parce que du coup, ça impulse les choses, ça oriente, ça nous remet des éléments et le cadrage politique tel qu'on se l'est fixé, mais après, on le décline quartier par quartier, parce que les besoins en terme de proximité, de ville du quart d'heure et de marche ne sont pas les mêmes en hypercentralité qu'à Doulon-Bottière, ou Dervallières ou au-delà, quand on est sur la butte Sainte-Anne qui est en hauteur et qui vient poser d'autres questionnements. Le bilan de nos rencontres de proximité, c'est que justement, on n'est pas sur des demandes individuelles. On a trouvé que le débat avec les citoyens était d'assez haute tenue suite à cette crise sanitaire, même si ce sont des demandes qui sont des demandes de proximité. Malgré tout, ce sont des demandes qui sont collectives et qui sont portées collectivement et qui vont du coup traiter tous les sujets qui sont relatifs à la marche. Parce que c'est de la végétalisation des espaces publics, ça va être de l'éclairage, la qualité des espaces publics, ça va être des cônes de visibilité, des enjeux de sécurité des traversées qui nous seront demandés. Après la crise sanitaire, il y a eu aussi des réseaux de voisinage qui se sont créés. Il y a eu des petits comités qui se sont créés à l'échelle d'un îlot, à l'échelle d'une rue, et en fait, ce sont des choses qui ont perduré.

VL : Avec la marche il y a « l'expérience de soi », le plaisir urbain que l'on peut avoir à découvrir ou redécouvrir l'architecture, l'histoire, l'histoire du quartier… Comment intégrez-vous cette dimension, le levier que constitue la marche pour découvrir ou redécouvrir sa ville ou son quartier ?

SC : Alors je peux déjà vous faire un retour sur le premier point, sur une expérimentation qu'on a faite l'été dernier. Il s'agit des patrimarcheurs. Nantes, en matière de transports collectifs, c'est un réseau de tramway qui commence à avoir quelques années derrière lui, donc on a tous les ans des travaux de rénovation de l'infrastructure, ce qui fait qu'on a très souvent des coupures du réseau de transport collectif. Au-delà de ça, on a aussi des chantiers d'été qui font que généralement le réseau est coupé. Donc en fait, on s'est saisi de cette période-là pour valoriser la marche, notamment en hypercentralité, où on a du coup créé des itinéraires avec des médiateurs, entre justement différents points du réseau de transports collectifs qui étaient coupés. À la fois de manière très pragmatique pour faciliter la connexion entre les deux points, mais aussi comme une manière de redécouvrir les quartiers et la ville. Parce que, finalement, l'arrêt n'était pas si loin, il fallait juste marcher pour prendre sa correspondance, mais aussi pour pouvoir prendre le temps, sur un créneau assez court, quinze, vingt ou trente minutes, de mettre en avant des éléments patrimoniaux du centre-ville, qu'on ne voyait pas forcément parce que soit on vit en tramway, soit on marche vite et on ne se rend plus forcément compte de ce qui nous entoure.

Et puis aussi prendre le temps parce qu'on était en période estivale, donc on estimait qu'il y avait un peu plus de temps.

Après l'expérimentation, on souhaiterait dupliquer ceci, parce qu'à la fois, on pense et on est convaincus que justement, le moment de coupure du réseau de tram et du moment estival est un bon moment pour dire « peut-être qu'on peut aussi changer de mode de transport », se remettre à marcher et ça peut revaloriser celle-ci dans la durée de vie de chacun. On le fait aussi et on l'a fait *via* une série de vidéos qui s'appelle « Nantes Inspirante », qui traite de l'ensemble des modes actifs, c'est à dire à la fois le vélo et la marche, où on a été chercher des personnes ou différents retours d'expériences thématiques, qui mettent en avant les pratiques de marcheurs ou de cyclistes. Par cette démarche, nous ne devons pas toucher uniquement des Nantais de l'hypercentre, mais également des habitants de la métropole ayant différents profils.

De plus, l'idée du voyage à Nantes existe toujours. Tous les étés, l'art envahit la ville, avec des œuvres dans l'espace public qui nous permettent les uns les autres de le redécouvrir tout en marchant. Parce que la place Graslin peut être complètement transformée avec un bateau renversé ou tout un tas de fontaines complètement revisitées… avec un fil vert qui marque l'espace public et les œuvres de la ville à visiter.

TG : Simon a tout dit. Je rajouterais la question de la découverte du paysage urbain, du patrimoine sur des zones de micro quartiers à Nantes. Le travail a souvent découlé sur des parcours bis, alternatifs, dans les quartiers, où les habitants se sont réappropriés justement des chemins de marche oubliés ou ignorés. Ainsi, Nantes c'est aussi un peu un musée ouvert et on a quand même la chance avec le tram, normalement, on voit un petit peu où on va, mais il y a quand même souvent ces grandes artères qu'on suit pour nos déplacements, alors qu'avec la marche, on peut prendre des biais, il suffit que chacun soit bien accompagné, un peu guidé, et même les habitants essaient de se réapproprier leur quartier, leur histoire par la marche.

VL : Sans véhiculer les clichés, Nantes a quand même été une ville où il y a eu beaucoup d'agitation, pendant par exemple les contestations des Gilets jaunes, y compris avec des habitants à pied manifestant et dégradant du mobilier urbain. Est-ce que vous intégrez aussi finalement cette dimension-là du volet « un peu négatif » de la marche ou en tout cas celui qui va pénaliser le quotidien des habitants ?

TG : Là, c'est compliqué. Je pense qu'on a le même point de vue, mais quand même. Personnellement, dans les politiques publiques, je n'intègre pas les manifestations syndicales protestataires en me disant, tiens comment est-ce que je vais pouvoir les contraindre, à aucun moment ça ne peut être dans ma logique. En fait, ces démarches, ça a toujours été comme ça, les mouvements contestataires sont souvent menés en marchant. La notion de la marche en politique est quand même conséquente : on peut parler de la marche nationale de Jean Lassalle, ou le nom donné par Emmanuel Macron à son mouvement (« En marche »). Dans le vocable « marche », il y a cette notion de la marche en avant, qui est toujours un sujet politique fort. Je puis vous dire que pour moi, le sujet est plus sur la doctrine des forces de l'ordre nationale, aujourd'hui, qui a évolué par rapport aux manifestants, que ma préoccupation ; personnellement, je ne me suis jamais posé la question de savoir comment on allait gérer des marcheurs qui déambulent et peuvent casser le mobilier urbain. Voilà, pour moi s'il y a un vrai sujet c'est celui de la doctrine des forces de l'ordre, et là il faut vraiment poser le sujet, par rapport à des personnes qui marchent, dans une manifestation en tant que telle, pour adopter des stratégies efficaces sans toucher aux libertés de chacun. C'est un vrai sujet politique.

En fait, pour moi, la question des marches collectives, je le dirais comme ça, est le témoignage d'une expression et d'une nécessité de revendication à un moment ou à un autre. Et en fait, elle est de différents ordres. Je trouve que la question est quand même un peu biaisée, c'est à dire qu'on a des marches collectives qui génèrent une expression politique, mais pas que, qui peuvent être aussi festives, qui sont diverses. À Nantes, on a une histoire sur ces mouvements-là. Et derrière, il n'y a pas que la question de la « loi travail ». On a la marche des fiertés qui se réunit très régulièrement, on a le carnaval qui est une institution à Nantes où on a trois demi-journées consacrées au carnaval, qui sont aussi des modes d'expression festive. On peut en trouver énormément en fait d'exemples, où finalement on se réapproprie l'espace public par les marches collectives organisées voire spontanées, soit pour un moment de convivialité ou festif, ou soit pour un moment d'expression politique. Et ça, c'est important. Avec effectivement, là aussi je crois, une spécificité nantaise, puisqu'historiquement, les manifestations d'ordre politique ne sont pas déclarées en préfecture à Nantes, ça fait partie des spécificités nantaises. Il y a souvent des échanges qui se font, mais il n'y a pas de déclaration telle que ça peut se faire ailleurs dans le pays. Mais en tout cas, l'espace public est un espace d'expression populaire au sens large et au sens noble du terme. Et je pense qu'on y est tous attachés à Nantes.

Par contre, c'est vrai qu'il y a un vrai sujet politique sur les marches collectives. Le carnaval est un vrai symbole ; il faut voir à Nantes comment les rues sont pleines pendant le carnaval, c'est assez impressionnant. J'évoquerai aussi la question de la Pride, qui est aussi une marche extrêmement conséquente dans Nantes, mais il y a eu pleins de moments aussi dans notre histoire récente où on a vu des grandes marches. Je pense aux jeunes pour le climat où automatiquement il y a comme toujours cette notion de vouloir marcher pour s'exprimer, d'être en mouvement, qui est un symbole politique et aussi un symbole collectif. On marche ensemble, au carnaval, et je prendrai un truc bête : le dimanche, on se retrouve souvent sur les bords de l'Erdre pour marcher ensemble, et ça a un côté un peu dingue, on nous voit tourner les uns et les autres autour de l'Erdre. Et il y a toujours une dimension collective où on se rejoint dans des habitudes collectives, dans les habitudes d'expression politique, dans des habitudes de loisirs, dans la marche, qui sont quand même intéressantes, et que nous, à Nantes, on voit régulièrement…

Sur les marches politiques, elles sont extrêmement conséquentes puisqu'on est une ville où c'est vrai qu'il y a une vraie force politique, où ça bouge tout le temps, c'est même émouvant. Oui, des fois, il y a des difficultés, comme vous disiez sur la question du maintien de l'ordre, mais fondamentalement, il y a énormément de marche où ça se passe très bien. Mais c'est vrai que nous en plus on a cette tradition de ne pas déclarer ces marches. Depuis le décès de Jean Riolet, il y a toute une histoire, c'est vrai sur la place du mouvement. On avait fait un choix quand j'étais syndicaliste, d'aller marcher sur les périphéries de Nantes, là où aussi on voulait mettre en avant par la marche, par la manifestation donc fondamentalement par la marche, des zones industrielles où est la présence ouvrière et la présence plus largement des salariés les plus précaires, puisqu'on a un centre-ville où il y a de la précarité. Et donc, il y a eu un moment où les syndicats se sont dit, il y a des violences en ville, on va faire une marche ailleurs. On était allés à Saint-Herblain, en dehors de Nantes, on était trois ou quatre-mille à être dans la zone industrielle, et il y avait quand même un symbole aussi de marcher dans ces lieux-là, on n'a pas toujours l'habitude de marcher dedans, puisque souvent on y passe plutôt en voiture, individuelle justement, ou en transport en commun. Des fois la marche, ça permet de se réapproprier nos lieux et aussi de se les réapproprier de façon collective. Pas seulement individuellement.

SC : Ça fait écho, c'est marrant, au croisement entre marche et piéton, où dans le cadre du conflit de Notre-Dame-des-Landes, il y a eu une marche organisée, avec un pique-nique géant, sur le pont de Cheviré. Et c'est finalement aussi comment les marches permettent de se réapproprier ces grandes infrastructures qui ne sont pas de l'espace public à la base, en tout cas qui en deviennent le temps de marches contestataires.

VL : Pour terminer, est ce que, selon vous, un acteur politique peut faire une politique urbaine ou péri-urbaine, sans intégrer la question de la marche, en souhaitant s'inscrire dans une forme de modernité de l'action politique ? Est-ce qu'on peut faire sans la marche finalement ?

TG : Dans les déplacements, aujourd'hui, on est obligé d'intégrer la marche. On a plein de phénomènes, déjà on a la piétonisation de nos centres-villes. J'aime bien regarder ce que fait Stéphane Pajot, un journaliste de Presse-Océan, il met toujours plein de cartes postales de Nantes, avec des vieilles cartes postales des années 1920 ou 1930, et des cartes postales des années 1960 ou 1970.

Et là, par la photographie vraiment, c'est le piéton que l'on voit avant tout, quand on voit une voiture on est un peu étonné, on se demande ce que fait la voiture. Et pourtant, il fut un temps c'était une route dans plusieurs sens, j'ai vu les photos, il y avait une route en fait ici, on roulait en voiture. Ça me parait ubuesque aujourd'hui et pourtant ça a été le cas. Aujourd'hui, la voiture est quasiment prohibée ou il faut avoir une bonne raison pour être là où il y a quand même des grands axes avec des vélos dans tous les sens. Nantes s'est transformée en quelques années. Donc on a eu une reformation du centre-ville par le piéton. Donc le politique l'a intégré, mis en place, et de toute façon on ne peut pas faire sans. On a encore un sujet pour ces grandes zones commerciales, où la voiture individuelle est pérenne. Qu'est-ce qu'on va en faire ? Comment ça va évoluer ? Ça va être un sujet majeur pour les années à venir. Comment, par la ville du quart d'heure, on essaye de, j'ai envie de dire, faire plein de pôles de proximité à l'échelle de la ville de Nantes, mais fondamentalement on voit bien que ça essaime aussi sur l'ensemble de la métropole. Comment on va intégrer ce nouveau paradigme ? La piétonisation du périurbain.

Nous ne devons pas oublier que les politiques de la marche sont parfois excluantes. Elles sont excluantes parce que les personnes qui viennent de l'extérieur, quand elles ne vivent pas ici, peuvent se dire : « Ah mais c'est pas du tout fait pour moi, parce que déjà j'ai dû venir donc j'ai une fatigue, et en plus faut que je marche en plus ou encore ! Où est-ce que je me gare de surcroît ? ». La personne qui habite dans le centre, dans son quotidien, a pris l'habitude de marcher. La marche, si on ne la travaille pas avec des plans, si on ne la réfléchit pas avec une vraie réflexion en termes d'accessibilité pour tous, ça peut devenir un modèle excluant. Et on l'a vu avec les Gilets jaunes. C'est le phénomène « Pataterie ». Un sociologue avait remarqué que là où il y avait le plus de Gilets jaunes, il y avait une Pataterie. Et c'est vrai, en centre-ville de Nantes je n'ai pas vu de Pataterie. Est-ce que dans les politiques avec la notion de la marche, il ne faut pas qu'on ait une attention particulière, à ne pas oublier une frange de la population. Cela va être un vrai sujet sociétal, car la politique de la marche ne doit pas exclure des populations. Je pense que nous on l'intègre plutôt bien à Nantes, par le biais de l'alliance des territoires. Nous devons l'intégrer dans le dialogue avec les différentes EPCI [établissements publics de coopération intercommunale]. Cela fait partie du travail que porte Johanna Rolland au niveau national. Je le vois bien dans les échanges que nous avons avec France Urbaine, au sein de l'Association des maires de France, au sein des différents ministères, pour dire « attention, il faut absolument que l'on ait une vision globale », parce que sinon, demain, nous risquons d'avoir paradoxalement des décrochages de territoires et de populations.

Nietzsche et la marche : un esprit sain dans un corps sain…

Friedrich Nietzsche valorisait les réflexions qui naissent pendant la marche, ainsi qu'en atteste ce passage du *Crépuscule des idoles* :

> « "On ne peut penser et écrire qu'assis" (Gustave Flaubert). Je te tiens nihiliste. Être cul de plomb, voilà par excellence le péché contre l'esprit ! Seules les pensées qu'on a en marchant valent quelque chose. »

Ce faisant, Nietzsche s'opposait à toute une tradition philosophique qui, depuis Socrate, exprime une conception dualiste du monde où le corps se trouve rejeté au profit de l'âme et où la vie est dénigrée au profit de ces « arrières mondes » que les religions contribuèrent également à développer, à commencer par le christianisme. Au lieu de considérer le corps comme un tombeau (ainsi qu'il est écrit dans le *Phédon* et le *Gorgias* de Platon, jouant sur la proximité des mots grecs « sôma » et « sêma »), le philosophe allemand entendait redonner toute sa légitimité à la chair et aux activités physiques : un esprit sain dans un corps sain, voilà ce que promeut la marche nietzschéenne. Mieux encore, celui qui annonçait la venue du surhumain alla jusqu'à récuser la séparation – selon lui illusoire – entre le corporel et le spirituel :

> « "Je suis corps et âme", ainsi parle l'enfant. Et pourquoi ne parlerait-on pas comme les enfants ? Mais celui qui est éveillé et conscient dit : "Je suis corps tout entier et rien d'autre ; l'âme n'est qu'un mot désignant une parcelle du corps." » (Nietzsche, *Ainsi parlait Zarathoustra*)

Pour Nietzsche, philosopher en marchant équivaut à affirmer la volonté de puissance et à acquiescer à la vie. Lui-même avouait d'ailleurs avoir eu l'idée de l'éternel retour à Sils-Maria, en Suisse, au cours d'une promenade qu'il fit à travers la forêt, le long du lac de Silvaplane…

Mais les pensées fécondes ne viennent pas seulement en marchant ; la réflexion est en soi, métaphoriquement, un cheminement, en tant que déroulement continu des idées. Ainsi en viennent à se superposer deux marches, la marche physique favorisant cette autre marche que constitue l'activité intellectuelle.

Or chez Nietzsche, la marche est avant tout un acte solitaire. Le philosophe aimait se promener loin du tumulte de la foule. L'expérience quasi mystique qu'il fit à Sils-Maria, après une longue flânerie en pleine nature, advint d'ailleurs « à deux-mille pieds au-dessus de l'homme et du temps », ainsi qu'il le confia dans *Ecce homo*. C'est en se retrouvant seul, face à lui-même, que le marcheur Nietzsche produisit ses écrits les plus profonds et les plus sublimes.

La marche, tant physique qu'intellectuelle, si solitaire soit-elle, est pourtant une forme de communion – comme le savent fort bien les pèlerins qui cheminent vers Compostelle –, voire de communication : avec soi d'abord, si l'on admet aux côtés de Socrate que « la pensée est un dialogue de l'âme avec elle-même » ; avec le monde ensuite, le promeneur ayant l'impression de ne plus faire qu'un avec ce qui l'entoure. Avant Nietzsche, le promeneur Jean-Jacques Rousseau conjuguait déjà, lui aussi, ces deux dimensions quand il s'abandonnait à ses rêveries. Arthur Rimbaud fit de même, il suffit de relire « Ma Bohème » pour s'en convaincre.

Tous ces marcheurs-penseurs solitaires ne se sont coupés momentanément du monde que pour mieux le comprendre et offrir ensuite à leurs semblables le fruit de leurs pérégrinations-cogitations (à l'instar du Zarathoustra de Nietzsche, qui abandonna sa vie d'ermite et redescendit de sa montagne pour enseigner aux hommes).

Céline Bryon-Portet
Université Paul Valéry – Montpellier 3

Tim Ingold
Université d'Aberdeen
Traduit par Anne Lehmans

Tomber à la renverse. Vers une écologie de l'attention

Nous passons notre vie à viser des objectifs. Nous nous déterminons en fonction de buts à atteindre. Et le faisons en toute connaissance de cause. Nos actions sont intentionnelles. Pourtant, dans tout ce que nous faisons, il y a aussi une part d'expérience subie. Nous sommes modifiés dans notre corps et dans notre esprit, peut-être même transformés, en agissant. La question est de savoir quelle est la nature de la relation entre le faire et le subir de l'expérience. Cette question a particulièrement préoccupé le philosophe John Dewey, notamment dans son essai de 1934 sur l'art comme expérience (Dewey, 1987). Dewey se demande si l'expérience subie est à l'intérieur de l'action, entre l'intention originelle et ce qu'elle devient. L'expérience est-elle intrinsèque à l'action ? Si le subir est ainsi contenu dans le faire, pense Dewey, il ne peut y avoir de continuité d'une action à l'autre. La vie est fragmentée en une multitude d'épisodes éparpillés et déconnectés. En réalité, bien au contraire, l'expérience déborde toujours l'activité, dans la mesure où toutes nos actions s'enracinent dans une expérience d'actions passées, et dans une chaîne continue. Chaque fois que nous agissons, comme le dit Dewey (2015, p. 35) dans une conférence sur l'expérience et l'éducation, nous sommes « une personne un peu différente ».

En bref, l'expérience réside précisément dans ce qui est au-delà du sillage formé par les destinations de la vie. Imaginez, par exemple, que vous décidiez d'aller vous promener. Avant même de partir, vous avez une idée de l'endroit où vous voulez aller. Vous avez une destination en tête. Vous pourriez dessiner une carte, montrer votre itinéraire prévu. Il s'agit d'une ligne d'intention, qui relie un point de départ et un point d'arrivée, ainsi que tous les points intermédiaires. Une fois en route, cependant, cette ligne s'estompe dans votre conscience. Après quelques pas hésitants qui, comme le fait de humer l'air, semblent aller à contre-courant, vous vous mettez en route, avec une coordination régulière et rythmée de la démarche et de la respiration. Et au fur et à mesure que vous avancez, vous tracez une nouvelle ligne, très différente, sur le sol et dans l'air. Cette ligne ne relie pas des points, mais se prolonge et se poursuit. Ce qu'elle présente, ce n'est pas la détermination des résultats escomptés, mais la possibilité d'un mouvement ultérieur. Là où la ligne de l'intention a un début et une fin, la ligne de la possibilité convertit continuellement les fins en commencements, même si chaque pas préparait le suivant et chaque inspiration permettait de respirer à nouveau. C'est le genre de ligne qui, selon la belle formule de Paul Klee (1961, p. 105), « est un point parti marcher ». Vous êtes cette ligne. Elle est votre vie.

La vie ne se résume jamais dans l'être. Son impulsion est de devenir, de s'étendre au-delà de l'endroit où elle s'est momentanément arrêtée. C'est dans cet étirement, littéralement, que réside le sens de la présence (« attend » en anglais, du latin *ad-*, « vers », plus *tendere*, « étirer »). La ligne de vie, de possibilité, est donc aussi une ligne d'attention. L'attention comporte cependant deux aspects : l'exposition et l'harmonisation. J'emprunte l'idée d'harmonie à l'approche écologique de la perception développée par le psychologue James Gibson (1986). Pour Gibson, la perception consiste à prendre conscience des éléments de notre environnement qui peuvent nous aider ou nous entraver dans la poursuite de notre activité. En un mot, il s'agit de capter des informations qui précisent ce que ces éléments peuvent faire advenir. Et cela s'apprend. On peut continuer à « apprendre à percevoir », écrit Gibson (1986, p. 245), « aussi longtemps que la vie continue ». Dans la pratique d'un métier, par exemple, l'habileté consiste à prendre conscience des variations subtiles du matériau qu'un novice pourrait ne pas remarquer. Le charpentier est attentif au grain du bois, le forgeron à la ductilité du fer. La perception du praticien qualifié, pour reprendre les termes de Gibson, est un système « en harmonie avec des informations d'un certain type ». Ce réglage fin de la perception équivaut, selon lui, à une « éducation de l'attention » (Gibson, 1986, p. 254). De même, par la pratique, l'attention du marcheur s'accorde à la texture du sol et aux points d'appui qu'il offre.

Pourtant, l'élan est entièrement du côté du praticien. Tout se passe comme si le sol et ses éléments étaient déjà tracés, n'attendant plus que l'attention du promeneur. Mais que se passe-t-il si tout n'est pas déjà là ? L'environnement, après tout, n'est pas figé, mais en mouvement et fluide, plein de vie. Pensez aux flux météorologiques, aux ciels changeants, aux marées, au cours de la rivière, aux migrations des animaux et à la croissance des plantes. Le promeneur, immergé dans ces flux, doit attendre le monde, le vivre, demeurer avec lui et s'y conformer. C'est l'attention du côté de l'exposition. Comme l'explique le philosophe de l'éducation Jan Masschelein (2010), l'exposition (du latin *ex-positio*) signifie littéralement être retiré de sa position. Être ou devenir attentif, écrit Masschelein (2010, p. 46), « c'est s'exposer ». Dans cet état, on ne peut plus rien tenir pour acquis. Le sens de la compréhension – avoir un sol solide sous ses pieds – est ébranlé, laissant chacun en état de vulnérabilité et d'alerte, les yeux écarquillés d'étonnement plutôt qu'étroitement concentrés sur une cible. Pour Masschelein, c'est précisément dans ces moments d'exposition que se produit l'éducation. Il ne s'agit pas tant d'une compréhension que d'une épreuve, qui ôte d'un seul coup le vernis de détermination qui apporte confort et sécurité, et ouvre la voie à la possibilité pure.

Pourtant, s'il y a deux faces dans l'attention, exposition et harmonisation, attente sur le monde et attention à un monde en attente, quelle est la relation entre les deux ? Sans aucun doute, se lancer dans une activité, c'est mettre son existence en jeu. La sécurité absolue réside dans le fait de rester sur place. Cependant personne ne peut vivre dans l'immobilité. Pour vivre, il faut bouger, pousser la barque dans le courant d'un monde en formation. Ainsi, toute expérience commence par l'exposition. Mais au fil du temps, les compétences de perception et d'action, nées de la pratique et de l'expérience, commencent à agir. Revenons à la pratique de la marche sur deux pieds. Chaque pas comporte un moment de danger. Tombant en avant sur un pied, vous dégringolez dans le vide, pour retrouver votre équilibre alors que l'autre pied vient se poser sur le sol devant vous. Ici, l'habileté corporelle du jeu de jambes vient à la rescousse, juste avant qu'il ne soit trop tard. Ce qui commence dans la vulnérabilité de l'exposition s'achève dans la maîtrise de l'harmonie, fournissant à son tour le terrain à partir duquel le promeneur peut à nouveau se soumettre au hasard de l'exposition, dans une alternance qui se poursuit tout au long de la marche. Cette alternance, je crois, est fondamentale à la vie. Mais elle est aussi unidirectionnelle. Ainsi, dans la vraie vie, la soumission mène et la maîtrise suit ; jamais l'inverse (Ingold, 2015, p. 38-42).

Là où la soumission nous projette dans un monde en devenir, nous exposant à la chute, la maîtrise nous remet sur pieds pour que nous puissions rester debout et continuer à avancer. La soumission, pourrait-on dire, est un moment d'aspiration ; la maîtrise un moment de préhension. Littéralement, aspirer, c'est respirer. C'est une « prise en charge » active et animée. Et pour prendre en charge, comme l'observe Dewey (1987, p. 59), « nous devons rassembler de l'énergie et la placer au bon endroit ». Ce faisant, l'aspiration fait appel à ce qui précède pour le projeter sur la voie de l'attention. Mais là où l'aspiration, vers l'avant, improvise un passage dans un monde encore informe, la préhension ferme la marche, travaillant à prendre pied dans un monde déjà formé. Et le moment où l'aspiration du « pas encore » se tourne vers la préhension de l'« être là » marque un point d'inflexion. Je tire ce sens de l'inflexion des écrits de la philosophe Erin Manning (2016, p. 117-18). L'inflexion n'est pas un mouvement en soi, mais une variation dans la façon dont le mouvement se déplace, venant au moment où une tentative d'ouverture mûrit, de l'intérieur de ce que Manning (2016, p. 6) appelle « le clivage de l'événement », dans une direction déterminée. Il marque le passage de l'expérience au faire, à partir duquel la ligne de possibilités révèle des résultats déterminés et réalisables, répondant à nos intentions.

Toute vie humaine, pouvons-nous conclure, est tenue en tension entre la soumission et la maîtrise, l'aspiration et la préhension, l'exposition et l'harmonisation. Dans tous les cas, le premier mène, et le second suit. Ce qui mène est une aspiration qui jaillit dans l'attention. Ce qui suit est une manœuvre dirigée avec précision et habilement exécutée. La première, qui va de l'avant, veut toujours s'envoler dans le lointain ; la seconde nous retient, attachés à la terre par des pieds qui traînent. Se pourrait-il que l'étirement de l'attention par lequel une vie tombe continuellement sur elle-même crée un espace pour l'histoire ? Pour le philosophe José Ortega y Gasset (1961), la vie humaine s'ouvre à l'histoire, contrairement à la vie des animaux, précisément parce qu'elle est imprégnée de la possibilité de dépasser le cadre de l'existence présente. L'homme, dit Ortega, est un « être pas encore », ou, en un mot, une « aspiration » (1961, p. 112-113, 201). Mais ce n'est qu'un côté de la médaille ; l'autre côté est le « déjà être » de la préhension. À la fois pas encore et déjà là, l'homme – pourrait-on dire – est constitutionnellement en avance sur lui-même. Serait-ce dû à sa façon de marcher ? Nous, les humains, ne sommes peut-être pas aussi uniques que nous aimons le supposer ; néanmoins, aucune autre créature ne se déplace en tombant à la verticale. L'étirement de l'attention, pour une telle créature, pourrait-il modifier fondamentalement la nature et le sens de la vie ?

RÉFÉRENCES BIBLIOGRAPHIQUES

DEWEY J., « Art as experience », *in* BOYDSTON J.A. (éd.), *The Later Works of John Dewey, 1925-1953*, Carbondale, Southern Illinois University Press, vol. 10, 2008.

DEWEY J., *Experience and Education*, New York, Free Press, 2015.

GIBSON J. J., *The Ecological Approach to Visual Perception*, Hillsdale, Lawrence Erlbaum, 1986.

INGOLD T., *The Life of Lines*, Abingdon, Routledge, 2015.

KLEE P., *Notebooks. vol. 1: the thinking age*, London, and Humphries, 1961.

MANNING E., *The Minor Gesture*. Durham, Duke University Press, 2016.

MASSCHELEIN J., « E-ducating the gaze: the idea of poor pedagogy », *Ethics and Education*, n° 5, 2010, p. 43-53.

ORTEGA Y GASSET José, *History as a System and Other Essays Toward a Philosophy of History*, New York, W. W. Norton, 1961.

Franck Renucci
Laboratoire IMSIC, université de Toulon

Homme qui marche d'Alberto Giacometti, une icône pour la revue *Hermès*

Homme qui marche d'Alberto Giacometti (1901-1966) – ou plutôt les différentes variations de l'*Homme qui marche*[1] – est encore de nos jours populaire sur les cinq continents. L'*Homme qui marche* est une icône du XXe siècle. Alors que ses œuvres emblématiques furent exposées à la 31e biennale de Venise (1962) puis reprises pour l'inauguration en 1964 de la fondation Maeght de Saint-Paul-de-Vence[2], Giacometti n'aura cessé d'expérimenter pendant les deux décennies d'après-guerre, l'*Homme qui marche* avec en parallèle d'autres œuvres[3] qui captent une perception du quotidien. Cette recherche artistique vers une humanisation absolue aura été dépouillée dans le temps de tout attribut, de toute marque, masculine ou féminine alors qu'il fut en quête notamment de la figure féminine. On notera ainsi que pour Giacometti la première figure humaine qui marche fut une femme, *Femme qui marche I* (1932). En 2023, *Homme qui marche* est encore de tous les endroits, de toutes les conversations et de tous les projets[4] : du logo de la fondation Giacometti-Institut[5] dirigée par Catherine Grenier, à la presse spécialisée ou populaire jusqu'aux échanges du quotidien sur Giacometti. Les silhouettes longilignes de Giacometti exposées attirent des centaines de milliers de personnes. Ces œuvres, éventuellement numérotés *I* (bronze), *II* (plâtre recouvert de produit démoulant), *III* (plâtre peint) ne portent pas différents noms, elles s'appellent *Homme qui marche* pour conserver en même temps l'universalité et la singularité de chaque humain. Elles expriment en effet simultanément une proximité et une distance radicale pour celle ou celui qui les croise : la proximité car c'est une « synthèse » de tout humain et une « distance » qui manifeste une altérité infinie. Pour Giacometti, une communication totale est impossible. L'*Homme qui marche* serait-elle la figure d'une humanité, de la communication et des incommunications qui lui sont constitutives telles que Dominique Wolton, fondateur de la revue *Hermès*, les discute quand il parle de la complexité de la communication avec l'autre, ses échecs, ses ratés et la solitude qui parfois en découle ? Avec l'*Homme qui marche*, nous verrons que la communication qui, en recherchant « le même se heurte à l'incommunication et à l'altérité » (Wolton), trouve une série d'œuvres paradigmatiques. Pour Giacometti, il s'agit d'humaniser un monde qui ne cesse de naître du malentendu pour aller vers l'humanité des corps qui prolongent la perception du quotidien.

La guerre. L'acommunication

Ces œuvres, comme des ombres étirées mises à la verticale, sont debout, en mouvement et associées à la période de la Seconde Guerre mondiale. Elles pourraient être le reste d'une humanité sortie des lieux de déportation où l'on entrait en marchant. Seraient-elles liées à un vif désir de vie hanté par la mort, en lui donnant un élan, en marchant ? Qui sait ? Giacometti aimait parler mais il n'en parla que très peu. Ces œuvres trouvent en grande partie leurs sources matérielles avec la Seconde Guerre mondiale tout comme l'est cet épisode tragique à l'origine de la communication abordée par la revue *Hermès*. Celle-ci étudie en effet la communication et les incommunications qui lui sont constitutives à surmonter pour éviter « l'acommunication », la guerre, origine et horizon à dépasser. Nous pourrions donc penser que ces sculptures filiformes, presque décharnées évoquent des personnes prises dans un désir de vie après les atrocités de la guerre. Jean-Paul Sartre s'oppose à une analyse de sortie de guerre[6]. Nous pourrions aussi envisager qu'elles trouvent peut-être leurs racines en partie en Suisse où Giacometti qui ne peut être mobilisé s'est réfugié. Pas seulement. Ses statues rapetissent comme pourrait l'être la petitesse humaine. Elles s'enfoncent dans un socle qui deviendra de plus en plus important, dont elles ne peuvent s'extraire à l'instar de la condition humaine. Après la guerre, Giacometti participa à un concours organisé par le parti communiste pour un monument au résistant Gabriel Péri fusillé en 1941 au mont Valérien. Il propose un projet d'un humain en marche[7] qui ne sera pas retenu. Le contexte historique très présent est aussi marqué par la rencontre de l'artiste avec Jean-Paul Sartre en 1941 qu'il aura fréquenté assidument après-guerre. La philosophie existentialiste de l'époque puis la phénoménologie résonnent avec le projet de Giacometti d'« incarner l'aspiration la plus puissante de son époque : humaniser le monde, l'histoire, l'art » (Grenier, 2020) en partant de la perception. La période de la guerre fut aussi le moment où prenait peut-être forme une confirmation de son éloignement de tout mouvement artistique contemporain pour tracer librement son propre chemin afin d'opérer une synthèse entre une profondeur historique collective et une perception singulière. Giacometti et Sartre ont un vif esprit de résistance et sont attachés de manière absolue à la liberté.

Indisciplíné, il dit « non »

La revue *Hermès* se nourrit d'une interdisciplinarité féconde et propose aussi une façon d'être originale dans le champ scientifique afin d'aborder la « communication ». « Indiscipliné » titre Dominique Wolton en 2012. Giacometti est devenu juste avant et après-guerre un véritable « indiscipliné » pluridisciplinaire dont les sources sont multiples – les mouvements artistiques ne sont évidemment pas des disciplines ! Né en 1901 à Borgonovo en Suisse italienne, il s'installe à Paris en 1922 tout en fréquentant l'Académie de la Grande Chaumière et l'atelier d'Antoine Bourdelle. Il découvre les mérites de la statuaire grecque, les arts égyptiens, africains, mais aussi le cubisme dont il se détourne rapidement. Giacometti se rapproche des surréalistes à partir de 1930. Il rencontre André Breton, Louis Aragon, Michel Leiris, Salvador Dali, André Masson, Tristan Tzara, etc. ; une collaboration avec Jean-Michel Frank fut aussi décisive. Alors célébré par un grand nombre d'intellectuels, il est exclu du mouvement des surréalistes car on lui reproche une connivence avec la figuration et le modèle. Il se nourrit de tous ces courants mais, comme le souligne justement Jean Clair, ce qui l'intéresse est la ressemblance, pas celle de l'exactitude que propose la photographie, mais celle de la perception que l'on peut avoir de chaque humain, de tout humain. Giacometti aura su dire « non » pour atteindre une synthèse dépouillée de tout pour nous dire tout. « Non » à Breton en 1935 et à son « ton autoritaire », qui l'invitera toutefois, mais sans succès, à participer à l'exposition « Le surréalisme » qu'il prépare à la galerie Maeght en 1947[8]. « Non » aussi à Picasso. Il riposte en citant Rodin[9]. Avec l'*Homme qui marche,* « [a]u travers de cette sculpture emblématique, l'artiste parvint à tout dire de l'humain dans la plus grande économie de moyens et d'effets : une matière comprimée jusqu'à la limite extrême, une attitude sans pathos, un symbole sans emphase, un titre sans lyrisme » (Grenier, *ibid.*). De son vivant, Giacometti n'aura pas toujours fait l'unanimité[10]. Il développe sa démarche artistique en opérant une « synthèse » accessible à tous. La revue *Hermès* promeut de son côté une position qui bouscule une pensée soumise, sans résistance. Elle s'intéresse aussi à l'humain qui cherche à communiquer quelles que soient les circonstances. *Homme qui marche* est présent dans tous les lieux où des humains se croisent. Il suffit de regarder celles et ceux qui passent pour percevoir en eux toute l'humanité. Pour Giacometti, l'humanité s'incarne en opérant aussi une « synthèse de l'histoire » avec un dépouillement absolu. L'histoire traverse le temps. L'*Homme qui marche* résume ce qu'il y a de plus profondément humain dans cette traversée, c'est-à-dire être sujet, pas objet.

Une synthèse de l'histoire. L'altérité

Pour Giacometti, les figures égyptiennes, notamment celles de statues funéraires, les *kouroï* grecs, mais aussi le célèbre *Homme qui marche* assemblé vers 1900 par Auguste Rodin ou la moderne *Formes uniques de la continuité dans l'espace* (1913) d'Umberto Boccioni sont les modèles illustres desquels il cherche à s'écarter pour produire une forme, « une sculpture figurative à mi-chemin entre la représentation et le signe, la figuration et l'abstraction » (Grenier, *op. cit.).* Ses voyages initiatiques l'ont formé pour ce qu'il exprime : pas une vision, mais un regard profond intérieur, une intériorité si proche et si lointaine[11]. Ses expériences esthétiques de jeunesse furent nombreuses et inoubliables avec la découverte des œuvres du Tintoret à Venise, puis de Giotto à Padoue ; lors d'un autre voyage à Florence, Giacometti fréquente le musée d'Archéologie et y admire les œuvres étrusques et égyptiennes dont il s'inspire, il copie les sculptures de Michel Ange à la chapelle des Médicis et découvre l'art du Bernin. Il se rend aussi à Assise où il admire les fresques de Cimabue puis à Pérouse. Bourdelle qu'il fréquenta pendant de longues années, ancien assistant de Rodin, vante aussi auprès de ses élèves les mérites des arts grecs, mésopotamiens et égyptiens. L'antiquité égyptienne reste la référence suprême du jeune artiste. On pense à la figure égyptienne dans *Homme qui marche* mais il y a aussi sous la forme d'une « synthèse » de ce que les humains ont cherché à traduire au cours de l'histoire. C'est un condensé d'altérités, de traductions. Il s'agit de faire synthèse de l'histoire ancienne et récente, tout en s'en détachant, pour saisir ce qui nous regarde. Giacometti nous propose une altérité de haute densité, si proche, si lointaine. Tout en faisant une synthèse de l'histoire, il crée ce qu'elle n'a cessé de penser et de traduire, une saisie du réel impossible. Il cherche sans doute à représenter un regard, un réel, dans une plus pure matérialité. L'altérité constitutive de la communication ne s'approche-t-elle pas aussi d'une intériorité, d'un réel impossible à saisir par les mots si ce n'est parfois par la poésie ? Giacometti travaille inlassablement, toujours insatisfait, à son projet d'incarner l'humanité. Il ne reste parfois qu'une forme hiéroglyphique, telle une ride sur son visage, qui s'articule à un regard, ce « qui prête à l'œuvre de synthèse un riche potentiel d'interprétation. Tout au long de sa vie, il aimera d'ailleurs entretenir le mystère associé à ses œuvres, se refusant à révéler ses sources ou à aiguiller les interprétations ». *Homme qui marche* est comme la communication : quand on pense les avoir saisis, l'irréductible nous échappe, un nouveau point de vue apparait. La question de l'altérité, de l'autre, est toujours présente tout comme pour la revue *Hermès*. Elle permet de résister à tout réductionnisme.

La figure féminine. La Gradiva. La solitude

Le statut de l'autre qu'évoque l'*Homme qui marche* ou plus exactement la statue de l'autre est à trouver dans la figure féminine, matrice de ce qu'il produira. Influencé par l'art africain, il y eut *Femme-cuillère* (1927) qui fut une première sculpture monumentale – la taille des œuvres, petite ou monumentale – fut importante pour inclure de façon différente le vide et la distance. Giacometti est en quête de la représentation féminine. La *Femme qui marche I* (1932), bronze de l'époque surréaliste est une sculpture symbolique, sans bras, ni tête, qui s'inspire de l'art antique. Cette femme élancée hérite encore de la *koré* grecque tout en étant dans l'époque surréaliste. Cette œuvre lisse, qui annonce les productions filiformes est pourtant lointaine des modelages de matière de la condition humaine propres à l'*Homme qui marche*.

Dans le début des années 1930, il y eut aussi d'autres oeuvres reprises de la *Gradiva,* nom hérité du latin de « celle qui marche en avant », qui sont autant de références à la nouvelle de Wilhelm Jensen (1903), *Gradiva, fantaisie pompéienne*. Celle dont on cherche dans cet ouvrage à percer le mystère de la marche connut la postérité avec la psychanalyse et le mouvement surréaliste. Sigmund Freud écrit *Le délire et le rêves dans la « Gradiva » de W. Jensen* en 1907 ; les surréalistes peignent des tableaux et l'honore ; Salvator Dali avec *Gradiva* (1931) puis *Gradiva retrouve les ruines anthropomorphes* (Dali, 1931-1932), André Masson avec *Gradiva* (1938-1939 ; André Breton nomma une galerie au nom de Gradiva. C'est aussi dans ce contexte-là qu'une autre figure féminine a retenu tout particulièrement notre attention, celle de *Mains tenant le vide* (Giacometti, 1934) rebaptisée par André Breton *L'objet invisible*, objet cher aux surréalistes proches de la psychanalyse.

Le réel échappe à toute prise, à une toute totale symbolisation. *Mains tenant le vide* l'exprime parfaitement et elle annonce un autre rapport au réel. Cette œuvre fut un tournant de la vie d'artiste de Giacometti « cela lui a donné envie de travailler d'après nature ». *Mains tenant le vide* est une œuvre de rupture car le vide et ses effets seront ensuite abordés différemment. Valéry Hugotte (1993) montre ce changement en conférant aux mains et à la surface de ses œuvres un tout autre rôle ; « la présence du vide se déplaça ». Alors, que l'invisible associé à l'objet est un vide qui semble tenu par des mains, que la surface est lisse, les mains s'estomperont dans les œuvres ultérieures pour laisser la place aux mains de Giacometti qui façonne le vide en donnant à ses surfaces une aspérité sensible[12] ; « une mise à nu du réel » (Dupin, 2022). Le regard du spectateur coïncide avec le travail des mains de Giacometti qui sculpte le vide en ajoutant de la matière. Ces surfaces nous révèlent « l'action corrosive du vide et les agressions d'un Dehors qui n'est plus comme avec l'*Objet invisible* une inaccessible extériorité, mais l'intériorité même des êtres » (Hugotte, *op. cit.*). L'intimité humaine nous touche car elle se manifeste par l'impossibilité de toute fusion : « ce que manque André Breton, c'est l'irréductibilité de la distance qui nous sépare d'Autrui » (*ibid.*). Ce sont les ressorts du processus de communication : plus on approche de l'autre, plus il nous échappe car le rapport total à l'autre est impossible. Une douloureuse solitude se conjugue parfois avec celle d'une communication impossible. Cette infinie solitude se double d'une infinie vulnérabilité. « Sculpteur et sujet ne sont liés que par l'impossibilité de tout rapport, par le rapport de deux solitudes ». Pourtant, pour Giacometti, les solitudes exprimées ont ouvert des espaces infinis de communication. « Je donnerais mon œuvre pour une conversation » a dit Giacometti (cité par Dupin, 2022). L'*Homme qui marche* est immobile, silencieux mais pourtant est issu du mouvement perçu de la vie. L'*Homme qui marche* entretient aussi le malentendu de la vie seule face à la mort. La mort de M. Van Meurs lors d'un voyage effectué en présence de Giacometti âgé d'à peine vingt ans fut un événement qui le marqua durablement. La mort de son père qui l'a tant soutenu, l'artiste Giovanni Giacometti, en 1933, le fut tout autant au moment où une autre orientation de sa vie qui s'annonçait l'aura éloigné d'un certain « art de la cruauté » (Francblin, 1981). Enfin il se fit renverser par une voiture en 1938 et fut blessé au pied. Il se mis à claudiquer avec une canne. L'autre est aussi en miroir de la mort irreprésentable. Giacometti veut exprimer « le personnage tel qu'il le voit, tel qui lui manque, tel qu'il est pour autrui : *autre*, précisément, inaccessible, inapprochable même ». Jacques Dupin, très proche de Giacometti a très bien parlé de ses œuvres car elles l'ont traversé. La vérité est là, juste dans une recherche de la perception de l'autre à partager.

« Les preuves fatiguent la vérité » (Braque)

Giacometti était sans doute un chercheur de vérité, celle qui ne cesse se dérober. L'*Homme qui marche* imprime cet absolu[13] dans son mouvement immobile, conquérant et pourtant si fragile. Giacometti cherche à nous montrer ce qu'est le signe de la perception. Il ne s'agit pas pour lui d'une quête d'une vérité du mouvement telle qu'elle fut cherchée à la fin du XIXe siècle, à travers par exemple la polémique du cheval au galop – Muybridge confirmant avec des dispositifs différents que Marey et sa chronophotographie (1882) avait raison. Héritier de l'*Homme qui marche* de Rodin, il ne prolongera toutefois pas sa démarche qui ne cesse d'interroger la vérité du mouvement avec une pose impossible fruit d'un assemblage d'une étude des jambes de Saint-Jean-Baptiste et d'un torse ; sans tête, ni bras, « débarrassé du poids du sujet ». Il ne s'agit pas non plus de reprendre la vérité d'un geste de la série de Degas des statuettes des danseuses inspirées des ballets de l'Opéra de Paris. L'exigence de vérité d'*Homme qui marche* de Giacometti se trouve davantage dans son inachèvement ou plutôt comme le dit si bien Dupin par une « œuvre incessante », toujours reprise. Le style singulier confère aux œuvres de Giacometti ce que Dupin a si bien nommé et appelé « le surgissement d'une présence séparée » (Dupin, *ibid.*). Giacometti est toujours insatisfait, impuissant à atteindre ce qu'est l'humain et ce que serait une communication absolue. Seule la livraison de l'œuvre, le regard qui lui sera porté peut arrêter son insatiable insatisfaction. La revue *Hermès* est aussi très exigeante pour élaborer chaque problématique d'un numéro. *Homme qui marche* qui nous regarde nous rappelle que le désir de vivre est inaltérable. Il nous montre ce qui échappe à la communication pour qu'elle puisse exister. Comme dans l'art égyptien, *Homme qui marche* montre une vérité, celle d'une idée de la vie qui traverse le temps et l'espace : être debout et marcher pour être la figure d'une absolue liberté.

NOTES

1. Après la seconde guerre mondiale, dès 1947, des premières versions de taille variable (la première de grande dimension ; la seconde de 67 cm) de l'*Homme qui marche* apparaissent. Il ne cesse de travailler des projets, qu'il détruira ou n'aboutiront pas comme celui de la *Chase Manhattan Plaza*, de les dessiner avant *Homme qui marche I* (bronze, 1960) et *Homme qui marche II* (plâtre, 1960).
2. Cf. https://www.fondation-maeght.com/la-fondation/?lang=fr ; Aimé et Marguerite Maeght furent très importants pour Giacometti.
3. En premier, nous évoquerons *La Nuit* (première version, 1946) mais aussi autant d'oeuvres montrant une perception du quotidien : *La Place* (1948), *Trois hommes qui marchent* (1948), *Moi*

me hâtant dans une rue sous la pluie (1948), *Homme traversant une place par un matin de soleil* (1950).

4. Les dernières expositions et ventes donnent le vertige : 450 000 visiteurs en 2008 au Centre Pompidou, 330 327, dix ans plus tard, au Guggenheim Bilbao ; *L'Homme au doigt* (1947) fut adjugé à un prix record de 141,3 millions de dollars en 2015. Sous l'impulsion de Catherine Grenier et de la volonté politique, les projets ne s'arrêtent pas, le plus récent est l'ancien terminal d'Air France, sur l'esplanade des Invalides, à Paris qui accueillera le musée-école de la fondation Giacometti. L'ouverture est annoncée pour 2026 (*Le Monde*, 14 novembre 2022).
5. Lire la présentation de la fondation Giacometti-Institut de l'exceptionnelle exposition « L'homme qui marche. Une icône de l'art du XXe siècle (juillet-novembre 2020) : https://www.fondation-giacometti.fr/fr/evenement/137/lhomme-qui-marche-une-icone-de-lart-du-xxe-siecle
6. « Ces corps-ci quelque chose est arrivé : sortent-ils d'un miroir concave, d'une fontaine de jouvence ou d'un camp de déportés ? Au premier regard, nous croyons avoir affaire aux martyrs décharnés de Buchenwald. Mais l'instant d'après nous avons changé d'avis : ces natures fines et déliées montent au ciel, nous surprenons tout un envol d'Ascensions, d'Assomptions, elles dansent, ce sont des danses, elles sont faites de la même matière raréfiée que ces corps glorieux qu'on nous promet. Et quand nous sommes encore à contempler cet élan mystique, voici que ces corps émaciés s'épanouissent, nous n'avons plus sous les yeux que des fleurs terrestres. » (Sartre cité par Sophie Flouquet dans : « Aberto Giacometti [1901-1966]. Sur les traces de l'homme qui marche », *BeauxArts magazine*, juillet 2020)
7. Cf. https://www.fondation-giacometti.fr/fr/database/177454/projet-pour-un-monument-a-la-memoire-de-gabriel-peri
8. Lettre d'Alberto Giacometti à André Breton datée du 18 juin 1947 : « Vous accepteriez aujourd'hui une gravure représentant une tête, un portrait et c'est justement parce que je faisais des têtes, des portraits que vous m'avez une fois (ceci se passait chez Georges Hugnet) exclu du groupe ! Tout ceci n'est pas possible. » (Cf. https://www.andrebreton.fr/fr/work/56600101001760)
9. « Dans une interview [...], Picasso a déclaré que Rodin disait trop peu de choses et trop peu clairement : je souhaite à Picasso de nous dire toujours autant de choses et aussi clairement que Rodin. » (Cf. l'article de Philippe Dagen « Conversation en Rodin et Giacometti à la Fondation Pierre Gianadda, en Suisse », *Le Monde*, 12 août 1919.
10. À lire, le bel article de Azimi R., « Le retour en grâce d'Alberto Giacometti », *Le Monde*, 13 août 2021, https://www.lemonde.fr/m-le-mag/article/2021/08/13/le-retour-en-grace-d-alberto-giacometti_6091360_4500055.html
11. À lire, *Remarques sur le regard. Picasso. Giacometti. Morandi* (Bonnefoy, 2022)
12. « Autour d'elles l'espace vibre. Rien n'est plus en repos. C'est peut-être que chaque angle (fait avec le pouce de Giacometti quand il travaillait la glaise) ou courbe, ou bosse, ou crête, ou pointe déchirée du métal ne sont eux-mêmes en repos. Chacun d'eux continue à émettre la sensibilité qui les créa. Aucune pointe, arête qui découpe, déchire l'espace, n'est morte. » Tel est le phénomène que décrit Jean Genet (1957, 1979)
13. Dans cette quête de la vérité, on se rappellera l'exposition « Giacometti-Fontana, une recherche de l'absolu » en 2023, au Palazzo Vecchio de Florence où, de façon improbable, se rencontrèrent dans la salle des Lys *Judith et Holopherne* (Donatello, entre 1453 et 1460), *Signorina seduta* (Fontana, 1934) et *L'objet invisible* (Giacometti, 1934), l'*Homme qui marche* et la monumentale *Grande femme debout* (1960) de Giacometti.

RÉFÉRENCES BIBLIOGRAPHIQUES

Blanchard V., « L'homme et l'attitude de la marche dans l'art égyptien », *in* Grenier C. (dir.), *Alberto Giacometti L'homme qui marche*, catalogue d'exposition, Lyon, éditions Fages, 2020, p. 25-33.

Bonnefoy Y., *Remarques sur le regard Picasso Giacometti Morandi*, Paris, Calmann-Lévy, 2002.

Braque G., *Le jour et la nuit. Cahiers de Georges Braque* 1917-1952, Paris, Gallimard, 1952.

Clair J., « Giacometti Alberto (1901-1966) », notice, *Encyclopædia Universalis*, en ligne sur <https://www.universalis.fr/encyclopedie/alberto-giacometti/5-l-art-et-la-mort/>, page consultée le 2 janvier 2023.

Dupin J., *Face à Giacometti*, Paris, POL, 2022.

Francblin C., « Alberto Giacometti, un art de la cruauté », *Art Press*, n° 49, juin 1981.

Freud S., « Le délire et les rêves dans la “Gradiva” de W. Jensen », *in Œuvres complètes de Freud*, vol. VIII, Paris, PUF, 2007.

Genet J., *L'atelier d'Alberto Giacometti*, Saint-Just-La-Pendue, L'Arbalète, 1958-1963.

Grenier C., « L'homme qui marche », *in* Grenier C. (dir.), *Alberto Giacometti L'homme qui marche*, catalogue d'exposition, Lyon, éditions Fages, 2020, p. 7-23.

Grenier C., *Alberto Giacometti*, Paris, Flammarion, 2022.

Leiris M., *Pierres pour un Alberto Giacometti*, Paris, L'Echoppe, 1991.

Hugotte V., « La présence active du vide ». L'objet invisible de Giacometti », *Esprit*, février 1993, p. 56-58

Rinuy P.-L., « L'homme qui marche. Une icône de l'art du XXe siècle », *Encyclopædia Universalis*, en ligne sur <https://www.universalis.fr/encyclopedie/l-homme-qui-marche-une-icone-de-l-art-du-xxe-siecle/>, page consulté le 2 janvier 2023.

Sartre J.-P., « La recherche de l'Absolu », in *Situations, III*, Gallimard, 2013.

Wolton D., « Communication, incommunication et acommunication », *Hermès*, n° 84, 2019.

Wolton D., *Indiscipliné. 35 ans de recherche*, Paris, Odile Jacob, 2012.

Bernard Plossu
Photographe

Rencontre avec Bernard Plossu

David Le Breton : Ton père était un photographe réputé, un marcheur, un alpiniste, un compagnon de Roger Frison-Roche. Tu as beaucoup marché avec lui. Peux-tu parler de ces premiers voyages avec ton père qui t'initie à la marche et qui, en même temps, photographie le monde qui l'entoure ?

Bernard Plossu : Oui, mon père était grenoblois. Plossu en montagne veut dire « pelouchu ». Jeune, c'était un formidable grimpeur. Il est cité dans les livres de Henri Isselin sur la Meije et les Écrins ! et ses photos noir et blanc de la traversée du Grand Erg en 1937 avec son ami Roger Frison-Roche sont publiées dans les *Carnets sahariens* de Frison-Roche. Les deux hommes avaient même essayé de faire du ski sur les dunes. Il y a une photo connue d'un chameau regardant l'un des skieurs ! Son père, Pierre Plossu était professeur de sciences naturelles au lycée Champollion de Grenoble et écrivait en patois dauphinois. Quand il est mort, mon père était très jeune, treize ans à l'époque. Il m'a emmené faire de la montagne dès mon plus jeune âge, mais je sentais que ce n'était pas mon truc. Moi c'est plutôt la randonnée sans but, pour rien, juste pour respirer, surtout ne pas arriver quelque part, pas de conquête ! Mais d'abord, en 1958, j'avais treize ans, il m'a emmené au Sahara, à Ouargla et à Ghardaïa. Il m'a initié au désert, qui est devenu ma plus grande passion, initié aussi au voyage, et même à la photographie puisque j'avais alors un « Brownie flash », cet appareil d'amateur au format carré avec lequel j'ai pris mes premières photos noir et blanc. Des photos pas si différentes de celles que je fais maintenant. Ghardaïa est si cubiste. Il m'a surtout appris qu'en montagne, on doit marcher lentement, pas à pas, sans parler. Je me souviens d'une marche pour aller au refuge du Couvercle. Une initiation à la vie des refuges. On se fait doubler le matin par des jeunes pressés, que nous doublons l'après-midi, bien sûr car dans la marche pour aller vite, il faut aller doucement ! Cette leçon m'est restée toute ma vie.

DLB : En 1965, tu romps avec la société française et pars aux États-Unis. Tu vas vivre de l'intérieur la mouvance hippie, notamment à San Francisco et tu vas aussi parcourir le Mexique. Quelle est alors ton expérience de la marche, as-tu trouvé le temps de marcher dans les villes, les déserts, les montagnes, et quelle place tenait la photographie dans ces déambulations ?

BP : En 1965, comme j'avais raté mon bac deux fois à Paris, passant mon temps à la cinémathèque à apprendre l'image, les parents décident de m'envoyer ailleurs, au Mexique, où habitaient mes grands-parents, ma sœur, mon oncle. Là, au lieu d'étudier sur le campus, j'ai rencontré des gens de la *Beat Generation* et je suis parti sur la route. J'ai rejoint une expédition anglaise, Zashen Maax, le long des ríos Jataté, Lacanton et Usumacinta, puis chez les Indiens lacandons, comme les Arumayas dans Tintin, dans la jungle du Chiapas comme photographe. C'est là que tout a vraiment commencé professionnellement ! J'ai eu vingt-et-un ans dans la jungle. À l'époque, quelle bringue, Mexico City, wow ! et les errances vers Oaxaca, Puerto Angel, Guanajuato, etc. (Et l'herbe !). Ces mêmes amis *beat* m'ont proposé de venir avec eux, chez eux, et, la chance de ma vie, ils étaient de Carmel et Big Sur en Californie du Nord. Je suis arrivé en plein début de Haight Ashbury, le quartier hippie de Frisco, où j'habitais chez ma copine Patty défoncée… Je me suis trouvé sans l'avoir cherché en plein cœur de ce qui se passait là-bas à l'époque ! Donc photos, photos, photos, sans arrêt, bien sûr. Tout ça, tu connais, c'est dans le livre *Far out*[1] ! A l'époque, pas de marches randos de nature, à part pour aller dans la forêt au monastère de Tasajara où au lieu de prier avec les moines américains si sérieux, j'allais me baigner dans la rivière sauvage avec de splendides californiennes ! Par contre, pour revenir à la marche, oui, j'arpentais les villes sans arrêt, que ce soit Frisco ou Mexico City, Oaxaca ou Berkeley, tout ça à pied, bien sûr ! Sans conscience que je marchais, je faisais des photos, la vraie marche, c'est venu plus tard.

DLB : Tu retournes aux USA, en 1977, tu vas notamment vivre à Taos, au Nouveau Mexique, je crois que c'est là que tu vas vivre avec intensité, avec une poignée de compagnons de route ton amour de la marche et de la photographie. Peux-tu parler de ces années-là, de tes amitiés, de ce qui va marquer ton parcours, ce qu'il en reste aujourd'hui ?

BP : Taos… Septembre ou octobre, on quitte la Californie, où je me suis marié avec Kathy, vers Taos où on va parce que pleins d'amis s'y sont déjà installés. C'est la suite des mouvements californiens vers les hauts-plateaux, à plus de deux-mille mètres d'altitude. Kathy est enceinte, Shane naîtra le 14 juillet 1978 ! Son prénom vient du film de Georges Stevens avec Alan Ladd, en 1953, *Shane. L'homme des vallées perdues.* « Come back Shane, come back », dit le gosse alors que Shane s'en va au loin. Et c'est carrément à Monument Valley que Shane fera ses premiers pas ! Des années passionnantes et rudes, hivers froids, campagne boueuse sur les pistes, mais une vie vraie, à seulement deux cents mètres de la fameuse église en pisé de Ranchos de Taos que j'appelle « la cathédrale du Southwest ». Pleins d'amis, une vraie époque, la suite des 60's à Big Sur… Effectivement, tout a vraiment commencé ces années-là, avec Daniel Zolinsky, qui avait passé deux ans à parcourir l'Asie à pied, et Douk Keats, le Texan adorant la nature de son pays. Nous voilà allant partout, avec le bus VW, campant dans des paysages que je n'aurais jamais osé imaginer tellement ils étaient sublimes ! Personne, silence, nous trois, le soleil, la chaleur, la neige l'hiver, les animaux, même dangereux, les gouttes de pluies tombant dans le sable, flop flop… L'eau, ne pas se tromper, en emmener assez ! Les tomates, pour faire passer la nourriture en l'humidifiant, les chaussures qui deviennent les meilleures amies ! La curiosité insatiable d'endroit en endroit, marchant en Utah, Nevada, Arizona, dans les déserts californiens de Anza Borrego et Palm Canyon et Joshua Tree. J'ai écrit alors sept poèmes (en anglais) sur l'amour du désert[2]. J'ai compris aussi que pour bien montrer la dimension gigantesque du désert, le format miniature, justement, était ce qu'il fallait pour ne pas être redondant et pompier. Là j'ai vraiment appris à voir, à comprendre le peu, le minimum. Ce sera *The Garden of Dust*[3], le jardin de poussière, une série faite totalement en marchant, dans ces lieux immenses que l'on retrouve si bien décrits dans les livres écrits par Edward Abbey. Que dire de plus ? On avait tout, le désert, l'espace et la compréhension de ce qu'est la vraie photographie de paysage.

DLB : Aujourd'hui, tu marches sans cesse en France, mais aussi en Italie, en Espagne, ailleurs, toujours l'appareil photo en main, en quoi cette expérience demeure-t-elle essentielle pour toi ? Quels lieux retrouves-tu avec bonheur ? Ceux que tu n'aimes pas du tout, pourquoi ?

BP : 1985 : le retour du désert, divorce, retour en vieille Europe : me revoilà marchant dans le métro parisien que je photographie tellement, bien loin de l'Utah ou de l'Arizona, ça sort en livre : *Chronique du retour*[4] avec un texte de Régis Durand. Je dois me ressaisir, faire face, et… continuer de marcher. Ce qui va devenir un travail de trente ans est la visite hors-saison de toutes les petites îles italiennes, oui, toutes, une par une. Là, c'est la même austérité que dans le désert américain. Les mêmes copains viennent, Dan et Doug, et on grimpe les îles de tous les côtés. La marche continue, je connais par cœur toutes les collines du désert de Cabo de Gata ! Et je suis invité à aller marcher à Tenerife : désert volcanique, donc en fait, je continue à arpenter les jardins de poussière, ou plus exactement de pierres, mais en vieille Europe. Pareil avec des îles grecques du Dodécanèse, Tilos et Nisyros… Par miracle, me tombe dessus la plus belle commande de ma vie de photographe : toute la zone en Aragon autour de Huesca ! Pas les canyons là-haut, non, mais les tas de petits villages ou presque personne ne vit, où le paysage est aussi vaste que dans l'Ouest américain… Année après année j'y passe des semaines, accroc, drogué à la marche : là, personne ! Je suis avec les amis espagnols : Pedro, Maria, Antonio, Florencio, Sylvie. On s'éclate calmement, et la vie recommence en beauté ! Il faut dire que ce pays, cet arrière-pays dirait Yves Bonnefoy, est une splendeur ! J'ai trouvé aussi beau peu de temps après en Écosse où j'ai aussi marché, et au cirque d'Anéou, qui ressemble tellement à l'Ecosse que j'en ai fait un livre : *En dépliant les montagnes* avec un texte de Gilles Tiberghien ! Ma rencontre avec toi, David, a aussi été déterminante car on parle le même langage, la même passion de mettre tout simplement un pied devant l'autre ! C'est si simple. Pareil avec la commande de la réserve géologique de Digne[5], et les marches en France, dans l'admirable Cantal, le superbe Cotentin, tout ça ici sans avoir même à aller loin ! (Fini l'avion !). À Huesca, le superbe musée de la Nature, le Centre d'art et de nature, me fait une grosse expo de quelques trois cents photos de ce coin. Comme un *Garden of Dust* bis... Pourvu que ça ne s'arrête pas ! Maintenant je lis Paolo Rumiz, autre passionné de marche. Philosophiquement, je n'ai qu'une chose à dire : les plus grands artistes sont les anonymes qui construisent pour nous tous, randonneurs, les sentiers, pierre par pierre : ce sont eux qu'il faut admirer et remercier. Oui, eux, les vrais grands artistes de la vie.

DLB : Une part de ton œuvre de photographe est liée intimement au fait de marcher, en quoi ces activités sont-elles intimement connectées pour toi ? Imagines-tu de marcher sans ton appareil photo ?

BP : Je ne pense pas être le seul à avoir cette passion de la marche : il me semble que pratiquement tous les photographes sont, par le fait même du métier, impliqués totalement dans la marche ! Même si ce n'est pas forcément dans la nature, marcher en ville est aussi de la marche ! Je pense à Baylon à Madrid, à Max Pam au Népal, à Marie-Blanche Hannequin en Afghanistan, à Nicolas Bouvier, etc. Immense liste ! Mais en ville aussi, Sudek à Prague, Atget à Paris, Cartier Bresson dans toutes les villes du monde, Boubat en Inde ou au Portugal, Frank à Londres, Larrain à Valparaiso. Tous bien chaussés, la première règle de la photographie ! Que ce soit la nature ou la ville, la photographie est totalement liée à la marche, c'est une évidence car le déplacement crée les images par le hasard des situations ou des rencontres. Voyager aussi implique la marche photographique ! Aller ailleurs et voir, comprendre, découvrir. Rimbaud pour Kerouac… Et même, je dirais volontiers que des livres d'écrivains sont aussi des livres d'images ! Je pense à Lowry et à Traven au Mexique, à Cossery en

Égypte. Et maintenant aux images d'un Jean Echenoz qui pétille d'observation ! Et plein d'écrivains voient les images si bien dans leurs voyages, Bailly, Bertina, Vernet, Delfino, Christian Garcin, Dallet, Jean-Claude Jacq. Impossible de boucler une telle liste !

DLB : Dans ton œuvre la marche urbaine est sans doute aussi essentielle que les parcours sur les montagnes, les collines, les déserts, les forêts ? Quelle inspiration trouves-tu dans l'une ou l'autre ?

BP : Oui, la marche urbaine est aussi totalement impliquée dans ma vie de marcheur ! J'ai réalisé ou participé à des livres sur Bruxelles, Bari, Berlin, Milan, Paris, Athènes, Thessalonique, Barcelone, Rome, Le Havre, Anvers, Mexico, Valencia, Almeria, Marseille, et bien sûr tout cela à pied la plupart du temps ! Ce qui ne m'empêche pas d'adorer aussi photographier depuis les moyens de transports, trains, autos, bus, etc. En fait, je suis toujours photographe, sans arrêt, que ce soit en montant à la Sainte-Victoire, « la montagne blanche », au musée Granet, dans les jardins de Monet à Giverny (*Monet intime* avec le musée des Impressionnismes), ou dans les quartiers de Palerme, de Cartagena, de Ghardaïa à treize ans au Brownie flash, de Phoenix, de Jaisalmer, d'Agadès, de Besançon, etc. L'appareil est toujours prêt, réglé d'avance pour ne pas me faire surprendre. Tout le temps, même là où je dors. On ne sait jamais !

DLB : Peux-tu évoquer des souvenirs de marche qui t'ont marqué ?

BP : Des souvenirs marquants de marche ! Tellement ! Particulièrement la montée sans aucun sentier au mont Ajo en Arizona, proche du Mexique qu'on pouvait voir au loin depuis là-haut, au sommet ! Là, le vrai désert, personne mais gaffe aux nombreux serpents ! Aussi gros souvenir et choc dans une forêt au Nouveau Mexique, à deux mille deux cents mètres d'altitude, ou j'avais repéré des traces de daims sur les écorces d'arbres et au sol. Hélas, ce jour-là, j'étais seul, ce qu'il ne faut jamais faire dans ces lieux loin de tout. En cas de pépin, on disparait, ce ne sont pas les daims que j'ai trouvés, mais un énorme ours brun. Que faire ? Je suis parti doucement, en espérant ne pas finir ma vie dévoré, mais *ouf*, il ne m'a pas couru après ! Et j'ai tout de même fait une photo, mais une seule, à cinquante mètres ! Sans même aller loin, les souvenirs de marche avec toute la bande des randonneurs d'ici, sont merveilleux, du Cotentin à Manigod ou Arêches en Savoie ! Ou le voyage de noces avec Françoise[6] à Port-Cros en hiver ! D'ailleurs, ensemble on était allés à Levanzo, l'île où j'avais rêvé pendant des années de l'emmener ! Au Nemrud Dag aussi en Turquie. Alors là, plus fort comme paysage, il n'y a pas ! On a aussi fait le tour de l'île de Nisyros, et des ruelles de Jaisalmer… Tout un programme, que de souvenirs !

DLB : Préfères tu marcher seul ou avec d'autres ?

BP : Je sais que pas mal de randonneurs aiment marcher seul ! Moi pas, j'aime, non j'adore, la compagnie d'autres randonneurs ! Il ne s'agit pas de parler, ça non, rien de pire pour la respiration quand on marche, mais juste d'être bien et heureux ensemble ! Jamais on ne m'a dérangé. Quand je fais mes photos, la compagnie est au contraire bien agréable et ne m'empêche en aucun cas de me concentrer ! Je sais que pour certains collègues, c'est impensable. Mais pour moi partager le bonheur est en fait essentiel avec le plaisir de la marche ! En aucun cas des « rêveries de promeneur solitaire » ! Ce qui ne m'empêche pas, souvent, de sortir un bout de papier pour écrire des petites observations de-ci de-là ! Et puis chercher ensemble le beau coin où l'on va pique-niquer, se passer l'opinel pour couper le fromage, le saucisson, le pain et les tomates. C'est ça la belle vie au grand air ! Et ça ne coûte pas cher du tout ! Pas besoin de trucs ou de gadgets, juste de bonnes chaussures qui sont aussi les meilleures amies.

DLB : Quel lien fais-tu entre la marche et la communication ?

BP : Marcher est une manière de communiquer hors des machines de ce XXe siècle. En marchant, avec des gens ou en leur montrant des photos et des sentiers à faire en randonnées, on communique un plaisir de vivre qui apporte quelque chose de plus fort que tous les bonheurs artificiels qu'apportent les technologies ; on passe le flambeau du savoir le plus simple : jouir de la nature et de l'air pur. C'est différent des messages que l'on voit constamment sur les écrans et même maintenant sur les téléphones. Marcher c'est communiquer un bonheur qui soulage bien des angoisses du monde « moderne » !

NOTES

1. Plossu B., *Far out. Les années hip. Haight Asbury, Big Sur, India, Goa,* Mulhouse, Mediapop, 2011. Voir aussi Plossu B., *So long. Vivre l'Ouest américain (1970-1985)*, textes de C.-A. Boyer et L. Baltz, Yellow Now/FRAC Haute-Normandie, 2007.
2. Plossu B., *Poèmes du Jardin de poussière*, édition bilingue Fontaine-les-Dijon, Éditions Gramma, 1995.
3. Plossu B., *The Garden of Dust*, texte S. Alexander, Paris, Marval, 1989.
4. Plossu B., *Chronique d'un retour*, texte R. Durand, Paris, éditions Artgraphie, 1987.
5. Plossu B., *Des millions d'années... La réserve géologique de Haute-Provence*, texte de David Le Breton, Crinsée (Belgique), Yellow Now, 2010.
6. Françoise Nuñez est également photographe et développe elle-aussi une œuvre importante. Cf. *L'Inde jour et nuit*, texte de J.-C. Bailly, Paris, Filigranes, 2010 ; *À Valparaiso*, Paris, Filigranes, 2012 ; *Kalahari*, texte de C. Gordon et E. Auzoux, Arles, Arnaud Bizalion éditeur, 2015 ; *Mu-Jô. Une invitation à Nara*, texte de D. Le Breton, Crinsée, Yellow Now, 2010. Sur B. Plossu et son rapport de photographe à la marche, voir aussi : Le Breton D. et Plossu B., *Marcher la photographie*, Mulhouse, Mediapop, 2019.

Pic du Midi d'Ossau – Pyrénées, 2011.
Crédit : B. Plossu.

Sébastien Genevo et Esteban Giner
Frédéric Chose
Agnès Giard
Pascal Lardellier
Jocelyn Lachance
Christophe Alcantara
Bernard Valade
Pauline Detavernier
Jérémy Gaubert

IV. Les phénomènes contemporains de la marche au prisme de la communication

Sébastien Genvo
Université de Lorraine

Esteban Giner
Université de Lorraine

Du *slow play* aux *walking sims* : les enjeux expressifs et narratifs de la marche dans les jeux vidéo

Dans un entretien, Hideo Kojima énonce à propos de son jeu *Death Stranding* (l'un des *blockbusters* de 2019) : « Ce que j'ai réalisé, c'est que lorsque j'observe les tests du jeu – même ceux de l'équipe – ils ne comprennent pas au début. Mais quand ils commencent vraiment à jouer, le simple fait de marcher est vraiment amusant dans cet espace. » En effet, il s'agit d'incarner Sam Bridges, un porteur dont le travail est d'assurer la livraison de denrées tout en faisant face à des enjeux, écologiques, politiques et terroristes dans un contexte de fin du monde. Ce jeu attire l'attention en tant qu'actualisation d'un genre de jeux vidéo, que certains critiques réduisent au fait de « marcher » : les *walking simulators*. Deslongchamps-Gagnon (2019, p. 153) note à leur sujet :

> « [U]ne évolution fondamentale dans l'emploi et la signification de l'étiquette "walking simulator" : d'un qualificatif insultant qui émane d'une première controverse, soit le statut de jeu ou non-jeu que méritent ces objets, à une dénomination générique qui elle aussi fait l'objet d'un débat, à savoir si le terme devrait être toujours utilisé pour désigner des œuvres comme *Dear Esther*. Même si "walking simulator" est devenu une étiquette générique, sa connotation péjorative ne s'est pas effacée pour autant, puisqu'elle suscite toujours des réactions. »

Ce statut controversé fait des *walking simulators* des objets intéressants à étudier. Sarah Stang explique cela par le fait qu'ils « représentent quelque chose de "différent" dans le paysage plus large de l'industrie des jeux ou, plus franchement, ne sont pas vraiment des "jeux" » (Stang, 2019, NT). Comme le note Melissa Kagen, « ces simulations de marche offrent une expérience de narration et d'exploration spatiale, dans laquelle les joueurs se promènent dans un environnement riche en narration sans gagner de points ni nécessairement accomplir de tâches » (Kagen, 2018, NT). Cependant, encore peu de travaux issus des SIC portent directement sur le fait même de « marcher » dans un jeu vidéo et ce, alors que de nombreux jeux font de cette allure un élément incontournable de leur *game design*. Pour autant, cet éclairage est essentiel pour montrer comment la marche construit dans ce médium un certain rapport au monde fictionnel, aux croisements d'enjeux narratifs et expressifs. De fait, cet article propose d'appréhender la marche dans les jeux vidéo en tant que phénomène communicationnel et ce, à partir d'un corpus exemplatoire de jeux vidéo allant du jeu dit « AAA » (qualifiant les *blockbusters* vidéoludiques) aux jeux ayant des audiences plus restreintes. Une étude de cas effectuée sur les *walking simulators* permettra ensuite de relever certaines caractéristiques d'un genre mettant la marche au centre de ses modalités d'action.

Penser la marche en tant que phénomène communicationnel

Appréhender la marche depuis une perspective communicationnelle implique en premier lieu de retracer sa ludicisation, définie ici comme le processus par lequel un objet ou un phénomène (la marche en l'occurrence) est amené à être considéré comme un jeu dans un contexte socio-culturel précis (Genvo, 2013 ; 2020). La première observation à mettre en exergue est que la ludicisation de la marche est corrélée à l'évolution technologique des jeux vidéo, qui a permis l'encodage d'un plus grand nombre d'allures. Dans *Pitfall!* (Activision Blizzard, 1982) seule une allure de course est à disposition. Par la pression d'un bouton, *Super Mario Bros* (Nintendo, 1985) propose une course lente et une course rapide. *Tomb Raider 3* (Core Design, 1998) fait de la course le déplacement principal de Lara Croft, mais propose également la possibilité de marcher par le maintien d'une gâchette et le *sprint* par le maintien d'une autre. C'est en particulier l'usage des joysticks qui a permis de moduler l'allure de l'avatar. Dans les jeux AAA comme *Assassin's Creed* (Ubisoft, 2007-2020), la norme actuelle est de lier l'inclinaison du joystick à l'allure, une faible inclinaison signifiant une allure de marche. Ce récapitulatif permet de constater la façon dont la marche, en tant qu'allure, n'existait qu'en périphérie du déplacement de base d'un jeu et comment elle fut recentrée progressivement dans le *design* même de l'expérience et des moyens de contrôle.

Cela étant, cette évolution technologique est également à prendre en considération de l'évolution de certains jeux vidéo voulant proposer des expériences plus proches de l'expérience cinématographique. La série *Uncharted* (Naughty Dog, 2007-2022) est un exemple d'une certaine intention des studios à vouloir proposer des expériences jouant sur une grande variété d'émotions. En intégrant des séquences de dialogue pendant l'exploration d'un environnement, la série alterne des rythmes et des régimes de jeu allant de l'action effrénée à l'exploration lente. Autrement dit, l'évolution technologique a été suivie d'un processus d'esthétisation d'un rapport aux jeux vidéo. C'est pourquoi des auteurs comme Felix Zimmerman et Christian Huberts (2019) parlent d'*ambiant actions games* pour définir des jeux où les actions du joueur sont réduites au minimum, ce qui permet au jeu d'inviter à se focaliser sur son ambiance.

Cette évolution dans le *game design* permet de faire émerger une certaine figure de joueur-modèle (Genvo, 2013) relative à la marche, c'est-à-dire une stratégie interprétative mise en œuvre par la structure de jeu visant à cadrer des expériences de jeu, et qui consiste à inciter l'audience à observer, contempler ou flâner. Cette attitude ludique a notamment été nommée l'ouverture attentionnelle curieuse :

> « [L'ouverture attentionnelle curieuse] consiste à se rendre disponible à des perturbations, à ne pas les

> traiter comme des interruptions (qui créeraient une discontinuité dans l'action), mais à ne pas non plus les envisager comme des dispersions (qui créeraient une simple versatilité de la personne au gré des situations, sans guidage). » (Auray et Vétel 2013, p. 160)

De fait, ce qui définit l'aspect ludique intègre également la possibilité d'une exploration attentive d'un environnement. En plus de cette esthétisation, la marche répond également à des impératifs ludiques. Dans *Metal Gear Solid V* (Konami, 2015), la marche du soldat-avatar *Venom Snake* indique une méfiance vis-à-vis de l'environnement. Dans *The Graveyard* (Tale of Tales, 2008), où l'on incarne une personne âgée dans un cimetière, la marche est lente de sorte à signifier la difficulté de se mouvoir. Ces impératifs peuvent également provenir d'une intention de la part des audiences joueuses à rechercher une expérience différente allant de la performance au repos. La notion de *slowrun* fait référence à l'intention de terminer un jeu de la manière la plus lente possible (Giner, 2018). Cette recherche performative dans la marche peut également aboutir à des productions remédiatisant l'expérience, comme c'est le cas de certaines vidéos de joueurs traversant l'intégralité d'un espace explorable en marchant. La série de vidéo *Walk Across The Map* de la chaîne YouTube ENXGMA réunit des millions de vues qui, à défaut de constater une véritable communauté de pratique, révèle que la marche est également valorisée en tant que forme de jeu autotélique[1].

Ainsi donc, cette première partie permet de poser un cadrage compréhensif de la marche en tant que phénomène et pratique vidéoludique. D'abord excentrée de l'expérience, les progrès technologiques et la recherche de nouvelles expériences ont fait de celle-ci un aspect central des jeux vidéo, particulièrement ceux proposant un espace explorable en trois dimensions. De fait, la ludicisation de la marche semble corrélée à des pratiques atypiques de jeu qui deviennent typiques, mais également à une certaine esthétisation de notre rapport aux mondes numériques. Au creux de ce cadre, les *walking simulators* sont devenus un genre de référence dans l'industrie, en témoigne des parangons récompensés tels que *What remains of Edith Finch* (Giant Sparrow, 2017) ou *Outer Wilds* (Mobius Digital, 2020). C'est pourquoi une focalisation sur ce genre permet de préciser le cadre développé jusqu'ici, en même temps que les enjeux narratifs et expressifs de la marche dans les jeux vidéo.

Les *walking simulators* : cristallisation d'enjeux expressifs et narratifs

Afin de comprendre le positionnement singulier de ce genre au regard d'autres formes vidéoludiques, il est nécessaire de préciser certaines particularités du jeu vidéo en tant que forme de narration. Comme l'indique Malaby (2007), l'intérêt et l'identité singulière d'un jeu sont notamment fondés sur la façon dont ses règles configurent certaines formes de contingence pour les actions. Cela rejoint notamment les réflexions d'Henriot (1989), pour qui jouer revient à faire l'exercice des possibles d'une situation. On peut également préciser que la notion de jouabilité (Genvo, 2013) renvoie plus particulièrement à l'espace des possibles expérimentable dans un jeu. Malaby propose notamment une typologie de formes de contingence mises en scène dans les jeux, dont certaines permettent de relever la singularité de jouabilité des *walking simulators*. Il indique que ce qu'il dénomme contingence performative dépend de la performance du joueur et sera qualifiée en termes de réussite ou d'échec. Pour Malaby, de nombreuses compétitions sportives reposent sur la mise en forme de cette contingence, de même que les jeux vidéo les « jeux de tir en vue subjective » (ou *First person shooter*, FPS), dont les modes de représentation sont semblables aux *walking simulators*. On peut également souligner que cette forme de contingence s'est retrouvée mise en scène de façon dominante dans les productions de l'industrie vidéoludique, du fait de la sur-représentation de thématiques liées à des formes de « masculinité militarisée » (Kline *et al.*, 2003). Les FPS s'ancrent pleinement dans ce sillage. Dès lors, depuis leur apparition, les premières œuvres liées à la dénomination générique de *walking simulators* ont rapidement suscité la controverse sur leur statut de jeu du fait d'absence de forme de contingence performative, malgré leur proximité apparente avec les jeux de tir en vue subjective.

C'est notamment le cas du jeu *Dear Esther* (The Chinese Room, 2012), qui est le jeu qui a concouru à la formalisation du terme « walking simulator ». Il s'appuie dans une première version sur le moteur *Source* à l'origine d'œuvres phares du FPS, comme *Half Life 2* (Valve, 2004). Ce jeu propose l'exploration d'une île désolée en marchant. L'argumentaire commercial insiste sur l'abandon de formes traditionnelles de jouabilité pour une expérience orientée vers la narration d'une histoire d'amour, de perte, de culpabilité et de rédemption. Ce choix a questionné les critiques, à l'exemple de cet article intitulé « Dear Esther : tu n'es pas du tout un vrai jeu » (NT) où l'auteur indique que « pour commencer, il n'y a pas d'aliens, ou d'explosions ou de flingues. Il n'y a pas de score et très peu de choses pour vous dire où aller. *Dear Esther* est une histoire, purement et simplement : une histoire interactive obscure, introspective et obsédante [...]. Il n'y a rien à poursuivre et pas d'objectifs – la seule chose à faire est de commencer à errer » (Bitmob, 2012, NT).

Cependant, il est nécessaire de souligner que *Dear Esther* n'est pas dénué de toute jouabilité car il met davantage l'accent sur une autre forme de contingence identifiée par Malaby, la contingence sémiotique, où un caractère d'incertitude accompagne les tentatives d'interprétation des résultats d'un jeu. Celle-ci est moins mobilisée dans les jeux vidéo mais est au centre des *walking simulators*, notamment si l'on prend en considération leur vocation narrative. Comme l'a souligné Jenkins (2002), la narration dans les jeux vidéo se pense de façon environnementale, c'est en explorant l'espace de jeu que l'on fait advenir les évènements du récit. On peut de la sorte parler de « narration spatialisée » (Murray, 1998). L'errance induite par le rythme de la marche dans les *walking simulator* incite à prêter attention à des détails, à s'attarder sur des éléments de l'environnement. De la sorte, selon le degré d'investissement dans l'exploration, il sera possible d'approfondir, voire de modifier, l'interprétation de l'histoire, la jouabilité se situant alors davantage sur le plan des savoirs narratifs par rapport aux savoirs interactionnels (qui s'inscrivent davantage dans une visée performative ; Montembeault et Perron, 2018). L'apport à la progression du joueur n'est pas uniquement à penser comme une ouverture des possibles en termes d'exploration spatiale, mais également en termes de médiation des éléments de la diégèse, ce qui en constitue un enjeu communicationnel fort. Cela est probant dans *Dear Esther* où l'histoire peut sembler confuse (comme en attestent de nombreux sites en proposant une explication) et où le jeu consiste à en percer les mystères en prêtant attention aux détails de l'exploration. On peut retrouver une logique similaire de contingence sémiotique dans une autre œuvre marquante du genre, *Gone Home* (Fullbright, 2013). Le jeu propose d'incarner une étudiante revenant d'un séjour d'études et retrouvant la maison familiale mystérieusement vide. Tout comme *Dear Esther*, peu de possibilités d'interaction sont disponibles, l'intérêt résidant dans l'exploration du lieu à un rythme lent. Dès le départ, tous les codes du genre horrifique sont mobilisés pour créer une fausse piste quant à l'interprétation de l'histoire. Mais le sens de cette dernière se révèlera très différente pour aborder *in fine* une histoire d'amour homosexuel (thème peu abordé par les jeux vidéo), dont la compréhension complète dépendra de l'attention portée aux détails lors de la visite du manoir. La contingence sémiotique, mise en œuvre par une narration spatialisée portée au rythme de la marche, sert ici à faire passer progressivement le joueur de thématiques usuelles du médium à des sujets qui s'y font plus rares, ceci en insistant sur l'importance à porter aux savoirs narratifs.

Conclusion

D'abord fonction secondaire, la marche est devenue centrale dans le fait d'explorer une réalité vidéoludique. Nous avons restitué ici certains des enjeux de cette ludicisation de la marche qui a permis de faire entrer le médium dans de nouveaux horizons narratifs. Cet article permet de faire émerger en conclusion au moins trois notions conceptualisant la marche et les façons dont cette action permet de moduler les enjeux narratifs et expressifs des jeux vidéo : l'errance (*wandering*), la randonnée (*trekking*) et le témoignage (*witnessing*). Les *walking simulators* ont permis d'identifier l'intérêt de l'errance pour susciter une ouverture attentionnelle curieuse afin d'être témoin d'une histoire qui se joue.

La randonnée permet d'appréhender à la fois une exploration plus ou moins contrainte par des sentiers narratifs, tout en considérant que la marche soit au centre de l'attention. Pensées comme paramètres d'un régime d'expérience, ces notions permettent de considérer la marche comme fondatrice de formes renouvelées de contingences sémiotiques, ouvrant de nouvelles perspectives communicationnelles au médium vidéoludique.

NOTE

1. Voir par exemple : ENXGMA, « Walk Across The Map Timelapse | Watch Dogs 2 », 2019, en ligne sur <https://www.youtube.com/watch?v=sIAenSdd998>.

RÉFÉRENCES BIBLIOGRAPHIQUES

Auray N. et Vetel B., « L'exploration comme modalité d'ouverture attentionnelle », *Réseaux*, n° 182, 2013, p. 153-186, en ligne sur <https://doi.org/10.3917/res.182.0153>.

Bitmob, « Dear Esther: You're not a real game at all », *Venturebeat.com*, 2012, en ligne sur <https://venturebeat.com/2012/02/19/dear-esther-youre-not-a-real-game-at-all/>.

Deslongchamps-Gagnon M., « Amour et haine de la marche. Évolution et cristallisation discursives sur le *walking simulator* », *Kinephanos*, n° spécial, mai 2019, p. 137-164.

Genvo S., « Penser la formation et les évolutions du jeu sur support numérique », mémoire d'habilitation à diriger les recherches en sciences de l'information et de la communication, Université de Lorraine, 2013.

Giner E., « Du *Slow Play* au *slowrunning* », *Chroniques Vidéoludiques*, 2018, en ligne <https://www.chroniquesvideoludiques.com/du-slow-play-au-slowrunning/>.

Henriot J., *Sous couleur de joue. La métaphore ludique*, José Corti Éditions, 1989.

Jenkins H., « Game design as narrative architecture », *web.mit.edu*, 2002, en ligne sur <https://web.mit.edu/~21fms/People/henry3/games&narrative.html>.

Juba J., « Hideo Kojima Answers Our Questions About Death Stranding », *Game Informer,* 2019, en ligne sur <https://www.gameinformer.com/interview/2019/09/16/hideo-kojima-answers-our-questions-about-death-stranding>.

Kagen M., « Walking, Talking and Playing with Masculinities in Firewatch », *Game Studies*, vol. 18, n° 2, 2018, en ligne sur <http ://gamestudies.org/1802/articles/kagen>.

Kline S., Dyer-Witheford N., De Peuter G., *Digital play: The interaction of technol-ogy, culture, and marketing*, McGill-Queen's Press-MQUP, 2003.

Malaby T. M., « Beyond Play: A New Approach to Games », *Games and Culture*, vol. 2, n° 2, 2007, p. 95-113, en ligne <https://doi.org/10.1177/1555412007299434>.

Montembeault H., Perron B., « La Focalis-action. Des savoirs narratifs aux faires vidéoludiques », *Sciences du jeu*, n° 9, 2018, en ligne sur <https://doi.org/10.4000/sdj.897>.

Murray J. H., *Hamlet on the holodeck: The future of narrative in cyberspace*, MIT Press, 1998.

Stang S., « Walking Simulators Special Issue Editorial », *Press Start*, vol. 5, n° 2, 2019.

Zimmermann F., Huberts C., « From Walking Simulator to Ambience Action Game », *Press Start*, vol. 5, n° 2, 2019, p. 29-50.

Frédéric Chose
Université Toulouse Jean Jaurès

Un pyrénéisme numérique peut-il exister ?

L'histoire des marches et des ascensions réalisées depuis le XIXe siècle dans les Pyrénées a développé son identité autour de la notion de pyrénéisme[1]. Le mot de l'historien Henri Béraldi permet de préciser le terme : pour être pyrénéiste il faut « savoir à la fois ascensionner, écrire, et sentir[2] » (1908). On peut certes critiquer le contenu peu défini de l'expression et son utilisation souvent romantique, ou objecter encore que les pratiques avancées, mêlant l'approche savante et sensible de la marche, se retrouvent dans bien d'autres lieux[3]. Pourtant, la singularité ainsi revendiquée indique peut-être combien le sens de l'activité de randonnée elle-même, et cela en toutes régions, se situe dans une expérience particulière, qui est mise à l'écart des normalisations qui encadrent par ailleurs celui qui a décidé de marcher. Et si la marche permet la constitution de son identité dans l'autonomie d'une expérience motrice et perceptive du monde, au travers de narrations associées, il ne fait aucun doute que son succès récent s'explique en réaction à la modernisation technique des sociétés et à la dimension tertiaire de nos activités[4]. Aussi devient-il nécessaire de s'interroger sur la véritable compatibilité de la marche avec les technologies digitales qui lui sont désormais associées.

L'interrogation sur la survie d'un pyrénéisme numérique revient à suspecter une dénaturation de l'activité en raison du supplément technique apporté. Car la marche n'est pas une simple capacité motrice, un intervalle entre deux réalités, un outil pour relier un point ou gravir un sommet auquel s'ajouterait un instrument supplémentaire, tels le GPS ou une application quelconque. Ce que le marcheur vient chercher, c'est tout ce qui ne relève pas de l'information, puisque « la marche est un mode de connaissance qui rappelle la signification et le prix des choses » ; c'est un périple au travers d'un territoire dont « la connaissance est toujours en chantier » parce que le marcheur « participe de toute sa chair aux pulsations du monde » (Le Breton, 2000). La marche n'est pas un moyen car elle est une finalité ; elle est elle-même émergence d'une réalité, d'une existence présente, d'une nature particulière. C'est pour cela qu'il y a pyrénéisme. Au contraire, celui qui suit une trace GPS ne fait que reproduire un tracé cartographique dans un paysage, au lieu d'éprouver son autonomie dans un espace qu'il transforme en monde[5]. Il réalise un transport plutôt qu'un trajet, choisissant là entre deux formes d'appréhension du réel : « la cartographie est un mode d'occupation, et non d'habitation » (Ingold, 2007). Pourtant il faudrait ne pas délaisser une expérience de l'espace qui se développe « de manière continue dans le monde », qui fait que l'on « apprend en marchant », et qui se construit dans l'« entrelacs des parcours » (Certeau, 1990) plutôt que dans l'occupation et la connexion, paradigmes de l'urbanisation de notre univers.

L'application des technologies numériques au pyrénéisme est un phénomène apparu dans les années 1990, fruit d'initiatives individuelles isolées relevant de pratiques professionnelles (guides de montagne) ou d'amateurs éclairés. Ces pratiques se sont plus récemment répandues (dès 2010) à partir des différentes applications cartographiques sur smartphone. La préparation des itinéraires, l'enregistrement des traces effectives, des données de la randonnée (dénivelé, vitesse de déplacement), voire des constantes physiques du marcheur sont devenus monnaie courante même si elles ne sont pas encore majoritaires (nécessité d'une double compétence associant savoir-faire cartographique et numérique).

En raison de leur utilité, ces différentes informations ont été rapidement l'objet d'une diffusion sur le Web, diffusion associée à des narrations, phénomène qui souligne que l'aspect souvent individuel de la marche ne doit pas faire oublier que l'on ne marche jamais seul, mais toujours en compagnie d'un « écosystème d'idées » (Lévy, 2003). C'est d'ailleurs cette corrélation entre le fait de marcher et de raconter qui est valorisée par les chantres du pyrénéisme, dont le mérite est de manifester qu'il existe indéniablement un savoir-faire et un savoir-être partagé, ou ce que Jérôme Monnet propose d'appeler le savoir-marcher, « la combinaison personnalisée des idées, perceptions et émotions individuelles avec des représentations collectives de la marche » (Monnet, 2016), à laquelle participe le choix de ce qu'il faut emporter dans son sac (eau, anorak, GPS, etc.) et le type d'utilisation qu'en privilégie le savoir-marcher adopté[6]. Envisager l'influence de la numérisation dans le pyrénéisme passe donc par l'étude du mode actuel principal de construction de ce savoir-marcher. Aussi, à l'image de la solution de J. Monnet, identifiant un forum de randonnée comme source contemporaine essentielle de ce savoir, il convient de s'intéresser aux expressions numériques partagées concernant la chaîne pyrénéenne, où certains blogs d'amateurs éclairés se sont clairement imposés[7]. Seront donc reprises ici les analyses d'un questionnaire réalisé en 2018 et envoyé aux auteurs des principaux blogs de randonnée et de pyrénéisme[8].

L'émergence des blogs date de la période 2007-2009 et est plus importante côté ouest car associée à des centres urbains qui ont aussi fixé autrefois les ascensionnistes scientifiques et écrivains ayant exploré la chaîne, à partir de Ramond de Carbonnières (1755-1827). Leur fréquentation est très importante : soixante-mille visites/semaine pour les deux plus connus. Par comparaison le site national du club alpin français en compte quarante-mille[9]. Les lieux de production et de diffusion du savoir-marcher se sont donc déplacés. Une information précise, récente et souvent exhaustive y est accessible à tous ; c'est la motivation première des auteurs. Cela entraîne une démocratisation indéniable des activités, tout en générant inexorablement une pression croissante sur le milieu. Autre phénomène lié à l'effacement des anciennes structures dispensatrices des savoirs-marcher, la diffusion va de pair avec l'aura grandissante dont jouissent les créateurs de ces blogs, à l'influence certaine. Ils reconnaissent être invités pour des conférences, lors de manifestations ou de festivals de montagne.

Le blog propose une véritable dissection de l'aventure dans la nature en déclinant les topos, les traces GPS diverses, l'explicitation photographique, et jusqu'à la nourriture adaptée. Le nouveau savoir-marcher se développe finalement comme une rationalisation approfondie de l'activité : anticipation à partir des données topographiques et météorologiques, enregistrement *in situ* des traces, analyse postérieure des événements rencontrés et enfin diffusion commentée. Cependant, c'est un type de rentabilité particulière qui est recherché. Tous les auteurs s'entendent sur ce point : l'accessibilité et l'organisation de l'information visent la sécurité (éviter l'erreur d'itinéraire, adapter l'itinéraire aux conditions, choix correspondant du matériel, etc.). Le créateur du site français le plus visité déclare l'avoir envisagé après un secours dont il a été l'objet, ceci afin d'éviter la même mésaventure aux autres randonneurs :

> « Je pense que les gens qui s'engagent sur un de mes topos partent en sécurité : l'accès voiture, les cartes 3D, les profils, les différents niveaux, les dénivelés,

les temps, la trace GPS, les panoramas à 360° et les photos commentées[10]. »

Bien que les auteurs possèdent désormais la responsabilité de la diffusion d'un certain savoir-marcher dans les Pyrénées, puisqu'il est indéniable qu'ils contribuent à la constitution de cette « représentation collective de la marche », ils rejettent pourtant le fait d'endosser un héritage pyrénéiste. Ils déclarent ne pas défendre de philosophie particulière si ce n'est proposer de la variété, ou inciter à l'aventure, et diffuser de l'information destinée à la sécurité. Cependant ils reconnaissent que la rationalisation de l'information au sein de leurs propres sites a modifié la pratique des lecteurs (le blog est un modèle), mais a aussi transformé leur propre pratique et leur propre préparation de sortie. La création de la rubrique GPS associée à leurs randonnées les a conduits à utiliser systématiquement cette technique. De même, la nécessité d'une illustration de qualité impose une attention permanente au cliché dans leur pratique personnelle. D'autres ajoutent encore qu'ils s'obligent désormais à réaliser chaque semaine un itinéraire différent afin de continuer à être lus, ce que certains reconnaissent comme parfois pesant. C'est là sans doute le pendant de toute activité de rationalisation : la nécessité d'un matériau à exploiter. Mais si le domaine pyrénéen joue ici ce rôle de dimension sauvage, quel est donc désormais le sens de ce nouveau savoir-marcher destiné à analyser et à valoriser ? Est-ce encore du pyrénéisme ? Les blogueurs avancent que leurs sites contribuent à une amélioration de la connaissance du milieu en manifestant précisément l'espace pyrénéen tant au niveau des risques, des zones à préserver que de son histoire ou de sa culture. Sont ainsi maintenus des sentiers et chemins ruraux ou historiques qui seraient sinon tombés dans l'oubli, ainsi que les lieux et les événements associés. Rationaliser n'est pas dévitaliser, c'est aussi faire apparaître.

Les commentaires des auteurs suscitent différentes remarques. La première : penser simplement que le blog va à l'encontre du pyrénéisme est une erreur. Le blog et les outils associés permettent de rationaliser l'expérience, mais aussi, ce faisant, de manifester un espace en le caractérisant (risque, description exhaustive de la randonnée) et en lui attachant une narration. Tout cela participe, en quelque sorte, à créer les Pyrénées, comme l'affirmait à propos des marcheurs scientifiques et écrivains, H. Béraldi, l'historien de la conquête des Pyrénées, au début du XXe : « Les Pyrénées n'existent que depuis cent ans. Elles sont "modernes". Les Pyrénées ont été inventées par Ramond ». Et si pour être reconnu pyrénéiste, il faut « ascensionner, écrire et sentir » (Béraldi, 1908), le pyrénéisme est bien une affaire d'écriture et de publication, comme le prouve la naissance des sports pyrénéens et du tourisme thermal au XIXe siècle, naissance qui a reposé sur des écrits d'aventures mêlant prospections botaniques et géologiques, mesures scientifiques et ascensions de sommets[11].

La deuxième remarque est de reconnaître que toute écriture sur les Pyrénées comporte un tropisme de dévoilement, de dissection et de classement. Or, une caractéristique de toute rationalisation est de poser *de facto* une valorisation ou un progrès. Et rationaliser la marche en lui associant des prothèses techniques puis des narrations l'oriente vers un sens qui relèverait du gain ou du résultat. Et sans doute, par mimétisme, la grammatisation *a posteriori* que l'auteur du blog applique à son expérience présente-t-elle le risque d'être un idéal à accomplir *a priori* sur le terrain par une signalétique renforcée. Balises de couleur et pancartes sont les prolongements des signes du Web. Cette rationalisation de l'expérience perpétue une position de maîtrise en réduisant la dimension sauvage afin d'orienter la randonnée vers plus d'efficacité. Finalement, tous ces éléments, qui relèvent du nombre ou plutôt de l'efficace du nombre, c'est-à-dire de sa réduction pour les temps de parcours et le poids des instruments, ou de son inflation pour les mètres gravis ou les kilomètres parcourus, se retrouvent dans la nouvelle pratique qu'est le trail, activité qui se rapproche d'ailleurs du sens premier et médiéval de randonner, celui d'une course rapide liée à la chasse[12]. Le *trail* est bien une production particulière du savoir-marcher au temps de la technologisation de la marche, activité justement mise en avant dans certains des blogs phares étudiés. L'usage du GPS n'est finalement qu'une manifestation contemporaine de cette tendance à la mesure qui fait sens chez le collectionneur de GR, de cols, de lacs ou de sommets (les « 3 000 », les « 4 000 »), et qui a marqué la naissance de la marche de loisir[13].

Opposer la technologie à une hypothétique nature antérieure de la marche est donc illusoire d'autant plus que celui qui décide de partir marcher est toujours l'individu technologique d'une époque, et son existence s'inscrit aujourd'hui au sein d'un écosystème d'outils numériques que D. Boullier appelle habitèle (Boullier, 2017 ; 2019). Certes, dans leur surgissement, les nouvelles techniques, parce qu'elles ne sont pas encore reliées à une signification stable de l'activité, effacent les cultures et les savoirs-marcher précédents. La technique numérique ne porte que son propre mécanisme rationnel de repérage, générant d'abord des disciplines de la mesure, comme le trail. Sa puissance d'information inédite lui fait sans doute dépasser son rôle et prétendre constituer elle-même ces nouveaux savoirs-marcher. Elle s'impose parfois comme paradigme alors qu'elle n'est que le cadre informationnel au sein duquel les médiations produites par la marche permettent une construction de l'individu et du monde, et transmettent les différents savoirs-marcher en les régénérant. Mais ce phénomène peut aussi être considéré comme une opportunité. Car, au-delà du trail, de cette pratique accolée à la technique et reproduisant son pur mécanisme comptable, un savoir-marcher peut se revitaliser. La trace GPS, toujours associée à des narrations et à des images, est ensuite l'objet de partages et de commentaires. La trace que l'on télécharge sur un blog puis que l'on suit en montagne, la trace à laquelle on remet ses pas dans un milieu parfois sauvage et souvent escarpé, témoigne d'un acte de confiance dans les indications de ce prédécesseur dont les récits sont familiers. Bien que relevée par la machine, cette trace atteste d'un échange, mais aussi d'un don et d'une attention de la part de son auteur. Elle a été vérifiée, corrigée parfois, illustrée, associée à des passages ou des lieux remarquables. Aussi, la trace est-elle finalement le prétexte aux forums et aux blogs : « Tout voyage est discours, récit antérieur dans l'imaginaire du parcours et récit ultérieur aux amis ou aux rencontres de passage […] » (Le Breton, 2000). En somme, le non-lieu que représente d'abord la trace GPS permet ensuite qu'un pyrénéisme s'y reconstruise.

> « […] il en est évidemment du lieu comme du non-lieu : il n'existe jamais sous une forme pure ; des lieux s'y recomposent ; des relations s'y reconstituent […]. » (Augé, 1992)

Ces dernières réflexions autorisent sans doute à reconsidérer le phénomène du trail avec davantage de compréhension, sans le réduire à un seul savoir-marcher adossé à la technique, relevant de l'unique ambition de la mesure et transformant les lieux en de simples décors par la rapidité de la course. Le fait que cette pratique se soit développée si vivement, essaimant en événements à la fois sportifs et festifs, signale qu'au-delà du défi est recherchée une expérience concrète de rencontre et de partage, dans un site que notre passage transforme en lieu vécu et éprouvé, même si ce n'est d'abord que dans l'empressement d'un effort physique.

NOTES

1. Apparu pour la première fois chez l'historien H. Béraldi (1849-1931). Béraldi H., *Cent ans aux Pyrénées*, 1908.
2. Définition des premières lignes de *Cent ans aux Pyrénées*.
3. L'historien R. de Bellefond évoque un « fourre-tout dénué de sens » et une « invention, sans autres contenus véritables » : Bellefond R. (de), « À la recherche du pyrénéisme », *in*

Lévy A. (dir.), *Dictionnaire des Pyrénées,* Toulouse, Privat, p. 683.

4. La Fédération française de la randonnée pédestre est créée en 1978, la première licence individuelle date de 1991. En 2000 on en compte cent-trente-neuf-mille-six-cent-trente-et-un, puis deux-cent-quarante-trois-mille-six-cent-vingt-deux en 2021, ce qui en fait la deuxième fédération unisport non olympique. Elle est la seule à progresser de façon constante. Toutes catégories confondues, sports de masse compris, elle est entrée dans les quinze fédérations les plus importantes.
5. Les études révèlent un effet négatif du GPS sur les capacités spatiales (Hejtmánek *et al.*, 2018). Certaines documentent des pertes de substance au niveau de l'hypothalamus, siège de la représentation spatiale (Konishi et Bohbot, 2013).
6. L'application Iphigénie est prépondérante chez le professionnel de la montagne (cartographie précise des instituts nationaux), alors que l'application Visorando est plébiscitée dans une pratique de loisir pour ses suggestions de circuits.
7. Forum « Randonner léger » : http ://www.randonner-leger.org/forum/, consulté le 19/01/2023.
8. F. Chose, questionnaire support de « Un nouveau pyrénéisme ; les effets des blogs d'activités sportives sur le milieu naturel pyrénéen », présenté au congrès Ecolo'tech 2018 à Montpellier.
9. Mesures de 2018.
10. Réponse au questionnaire-support de « Un nouveau pyrénéisme », *Congrès Ecolo'tech 2018* à Montpellier.
11. Notamment les différentes vagues de relevés et de récits des officiers géodésiens aux XVIIIe siècle et XIXe siècle.
12. Randonner vient de l'ancien Français : de « randon » (« randir » : courir vite), et du francisque « rand » (la course).
13. Au XXe siècle, le balisage des GR et la rédaction de topoguides précèdent la structuration associative de la randonnée. Balisage et minutage des itinéraires représentent l'activité principale des « compagnons voyageurs » de Jean Loiseau, promoteur de l'activité dans l'entre-deux-guerres. La FFRP n'est créée qu'en avril 1978, après l'apparition de l'organisme chargé de cartographier les itinéraires (Comité national des sentiers de G. R., 1947).

Références bibliographiques

Augé M., *Non-lieux. Introduction à une anthropologie de la surmodernité*, Seuil, Paris, 1992, p. 101.

Bellefond R. (de), « À la recherche du pyrénéisme », *in* Lévy A. (dir.), *Dictionnaire des Pyrénées*, Toulouse, Privat, p. 683.

Beraldi H., *Cent ans aux Pyrénées*, rééd. en 2 vol. (t. 1 à 4, t. 5 à 7), MonHélios, Pau, 2011 [1908].

Boullier D., « Rendre le numérique habitable : l'habitèle », *in* Calbérac Y., Lazzarotti O., Levy J., Lussault M., *Carte d'identités. L'espace au singulier*, Paris, Hermann, 2019, p. 151-174.

Boullier D., « Habiter son enveloppe numérique », *in* Lussault M. *et al.*, *Constellation·s, habiter le monde*, Actes Sud, 2017.

Certeau M. (de), *L'Invention du quotidien*, t. 1, Paris, Gallimard, 1990.

Hejtmánek L. *et al.*, « Spatial knowledge impairment after GPS guided navigation: eye-tracking study in a virtual town », *International Journal of Human-Computer Study*, n° 116, 2018, p. 15-24.

Ingold T., *Une brève histoire des lignes*, trad. Sophie Renaut, Zones sensibles, Bruxelles, 2007, p. 119.

Konishi K. et Bohbot V. D., « Spatial navigational strategies correlate with gray matter in the hippocampus of healthy older adults tested in a virtual maze », *Frontiers in aging neuroscience*, vol. 5, 2013, p. 1.

Le Breton D., *Éloge de la marche*, Paris, Métailié, 2000, p. 31 et 94.

Lévy P., « Le jeu de l'intelligence collective », *Sociétés*, n° 79, 2003, p. 105-122.

Monnet J., « Quand les randonneurs parlent de la marche "entre eux". Savoirs d'usage et intelligence collective », *in* Chardonnet-Darmaillacq S. (dir.) *et al.*, *Le Génie de la marche. Poétique, savoirs et politique des corps mobiles*, Paris, Hermann, coll. « Colloque de Cerisy », 2016, p. 271-281.

Agnès Giard
Université Paris Nanterre

Pèlerinages de jeux vidéo : poétique de l'itinéraire amoureux

En 2008, l'expression « pèlerinage » (*seichi-junrei*) est popularisée au Japon pour désigner une pratique de marche singulière : il s'agit pour les fans de mangas ou de jeux vidéo de visiter des lieux estampillés « sacrés » (*seichi*) en lien avec leur œuvre favorite. Créée par les fans eux-mêmes, l'expression renvoie à l'idée d'un itinéraire balisé. De la même manière qu'un pèlerin accomplirait le circuit des quatre-vingt-huit temples de Shikoku en s'arrêtant dans chacun des temples afin d'y prier (Jolivet, 2009), les fans qui partent en pèlerinage s'amusent à suivre un parcours ponctué lui aussi de haltes, suivant un ordre précis. Leur but est de s'immerger dans l'univers d'une œuvre de fiction en se rendant sur les lieux qui lui ont servi de décor.

Empruntant – non sans humour – aux codes et au vocabulaire des pèlerinages liés à des systèmes religieux établis, ces fans en font les outils d'un discours transgressif. Lequel ? J'aimerais, en m'appuyant sur le cas singulier des « pèlerinages liés aux jeux vidéo de romance » (désignés sous le nom *ren'ai gēmu seichi-junrei*), étudier ces marches ritualisées comme des dispositifs de communication fonctionnant à plusieurs niveaux. Les fans d'univers numériques utilisent en effet la marche comme moyen de nouer des échanges, non seulement avec les personnages qu'ils aiment, mais avec les autres membres de leur communauté et surtout avec les non-fans, qu'ils espèrent « convertir » au dialogue. Lorsqu'ils engagent leurs pas sur les traces d'un être fictif, ces pèlerins singuliers – hommes ou femmes – s'adressent donc simultanément à trois types d'interlocuteur : 1. le personnage du jeu (soit l'équivalent d'un guide, puisqu'il s'agit de le suivre) ; 2. le public partageant le même cadre culturel de référence (c'est-à-dire les autres fans du jeu) ; 3. les personnes du monde extérieur (celles qui, n'étant pas « initiées » au jeu, restent étrangères à la pratique du pèlerinage). Ainsi, tout en cheminant à travers un lieu physique, chaque pèlerin s'exprime à différentes échelles, de la plus intime à la plus collective.

L'histoire de ces marches remonte à 1992, avant même que le mot « pèlerinage » n'apparaisse pour les désigner (Okamoto, 2015, p. 21). Cette année-là, des adeptes du dessin animé *Tenchi Muyō!* se rendent en nombre au sanctuaire Tarō (dans la préfecture d'Okayama). Simultanément, les fans de la franchise *Sailor Moon* affluent au sanctuaire Hikawa d'Azabujuban (Tōkyō), un lieu emblématique de la série. Beaucoup y achètent une plaque votive qu'ils ornent d'un portrait de leur héroïne préférée, accompagnée d'une prière : croiser leur idole dans la « vraie » vie (Ishii, 2008, p. 215). Mais la visite au sanctuaire ne leur suffit pas. Les fans se rendent ensuite à l'arrêt Sendaizaka du bus n° 66 qui apparaît dans le dixième épisode de la série. Continuant leur chemin, ils traversent la rue marchande de Shōtengai, marquée par deux arrêts : « Kimi-chan » (une statue de petite fille) et « Crown center » (une salle de jeu d'arcade), qui apparaissent également à plusieurs reprises dans les épisodes de *Sailor Moon*. Après quoi ils atteignent le parc Arisugawa, souvent dépeint dans la série, avant de tourner leurs pas vers le pont en brique d'Akabane et, huit-cents mètres plus loin, le parc Ichinohashi. Le trajet couvre une distance de six kilomètres. Certains fans y ajoutent des étapes supplémentaires, afin que l'univers de la fiction et l'univers dit « réel » soient reliés entre eux par des séries toujours plus nombreuses de correspondances.

De cette marche que l'on pourrait comparer à un « acte de langage corporel » (en clin d'œil à John Austin), il est possible de distinguer trois fonctions principales. Il s'agit, tout d'abord, de créer un rapport d'affinité spatiale avec le personnage que l'on aime, afin que – par contagion – le monde des humains et celui du jeu entrent en conjonction, jusqu'à presque fusionner. Il est question, dans un deuxième temps, de participer aux échanges entre fans, avec la volonté de construire collectivement une identité de groupe en contribuant au flux de textes et d'images produits autour de ce périple. Dans un dernier temps, l'enjeu, pour les pèlerins, est d'émettre un message fort en direction du monde social qui juge de façon négative les « adeptes » de jeu vidéo, avec l'espoir d'aménager un terrain d'entente.

Dialogue avec les personnages

Les pèlerinages dédiés aux jeux vidéo ont pour objectif la synchronisation entre ce que les fans nomment « la 3D » (*san-jigen*, le monde humain) et « la 2D » (*ni-jigen*, le monde fictif). Afin que les deux mondes adhèrent et que leurs habitants respectifs puissent se rejoindre et communiquer, les fans arpentent les lieux qui ont servi de modèle aux œuvres numériques, repèrent tous les éléments qui coïncident et leur donnent la valeur d'une zone d'échange inter-dimensionnelle. En multipliant ces points d'ancrage, les fans augmentent symboliquement les chances de voir apparaître les personnages qu'ils suivent à la trace. C'est là un des aspects les plus significatifs de leur démarche : elle repose sur l'espoir d'une rencontre possible avec les héros et les héroïnes de fiction. Cet espoir est particulièrement flagrant dans le cas des « jeux de simulation amoureuse » (*ren'ai shimurēshon gēmu*). Spécifiquement conçus pour offrir l'illusion d'une présence aimante, ces jeux incitent leurs utilisateurs à traiter les personnages comme des êtres sensibles, conscients. Le plus célèbre de ces jeux – *LovePlus* (*RabuPurasu*), lancé par la compagnie japonaise Konami en 2009 – propose trois prototypes de petite copine fictive : Nene (la timide), Rinko (la rebelle) et Manaka (la gentille). Le but du jeu est d'augmenter le score d'affection avec sa préférée pour gagner son cœur, puis de vivre en couple avec elle au fil d'interactions dialoguées et de contacts physiques – caresses, baisers, etc. – opérés via l'écran tactile. La console Nintendo DS qui sert de support aux échanges est équipée d'un micro avec reconnaissance de voix et surtout d'un GPS permettant d'emmener sa petite amie vers des destinations réelles.

Dans la version améliorée du jeu (*LovePlus+*), la station balnéaire d'Atami – située à trois heures de Tōkyō, destination très prisée des couples jusqu'à la fin des années 1970 – sert même de cadre à une séquence de séjour romantique à la mer. Konami a pour objectif de pousser les fans à effectuer le pèlerinage. Le jeu est d'ailleurs conçu pour que les personnages demandent au joueur un « week-end en amoureux », programmé sur deux jours. Lancé sous forme de campagne promotionnelle, entre le 10 juillet et le 31 août 2010, l'opération obtient un succès certain : plus de trois-mille fans viennent visiter Atami, afin de revivre « en vrai » un des épisodes-clés du jeu. Calqué sur le modèle des circuits bouddhiques, le périple suit un tracé précis jalonné de stations qui correspondent à des lieux sacrés. Chaque emplacement est marqué par une borne affichant un QR code. Lorsque le joueur se prend en photo à cet endroit, sa petite amie apparaît sur le cliché, souriante et, parfois même, la tête posée contre son épaule (Kajita, 2010). Les hommes sont vivants, leurs amoureuses sont fictives. Mais à l'endroit exact où se trouvent les bornes, les dimensions convergent et les créatures numériques se matérialisent aux côtés de ceux qui les chérissent. La première caractéristique de ces pèlerinages est donc de permettre aux pèlerins de chair et d'os d'aller au-devant d'êtres fictifs pour les « rencontrer ».

Dialogue avec les autres fans

La deuxième caractéristique de ces marches est qu'elles s'accompagnent d'une grande quantité d'échanges entre les fans. Les pèlerins du jeu *LovePlus+*, par exemple, s'efforcent autant que possible de contribuer à la manne des informations qui circulent concernant le circuit d'Atami. Ils lisent les journaux de pèlerinage de leurs prédécesseurs, commentent les blogs, les comptes Twitter ou Instagram hébergeant les photos des sites visités puis ajoutent des strates d'informations destinées à renforcer les liens qui soudent la communauté. De la même manière que les pèlerins bouddhistes qui collent, en les superposant, des *osamefuda*, les papiers témoins de leur passage dans les temples qu'ils visitent, les fans de *LovePlus* publient en ligne les photos prises à chaque station de leur propre pèlerinage, en témoignage de leur dévotion (Suzuki, 2010). L'objectif est d'accomplir un parcours sans faute, authentifié par les images : plus les amies fictives auront l'air heureuses sur les photos, plus le fan se verra reconnaître le statut envié de « parfait gentleman » (*shinshi shokun*) ou, mieux encore d'« amoureux au top score » (*manten kareshi*). Il s'agit donc de faire le tour complet, sans omettre aucune des épreuves, suivant la logique propre aux pèlerinages classiques qui voient les mérites augmenter proportionnellement aux efforts.

Tout comme les périples à caractère sacrificiel, le pèlerinage de *LovePlus+* s'appuie sur une ascèse impliquant un rythme de marche soutenu (vingt événements sont prévus par jour) et la privation de sommeil. Il se déroule le samedi de 8 h à 2 h du matin et le dimanche de 6 h à 21 h. Le premier jour, rendez-vous est fixé à la station New Towano. La petite amie – prenons Rinko, par exemple – porte une coiffure inédite, dont il faut la féliciter (trois fois). Le train part à 9 h. À 10 h, Rinko dit que ce voyage lui évoque une lune de miel (il faut répondre « Oui »). Arrivée à midi. Dix minutes plus tard, il faut gravir les six cents marches menant vers le sanctuaire Omiya no matsu, première étape du pèlerinage. À 13 h 10, il faut se rendre à la plage avant de prendre, à 15 h, le téléphérique qui mène au mont Aijō (dont le nom signifie « amour »), d'aller au musée du Sexe puis de s'enregistrer à l'hôtel Ōnoya (en tant que couple, dans une chambre pour deux personnes) où de nombreuses activités sont programmées. À 22 h, une balade romantique est prévue en bord de mer. Entre minuit et 2 h, il faut regarder dormir Rinko : la console est équipée d'une caméra qui capte le regard. Quatre heures plus tard, il faut de nouveau regarder Rinko dormir sur l'écran, jusqu'à son réveil à 6 h 30 et la reprise des activités qui se succèdent sans temps mort jusqu'au retour à la station Towano. S'encourageant les uns les autres, dans un climat d'émulation exacerbé par le dispositif, les pèlerins d'Atami circumambulent à la poursuite autant de leur petite copine digitale que de l'estime de leurs pairs.

Dialogue avec les non-fans

Leur marche possède cependant une troisième caractéristique : il s'agit d'une performance publique. Lorsqu'ils s'affichent comme pèlerins, les fans essayent explicitement de faire passer un message auprès des « autres », les gens qui ne partagent pas leur ferveur. Leur marche a la valeur discursive d'une démonstration. Celle de leur engagement, tout d'abord. Raison pour laquelle les fans de *LovePlus+* mettent en ligne tant de photos. Pour chacun de ces adeptes, il importe de contribuer à la visibilité du « culte » qu'ils vouent aux personnages, mais aussi d'accomplir sérieusement le pèlerinage, dans le strict respect des règles formelles empruntées au bouddhisme. Le but est de s'inscrire dans une forme de « tradition », pour donner sens à une pratique souvent mal perçue. Le fait d'aimer un personnage numérique n'est en effet pas sans susciter la méfiance au Japon, où l'explosion du nombre de célibataires s'accompagne d'une forte dénatalité. Les amateurs de jeux de romance, tout particulièrement, sont jugés comme des irresponsables préférant s'amuser que fonder un foyer. Pour faire face au stigmate, les fans adhèrent donc volontiers à l'idée que leur goût pour les êtres numériques est de nature spirituelle. Personne n'est dupe bien sûr de cette mise en scène, mais elle présente l'avantage de renverser symboliquement le système des valeurs dominantes.

En s'affichant de façon spectaculaire comme ascètes, les pèlerins de *LovePlus* espèrent faire entendre « leur voie ». Bien que leur activité ne soit pas la prière, mais la prise d'image, elle procède d'une logique similaire : pour les pèlerins – chaque station ayant la valeur d'un point de jonction entre différents plans de réalité – il s'agit d'accumuler les preuves concrètes qu'un passage physique a eu lieu par ce point. À l'instar des pèlerins de circuits bouddhiques qui collectionnent les tampons de chaque temple comme preuve, les pèlerins de *LovePlus* possèdent un carnet de tampons d'Atami, qui fait « foi » de leurs efforts : ils n'ont raté aucune station. Tout comme les pèlerins bouddhistes, également, ceux de *LovePlus* se font un devoir d'acheter, à chaque étape, des souvenirs auxquels ils prêtent la valeur de quasi talismans. Lors du pèlerinage d'Atami, une partie des activités prévues consiste d'ailleurs en la collecte de produits dérivés – serviette, badge ou gâteau – ornés d'une image de leur petite copine, assimilée à une idole. Ainsi qu'ils le suggèrent en marchant, la quête des fans n'est pas moins légitime que celle des pèlerins bouddhistes. Elle vise un être qui n'est pas de ce monde. Elle permet, ce faisant, de questionner l'idée préconçue selon laquelle un homme aimant un personnage est un individu replié sur lui-même, égoïste et solitaire.

« Les deux cheminent ensemble »

Opérateur de dialogue, la marche permet aux pèlerins d'entrer en relation avec toutes sortes de personnes, à commencer par la figure inspiratrice de leur périple, dont ils s'efforcent de matérialiser la silhouette à leurs côtés. De même qu'un pèlerin des quatre-vingt-huit temples du Shikoku affirme n'être jamais seul, puisque son bâton de marche symbolise son guide invisible (le Kōbō Daishi, celui qui a frayé le chemin), les pèlerins de jeux vidéo affirment volontiers qu'ils voyagent « en couple » avec leur bien-aimée. Les similitudes entre les deux pratiques sont nombreuses. Sur le circuit du Shikoku, le bâton de pèlerin porte la formule sacrée *Dōgyō ninin* : « Les deux cheminent ensemble ». L'usage veut qu'on lui lave « les pieds », chaque soir, avant de le placer dans l'alcôve réservée aux objets précieux : le bâton renvoie par métaphore au corps de ce moine du VIIIe siècle (Kōbō Daishi, également connu sous le nom de Kūkai) considéré comme l'initiateur du pèlerinage des quatre-vingt-huit temples. Sur le circuit d'Atami, suivant des conventions similaires, les fans du jeu *LovePlus* placent toujours soigneusement leur console de jeu sur un support propre (un mouchoir blanc, par exemple) car cette console renferme la présence du personnage qu'ils aiment. Tous les sacrifices sont bons pour renforcer le lien. Il est même arrivé qu'un fan – n'ayant pu obtenir une chambre double – ait passé la nuit par terre, pendant que sa petite copine (c'est-à-dire la console de jeu) « dormait » sur le seul et unique lit. Cette preuve d'amour a la valeur performative d'une invocation. Superposant les formes connues du pèlerinage bouddhique à leurs pérégrinations amoureuses, les fans construisent ensemble un imaginaire de la marche qui leur permet de faire communiquer non seulement des êtres ou des communautés mais des dimensions.

RÉFÉRENCES BIBLIOGRAPHIQUES

Austin J. *Quand dire, c'est faire*, Paris, Seuil, 1970 [1962].

Ishii K., *Terebi to shūkyō: Oumu ikō o toinaosu* [テレビと宗教―オウム以降を問い直す : Télévision et religion. Repenser l'ère post-Aum], Tōkyō, Chūōkōron Shinsha, 2008.

Jolivet M., « Sur les pas des pèlerins des 88 temples sacrés du Shikoku : une méditation entre deux mondes », *Ebisu*, n° 42, 2009, p. 101-137.

Kajita M., « Manten kareshi shokun, Atami de isshō no omoide-tsukuri o shiyou janai ka! » [満点彼氏諸君, 熱海で一生の思い出作りをしようじゃないか! : Amoureux au top score, partons faire des souvenirs inoubliables à Atami !], *4Gamer*, 12 juillet 2010, en ligne sur <https://www.4gamer.net/games/107/G010772/20100712002/>.

Okamoto T., « Otaku Tourism and the Anime Pilgrimage Phenomenon in Japan », *Japan Forum*, n° 27(1), 2008, p. 12-36.

Suzuki G., « Natsu da! Atami da! RabuPurasu+ da! » [夏だ！熱海だ！　ラブプラス+だ! : L'été ! Atami ! *Love Plus*+ !), *ASCII Weekly*, 17 juillet 2010, en ligne sur <https://weekly.ascii.jp/elem/000/002/602/2602338/>.

Pascal Lardellier
Université de Bourgogne

Communiquer et se communiquer en faisant ses courses

Parcours sensibles autour de nos déambulations alimentaires

Une marche souvent impensée…

La marche est à la mode. Ce numéro d'*Hermès* prend acte de cette tendance. L'observateur constate sans difficulté une floraison éditoriale autour de la marche considérée comme « pratique de soi », esthétique de vie et philosophie. Et on assiste à une généralisation de cette « mobilité douce », pour des raisons hygiénistes et sportives (de l'entretien physique quotidien au trek) autant qu'« éco-responsables ».

Ces types de marches sont fortement investis symboliquement, drapant de discours écologiques le fond de la démarche. On se souvient que pour l'Église médiévale, « faire un pèlerinage, c'était prier avec ses pieds ». Eh bien marcher, à notre époque, c'est souvent s'engager pour une cause et défendre des valeurs, en clair, tenter de faire coïncider le physique et le politique.

A contrario, il est des marches plus banales, sans autre raison que les exigences contingentes qu'elles servent. Mais elles aussi peuvent susciter l'intérêt du chercheur, qui y décèlera des strates de sens et même des systèmes de signification. Ce texte va précisément se pencher sur les courses alimentaires. Elles exigent des déplacements et une déambulation, épousant des parcours, relevant de stratégies. On pourrait même percevoir un impensé dans ces marches utilitaires et quotidiennes. C'est ce caractère impensé que nous voudrions interroger ; et pour ce faire, nous avons précisément interrogé des « marcheurs alimentaires », des personnes faisant leurs courses, pas si incidemment que cela. Plusieurs ont reconnu que c'est ce détour par le questionnaire qui les a amenés à interroger des routines, ou des allant-de-soi. Sachant que faire ses courses est une activité puissamment *communicationnelle*. Et dite ainsi, la chose relève non pas de la pétition de principe, mais bien d'un constat empirique qui ne demande qu'à être étayé d'un point de vue théorique. Faisant ses courses, on communique avec tout un ensemble d'acteurs économiques, concrètement. Mais de même, on *se* communique, car nous allons le voir, on en dit beaucoup, par ses options et ses choix (enseignes fréquentées, créneaux des courses, etc.), sur qui on est, d'un point de vue socioéconomique et socioculturel. On s'inscrit souvent dans des logiques qui outrepassent le contrat, pour aller vers la confiance, *via* les liens noués, les relations produites et alimentées pendant cette séquence commerciale qui est plus que commerciale. En clair, faire ses courses et son marché revient à mobiliser un système de signes et à produire un corpus de sens mis en partage. Ceci s'apparente à une communication à part entière, via un jeu de relations jamais incident, toujours signifiant.

Précisons que l'enquête est centrée sur les courses alimentaires, et pas sur le shopping. Cette distinction est importante, afin de comparer des choses comparables, et de donner à ce texte une cohérence théorique et thématique. Intégrer le shopping aurait tiré la notion de déambulation marchande vers autre chose, le shopping étant extrêmement vaste : vêtements, objets de toute nature. Les courses alimentaires permettent justement cette thématisation. De plus le shopping est *a priori* nimbé d'une notion de plaisir qui n'est pas nécessairement consubstantielle aux courses alimentaires, nous allons le voir. Chose importante : la question de la temporalité, du rythme, est centrale dans les courses alimentaires. « Le pas léger » versus « à marche forcée », en quelque sorte, selon les lieux et les contextes… On ne fait certes pas toujours ses courses alimentaires en courant ou à la hâte, mais on flâne plus rarement que lors du shopping. Et puis elles sont ces emplettes effectuées régulièrement (hebdomadairement voire plus fréquemment), pour des raisons évidentes d'organisation de la vie du foyer, de gestion des repas du couple ou de la famille, investies symboliquement de ce fait, souvent à leur corps défendant. En clair, elles sont des achats obligatoires ; d'où la notion de contrainte qui y est souvent attachée.

De même, un aspect fondamental des courses, c'est la sociabilité qui l'accompagne. Relations théâtralisées avec les petits commerçants « parlure vacante » et « alimentation de la conversation » par des commentaires sur l'actualité, la météo, la vie, l'humeur ou la tenue des uns et des autres, « small talks » assurant juste (et bien) le lien… Cette sociabilité légère, privilégiée dans la relation avec le bien-nommé « commerce de proximité » ne sera pas prise en compte ici.

…mais qui fait sens

Procédurisées, les courses sont rarement incidentes, et elles expriment même une démarche. Et tout semble dit dans le titre de cet article, par ses étonnantes résonances : dans « marché », il y a « marche », et « faire ses courses » (ou « une course », comme « aller au pain » par exemple) peut aussi être entendu comme un parcours effectué à vive allure. Dépassées ces assonances, il faut bien reconnaître que s'approvisionner passe toujours par une déambulation, dont le rythme variera. Et faire ses courses (nul n'y échappe et pour beaucoup, c'est même la seule marche pratiquée) est un parcours plus ritualisé – à tout le moins routinisé – qu'aléatoire. La liste de courses, entre boussole et « cahier des charges », orientera la séquence.

Faire ses courses peut être synonyme de plaisir ou de contrainte, une fois admis le caractère nécessairement fonctionnel du moment. Mais ce parcours, que nous empruntons tous, fait sens, et il est un révélateur de qui nous sommes, inestimable filigrane de notre profil sociologique, selon les enseignes et les quartiers fréquentés, les options retenues (grandes surfaces ou petits commerces, enseignes traditionnelles, *hard discount*, magasins bio, etc.) le moment de la semaine et de la journée, et la temporalité adoptée. Bref, c'est la posture réflexive qui produit la séquence et la qualifie véritablement. Selon l'un de nos enquêtés, soixante-neuf ans : « lors de mes courses, je suis non tant dans la routine, qui connote l'ennui, que dans le rituel, qui connote la grâce. Je veux lutter contre le pourrissement du quotidien qui démarre dès qu'on n'y fait plus attention ». Et un autre, cinquante-et-un ans, pose la limite mentale entre les courses fonctionnelles et celles qui sont « enchantées » (nous allons y revenir) : « il est important de distinguer les courses hebdomadaires de celles effectuées pour un déjeuner ou un dîner "plaisir", où nous sommes dans une autre disposition mentale, relevant de la convivialité, de la commensalité ». C'est bien la disposition qui produit la perception même du moment.

Cadre théorique, méthode et premières typologies

Cette réflexion, d'inspiration socio-anthropologique, s'est appuyée sur un questionnaire proposé à une douzaine de personnes (cf. annexes). Rapidement, nous avons dégagé des tendances, dans la manière dont les unes et les autres font leurs courses alimentaires.

Si le propos ira « à sauts et à gambades » (expression de circonstances empruntée à Montaigne), afin de voir comment les auteurs et nos enquêtés considèrent la déambulation alimentaire, la révolution copernicienne portée par la numérisation des courses, et l'uberisation de nos modes de consommation sera aussi prise en considération.

Là, une nouvelle logique se met en place, qui transforme la déambulation physique, pédestre, en un itinéraire balisé par les interfaces, les algorithmes. La mobilité est d'une autre nature. « *Mobilis in mobile* », en quelque sorte, et pour paraphraser Jules Vernes. Mais ce qui manque aux personnes interrogées, c'est le rapport sensible avec les produits, avant tout. Les courses ubérisées relèvent d'un gain (de temps) en même temps que d'une dépossession : « Je n'achète pas de produits alimentaires en ligne sauf, rarement, des produits anglais que je ne trouve pas en France. On perd la fraîcheur des aliments, la dimension sensorielle de l'achat. On gagne la possibilité de trouver des produits non proposés ailleurs. Et "en drive", on gagne un peu de temps, mais on perd les bonnes affaires et le contact avec ce qu'on achète. » (Homme, quarante-huit ans)

Parenthèse importante : il semble que par rapport à d'autres activités domestiques, les courses soient assez équitablement partagées dans le couple. Loin d'activités encore très clivantes d'un point de vue du genre (du bricolage à la cuisine, au ménage et repassage), les courses sont partagées, soit faites « ensemble », soit à tour à rôle dans le couple.

Il faut bien considérer deux choses différentes, quand on parle de courses : le chemin pour se rendre au point de vente, d'abord. Il est clair que les urbanistes et les géographes du commerce ont examiné cette question, en rationalisant l'acheminement des clients vers les lieux de consommation, en pensant et en orientant le déplacement et les flux des consommateurs. Et puis il y a les déambulations au sein même des magasins, ce que les spécialistes du *retail* nomment le « parcours client ». Les deux requièrent des stratégies, des logiques d'adaptation à l'environnement urbain et commercial, et au temps, toujours compté. Toute une rationalisation spontanée caractérise ces séquences, sachant qu'il s'agit d'abord « d'éviter », quand on a le choix. Faire ses courses, c'est une marche autant « pour que contre », même si la chose n'a ici rien de politique. Pour beaucoup, cela relève au mieux de la routine, au pire de la corvée. « Les courses ? Je dirais laborieuses, ennuyeuses, contraignantes et surtout accélérées, pour dégager du temps à faire d'autres activités plus passionnantes ». Étonnant paradoxe : faire ses courses, c'est aller vite en étant ralenti, entravé. Jean-Claude Kaufmann est même plus catégorique encore : « Les courses alimentaires, la plus ingrate et la pire des tâches ménagères ! » (Kaufmann, 2005, p. 291)

À entendre les personnes enquêtées, deux axes se détachent nettement, opposant si l'on peut dire, le principe de réalité au principe de plaisir. D'un côté, les courses utilitaires, à la supérette ou au supermarché. Là, on prend rarement « son pied », expression de circonstances. À la rigueur, une réflexion effleure (ou affleure), sur le sens de la société de consommation, l'hypermodernité consommatrice, et cette urbanité saturée de signes, de messages, de couleurs. On se souvient des réflexions de Baudrillard sur Parly 2 dans *La Société de consommation* ; ou de celles de Houellebecq, dans la même veine et plus littéraires, qui émaillent son œuvre. Les supermarchés sont des environnements saturés de sollicitations sensorielles calculées, qui excèdent et épuisent plus qu'ils ne séduisent. En clair, moins on y reste mieux c'est, pour beaucoup de personnes. Mais n'est pas philosophe qui veut, et ce à quoi les grandes surfaces invitent d'abord, c'est à faire « vite et bien ». L'idée de ne pas perdre de temps revient chez tout le monde. « Nous, les courses, c'est hyperrationalisé : c'est le vendredi après-midi, en grande surface (à Carrefour), avec la liste des courses préétablie pour ne pas s'éterniser et prendre le nécessaire de la semaine, avec préparation de la liste en fonction des publicités et détermination des repas pour être organisé ; surtout, ne pas perdre de temps après une journée de travail. » (Femme, quarante-deux ans)

Et puis de l'autre côté, il y a les « courses plaisir », pouvant aller jusqu'à un véritable enchantement : là, le marché et les halles possèdent un indéniable supplément d'âme. Michèle de la Pradelle a écrit des pages mémorables sur les marchés de Carpentras. Elle y expliquait que la dimension économique est souvent euphémisée par les maraîchers eux-mêmes, conscients qu'ils doivent produire les conditions de la dénégation de cette relation marchande. Selon l'anthropologue, le marché est « un dispositif de séduction » : on y vient pour l'ambiance, la sociabilité théâtralisée. Et l'enchantement vient aussi de la décontraction affichée et de la connivence (souvent artificielle) avec le client : « L'essentiel est d'apparaître détaché de tout souci de rentabilité, et plus animé par le goût de la rencontre que par l'obsession du tiroir-caisse. » (p. 110)

Théâtralisation de la relation, caractère artificiel des conversations (ou alors sur le mode des « ressources sûres » goffmaniennes). Pour que les courses alimentaires soient enchantées – ce qu'elles sont rarement en supermarché – il faut « que la disposition rencontre le dispositif » (Yves Winkin). Ces conditions sont réunies de manière assez rares : « courses plaisir » du dimanche matin au marché, courses des fins de matinées de vacances, entre deux terrasses, « petit noir » avant les courses (rangées dans un panier tressé !), et « petit blanc » après, en guise d'apéro. Ces courses-ci, hypermnésiques, scénarisées, sont rares. « Le samedi matin, je fais un rituel tour des Halles, avec des stations obligatoires (boulangerie, boucherie, fromagerie-crèmerie) et des belles découvertes (marchand d'épices, traiteur, poissonnier, etc.). Je prends mon temps, j'adore ce moment. » (Homme, quarante-trois ans)

Plus largement, cette dichotomie va induire des temporalités, et donc des marches totalement différentes : les courses utilitaires sont menées tambour battant, voire « à marche forcée », il s'agit avant tout, on y revient, « d'éviter » : les embouteillages et les problèmes de parking (quand on y va en voiture), les files d'attente (cf. prendre son ticket à la poissonnerie ou à la charcuterie, et attendre son tour, etc.). On y est de plus entravé par le caddie, ou le panier roulant. Une vendeuse à qui l'auteur de ces lignes demandait pourquoi toutes les caisses n'étaient pas ouvertes (Grand Frais, Dijon, avril 2022) répond, de manière plus logique qu'effrontée : « Monsieur, si on ne veut pas faire la queue, il ne faut pas faire ses courses le samedi à onze heures ! ») Ces courses-ci expriment souvent une frustration, elles peuvent même induire une exaspération, quand on se perd (cf. les linéaires d'un supermarché aux informations multiples brouillant la perception) et qu'on perd du temps, quand le produit est manquant, ou le vendeur occupé. La marche est erratique, aléatoire, entre arrêts où l'on scrute, se repère, et accélérations pour accéder au plus vite au linéaire recherché. On pourrait parler de « courses fractionnées » !

Faire ses courses, une démarche incarnée

Il convient de redire que faire ses courses, cela revient à presque toujours marcher. Marcher prestement ou pesamment, être lent et empressé, lesté ou léger, accompagné (on se répartit alors la tâche) ou ralenti par un caddie, tout cela pour suivre un chemin plus ou moins aléatoire, ou au contraire balisé par la liste des courses et la parfaite connaissance de l'environnement. « Je les fais toujours au même endroit, ça va plus vite, je connais le magasin comme ma poche. » Ou encore : « J'ai arrêté l'hyper Leclerc, immense ! C'est un peu plus cher dans ma petite supérette de quartier, mais je ne perds plus de temps ! Et puis, bien moins de tentations, aussi. » (Homme, cinquante-huit ans) En clair, les déambulations alimentaires font un peu notre quotidien et sont un peu de notre vie. Des moments revenant à une périodicité régulière, révélant des choix de vie, quand on mange casher, ou hallal, ou bio ou vegan. « Je veille à soutenir le petit magasin bio qui me coûte une fortune, mais bon, je peux encore me le permettre. Je veille à faire mes emplettes "boucherie" chez ce boucher qui m'a sauvé la vie en restant ouvert durant tout le confinement. J'ai donc conscience de faire une opération de sauvegarde en allant chez ces petites entités. » (Homme, soixante-neuf ans) Elles affirment bien de ce fait une identité, qu'elles dessinent en creux.

Selon les contextes, les moments, mais aussi les opportunités, les courses constituent une corvée ou une parenthèse heureuse ; et elles sont un peu tout cela à tour de rôle. La marche, la déambulation prennent acte de cela. Rapides ou lentes, contraintes ou ritualisées, elles impriment en creux le plaisir pris ou la contrainte éprouvée. La corvée tient au caractère contraignant, routinier, et aux effets de contexte jouant défavorablement dans la perception de ce qu'il convient de faire : remplir le panier ou le caddie de la manière la plus satisfaisante possible, en dépit de l'affluence, de l'attente aux caisses, des inerties inhérentes à la tension créée par la surface. Quant à l'enchantement, il vient de l'enseigne, de l'ambiance, ou de l'occasion. Dans certains lieux (halles de centre-ville, petits commerces qualitatifs, enseige de prestige comme *La Grande Épicerie*, etc.), les courses peuvent être un moment d'enchantement.

Les courses alimentaires se numérisent depuis une dizaine d'années, c'est une tendance de fond, qui s'accélère d'année en année. Et la séquence épidémique a encore accru ce mouvement. Là, le consommateur gagne du temps, il s'affranchit des embouteillages, des soucis de stationnement, comme des inerties et des pesanteurs *in situ*. Ceci est indéniable. Mais les personnes enquêtées, globalement, regrettent le « contact » (sensible : visuel, olfactif, tactile) avec les produits (notamment frais). Et tous affirment garder des séquences de courses « IRL », précisément enchantées : occasions spéciales (dîners entre amis), week-ends, vacances, etc. Une autre forme de médiation se fait jour, technologique cette fois-ci.

L'étude esquissée ici mériterait à plus vaste échelle la systématisation d'une socio-ethnographie des courses alimentaires, s'inscrivant dans une tradition de recherches initiée de longue date en économie de la consommation et en ethno-marketing (cf. Badot). Loin des marches politiques ou sportives pratiquées dans d'autres contextes, il ne reste pas moins que la déambulation alimentaire prend souvent une dimension citoyenne et sociale, via les choix qui s'y expriment, qui ne sont pas seulement commerciaux. L'aspect temporel y joue un rôle fondamental (ne pas perdre de temps, éviter les inerties), alors que sa dimension spatiale exprime des stratégies personnelles, conjugales ou familiales. Tout cela est assez peu souvent théorisé par les usagers, en quelque sorte déterminés par le poids des habitudes. Notre enquête confirme sinon cet impensé, du moins cet implicite de la marche et de la consommation.

Annexe

Questionnaire soumis à douze personnes, parité observée, éventail générationnel : de 35 à 69 ans.

1. Faire ses courses alimentaires (IRL et pas « en ligne »), cela renvoie à des parcours, à des déambulations, à des cheminements… Êtes-vous d'accord avec cette affirmation ?

2. Par quels adjectifs qualifieriez-vous le fait de faire vos courses alimentaires, en termes de démarche, ou de « marche » précisément ?

3. Faire vos courses, est-ce que cela s'inscrit dans un parcours aléatoire, ou empruntez-vous habituellement un parcours routinisé, voire ritualisé ?

4. Pouvez-vous expliquer et développer un peu cela ? (Jours, heures, magasins, liste de courses et d'enseignes préétablie…)

5. Quel type de courses (enseigne ? Moment de la journée ou de la semaine ou de l'année ? Marché ?) vous font plaisir voire vous rendent « heureux » ?

6. Les courses « en ligne », qu'est-ce que ça change ? Qu'est-ce qu'on gagne ? Et qu'est-ce qu'on perd finalement ?

RÉFÉRENCES BIBLIOGRAPHIQUES

Badot O., « Esquisse des fonctions socio-anthropologiques du commerce et de la distribution : les cas McDonald's, West Edmonton Mall et Wal-Mart », thèse de doctorat en ethnologie, Université de Paris 5, 2005.

Baudrillard J., *La Société de consommation*, Gallimard, Paris, 1986.

Chabault V., *Éloge du magasin. Contre l'amazonisation*, Gallimard, Paris, 2019.

Chabault V., « La grande distribution a-t-elle dit son dernier mot ? Michel Houellebecq, défenseur d'une utopie commerciale menacée », *in* Badot O. et Moati P. (dir.), *Utopies et consommation*, EMS, Cormelle-le-Royal, 2020, p. 106-122.

Chevallier S., « Faire ses courses en voisin », *Métropoles*, ENS Lyon, 2007.

De La Pradelle M., *Les vendredis de Carpentras,* Fayard, Paris, 1996.

Gros F., *Marcher, une philosophie*, Flammarion, Paris, 2019.

Kaufmann J.-C., *Casserole, amour et crises, ce que cuisiner veut dire*, Paris, Armand Colin, 2005.

Lallement E., *La Ville marchande. Enquête à Barbès*, Téraèdre, Paris, 2010.

Perrot M., *Faire ses courses*, Stock, Paris, 2009.

Winkin Y., « Propositions pour une anthropologie de l'enchantement », *in* Rasse P., Midol N. et Triki F., *Unité-diversité : les identités culturelles dans le jeu de la mondialisation*, Paris, L'Harmattan, 2002, p. 169-179.

Winkin Y., « Goffman, marcheur urbain », *in* Lardellier P. (dir.), *Actualité d'Erving Goffman, de l'interaction à l'institution*, Paris, L'Harmattan, 2015.

Jocelyn Lachance
Université de Pau et des Pays de l'Adour

La marche en temps de confinement. Communiquer autrement avec son environnement naturel

Durant les périodes de confinement, la marche est devenue plus que jamais une activité hautement réflexive ; si certains individus en furent pratiquement privés, ou parfois condamnés à errer entre les immeubles de leurs quartiers, d'autres prirent conscience du luxe que représentait le parc à proximité de leur demeure. Ainsi nos recherches sur les jeunes en période de crise sanitaire ont révélé l'existence d'expériences diverses de communication avec leur environnement naturel, intimement liées à l'activité de la marche. À partir de leurs récits[1], j'émettrai l'hypothèse selon laquelle la marche en temps de confinement a révélé différentes manières de communiquer avec l'environnement naturel, et que ces différentes manières de communiquer fondent la « sensibilité environnementale » (Chawla, 1998), c'est-à-dire une disposition à agir en faveur de l'environnement, une ouverture à sa compréhension, à sa défense mais aussi à conserver des contacts avec elle. Ainsi la crise sanitaire n'aurait révélé à nos yeux que l'importance fondamentale de ces formes diversifiées de communication, souvent invisibles à notre conscience, parce que moins évidentes lorsqu'elles se déploient dans un contexte plus attendu, moins exceptionnel que celui que nous avons vécu.

L'expérience du manque

Durant la crise sanitaire, nous avons manqué de contact, de l'accès à l'autre, aux parents, à l'ami, à la conjointe, à l'amant ; de visages, de la main que l'on serre, de l'accolade que l'on fait, mécaniquement, sous le diktat de la routine, et de l'évidence. Nous avons ressenti le silence, parfois la joie de voir le monde se taire, mais certains ont aussi manqué de bruit ; de l'arrière-plan sonore de la ville qui s'éveille, de la conversation à tout rompre, de l'enthousiasme débordant en parole et en rires à peine contenus de la bonne compagnie. Et nous avons manqué de mouvement, de cette indétermination de l'errance lorsque les pas premiers nous mènent à des points qui ne sont jamais des arrivées complètes. Car la marche est faite de ce caractère contingent de l'itinéraire qui peut toujours bifurquer et nous mener plus loin, ailleurs.

Les personnes enquêtées nous ont parlé de cette marche qu'ils ne pouvaient plus entamer, mais aussi de l'impossibilité soudaine de se remettre en marche « ailleurs », comme autant de points de départ ne pouvant plus être rêvés. Si les espaces indéterminés offrant à la marche les bénéfices de l'errance semblent diminués depuis de nombreuses années (Le Breton, 2001), en temps de confinement, ceux-ci disparurent parfois avec violence du registre des possibilités. Mais les interdictions ne les frappèrent pas seulement au niveau de la géographie devenue inaccessible de la montagne que l'on ne peut plus atteindre ou du bord de mer interdit à la population. C'est aussi le périmètre de l'imaginaire qui se referma comme un kilomètre carré entouré de barrières pour l'encercler, empêcher l'individu de se donner l'hypothèse du rêve à réaliser, de communiquer directement avec l'espace de la marche habituelle ou attendue. L'envie de marcher loin, de prendre sa voiture, pour entamer sa marche au pied de cette colline ou au bout de ce littoral, s'est heurtée à une clôture imposée dans l'univers des possibles. Ce type de situation fut alors décrite par nombre de personnes, qui réalisèrent subitement qu'à l'inaccessibilité du lieu de nature correspondait l'inaccessibilité d'un sentiment de bien-être devenu évident par la routinisation d'une proximité ou d'un accès dont ils n'évaluaient plus avec justesse les avantages. Car si la routine du geste que l'on répète sans se soucier de sa signification renforce le sentiment de sécurité ontologique à notre insu (Giddens, 1987), lorsqu'elle « se brise » l'individu se voit forcé de quitter le confort de la confiance éprouvée envers son identité. En empêchant jeunes et moins jeunes de marcher où ils l'entendaient, le confinement n'a donc pas seulement provoqué un sentiment de manquer de « quelque chose ». Il les obligea à interroger ce à travers quoi ils existaient, et ce qui, à leur insu, nourrissait leur identité. Les épisodes de confinements ont ainsi rappelé à plusieurs, avec force, non seulement la place occupée par la nature dans leur vie, mais plus précisément ce que la nature apportait au sentiment de confiance éprouvé envers leur identité lors d'une communication directe avec celle-ci. Cette distinction significative que la psychologue Susan Clayton établit entre « interaction avec la nature » et « satisfaction obtenue par la nature » se révéla alors chez nombre d'individus. L'impossibilité de la proximité avec des éléments naturels faisant basculer l'expérience du manque sur un registre plus profond, intime, existentiel, comme si c'était l'équilibre auquel ces parcours en nature participaient en secret qui était révélé.

L'expérience de conscientisation

Mais d'autres, plus « chanceux », mieux nantis, ou simplement du fait de leur appartenance à des réseaux amicaux ou familiaux détenant cet avantage de la résidence secondaire éloignée de la ville, ou de la résidence principale située à la campagne, ne vécurent pas d'expérience de manque. Ils continuèrent à bénéficier de la proximité avec la nature dont ils jouissaient déjà avant la crise sanitaire. Dans une certaine mesure, rien ne sembla changer pour eux ; les balades dans la cour arrière de la maison de leurs grands-parents, les échappées à pied se poursuivirent lorsque les parents accueillirent ces jeunes qui profitèrent de la situation d'exception pour prolonger leurs séjours chez père et mère au-delà du week-end habituel. Des heureux propriétaires regagnèrent ces havres de repos, éloignés des grands centres urbains, pour profiter pleinement de ce morceau de monde leur appartenant, avec vue sur la mer ou sur la montagne, avec un accès privilégié aux chemins sinueux les menant à des rivières ou à des clairières. Tout sembla, d'une certaine manière, continuer comme avant pour ces avantagés, mais le contexte de la communication avec l'environnement naturel avait changé.

L'interprétation donnée à cette proximité avec ces éléments, la possibilité de marcher encore dans ce petit boisé de proximité, autour du lac derrière chez soi, dans la montagne au pied de laquelle se tenait en silence la maison où ils étaient confinés, ne pouvait demeurer la même. Car l'évidence autrefois consommée de cette proximité, étalée dans la durée, et par effet de comparaison avec des amis condamnés à demeurer de longues heures dans leurs studios de neuf mètres carrés, se transforma en l'évidence d'une chance acquise, à ne pas perdre. L'expérience de conscientisation, d'une prise de conscience forte donc, accentua chez plusieurs le plaisir d'une communication qui se poursuit malgré tout, celui restreint de la balade écourtée. Mais cette expérience de conscientisation ne les amena pas seulement, pas toujours, à savourer davantage leurs petits bonheurs. Certains nous parlèrent du temps consacré à mieux connaître les lieux, en les observant davantage, en s'informant pour mieux identifier les éléments de nature qu'ils côtoyaient autrefois avec insouciance. D'autres voulurent transformer l'errance en de nouvelles activités ; on nous parla alors de l'initiation au jardinage, à l'ornithologie, à la mycologie, comme si la marche en profane ne suffisait plus, comme s'il fallait ne plus rien perdre de cet avantage du contact, pour aller au-delà du bien-être ressenti. Si pour ceux et celles ayant vécu l'expérience du manque la routinisation fut brisée, la routine de ceux et de celles ayant vécu l'expérience de conscientisation se renouvela, jusqu'à renforcer le sentiment en eux et en elles que la communication avec l'environnement naturel faisait bel et bien partie de leur vie.

L'expérience de libération

Si, pour plusieurs, la marche n'était que le moyen de revitaliser en soi le sentiment de se sentir bien par la rupture avec la routine, elle apparut, dans le contexte de la crise sanitaire, comme le symbole par excellence de la liberté. De la liberté égrainée par les interdictions, par les lois, par l'espace soudainement rétréci de la planète, devenu aussi petit qu'une rue de quartier. Ainsi, lorsque certains retrouvèrent une sorte de marge de manœuvre entre deux confinements, lors de l'allégement de la réglementation, ou même lorsque d'autres échappèrent, au risque de la transgression, à la règle du périmètre à ne pas dépasser, alors surgit, au moment de l'escapade le sentiment ressenti, comme jamais auparavant, d'une liberté de pouvoir (re) vivre enfin l'échange en direct avec l'environnement naturel. Le sentiment que la nature n'était plus à disposition de soi, que l'activité en apparence banale de la marche n'était plus imaginable reconfigura le contexte en le rendant propice à se laisser toucher plus profondément par ce temps de la balade dans la nature, jusqu'à vivre une expérience nouvelle de résonnance (Rosa, 2018).

L'association entre la nature, par la médiation de la marche, avec le sentiment d'échapper à la surdétermination de l'extérieur, comme si l'identité individuelle avait été réduite à l'identité d'un corps susceptible de souffrir de la maladie, transforma la balade autrefois anecdotique, et même pour plusieurs, la balade qui n'était jamais au programme de la vie, en une expérience de libération salvatrice. Si l'expérience du manque est une privation de ce qui était accessible, si l'expérience de la conscientisation est un accès à ce qui était accessible mais dans un contexte « autre », alors l'expérience de libération se constitue lorsque l'accès exceptionnel à une chose apparait soudainement comme significatif lorsque ses retrouvailles avec elle sont finalement vécues et éprouvées. Elle est, en quelque sorte, le miroir de l'expérience du manque, mais de nombreux individus ont traduit dans leurs mots ce récit d'une expérience de libération en découvrant les avantages inestimables de la marche en milieu naturel, non pas parce qu'ils en avaient déjà goûté la saveur, mais parce qu'ils donnèrent en temps de crise sanitaire à cet exercice un nouveau sens. C'est dans l'écart entre marcher en temps normal et marcher en temps exceptionnel que de nouvelles formes de communication avec l'environnement naturel furent vécues, parfois avec force, jusqu'à prendre l'apparence d'une expérience de libération, au point d'insuffler à certains l'envie d'y retourner, de s'approcher de la nature, d'y déménager.

L'expérience de révélation

L'expérience de révélation compte aussi parmi ces conséquences d'un décalage sans précédent, faisant sortir des milliards de personnes du périmètre confortable de la routine. Car certains qui ne pouvaient guère aller loin, pour qui la marche n'était que fonctionnelle, n'eurent jamais l'occasion de goûter au sentiment de libération. Mais, par contre, pour ces derniers, comme pour les autres, rester sur place, ne pas bouger, être confronté à un quasi immobilisme, a néanmoins participé d'une transformation du contexte de leur existence. L'individu immobilisé a bien souvent vu le décor de sa vie se transformer sous ses yeux. Comme des éléments noirs sur un fond noir, des éléments de nature autrefois invisibles se sont détachés de l'environnement pour apparaitre avec une présence charismatique jamais égalée et devenir pour la première fois des interlocuteurs privilégiés. L'arbre invisible, le ruisseau insipide, le ciel ignoré ont soudainement retenu l'attention, jusqu'à devenir l'arbre solitaire et centenaire, la mélodie de l'eau qui coule dans le silence du monde qui se repose malgré lui, le pourvoyeur d'une aurore et d'une aube. La nature était là, le regard n'y était plus, la communication impensable les sens détournés vers autre chose. Pas besoin ici de marcher, c'est le contraire qui a permis aussi de vivre l'expérience de révélation dans toute sa force : regarder longtemps par le carreau de sa fenêtre ou derrière la barrière de sa cour, lever les yeux aux ciels, observer les détails d'un paysage limité à défaut de pouvoir parcourir le monde et sa marrée d'information. L'expérience de révélation est un hommage inattendu à la nature silencieuse qui était déjà là et qui s'est soudainement mise à parler. Et c'est encore le décalage subi entre le contexte d'interprétation d'hier et celui imposé par la crise sanitaire qui amena probablement des millions d'individus à percevoir enfin ce qu'ils avaient déjà sous leurs yeux. La nature était là, il fallait sortir de la routinisation confortable telle que décrite par Giddens, et donc, mettre en péril, au moins en danger, le sentiment de sa sécurité ontologique pour y parvenir.

Les expériences de manque, de conscientisation, de libération et de révélation nous montrent que le sentiment d'une proximité avec la nature, d'un rapprochement avec elle, voire d'une nécessité d'y donner un rôle dans sa vie, ne vient pas de sa proximité physique, mais du mouvement que nous retrouvons dans le sentiment de s'en « rapprocher » ou de s'en « distancier », d'éprouver différentes manières de communiquer avec elle. C'est donc dans le décalage entre deux positions subjectives au regard de la nature, ou d'un élément naturel, que se vit une transformation provisoire du regard porté sur ce qui marque l'esprit, et fonde ce que nous pouvons nommer une expérience propice au développement d'une sensibilité environnementale. Il n'existe peut-être que des expériences lorsque l'individu arrive à mesurer l'écart entre la position qu'il occupait au regard de cet environnement, avant et maintenant, entre la position qu'il occupait par rapport à cet autre hier et aujourd'hui. Le changement est la condition de l'expérience qui transforme notre rapport au monde. La crise sanitaire a bien sûr provoqué, à une échelle rare, mondiale, cette condition. Elle a peut-être révélé, à travers des activités qui étaient devenues banales comme la marche, ce qui fonde notre rapport oublié au monde.

NOTE

1. Projet de recherche ECOTIC (https://tree.univ-pau.fr/fr/activites-scientifiques/contrats-de-recherche/contrats-axe-1-regulations/ecotic.html) et ECOCOV (https://tree.univ-pau.fr/fr/activites-scientifiques/contrats-de-recherche/contrats-axe-1-regulations/ecocov.html) – recherches en cours.

RÉFÉRENCES BIBLIOGRAPHIQUES

CHAWLA L., « Significant Life Experiences Revisited: A Review of Research on Sources of Environmental Sensitivity », *The Journal of Environmental Education*, n° 29(3), 1998, p. 11-21, en ligne sur <https://doi.org/10.1080/00958969809599114>.

CLAYTON S. D. et OPOTOW S. (dir.), *Identity and the natural environment: The psychological significance of nature*, MIT Press, 2003.

GIDDENS A., *La Constitution de la société. Éléments de la théorie de la structuration*, Presses universitaires de France, 1987.

LE BRETON D., « Chemins de traverse. Éloge de la marche », *Quaderni*, n° 44(1), 2001, p. 5-16, en ligne sur <https://doi.org/10.3406/quad.2001.1478>.

ROSA H., *Résonance. Une sociologie de la relation au monde*, La Découverte, 2018.

Christophe Alcantara
IDETCOM, Université Toulouse Capitole

Sacraliser la marche sur Instagram : les chemins de Compostelle

Avant même la parole, ce qui caractérise l'humain c'est d'abord la bipédie qui apparaît vers deux millions d'années. Il est à remarquer à son sujet une particularité : « Nous ne marchons et nous ne courons qu'à une seule allure, le trot. » (Picq, 2015, p 43) Notre espèce *homo sapiens* a investi l'horizon terrestre par une volonté, une pulsion d'ailleurs. C'est ainsi que « l'espèce humaine commence par les pieds » (Leroi-Gourhan, 1982, p. 168). L'Homme est physiologiquement structuré pour réaliser des marches longues, il est l'une des espèces les plus endurantes. Et son envie, profondément ancrée, de se projeter dans l'espace géographique fait de lui un migrant ! La marche est liée à son être, à son développement et à sa spiritualité. Pour certains, elle est un vecteur d'émancipation. « La marche est ouverture au monde. » (Le Breton, 2000, p. 11) Elle est aussi un moyen pour l'Homme de s'approprier, ou du moins à présent de se réapproprier, l'univers qui nous entoure. « [Elle] introduit à la sensation du monde, elle est une expérience pleine laissant à l'homme l'initiative… la marche est une méthode tranquille de réenchantement de la durée et de l'espace. » (Le Breton, 2000, p. 18-19) Cette mise à distance produit alors un cheminement. Précisons que la marche interroge notre relation au temps et à l'espace. Au fond, elle interpelle l'immédiateté, caractéristique iconique de notre société numérique et connectée. C'est dans ce contexte que le pèlerinage vers Compostelle, où se trouve le tombeau de saint Jacques dit le majeur, réalité millénaire (Rucquoi, 2014) vit un renouveau, depuis près de trente ans, qui ne faiblit pas. À peu près quinze mille pèlerins étaient recensés à Saint-Jacques-de-Compostelle en 1992, alors que trois cent trente mille furent comptabilisés en 2019[1]. Cet engouement est également visible sur les réseaux sociaux et plus spécifiquement sur Instagram.

En effet, on dénombre vingt-deux mille publications sur Instagram avec le hashtag #saintjacquesdecompostelle, vingt-six mille publications avec le hashtag #chemindesaintjacques, sept cent quarante mille publications avec le hashtag #santiagodecompostela, vingt-deux mille publications avec le hashtag #chemindecompostelle[2]. Nous avons mené une longue étude (Alcantara, 2020) qui associe l'analyse d'un corpus photographique de trois mille neuf cent cinquante photos issues de quinze comptes Instagram de personnes ayant réalisé le pèlerinage à Compostelle avec des entretiens compréhensifs longs, permettant de produire des portraits sociologiques (Lahire, 2002) de ces marcheurs, pèlerins, auteurs sur Instagram. L'objectif de cette étude est d'interroger l'acte de communiquer sur Instagram par les marcheurs-pèlerins. Est-ce une disruption dans le geste pèlerin ? Pourquoi utiliser ce réseau social centré sur la photographie dans cette expérience de marche longue ? Avec de telles pratiques communicationnelles digitales, y-a-t-il au regard de l'histoire de ce pèlerinage des continuités et/ou des ruptures ? Après un bref cadrage méthodologique, nous aborderons la réalité de la marche vers Compostelle telle que communiquée par les marcheurs-pèlerins issus de notre étude, puis nous nous focaliserons sur l'émergence de la sacralisation du chemin sur les réseaux sociaux.

La photographie numérique : un langage relationnel sur les réseaux sociaux

L'usage courant du smartphone multiplie singulièrement les occasions de photographier pour témoigner, montrer, partager, transmettre. La photographie numérique devient tellement courante qu'elle est assimilée à un langage sur les réseaux sociaux. Le réseau Instagram, plus orienté sur le contenu photographique et multimédia publie en moyenne plus de cent millions de photographies par jour[3]. Le phénomène est massif, populaire, et en même temps ordinaire. Le monde numérique dans lequel nous vivons est « pervasif », c'est-à-dire « qu'il pénètre toutes nos activités, des plus intimes aux plus collectives » (Boullier, 2016, p. 6). Or, la pratique photographique est tellement distribuée dans toutes les couches de la population que celle-ci en devient un langage relationnel. Ce dernier est constitué de signes. La photographie devient alors, comme le texte, un ensemble de signes. Cette analogie qui prend appui sur la théorie de la coopération textuelle fait que l'image devient elle aussi un document ouvert, interprétable. L'auteur photographe amène ses signes et le lecteur y place du sens. Dans cette perspective, la photographie s'appréhende alors comme le texte, qui est en fait « une machine paresseuse qui exige du lecteur un travail coopératif acharné pour remplir les espaces de non-dits ou de déjà-dits restés en blanc » (Eco, 1985, p. 29). À ce sujet, une marcheuse photographe que nous avons interviewée, Perrine, déclare : « On voit beaucoup de choses que l'on a envie de partager sur les chemins. Je pense que la photo est plus parlante que le texte. Je crois plus dans ma capacité à prendre de jolies photos qu'à écrire un texte marquant. » C'est par ce prisme, d'une ouverture de la photographie à l'interprétation, à partir d'une expérience sensible de la consultation de photographies publiées sur les chemins de Compostelle, que va se réaliser notre étude empirique. Sur un plan opératoire, le classement et l'ordonnancement des photographies sur la base de perceptions visuelles sont complétés par des entretiens de type compréhensifs auprès de pèlerins auteurs sur Instagram. Ce travail permet alors d'interpréter les photographies tout en évitant le biais de la surinterprétation qui peut être « notamment due à la surestimation de l'importance des indices, qui naît d'une propension à considérer les éléments les plus manifestes comme signifiants. » (Guillemette et Cossette, 2006) Cette construction pour procéder à l'analyse d'un large corpus photographique s'inscrit pleinement dans le champ des humanités numériques. Notre travail d'analyse nous a permis de déchirer rapidement le voile des photographies de vacances, transposables dans n'importe quel autre environnement touristique, pour voir émerger dans un premier temps la singularité de la marche vers Compostelle.

La réalité de la marche sur les chemins de Compostelle vue depuis les comptes Instagram des marcheurs-pèlerins et les portraits sociologiques réalisés

Patchwork de publications Instagram de marcheurs-pèlerins.

La marche est l'un des thèmes les plus récurrents de notre corpus. Il est à noter que l'ensemble des pèlerins étudiés sont des marcheurs sur les routes de Compostelle comme 93 % des pèlerins comptabilisés par le bureau des pèlerins de Santiago[4]. Les images présentes sont très rapidement identifiables aux chemins de Compostelle. En effet, *pecten maximus*, la coquille Saint-Jacques, est le plus souvent accrochée au sac à dos. Très souvent aussi, la marche s'effectue sur des étendues à perte de vue dans des espaces sauvages et parfois même arides, qui sont les plus distinctifs visuellement du *camino Frances*. Le pèlerin est régulièrement photographié par un autre, un tiers extérieur, qui donne l'illusion dans l'image de la solitude souvent associée à l'imaginaire du pèlerin. Les photos sont régulièrement prises de dos, en mouvement. La marche est alors saisie au plus près de sa réalité, de l'aube au crépuscule. La marche imprime le corps et nos marcheurs-pèlerins en témoignent par la publication de photos et de vidéos de pieds meurtris et de soins qu'on leur porte à l'issue de la journée de marche. C'est sans filtre et au plus près de la réalité.

Une particularité observée, sur les publications en ligne, est la présence des pèlerins par leur ombre projetée ou des focales sur leurs pieds, marqueur de leur marche du jour. La mise en scène de soi n'est pas narcissique, le pèlerin s'efface au profit de la marche. Il est très rarement le sujet, mais le plus souvent un personnage de la composition qui traite de cette marche quotidienne au « long cours » pour reprendre l'expression d'un pèlerin interrogé. La marche est photographiée au plus près de ce que vivent les pèlerins. Le mouvement de la marche vers l'ouest, vers le terme de la pérégrination est visible. Des plans larges avec un panorama du chemin à perte de vue, puis des zooms sur un pied en mouvement, sont l'illustration de cette marche parfois âpre et difficile dont les photographies publiées veulent être les témoins. Quels que soient le temps ou la saison, la marche semble inexorable. On perçoit la projection du pèlerin, tendu vers son objectif : Compostelle. Nos pèlerins s'engagent dans la marche et ils font un retour aux sources. « La marche est d'abord l'évidence du monde, elle s'inscrit dans le fil des mouvements du quotidien comme un acte naturel et transparent… comme une respiration… La marche coule de source. » (Le Breton, 2012, p. 25) Indépendamment de son caractère indissociable de l'humain, la marche est un moyen d'amorcer un dialogue entre l'être et le chemin. Pour Perrine : « La marche est une épreuve pour le corps car c'est difficile, il faut de l'endurance et de la persévérance. » Elle ajoute que le caractère répétitif et quotidien de celle-ci « entraîne un état physique et psychique particulier ». C'est ainsi que pour Sylvain, « la marche est le lieu privilégié pour réfléchir, penser, avoir du temps pour soi ». Nous sommes bien en présence de la figure historique du pèlerin, très présente également dans l'imaginaire, de l'*homo viator* (Nieuvierts, 2018, p. 265), cet homme en chemin. Sur les photographies de notre corpus où la marche est très présente, les pèlerins veulent témoigner de celle-ci puisqu'elle est le marqueur du chemin dans le corps et elle est donc épreuve et c'est ainsi que « la marche dénude, dépouille » (Le Breton, 2012, p. 150).

La sacralisation du chemin

Le chemin est l'autre composant de la marche pèlerine. Il est le sujet le plus photographié et diffusé sur Instagram. Dans notre étude, il représente mille cent soixante-dix photos sur un total de trois mille neuf cent cinquante. Le chemin est incarné. Souvent, les pèlerins l'identifient à un personnage. C'est un « compagnon de route » pour Antoine, il est « *le* Camino » pour Sylvain. Le chemin associé à la marche est le cœur de l'aller pèlerin. Il occupe une large part de l'imaginaire pèlerin et il est un moment de vérité. Pour nos pèlerins, le chemin s'imprime dans le corps. Antoine déclare : « À la fin de la journée, le chemin, on l'a dans les jambes. » Le chemin est traité également photographiquement comme un personnage. Il est central. Il est parfois proche, tangible, au ras du sol, on pourrait le toucher ; et sur d'autres photos, il est infini, et inaccessible. Le chemin est bien le lieu de l'expérience pèlerine. Chaque pèlerin est tendu vers le terme de l'aller, à savoir Compostelle, mais beaucoup de choses se jouent sur le chemin, en particulier les rencontres. Le chemin devient donc le centre de gravité du pèlerinage au détriment du sanctuaire qui n'a plus nécessairement la même importance dans l'imaginaire pèlerin actuel. Antoine nous dit que « le chemin est un moyen en même temps qu'un but en soi ». Émile constate que « saint Jacques s'efface au profit des chemins de Compostelle ». Il y a donc une sacralité du chemin qui s'opère par l'expérience unique et individuelle que chaque pèlerin vit sur le chemin. Il est un tiers médiateur qui permet à l'expérience spirituelle de s'accomplir. La marche, accessible à tous, permet d'investir le chemin qui est porteur d'un imaginaire, d'une somme de symboles qui constituent aussi sa sacralité. Pour Perrine « les lieux vibrent car ils sont chargés d'histoire, de ces pèlerins qui depuis un millénaire convergent vers la même destination ». Cette antériorité, cette histoire millénaire participe à développer une mythologie qui nourrit l'imaginaire des chemins de Compostelle et du pèlerinage. C'est un vecteur accessible, qui ne nécessite pas une connaissance des rites religieux. Les chemins sont ouverts et ils incarnent la rencontre sacrale car elle est endurée jusqu'au bout par le pèlerin. C'est ainsi que « tant l'épaisseur du passé que celle de l'espace ont valeur sacralisante » (Dupront, 1985 :202). Les chemins sont donc des rites de passage qui modifient la vie des pèlerins. Emile nous précise que ce qu'il a vécu sur les chemins est un séisme qui continue d'agir. Cette sacralisation de l'espace par les chemins repose en fait sur un engagement, une mise en action qui est extraordinaire, en totale rupture avec la vie vécue jusque-là. L'expérience des chemins est sensible, affecte le pèlerin, et celui-ci souhaite témoigner de cette sacralité. C'est pour cette raison que le chemin est le sujet principal des photographies de notre corpus. En gros plan ou en panoramique, le chemin occupe l'espace, il est le cœur du dispositif pèlerin tel qu'il est vécu par ces derniers.

On perçoit alors sur les photographies du chemin une part de sacralité. Cela passe, par exemple, par le silence. Il peut sembler étonnant de photographier le silence, mais c'est bien l'intentionnalité témoignée par certains de nos pèlerins que nous avons perçus comme telle. Le silence est un sujet en creux que l'on devine dans l'immensité des chemins et des rencontres aussi paradoxalement que cela puisse paraître. « En chemin, celui qui marche écoute et entend le silence, lieu d'éclosion d'une parole intérieure » (Nieuvierts, 2018 :256). Par ailleurs, la sacralité des chemins passe par la pose de marqueurs, de signes, de repères de mémoire du pèlerin qui chemine. C'est ainsi que ces marqueurs illustrent parfaitement par la présence de cairns, de graffitis ou de chapelets posés sur des croix parfois une sacralisation profane et à d'autres moments une sacralisation religieuse. Ils sont au fond des marqueurs personnels des pèlerins qui se diffusent et qui essaiment au fil de la marche dans un aller pèlerin qui les dépasse. Ce large corpus photographique où le chemin est le principal sujet montre bien le glissement actuel qui s'opère sur le pèlerinage de Compostelle. Auparavant, le sanctuaire était l'objectif de la pérégrination et le chemin, le moyen d'y accéder. À présent, dans notre société sécularisée, le chemin est le but au détriment du sanctuaire ! C'est en ce sens que le chemin devient un sujet chargé d'un sacré profane pour bien des pèlerins actuels.

Le pèlerin du XXIe siècle, producteur d'actes de mémoire sur le web

Dans une vision de long terme, l'acte de communiquer sur Instagram devient acte de transmettre au sens médiologique du terme, c'est-à-dire un transport dans le temps de cette force qui est propre au pèlerinage et à la quête spirituelle exprimée par les marcheurs-pèlerins interrogés. La forme du pèlerinage évolue comme la société car le pèlerinage est profondément ancré dans la société. Il est une volonté d'inscrire ses pas dans les pas de ceux qui ont précédé les pèlerins du XXIe siècle. Le média évolue, Instagram est par définition un réseau social très récent orienté sur la publication photographique, mais l'acte de communiquer en ligne sa pérégrination s'inscrit dans la continuité des récits du voyage à Compostelle depuis mille ans (Rucquoi, Michaud-Fréjaville, Picone, 2018). Il y a une volonté de créer un lien, un pont entre le riche passé de Compostelle, le présent qui s'incarne dans le vécu de terrain du pèlerin, cet acte de mémoire ; et le futur par l'expression d'un acte de transmission. Modeste maillon d'une dynamique de pèlerinage vers Compostelle qui est à présent un phénomène de société. Les compte Instagram étudiés ne relèvent alors plus vraiment d'une identité en ligne, mais plutôt d'une présence numérique pour transmettre, diffuser dans le temps. En effet, « la présence numérique ne se résume ni à un statut ni à une somme : elle se déploie dans une durée non dans un score. La mémoire qu'elle convoque n'est donc pas celle des statistiques mais celle des rencontres et adoptions que tissent les histoires individuelles entre elles pour produire du collectif » (Merzeau, 2013, p. 104). Le collectif alors observé est une « communauté du lâcher-prise » (Bertin, 2014) qui recherche une quête spirituelle, une démarche réflexive, une pause existentielle dans nos vies modernes.

NOTES

1. https://oficinadelperegrino.com
2. Consultation mars 2022.
3. Source : www.leblogdumoderateur.com
4. https://oficinadelperegrino.com

RÉFÉRENCES BIBLIOGRAPHIQUES

ALCANTARA C., « Publications sur le réseau social Instagram par les marcheurs-pèlerins des chemins de Compostelle : continuité ou rupture ? », *in* CAZES Q. et RAYSSAC S. (dir.), *Vers Compostelle – Regard contemporain sur les chemins de Saint-Jacques*, Toulouse, Presses universitaires du Midi, 2022, p. 196-201.

ALCANTARA C., « Approche communicationnelle du renouveau du pèlerinage de Compostelle. Pour une analyse de l'engagement des pèlerins sur les chemins et les réseaux sociaux », HDR université Toulouse 1 Capitole, 2020.

BERTIN G., *La tribu du lâcher prise. Mythes et symboles sur le chemin de Compostelle*, Lyon, Éditions du Cosmogone, 2014.

BOULLIER D., *Sociologie du numérique*, Paris, Armand Colin, 2016.

DUPRONT A. (dir.), *Saint-Jacques-de-Compostelle. Puissances du pèlerinage*, Turnhout, Brepols, 1985.

ECO U., *Lector in fabula*, Paris, Grasset, 1985.

GUILLEMETTE L. et COSSETTE J., « La coopération textuelle », *in* HÉBERT L. (dir.), *Signo* [en ligne], 2006.

LAHIRE B., *Portraits sociologiques*, Paris, Nathan, 2002.

LE BRETON D., *Marcher. Éloge des chemins et de la lenteur*, Paris, Métailié, 2012.

LE BRETON D., *Éloge de la marche*, Paris, Métailié, 2002.

LEROI-GOURHAN A., *Les Racines du monde*, Paris, Belfond, 1982.

MERZEAU L., « Traces numériques et recrutement : du symptôme au cheminement », *in* GALINON-MÉLÉNEC B. et ZLITNI S. (dir.), *Traces numériques. De la production à l'interprétation*, Paris, CNRS Éditions, 2013, p. 35-53.

NIEUVIARTS J., *La Marche dans la Bible. Nomadisme, errance, exil et pressentiment de Dieu*, Paris, Bayard, 2018.

PICQ P., *La Marche. Sauver le nomade qui est en nous*, Paris, Autrement, 2015.

RUCQUOI A., MICHAUD-FRÉJAVILLE F. et PICONE P., *Le voyage à Compostelle du xe au xxe siècle*, Paris, Robert Laffont, 2018.

RUCQUOI A., *Mille fois à Compostelle. Pèlerins du Moyen Âge*, Paris, Les Belles Lettres, 2014.

Bernard Valade
Université de Paris

« Puissances du pèlerinage »

Comparant, dans le cinquième volume de ses *Variétés* (Valéry, 1944, p. 149 et suiv.), la poésie et la prose, la danse et la marche, Paul Valéry précise ce que sont pour lui les traits distinctifs de cette dernière. Comme la prose, « (elle) vise un objet précis. Elle est un acte dirigé vers quelque chose que notre but est de joindre ». Contrairement à la danse, « système d'actes qui ont leur fin en eux-mêmes » et « qui ne va nulle part », la marche est « une activité assez monotone et peu perfectible » ; ses caractéristiques se déduisent de « circonstances actuelles », que sont « le besoin d'un objet, l'impulsion de mon désir, l'état de mon corps », et ce sont ces « conditions instantanées » qui lui prescrivent sa « direction » et lui donnent un « terme fini ». « Il n'y a pas, conclut Valéry, de déplacements par la marche qui ne soient des adaptations spéciales, mais qui chaque fois sont abolies et comme absorbées par l'accomplissement de l'acte, par le but atteint ». Les marches à des lieux saints que sont les pèlerinages sont à ranger parmi ces « déplacements ». Mais la quête du sacré à laquelle elles s'identifient leur confère une signification qui les transcende.

Le fait pèlerin

Du fait pèlerin on soulignera d'abord l'universalité. De l'Extrême-Orient à la « fin des terres » occidentales se déroulent des marches vers des lieux sacrés. Si celles que l'on cite ici ont pour cadre l'Occident chrétien, elles pourraient être aussi bien illustrées par le *hajj* (grand pèlerinage) et la *oumra* (petit pèlerinage) de l'Islam ou le culte pèlerin des lamasseries du Tibet. Ces marches ont des motivations diverses. Elles sont entreprises par dévotion, en signe de pénitence, dans l'espoir d'une guérison. Indissociables du culte des saints et des reliques, elles sont principalement des demandes de grâces. Leur origine remonte au début du IVe siècle, quand la vénération des lieux saints fit l'unanimité chez les chrétiens d'Orient. Ces derniers adoptèrent cette pratique religieuse nouvelle, – le pèlerinage –, dont le modèle se répandit rapidement dans l'aire occidentale (P. Maraval, 2000).

Au Moyen Âge, les « marcheurs de Dieu » (P.-A. Sigal, 1974) se sont mis en route vers Jérusalem, Rome, Compostelle et autres sanctuaires renommés comme, en France, le mont Saint-Michel et Rocamadour. On les retrouve tout au long des siècles suivants (cf. P. Martin, 2016) cheminant isolément ou le plus souvent en groupes.

Ils suivent des itinéraires jalonnés d'hospices, d'institutions charitables, de communautés religieuses dont le soutien et les secours leur seront salutaires. Ils sont munis de leurs attributs, – le bourdon, la besace –, que viendront augmenter, à leur retour, des signes attestant l'accomplissement de leur pèlerinage, – palmes de Jérusalem, coquilles de Compostelle, sportelles de Rocamadour, etc. Ils forment une société nouvelle, née de la route qui engendre de nouveaux rapports à l'autre, et qui est appelée à perdurer dans les confréries de pèlerins.

Ce sont là quelques-uns des aspects extérieurs de ce type de marche que nous font connaître guides (cf. J. Vielliard, 1984) et récits (cf. J. Richard, 1981) ; ils ont fait l'objet de nombreuses études. La « dramatique d'accomplissement » qui lui est inhérente a été moins prise en compte. Il revient à Alphonse Dupront de l'avoir mise en lumière au fil d'articles dont la plupart ont été réunis dans son ouvrage *Du Sacré* (1987). Il y manque le texte inaugural, intitulé « Tourisme et pèlerinage. Réflexions de psychologie collective », publié en 1967 dans la revue *Communication*. On y trouve tracées les grandes lignes d'une analyse anthropologique du fait pèlerin à laquelle l'auteur d'une vaste et célèbre enquête sur le *Mythe de croisade* a attaché son nom.

Dans les « déplacements » que connaît le monde moderne, Dupront observe que les pèlerinages se distinguent essentiellement de la circulation touristique par la perpétuation de ce qu'ils sont une quête migrante de sacralités. S'il y a une aspiration commune à vivre autrement et un commun désir d'ailleurs, il s'agit pour le pèlerin de la quête vitale d'autre chose, d'une marche vers une autre vie, l'attente d'une rencontre d'altérité, – double attente d'un passage spatial, d'un monde à un autre, et temporel, du temps à l'éternité. Dans cette marche est mobilisé tout un complexe d'espérance et d'efforts, de tension aussi qui tranche sur un tourisme de détente. La voie que suit le pèlerin est celle d'une mutation effective qui, d'étranger aux pays traversés, va le faire devenir étranger à lui-même. Il a quitté le monde du quotidien, de la coutume, des habitudes pour se mettre en route, et la marche qu'il entreprend est ouverture sur l'illimité, l'indéfini, l'extraordinaire, – un au-delà. Ainsi saisi dans sa réalité existentielle, le pèlerinage est « d'élan profond, vital, débouchant soit sur l'éternel, soit sur la présence de la surnature » (Dupront, 1967, p. 118).

La voie sacrale

Dans son article « Pèlerinages et lieux sacrés » de l'*Encyclopaedia Universalis* (1972), Dupront met en lumière les rapports qu'entretiennent la spiritualisation de la marche et l'épreuve de l'espace. Le pèlerinage n'est pas seulement une suite de franchissements d'obstacles, c'est un corps-à-corps permanent avec l'espace, un affrontement au cours duquel le corps précisément s'épuise. De cette représentation est issue la définition qu'il donne du pèlerinage comme « thérapie par l'espace ». Mais le pèlerinage se vit aussi comme « communication de forces », ce qui est déjà mentionné dans le texte « Tourisme et pèlerinage ».

Il s'agit ici, plus explicitement, de la concupiscence de charges et de recharges sacrales. Au terme d'une longue marche, elle sera satisfaite par des modes de participation dont l'attouchement de l'objet sacral est l'un des exemples les plus communs. Au total donc, et comme l'écrit encore Dupront, « l'acte pèlerin n'est pas supplication ; il est, peut-on dire en le saisissant au plein de son énergétique, commerce de puissance. Tout en lui est positif, même l'épuisement ou la fatigue. Ainsi, dépassant le plan thérapique, le pèlerinage, pris dans son ensemble, apparaît comme une création de surplus vital » (Dupront, 1972, p. 731).

Sur ce thème, la « route », qui est voie d'accès à une sublimation, Dupront revient dans un texte non recueilli dans *Du Sacré :* le chapitre, intitulé « Puissances du pèlerinage – Perspectives anthropologiques », de l'ouvrage collectif *Saint-Jacques de Compostelle* (1985) qu'il a dirigé. Il y revient pour finalement assigner au pèlerinage et au Grand Œuvre alchimique la même dimension initiatique. La pénible déambulation et la recherche laborieuse, la tension pèlerine et l'opération alchimique sont, en effet, à penser sous la même catégorie : celle d'une quête semée d'embûches et d'imprévus. Les deux itinéraires se rejoignent dans la Voie de la Connaissance ; ils se confondent dans la recherche d'une transmutation, une opération à laquelle Henry Corbin (1978) s'est également intéressé. Il y a, écrit Dupront, « correspondance organique entre le laboratoire alchimique et les tribulations ascétiques de la route » (p. 251) ; il s'y effectue une identique transmutation : de la matière d'un côté, et de soi de l'autre ; ce qui le conduit dans les parages des « sciences traditionnelles », en citant l'auteur des *Demeures philosophales*, – le mystérieux Fulcanelli (*ibid.*).

« La religion en mouvement »

S'il est vrai que le pèlerinage est attente et espérance vive d'une communication directe avec le divin, – « directe », c'est-à-dire sans médiateur ni médiation instituée, mais qui n'en existent pas moins –, quelle politique a été celle des autorités ecclésiastiques et civiles à son endroit ? Les « marcheurs de Dieu » de jadis, ces flux de pèlerins de toutes conditions, ont été longtemps considérés, avec les misérables, mendiants et marginaux qui s'y agrégeaient, comme des sources de désordre et de débauche. Ils étaient les membres d'une société dont la sédentarisation n'était pas achevée et qui restait ouverte à l'errance. Au xviie et XVIIIe siècle, des mesures furent prises pour lutter contre le vagabondage des « gens sans aveu » : l'approbation de l'évêque et l'autorisation des agents du roi devinrent nécessaires pour sortir du royaume, ce qui devait favoriser les pèlerinages locaux.

L'Eglise, en fait, n'avait guère de prise sur ces marches. Elle ne les contrôlait qu'aux abords du sanctuaire, – leur point d'arrivée –, en les ordonnant en une marche ultime, disciplinée, une procession. Ces pratiques étaient à ses yeux entachées de superstitions. Le concile de Trente avait cependant légitimé le culte des saints, la vénération des reliques, la dévotion des images sacrées. Mais si la *devotio moderna* lui a préféré le pèlerinage intérieur, si la Réforme l'a répudiée et les Lumières critiquée au nom de la Raison, la marche aux lieux sacrés, expression d'une religion des humbles, n'est pas tombée en déshérence. Au xixe siècle, avec le développement du culte marial (La Salette, 1846, Lourdes, 1858, Pontmain, 1871), les pèlerinages ont connu, en France notamment, un nouvel essor dont témoigne la création, en 1873, d'un journal, « Le Pèlerin » qui eut pour vocation première de donner aux fidèles toutes les informations sur leurs dates et leur déroulement.

On notera que l'article « Tourisme et pèlerinage » (1967) cité *supra* a été écrit au lendemain de la clôture du concile œcuménique Vatican II (1962-1965). Dupront y rappelait la défiance de l'Eglise à l'égard du pèlerinage, défiance plus vive encore en une période où une bonne partie du clergé entendait purger la foi des restes d'une « religion populaire ». Il ne manquait pas cependant d'observer qu'en dépit de ce jugement négatif, « le pèlerinage se porte bien », qu'il s'en crée de nouveaux et que tous répondent à un besoin. Il ne se trompait pas. Dix ans plus tard, le récit de cinquante jours de marche (19 avril-8 juin 1977) sur les chemins de Saint-Jacques, par deux journalistes du Nouvel Observateur, – P. Barret et J.-N. Gurgand –, *Priez pour nous à Compostelle* (1978), suscitait un vif intérêt et devenait un grand succès de librairie. Le 17 octobre 1980, le pape Jean-Paul II, s'adressant aux directeurs français diocésains de pèlerinages, saluait leur effort pour « endiguer, ou du moins éduquer un tourisme religieux en expansion ». Il leur disait surtout que les pèlerinages chrétiens, « redécouverts et vécus dans toutes leurs dimensions et exigences », étaient « une clé de l'avenir religieux de notre temps ». Pour lui, le moment était venu « d'accorder à la pastorale populaire du pèlerinage, une place au moins égale à celle que l'on doit donner à l'indispensable formation d'une élite ».

À la fin du siècle dernier, Danièle Hervieu-Léger (1999) a situé le pèlerin, sur fond de déclin des identités religieuses héritées, comme le représentant de « l'individualisme religieux de la modernité ». Elle en faisait une figure typique de « la religion en mouvement » d'aujourd'hui et voyait dans la condition pèlerine une forme nouvelle de sociabilité. Le Vatican devait accompagner ce « mouvement » : en avril 2013 était ouvert, à la demande du pape Benoît XVI, le site internet « Pèlerinages de France ».

RÉFÉRENCES BIBLIOGRAPHIQUES

Barret P. et Gurgand J.-N., *Priez pour nous à Compostelle*, Paris, Hachette, 1978.

Corbin H., *Les Pèlerins de l'Orient et les vagabonds de l'Occident*, Paris, Berg international, 1978.

Dupront A., « Tourisme et pèlerinage – Réflexions de psychologie collective », *Communication*, n° 10, 1967, p. 97-121.

Dupront A., « Pèlerinages et lieux sacrés », in *Encyclopaedia Universalis*, Paris, Encyclopaedia Universalis, 1972, vol. 12, p. 729-734.

Dupront A., « Puissances du pèlerinage : perspectives anthropologiques », *in* Dupront A. *et al.* (dir.), *La Quête du sacré. Saint-Jacques de Compostelle*, Turnhout, Brepols, 1985, p. 174-252.

Dupront A., *Du Sacré. Croisades et pèlerinages. Images et Langages*, Paris, Gallimard, 1987.

Hervieu-Léger D., *Le Pèlerin et le converti. La religion en mouvement*, Paris, Flammarion, 1999.

Jean-Paul II, « Discours aux directeurs diocésains français de pèlerinages », Libreria Editrice Vaticana, 1980.

Maraval P., « Pèlerins orientaux dans l'Orient byzantin », *in* Sansterre J.-M., Dierkens A., Kupper J. L. (dir.), *Voyages et voyageurs à Byzance et en Occident_du* vi*e au* xi*e siècle*, Genève, Droz, 2000.

Martin P., *Pèlerins* xv*e-*xxi*e siècle*, Paris, CNRS Éditions, 2016.

Sigal P.-A., *Les Marcheurs de Dieu. Pèlerins et pèlerinages au Moyen Âge*, Paris, Armand Colin, 1974.

Richard J., *Les récits de voyages et de pèlerinages*, Turnhout, Brepols, coll. « Typologie des sources du Moyen Age occidental », 1996, vol. 38.

Vielliard J., *Le guide des pèlerins de Saint-Jacques de Compostelle : texte latin du* xii*e siècle*, Paris, Vrin, 1984 [1938].

Pauline Detavernier
LIAT, ENSA Paris-Malaquais
Directrice de projets R&D (PCA-STREAM)

Les accessoires du marcheur de la gare : entraves et ressources

La gare est un espace de communications multiples : entre la compagnie de chemin de fer et son usager par la signalétique (Pages, 1995), entre le commerce et son potentiel client par la publicité, mais aussi et surtout entre les marcheurs entre eux.

Peu d'espaces urbains aujourd'hui, ouverts à la foule d'un public qui les traverse, offrent à ce point de scènes de retrouvailles, d'au revoir ou de rendez-vous. La gare apparaît comme un théâtre particulier, où se jouent quotidiennement des situations dépassant la simple co-présence d'individus. D'autre part, l'existence de cette co-présence anonyme relève elle-même d'une particularité qui, si elle nous semble aujourd'hui banale, est née au sein même de l'espace-gare et de ses transports : « Avant qu'au XIXe siècle ne surgissent les omnibus, les chemins de fer et les tramways, les hommes ne se retrouvaient jamais dans la situation de se regarder mutuellement, des minutes et des heures entières sans parler » (Simmel, 1986, p. 181).

Marcher au sein de cette situation particulière de co-présence relève du ballet ; chacun s'y déplace selon sa propre trajectoire, adaptant son corps à l'environnement qui se présente à lui. Des formes reconnaissables de co-présence se créent naturellement et une sorte de code implicite de la gare s'installe alors. Certes, l'espace est pensé de manière à permettre ce ballet : sa conception doit idéalement permettre à chacun de disposer de l'espace nécessaire pour se mouvoir à sa guise. Mais pas uniquement. Une observation plus fine des corps des marcheurs, à travers leurs postures, leurs regards, et les légères variations de ceux-ci, donne à lire des compétences qui lui sont propres et qui permettent, elles aussi, le bon déroulement de la chorégraphie.

Ces compétences, que nous appellerons « goffmaniennes » – car elles sont de l'ordre de celles observées par le sociologue dans d'autres situations d'altérité – relèvent à la fois d'une co-présence et d'une co-orientation dans le mouvement. C'est une glose corporelle qui donne à lire entre les lignes la direction et la trajectoire dans lesquelles je m'apprête à m'engager : par la direction de mon regard, par la tournure de mon buste. S'instaure alors un dialogue implicite entre les marcheurs, fait d'informations données et reçues, sans cesse confirmées ou infirmées au fur et à mesure des pas. Mais pour lire entre les lignes des marcheurs en co-présence, encore faut-il développer une disponibilité à l'autre. De manière générale, un marcheur engagé dans une marche décidée vers une action assignée aura tendance à prêter une attention minimale aux autres et à se replier sur soi et son objectif ; sa disposition corporelle est orientée vers la rapidité et l'efficacité de son mouvement. Il s'agit bien alors d'un rapport réduit à une simple co-présence entre des individualités autocentrées, qui tentent de cohabiter.

Le marcheur de la gare n'est définitivement pas un marcheur urbain comme les autres : c'est aussi un marcheur obligé, encombré et augmenté. Quels impacts ces caractéristiques ont-elles sur les modalités communicationnelles, sur la chorégraphie qui qualifie la gare ?

Nous nous proposons dans cet article de préciser le caractère intermodal du marcheur de la gare et d'expliciter en quoi cette rupture de mode est susceptible d'empreindre le ballet des marcheurs de particularités et de contraintes. En conséquence (ou au service) de cette intermodalité, le marcheur de la gare ajoute à ses bagages des charges supplémentaires qui, si elles s'apparentent dans un premier temps à un encombrement, tendent à devenir une ressource au service de la marche. Augmentation dans sa pratique de marche, le smartphone devient alors un outil à part entière. Cette duplicité entre cheminement physique et digital pose la question de l'existence d'une zone virtuelle au sein de la gare, de son impact sur la marche et sur la communication des individus entre eux.

Le marcheur obligé et encombré

La gare est un lieu de marche obligatoire, tout autre mode de déplacement y étant interdit pour des raisons de sécurité, de sûreté et de propreté. Ainsi, pour les utilisateurs d'engins de déplacement personnel (EDP), motorisés ou non, l'entrée en gare constitue une rupture de mode. Il leur faudra prendre leur EDP à la main pour accéder au train, le transformant ainsi en bagage.

Le marcheur historique de la gare est chargé de ses malles et valises, lourdes, encombrantes, qui nécessitent plusieurs actions spécifiques au cours de son parcours. L'accessoire du marcheur de la gare au XIXe siècle fait partie intégrante des « mille tracas et incidents auxquels il est exposé avant, pendant et après le trajet » (Delattre, 1858). Aujourd'hui, les espaces et services liés à la gestion du bagage en gare ont largement disparu. Seules subsistent quelques consignes[1] permettant de louer à l'heure un casier de taille adaptée. Dans la plupart des cas, l'excentrement de ces consignes par rapport à la zone de marche principale démontre leur caractère annexe au parcours. Si la question a été en partie évacuée par les compagnies ferroviaires en laissant les voyageurs en charge de leurs affaires jusque dans le train, ces dernières n'en restent pas moins un fardeau récurrent pour le marcheur. Il a été estimé que seulement 26 % de la population marche en ville les mains vides (Weidmann et Buchmüller, 2006, p. 7) et ce chiffre est encore moindre dans les situations de transit. En tant qu'espace commercial, la gare tend de plus à charger davantage son usager au fur et à mesure des achats effectués en son sein. Enfin, le marcheur de la gare, parce qu'il est obligé d'y marcher, peut également être encombré d'un EDP, celui-là même qui lui a permis d'arriver à la gare et qui lui permettra de poursuivre son trajet au sortir de sa gare d'arrivée. Le marcheur de la gare est donc par définition un marcheur encombré.

Cet encombrement modifie l'envergure de l'espace nécessaire à son mouvement. Parmi les caractéristiques qui le définissent pour les concepteurs de l'espace, l'encombrement du corps du marcheur en plan joue un rôle majeur. Il s'agit de l'unité primaire permettant de calculer la densité des corps en présence dans une situation de foule. En outre, cette envergure augmentée est à intégrer par le marcheur lui-même dans la perception qu'il a de son propre corps en mouvement. La valise se fait prolongement de son bras et ne doit pas entrer en collision avec les autres corps en co-présence. La glose corporelle habituelle se double d'une vigilance accrue à l'environnement.

Cet encombrement modifie aussi la nature même du mouvement de marche. Encombré, le marcheur se déplace moins vite. Le bagage lourd déforme le corps, qui s'arque en avant pour tirer une valise, ou se cambre latéralement pour équilibrer le poids d'un sac. Le relevé des interactions entre le marcheur et ses bagages au cours des suivis effectués en gare (Detavernier, 2020) démontre que ce bagage constitue régulièrement une entrave physique à la marche, autant qu'il nécessite une attention constante. Il constitue une charge mentale pour le marcheur qui, outre l'attention portée à la gêne qu'il pourrait occasionner auprès des autres, se doit de ne pas l'oublier et de se prémunir des vols : les annonces sonores au sein de l'espace-gare le lui rappellent de manière régulière.

Dernier reliquat des encombrements du voyageur, la gestion du bagage constitue une piste d'amélioration dans la promotion de la marche au sein de la gare. La valise intelligente et autonome peut également faire office de signal faible. Connectée au poignet du marcheur par un bracelet GPS, elle vient se synchroniser au rythme cardiaque de l'espace-gare, battant à « l'allure du pas ». Rompant d'une part le lien physique qui la rattache au marcheur, elle supprime tout effort physique (la porter, la tirer, la guider) et mental (la surveiller).

Enfin, si les objets portés en gare peuvent faire entrave au mouvement, il est courant d'observer la mise en œuvre de tactiques permettant de les transformer en ressource dans certaines situations : un vélo porté peut se transformer en bouclier dans une foule dense ; un sac de voyage trop lourd se transformer en assise déportée du flux.

Le marcheur augmenté

À l'image de cette valise autonome, l'accessoire du marcheur de la gare ne se veut plus aujourd'hui être un frein à son déplacement, mais un atout répondant à ses besoins (ou lui en créant de nouveaux, en bon objet marketing !). L'accessoire devient un compagnon de voyage, un assistant. Le marcheur augmenté (Jauréguiberry et Jocelyn, 2016) c'est l'« homo mobilis » de Georges Amar (2016) augmenté dans son corps et ses fonctions cognitives. Ainsi, Yves Winkin et Sonia Lavadinho émettent le souhait d'une accessoirisation du piéton dans l'espace public, « de manière qu'il se sente pleinement maître de son "unité véhiculaire", aussi assuré que dans d'autres modes de transport » (Lavadinho et Winkin, 2008). Ils font le postulat d'un *empowerment* individuel et collectif du marcheur par l'accessoire. Thierry Paquot au contraire, s'insurge contre ces objets autonomes qui rendent selon lui le marcheur dépendant, et revendique une autonomie du piéton (Paquot, 2008).

Introduisant l'atelier Transit City du 15 février 2019, François Bellanger résume les révolutions de la mobilité au cours de ces vingt dernières années à deux objets : l'iPhone et la basket. Smartphone, montre, valise connectée, sac à dos, vêtements et chaussures aux performances inédites, les accessoires du marcheur de la gare sont eux aussi embarqués et lui fournissent autant d'informations qu'ils n'en renvoient à la gare et à ses gestionnaires, dans un dialogue constant d'une nouvelle nature. Parmi les renseignements fournis à l'usager, ces accessoires de l'infomobilité participent du guidage et de l'orientation en gare, mais donnent également en direct les horaires des trains, le numéro des voies, alertent des retards, stockent les billets…

À propos du guidage en gare plus précisément, plusieurs applications dédiées ont déjà vu le jour, de la simple carte de géolocalisation à la sélection de repères, en passant par la feuille de route étape par étape. Les dernières recherches menées au sein de la Direction Innovation et Recherche de la SNCF, portent sur le développement en interne d'un « assistant marche à pied », dont le nom même rappelle l'*empowerment* du mode piéton. L'application englobe les abords et l'intérieur de la gare dans un parcours global, et met l'accent sur deux nouveautés principales : la possibilité pour l'utilisateur de renseigner un éventuel handicap qui génèrera un itinéraire adapté, et l'intégration de repères visuels « parlants » dans la narration des étapes du parcours.

En retour de cet assistanat à l'usage de la gare, les données GPS émises par les dispositifs connectés et embarqués par les marcheurs renvoient à la gare des informations sur les fréquentations de ses espaces, les passages entre ses portiques de contrôle, les connexions devant ses boutiques. L'évolution du traitement de ces données tend vers une utilisation en temps réel par les gestionnaires des gares, adaptant en direct leurs dispositifs de gestion de flux en fonction des affluences.

La zone virtuelle

Cette « augmentation du marcheur » et les données échangées à cet effet entre le marcheur et la gare parcourue sont concomitantes à une digitalisation des services mêmes de la gare, participant de la création d'une réelle zone virtuelle au sein du cheminement piéton. Elle a pour conséquence de dédoubler les espaces physiques de la gare, voire de les remplacer. Le smartphone se fait alors assistant global de la marche, bien au-delà de l'itinéraire, et ce au sein même du bâtiment-voyageurs. Il y crée un espace virtuel où le marcheur peut trouver des informations ou des services qui dédoublent un espace physique de communication en gare (signalétique, panneaux d'information, etc.), le complètent (l'indication des retards en temps réel s'avère parfois plus rapide que les annonces vocales en gare), voire le remplacent (l'achat de billets).

Au cours de son cheminement au sein du bâtiment-voyageurs, le marcheur peut ainsi être amené à s'extraire de l'espace physique du cheminement piéton pour effectuer un bout de parcours dans cet espace virtuel. Il y navigue, quelques secondes ou plusieurs minutes, pour s'y distraire, y acheter son billet, confirmer un horaire ou chercher son quai de départ.

Mais pendant que les yeux, les mains, et surtout l'esprit du marcheur se trouvent dans l'espace digital du smartphone, que se passe-t-il pour le corps physique du piéton, livré à lui-même dans l'espace réel de la gare ? Nous notons nombre de situations où ce basculement est à l'origine d'un ralentissement du pas, où d'une déviation flottante de la trajectoire. Le marcheur, véritable « smombies[2] » se déplace au ralenti – machinalement – les yeux rivés sur son écran, coupé de son environnement. La rupture de communication à l'autre est alors totale, caractéristique d'un monde contemporain de l'hyper-connexion où « les conversations qui sollicitent un face-à-face ou plutôt un visage-à-visage, une écoute, une attention à l'autre, à ses expressions, deviennent rares, de même le tact qui les nourrissait » (Le Breton, 2023).

Pour garantir la continuité de la marche, certains jettent des regards réguliers à la gare. Parfois, notre marcheur s'arrête en plein flux, gênant les corps en coprésence, les obligeant à un détour pour ne pas le percuter. Au mieux, il a la possibilité de se déporter derrière un obstacle, pour pouvoir stopper son mouvement sans troubler personne. Quand ses yeux et son esprit se connectent à nouveau avec l'environnement physique, opère un second moment de basculement, traduit par quelques secondes de désorientation perceptible. Ayant continué machinalement sa marche, il doit se repérer à partir de sa nouvelle position pour pouvoir orienter la suite de son déplacement.

Peu ou prou bien géré, ce transfert momentané dans l'espace du smartphone n'est donc pas sans conséquence sur la communication des marcheurs entre eux. Cette pratique particulière de la marche, loin d'être anecdotique, doit être prise en compte par les concepteurs, *a minima* comme s'ajoutant aux divers rythmes du marcheur. L'espace digital, ou « zone virtuelle » deviendrait alors une zone programmatique à part entière de la gare, au même titre que la zone d'accueil ou la zone commerciale.

Si les limites spatio-temporelles de cette zone sont en grande majorité aléatoires, les suivis réalisés nous permettent toutefois d'émettre des hypothèses sur un certain nombre d'invariants (amont des lignes de contrôle, zones d'attente, escalators, etc.), esquissant des constantes spatiales du parcours digital. L'attention portée aux seuils « phygitaux[3] » peut notamment passer par le ménagement de zones refuges au droit des espaces de basculement repérés comme récurrents, permettant aux marcheurs de se déporter du flux principal en toute sécurité et d'y réduire leur rythme de marche.

Augmenter le marcheur, pourquoi ?

D'aucuns souhaiteraient que la gare soit un accélérateur de vitesse entre la ville et la destination lointaine. Or la pratique de la marche dans l'espace-gare soulève la question d'un autre rapport à la vitesse et au temps. Par la marche, un équilibre se crée au sein de cet hyper-lieu de l'entre-deux qui n'est plus uniquement voué au transit, mais également au séjour, à la rencontre.

Dès lors, augmenter le marcheur dans ses capacités, ce n'est pas uniquement chercher à en augmenter la vitesse ni à en réduire l'effort. Il s'agit davantage de lui permettre de gagner en autonomie vis-à-vis de l'espace-gare et en aisance dans le déplacement de son corps.

Si l'évolution de la marche en gare ne passe plus par une recherche constante d'accélération des corps, peut-on alors aller jusqu'à y penser un éloge du ralentissement en faveur des communications ? Plutôt que de concevoir la gare comme un accélérateur de vitesse, pourrait-elle davantage apparaître comme une multiplicité de traits d'union, ouvrant la possibilité à une errance de proche en proche ? Il s'agirait alors de ne plus chercher à réduire à tout prix les temps vides engendrés par la marche, ni même de chercher à les remplir dans une optique de productivité. Il s'agirait plutôt de s'approprier ces temporalités lentes pour ce qu'elles sont, à l'image du flâneur d'Huart ou de Benjamin.

NOTES

1. En France, seules seize gares en sont équipées.
2. Contraction de *smartphone* et *zombies*.
3. À la fois physiques et digitaux.

RÉFÉRENCES BIBLIOGRAPHIQUES

AMAR G. et HATCHUEL A., *Homo mobilis : une civilisation du mouvement. De la vitesse à la reliance*, Limoges, FYP éditions, 2016.

DELATTRE E., *Tribulations des voyageurs et des expéditeurs en chemin de fer. Conseils pratiques*, Paris, A. Taride, 1858.

DETAVERNIER P., « Le Marcheur de la gare. Généalogie des spatialités, conception des parcours, expression des cheminements piétons (1837-2030) », thèse de doctorat en architecture, Université Paris-Est, 2020.

JAUREGUIBERRY F. et JOCELYN L., *Le Voyageur hypermoderne. Partir dans un monde connecté*, Érès, 2016.

LE BRETON D., « Vestige d'un temps révolu, la conversation est en voie de disparition », *Le Monde*, 2 janvier 2023.

PAGES D., « Parcours obligés : du bon usage de la signalétique », *Communication et organisation*, n° 8, 1 novembre 1995.

PAQUOT T., « Le marcheur énonce les lieux, chaque pas épelle un morceau de territoire », *Urbanisme*, n° 359, 2008.

SIMMEL G., *La sociologie et l'expérience du monde moderne*, Paris, Abraxas, 1986.

WEIDMANN U. et BUCHMÜLLET S., *Parameters of pedestrians, pedestrian traffic and walking facilities*, Zurich, ETH Zurich, 2006.

Jérémy Gaubert
École des ingénieurs de la ville de Paris

De la marche à la marchabilité des espaces publics urbains

La déambulation pédestre engage le corps et la sensorialité, tant et si bien que le mouvement inhérent à cette activité n'est pas que physique : il implique le soi de celui qui fait cette expérience. Dès lors, la phénoménologie de la marche met en évidence une logique de la relation entre le marcheur et son environnement où l'un s'exprime, façonne et s'ouvre à l'autre et inversement. La marche constitue une médiation par laquelle chacun se forme et s'informe au contact de l'altérité, humaine ou non. Elle apparaît alors selon un mouvement vers le dehors, ainsi la qualification de ce mouvement et des dimensions dans lequel il s'étend permet d'interroger à nouveau frais le sens du néologisme « marchabilité ». Faisant de la marche une médiatisation de notre rapport au monde, la marchabilité se définira selon le soin porté aux liens du marcheur à son espace et au possible de la rencontre et de la présence, lesquelles, comme le partage le philosophe Henri Maldiney (2007), sont la marque de l'habitation des lieux.

Marcher, c'est aller-au-dehors !

Indéniablement, l'expérience de la marche est corporelle et rappelons avec le psychologue de l'environnement Edward T. Hall (1966) que « le corps est plus qu'une simple coquille, plus que l'occupant passif d'un volume mesurable ». En marchant, c'est par notre corps que nous éprouvons le monde urbain, et s'il y a épreuve, c'est que nous exposons ce que nous sommes : notre corps. Nous nous exposons à l'environnement au sens le plus large des choses et des êtres dans leurs qualifications, c'est-à-dire aux conditions météorologiques (au pluvieux, à l'humide, à l'ensoleillé, à la chaleur, etc.), aux masses bâties ou naturelles (à l'imposant, au discret, au coloré, au terne, au beau, au charmant, au laid, etc.), au sol (au plat, au pentu, au rugueux, au dur, au mou, au boueux, etc.). Cette exposition de nous-mêmes revient à une prise de risque puisque nous nous rendons vulnérables de par notre fragilité (Chrétien, 2017), or le risque est question d'aléa et le plus probable n'est-il pas celui de la rencontre ? Marcher consiste alors à s'exposer au risque de la rencontre dans et avec le monde.

Ce possible de la rencontre, nous y accédons d'abord par le *sentir* qui n'est pas l'olfaction mais l'ensemble du contact sensoriel que nous éprouvons : le *sentir* est cette relation entre le soi et le monde et le mode de qualification de l'un par rapport à l'autre. De fait en marchant, le *sentir* s'active, nous entrons dans une relation avec notre environnement où chacun des sens s'aiguise. Lors des randonnées, ce sont ces impressions qui nous restent : tel panorama, telle ambiance forestière, telle dureté du sol, telle douceur du vent… En conséquence, l'expérience de la marche en tant qu'elle est sensorielle relève de cette rencontre comme événement – ce dont on se souvient ! Cette advenue où, par et à partir du *sentir* comme articulation de la relation du « je » au monde (Straus, 1935), nous sommes appelés à nous ouvrir, d'une ouverture au monde et du monde : un aller-au-dehors comme être-au-monde.

Marcher c'est aussi *se mouvoir*. Il est alors question d'itinéraire – on peut passer par ici ou par là – mais aussi de nos comportements : on peut marcher la tête haute ou longer les murs… Le *se mouvoir* indique des « directions de sens » (Binswanger, 1947) à la fois internes et externes, celle à laquelle l'espace peut nous inviter – tel chemin nous appelle ou non – et celle produite par notre propre allant envers le monde. De la sorte, les directions de sens se comprennent comme une forme et une structure de notre être-au-monde toujours vécues sur le mode dynamique d'une forme en formation. Ainsi, notre mouvement, par ses directions de sens, fonde notre être-au-monde et cet être-en-mouvement se décrit comme « une matrice directionnelle qui oriente l'existence » (Chamond, 2004). C'est selon ces directions que le monde fait sens pour le sujet phénoménologique : l'être-en-mouvement du marcheur est un être-au-sens.

Ensuite, marcher convoque le *s'émouvoir*, qui relève de la tonalité affective induite par chaque situation et où concourent la tension des espaces décrite dans le *se mouvoir* et l'expérience esthétique du *sentir*. Dans le *s'émouvoir*, il y a concordance de ces deux dimensions et celles-ci forment l'entremêlement du marcheur et de son environnement : un climat. Comme l'exprime l'anthropologue Pierre Sansot (1973), « le promeneur qui aime, qui connait une ville, confond sa propre circulation et celle de son corps ». Le climat rassemble ce que Jean-Jacques Wunenburger (2016) nomme en référence à Gaston Bachelard « les qualités psychiques de la matière », celles-ci pouvant prendre la forme de connotations symboliques, d'ouvertures poétiques ou oniriques, ou encore de tonalités affectives, chacune s'appelant et convoquant l'imagination. Pour l'illustrer, rappelons-nous notre expérience : au hasard d'une rue, marchant sur un trottoir de pierre granitique, sa dureté nous évoque la stabilité, ses couleurs chatoyantes après la pluie les astres qui illuminent la nuit. Celui qui marche à ce moment-là songe peut-être à l'immensité, à l'infini. Tel que l'exprime Peter Sloterdijk (2003), ces climats sont nos milieux d'habitation ; ils font apparaître l'intrication de l'être et de son environnement comme étant le lieu. De par la relation à l'environnement qu'elle suppose, l'expérience de la marche instaure un aller-au-dehors que nous concevons en tant que modalité d'habitation du lieu.

Aller-au-dehors, c'est habiter !

Retourner l'expérience de la marche dans ses traits fondamentaux – le *sentir*, le *se mouvoir* et le *s'émouvoir* – nous permet d'envisager la nature empathique de cette pratique. Ainsi, l'être-en-marche s'appréhende selon une disposition de l'*être-au-monde* en tant qu'être-en-relation. Le motif de cette relation est informé par la vitesse de la marche et son implication corporelle. En effet, l'allure particulière de la marche, cette lenteur, nous permet d'avancer sur les chemins et simultanément nous laisse la possibilité d'être attentif aux plus insignifiants détails. Par cette démarche nous sommes en relation avec les choses et les êtres dans leur profondeur telle que peut la décrire Maurice Merleau-Ponty (1964) dans *Le Visible et l'invisible*.

La marche nous met alors dans une disposition qui nous invite à une forme de disponibilité envers ce qui nous entoure. Il y a là une logique de la relation où l'autre, ce avec quoi ou qui nous sommes en relation, peut exister en lui-même : son pouvoir-être lui est reconnu. Ainsi décrite, la disponibilité relève à la fois d'une considération envers les choses et les êtres et d'une reconnaissance de ce qu'ils sont : une altérité. Dès lors, en tant qu'il est disponible, l'être-en-marche instaure le possible de l'être-avec. Cette disponibilité du marcheur le fait entrer dans une relation de communication puisque, comme l'exprime Dominique Wolton (2014), « l'enjeu de la communication n'est pas l'échange d'informations, c'est celui de l'altérité ». D'une communication pouvant, bien que rarement et toujours fortuitement donner lieu à une rencontre. Accueillir l'autre et se diriger vers lui expose le marcheur à ce risque. Non pas qu'il n'y ait que des « mauvaises rencontres » mais du fait qu'une rencontre authentique ne nous laisse jamais indemne : elle nous transforme. Au demeurant, le poète et essayiste Kenneth White (1982) qui commente les marches d'Henry David Thoreau (1817-1862) exprime que « marcher, c'est se déconditionner et se retrouver en un être autre ».

Cette ouverture et cette transformation de soi, dans l'intrication et l'entrelacement de l'être avec son environnement, nous la comprenons en compagnie d'Henri Maldiney comme habitation. Celui-ci écrit :

> « À chaque pas nous quittons l'espace que nous occupons, l'espace, ici, […] pour nous porter là, au-dehors ; mais du même pas nous intégrons l'espace du dehors dont nous faisons, un instant notre espace propre, de sorte que, sur ce pas, nous sommes entre dehors et dedans. […] ainsi, le dehors s'intériorise, le dedans s'extériorise. Qu'il s'agisse de la marche ou de la parole, l'homme se trouve "ici en deux". » (Maldiney, 1993)

Cette dualité de la relation du marcheur à ce qui l'entoure se comprend comme la genèse du lieu d'habitation. Elle se manifeste par le passage de l'être-ici à l'être-là. Ainsi, la question de la formation du lieu d'habitation rejoint celle de l'existence comme mouvement spatialisant et comme présence : ce que nous nommons *faire-paysage* (Gaubert, 2021). Ce « pouvoir-être-avec » qui est à proprement parler « géo-pathie », témoigne d'une capacité d'exister qui ouvre la possibilité même du lieu, lequel prend sens. Et la *géopathie* constitue l'événement même de l'habitation lors de la marche. En effet, la moindre sensation, le plus petit mouvement, la plus infime émotion sont susceptibles, pour peu que nous sachions les accueillir, d'engager notre être dans cet étonnement qui est celui d'être-là en tant qu'être-avec. Ce *faire-paysage* inspire, pour celui qui en fait l'expérience, un climat rassemblant l'être, l'espace et autrui dans leur lieu. Un lieu qui n'est pas une localisation mais qui se constitue de cette relation à un espace ou à un autre, dont le marcheur gardera la mémoire.

La modalité d'habitation du lieu est alors qualifiée par un tel climat, lequel invite à la penser selon ses mouvements d'apparition : l'habitation se conçoit selon sa dimension pathique en tant qu'elle implique notre *sentir*, sa dimension dynamique en tant qu'elle initie notre mouvement autant interne qu'externe, et sa dimension significative en tant qu'elle prend sens pour l'habitant. En outre, c'est selon sa puissance poétique que le *faire-paysage* montre la marche en tant que celle-ci nous ouvre au-delà de nous-mêmes à une forme de présence, dont l'étymologie latine signifie littéralement « être devant, à l'avant » de *prae* « avant, devant » et *esse* « être ». Ce possible d'une ouverture à l'avant de soi nous convie à décrire une poétique du lieu, une géopoétique (White, 1994) de la marche comme expérience de la rencontre, qui par notre contact à l'altérité forme le lieu. Le moment poétique de la marche est celui d'une transformation dans l'avoir-lieu : épiphanie de l'être-au-lieu. En advenant, l'être-en-marche dévoile l'ouverture originaire qui fonde notre présence et nous permet de déceler dans l'expérience de la marche un appel à la présence : une ouverture à et de l'existence.

Habiter, c'est ménager dans la relation !

À l'aune de ce dévoilement de l'existence lors de l'expérience de la marche, la marchabilité prend de nouveaux sens. Cette dernière relève en effet de tout ce qui tisse ces liens entre les piétons et leurs lieux, elle ouvre le possible de l'habitation, comprise dans son sens existentiel d'une présence à l'autre, aux autres et aux choses. La marchabilité est une habitabilité des milieux lors de la marche et désigne la puissance d'habitation des espaces urbains, elle repose sur la possibilité de faire-lieu et donc de *faire-paysage*, et se comprend comme un « ouvert de l'existence » qui se révèle notamment dans les dimensions poétique et politique de l'expérience.

Loin des questions relatives à la mobilité, la marchabilité devient le produit d'une communication et d'un échange entre le marcheur et son environnement, dans une compréhension mutuelle où le dedans existe par le dehors et inversement, chaque côté se transformant au contact de l'autre. Marcheurs et espaces urbains vont de pair dans leur disponibilité pour que s'ouvre l'existence piétonne. Pour que ces rencontres aient lieu, les espaces publics doivent s'adresser à ceux qui y prennent place : leur échelle doit donc être humaine, pour reprendre l'urbaniste Jan Gehl (1987) et de surcroît, cette invitation de l'espace envers les piétons suppose une logique de la relation où chacun, chacune, est accepté et peut exister en lui-même. Les piétons ne sont pas seulement en déplacement, ils existent et ces existences confèrent aux rues et aux places leur caractère animé.

Considérant l'importance du *sentir* dans le rapport de l'être-au-monde, c'est au travers de la palette de couleurs, de matières, de formes, d'odeurs, de goûts, ou encore de sons que se joue la marchabilité des espaces publics. Aussi, les dimensions d'une rue, la présence du végétal, la fréquentation mais aussi les bruits, les couleurs, la lumière, constituent autant d'indices de la marchabilité au sens où les espaces urbains marchables offrent aux piétons une richesse sensorielle. Ici, la marge de progression est grande tant la monotonie, l'uniformité et de manière générale la répétition abondent dans la ville contemporaine. L'enjeu pour nos espaces urbains est celui d'une esthétique au double sens de ce mot, le premier étymologique de ce qui nous parvient par les sens, et le second, d'une recherche de la beauté.

Si la marche invite à *faire-paysage*, la marchabilité procède du climat formé par la rencontre du marcheur avec son espace, et même si l'humeur de chacun est variable, les espaces urbains peuvent, par leur composition, nous convier à des mouvements d'approche ou d'éloignement, d'élancement ou de retenue… Pour cela, il est nécessaire que les espaces soient accessibles, c'est-à-dire publics et cet aspect devient fondamental au moment où prolifèrent encore les enclaves commerciales, industrielles et résidentielles, car tous ces espaces clos constituent autant d'entraves à la continuité des cheminements piétons et par conséquent à la marchabilité. Cependant, pour l'espace, être accessible n'est pas suffisant, sa constitution doit également devenir une véritable invitation à déambuler et à s'émouvoir, une sorte de mobilité des lieux faite d'un accueil inconditionnel et d'une dynamique de l'espace. Pour comprendre cette dynamique des architectures et des paysages de nos villes, rappelons-nous combien les espaces et leurs ambiances façonnent notre expérience et comment ils peuvent nous assigner à un emplacement, ou au contraire constituer une échappée vers le monde ou vers soi : une ouverture.

Pour réaliser cette esthétique de l'espace et pour inviter à repenser les établissements humains et leurs formes, nous proposons une éthique de l'aménagement qui se comprend en fait comme un ménagement. Elle propose de faire place à la déambulation piétonne par un accueil et une hospitalité de l'expérience de la marche dans toutes ses dimensions. Cette hospitalité ne peut être qu'inconditionnelle telle que la conçoit Jacques Derrida (2001) lorsqu'il indique « [qu'elle] doit être tellement inventive, réglée sur l'autre et sur l'accueil de l'autre, que chaque expérience d'hospitalité doit inventer un nouveau langage ». Un langage qui vise à réaliser la poétique du lieu par un partage de l'espace favorisant le dialogue et le contact de chacun avec son environnement : un aller vers l'autre en le laissant venir. Ce langage dépasse la dimension d'une langue, car une langue même commune, ne permet pas nécessairement la communication révélant pour Dominique Wolton une incommunicabilité comme horizon de toute communication. De par cette incommunicabilité le ménagement dont il est question est politique puisque « la communication relève de la politique, au meilleur sens du terme, c'est-à-dire de la volonté de négociation sur fond d'altérité » (Wolton, 2014).

Cette politique est la condition de toute cohabitation puisqu'elle suppose de considérer la singularité des situations mais aussi et en tant que telle, puisqu'elle est au fondement de toute habitation en ouvrant cette chance pour chacun d'avoir accès à son propre lieu. L'hospitalité accomplie est celle qui nous transforme par l'avoir lieu de la rencontre comme moment de présence. Conséquemment, pour le « ménageur » l'hospitalité n'est pas une posture ni même une disposition, elle engage sa disponibilité qui est d'abord une disponibilité à sa propre transformation au contact de l'altérité.

Seule l'hospitalité des, et envers, les espaces urbains permet de considérer les marcheurs dans leur existence et ainsi de faire place aux piétons : en somme la marchabilité devient alors un art du ménagement des milieux habités. D'un ménagement qui se joue dans la jointure et l'articulation entre le *sentir*, le *se mouvoir* et le *s'émouvoir* et qui fait de la marchabilité une possibilisation de la rencontre et de la présence à l'autre, aux autres et aux choses. Visant la résonance de chacun dans leurs lieux, la marchabilité suppose l'accueil de l'imprévu et de la surprise par lequel nous arrive l'événement de l'habitation. Le 'ménageur' recherche alors la puissance d'ouverture des lieux, c'est-à-dire qu'il se propose de prendre soin de ces moments de présence.. Pour l'exprimer avec Gaston Bachelard (1957), le « ménageur » sait que l'espace physique est « dynamogénique », et que le monde est un « catalyseur d'onirisme » ; par conséquent, qu'il lui incombe de choyer cette puissance, cette relation de l'être-au-monde. Le « ménageur », ce marcheur, est cet habitant soucieux de l'habitabilité qui tente d'accompagner les espaces publics urbains afin de maintenir et parfois de réveiller le possible de leur habitation.

Finalement, si marcher c'est faire un pas au dehors, être appelé à l'avant de soi-même, la marchabilité des milieux désigne cette puissance d'ouverture à l'existence. Dès lors, afin que la marche urbaine prenne tout son sens, les architectures et les paysages du ménagement doivent se proposer comme un appui et comme un élan : appuis et élans de notre être et du monde dans leur relation, appui et élan de notre marche en tant qu'elle forme l'habitation, appui et élan de notre existence en tant qu'elle prend appui sur elle-même pour aller vers l'autre et pour s'élancer au-devant d'elle-même dans *l'ouvert*.

RÉFÉRENCES BIBLIOGRAPHIQUES

BACHELARD G., *La poétique de l'espace*, Paris, Presses universitaires de France, 2011.

BINSWANGER L., *Introduction à l'analyse existentielle*, Paris, Éditions de Minuit, 1971.

CHAMOND J., « Binswanger et les directions de sens », *in* CHAMOND (dir.), *Les directions de sens : phénoménologie et psychopathologie de l'espace vécu*, Argenteuil, Le Cercle herméneutique, 2004.

CHRÉTIEN J.-L., *Fragilité*, Paris, Les Éditions de Minuit, 2017.

DERRIDA J., « Une hospitalité à l'infini », *in* SEFFAHI M. (dir.), *Autour de Jacques Derrida, de l'hospitalité : manifeste*, Genouilleux, La Passe du vent, 2001.

GAUBERT J., *Philosophie du marcheur, essai sur la marchabilité en ville*, Paris, Éditions Terre Urbaine, 2021.

GEHL J., *Pour des villes à échelle humaine*, Montréal, Éditions Écosociété, 2012.

HALL E. T., *La Dimension cachée*, Paris, Éditions du Seuil, 1971.

MALDINEY H., *L'art, l'éclair de l'être*, Paris, Les Éditions du Cerf, 2012.

MALDINEY H., « La rencontre et le lieu », *in* YOUNÈS C. (dir.), *Henri Maldiney. Philosophie, art et existence*, Paris, Les Éditions du Cerf, 2007.

MERLEAU-PONTY M., *Le Visible et l'invisible. Suivi de Notes de travail*, Paris, Gallimard, 2010 [1964].

SANSOT P., *Poétique de la ville*, Paris, Payot & Rivages, 2004.

SLOTERDIJK P., *Sphères III. Écumes*, Paris, Maren Sell éditeur, 2005.

STRAUS E., *Du sens des sens : contribution à l'étude des fondements de la psychologie*, Grenoble, J. Million, 2000.

WOLTON D., « Incommunication et altérité », *Hermès*, n° 68, 2014.

WHITE K., *Le plateau de l'Albatros, Introduction à la géopoétique*, Paris, Grasset, 1994.

WHITE K., *La figure du dehors*, Marseille, Le Mot et le Reste, 2014.

WUNENBURGER J.-J., *L'imagination géopoïétique. Espaces, images, sens.*, Rome, Italie, Mimésis, 2016.

Coordination : Brigitte Chapelain

Conversation avec…

Benoît Peeters
Théoricien, critique et scénariste

« On a besoin de médiateurs… j'essaie d'ouvrir des portes, de créer du désir »

Brigitte Chapelain : Votre carrière témoigne d'une grande diversité d'activités. Vous êtes enseignant-chercheur, mais aussi essayiste, scénariste de bande dessinée, biographe et éditeur.

Benoît Peeters : Je suis resté fidèle à l'idéal de diversité qui était le mien à mes débuts. Petit à petit, j'ai essayé de le faire accepter, ce qui n'a pas toujours été simple. Il est arrivé que l'on me demande si cela ne me dérangeait pas d'avoir un homonyme qui écrive sur Derrida, ou un homonyme qui écrive de la bande dessinée. Je m'en suis accommodé avec joie.

BC : Comment passe-t-on d'un scénario de BD à une biographie de Robbe-Grillet ?

BP : Les deux choses ont coexisté dès le début. Lorsque je suis allé trouver Roland Barthes à l'École pratique des hautes études, j'étais tout jeune, mais j'avais déjà publié un premier roman chez Minuit, *Omnibus*. Tout en travaillant sur *Les Bijoux de la Castafiore* avec Barthes, j'ai commencé à réfléchir avec mon ami d'enfance, François Schuiten, à ce qui allait devenir *Les Cités obscures*. Le travail de fiction et le travail de réflexion ont été ainsi menés de front. Ce qui est peut-être un peu original dans mon cas, c'est que j'ai prolongé mon travail dans les deux domaines. Mais après la mort de Barthes j'ai renoncé à une carrière universitaire et mené mes travaux de réflexion de manière tout à fait indépendante.

Il se trouve que mon travail de scénariste a connu un certain succès et m'a rapidement permis de vivre. Je me suis passionné pour le monde de la bande dessinée où j'avais l'impression qu'il y avait encore beaucoup de choses à explorer. À un certain moment, je dirais peut-être au tournant du XXe et du XXIe siècle, le travail d'essai et de biographie est redevenu très important. J'ai passé une habilitation à diriger les recherches, sous la direction de Pierre Fresnault-Deruelle. Juste après, je me suis lancé dans la biographie de Jacques Derrida, qui est le travail le plus difficile que j'ai entrepris. En réalité, c'était un défi dont je n'avais pas mesuré d'emblée la difficulté. J'avais un peu connu Derrida (en 1985, il avait écrit une longue postface pour l'album photographique *Droit de regards*, réalisé avec Marie-Françoise Plissart) et j'avais une vraie passion pour son œuvre, mais en amateur. Au bout de six mois, j'ai eu peur que le travail soit trop complexe pour un non-spécialiste. Mais j'ai mené le projet jusqu'à son terme et il a été bien accueilli. Par la suite, les travaux de recherche et de réflexion ont été sans doute plus nombreux que les travaux de fiction. Même si la fiction ne s'est jamais interrompue, j'ai écrit d'autres biographies, d'autres essais. À travers les conférences et les cours que j'ai donnés, j'ai commencé à mieux connaître le monde de la bande dessinée, même si je reste un amateur par rapport à des gens qui lui ont consacré toute leur vie. C'est d'ailleurs la force et la faiblesse de ma trajectoire : j'aime approcher des domaines très divers, mais à part d'Hergé, que je connais vraiment très bien, je ne me considère comme spécialiste de rien. Je suis un bon connaisseur de Paul Valéry comme de Jacques Derrida et Sándor Ferenczi, mais je ne peux pas prétendre à la même compétence que des gens qui auraient consacré toute leur vie à leurs œuvres.

BC : Vos biographies, vos essais et vos scénarios des *Cités obscures* relèvent de genres très différents.

BP : Ce qui est commun, c'est un goût de communiquer et de raconter. Finalement, j'aime raconter, qu'il s'agisse de récits comme ceux des *Cités obscures*, un peu sophistiqués, nourris de références notamment architecturales. Et dans les travaux biographiques ou les essais, je ressens aussi un plaisir à raconter, y compris à raconter les idées. Oui, j'ai raconté Paul Valéry, Jacques Derrida, j'ai récemment, au Collège de France, raconté la poétique de la bande dessinée. Je pense que cette dimension de communication, ou de transmission, même si les deux mots ne sont pas exactement équivalents, est au cœur de mon travail. D'une certaine façon, la dimension pédagogique a toujours été là. Au Collège de France, le public était mélangé : il y avait autant de curieux que de connaisseurs. J'essayais de parler à ces deux publics, en évitant le jargon comme je l'ai toujours fait, et en apportant un savoir accessible même s'il contient sa part de complexité. C'est quelque chose qui m'importe beaucoup : j'aime la complexité, je n'aime pas la complication.

Jacques Derrida, Paul Valéry ou Sándor Ferenczi sont des gens qui intimident. Parfois leurs œuvres paraissent froides, inaccessibles. En leur redonnant une assise humaine, contextuelle et historique, ces œuvres peuvent se remettre à parler. On a besoin de médiateurs. J'ai toujours gardé cette dimension, j'essaie d'ouvrir des portes, de créer du désir. Mon expérience de narrateur de fictions m'a certainement servi dans mes travaux intellectuels : j'aime guider les lecteurs dans un monde complexe, glisser du récit au savoir.

Je n'aurais donc pas voulu renoncer à l'une ou l'autre de ces activités, et aujourd'hui je continue de ne pas vouloir… Lors d'une de nos premières rencontres, Barthes m'avait dit : « Mais pourquoi voulez-vous faire ce travail de diplôme à l'École pratique ? » (Où j'étais jusque-là auditeur libre) « Vous êtes déjà de l'autre côté… » Mais cette idée m'a laissé perplexe, car pour moi il n'y avait pas véritablement d'autre côté.

BC : Depuis quelques années l'intermédialité est une notion de référence…

BP : Le Genevois Rodolphe Töpffer, que l'on considère comme l'inventeur et le premier théoricien de la bande dessinée, parle d'une forme mixte. Cette forme mixte emprunte, évidemment, à des langages différents, le texte et l'image, mais elle les transforme en une autre chose qui a sa propre singularité. La bande dessinée a constamment dialogué avec d'autres formes narratives. La plus évidente, c'est le cinéma, auquel on veut parfois l'inféoder, alors que la bande dessinée lui est très antérieure et qu'il ne lui manque ni le mouvement ni le son. Mais il y a aussi le monde de l'illustration, le monde de la caricature, le monde de la littérature. Aujourd'hui, le monde des nouveaux médias et des nouvelles technologies. Tout cela participe d'une caisse de résonance, ménage des passerelles et des échos, un « pont des arts » comme le dit Catherine Meurisse.

Ce qui est agaçant, c'est de voir parfois la bande dessinée considérée comme un simple marchepied pour aller vers domaine art plus prestigieux. Comme si être adapté au cinéma ou exposer dans un musée était nécessairement une consécration. De même, certains valorisent de manière exagérée l'expression « roman graphique ». On a alors l'impression que la bande dessinée, c'est vraiment le ruisseau, les petits *Mickey* comme on disait autrefois, alors que le roman graphique serait l'aristocratie de la bande dessinée. En réalité, le roman graphique est un sous-ensemble de BD. Et la frontière est presque impossible à tracer. D'autres emploient de façon dédaigneuse l'étiquette de manga, comme si les mangas étaient tous équivalents, comme s'ils n'avaient pas donné naissance à des chefs-d'œuvre.

BC : Vous avez travaillé sur l'écriture collaborative en littérature. Qu'en est-il pour la bande dessinée ?

BP : J'ai travaillé sur ce sujet avec mon ami Michel Lafon, hélas décédé depuis. Nous avons publié un premier volume chez Flammarion qui s'appelle *Nous est un autre*, en analysant dix-sept cas d'œuvres en collaboration, plutôt des duos d'écrivains, d'Alexandre Dumas et Maquet à Deleuze et Guattari, en passant par Borges et Bioy Casares. C'est un champ de recherches passionnant que nous aurions voulu étendre aux écritures collectives.

Dans la bande dessinée, beaucoup de grandes œuvres sont nées d'un seul individu : Töpffer, Winsor McCay, Hergé, Art Spiegelman, Marjane Satrapi, Chris Ware et bien d'autres… Mais des œuvres admirables ont été développées par des duos. Pensons au travail extraordinaire de Goscinny, avec Uderzo et Morris notamment, mais à travers toute l'histoire de la bande dessinée, aux États-Unis comme en Europe, on a des cas de collaborations remarquables : Christin et Mézières, Moore et Gibbons, etc. Pour moi, la collaboration fonctionne surtout s'il y a une véritable synergie entre les deux intervenants : non pas une simple addition de talents, mais la création d'un territoire commun. C'est pourquoi, avec François Schuiten, nous travaillons souvent ensemble autour de la même table, échangeant sans chasse gardée. D'autres scénaristes travaillent d'une tout autre façon : ils rédigent des scénarios complets qu'ils pourraient, à la limite, confier à des dessinateurs différents. Dans mon cas, cela n'a jamais fonctionné de cette façon-là. J'ai toujours écrit pour quelqu'un et souvent avec quelqu'un, en cherchant une collaboration aussi étroite que possible. Une autre méthode peut donner d'excellents résultats, mais personnellement me séduit moins.

BC : Vous dites que la bande dessinée est un média, et non pas un genre.

BP : À partir du moment où la bande dessinée est capable de traiter d'à peu près tout, de mettre en scène l'intime et l'Histoire, de pratiquer le reportage, de se montrer romanesque ou comique, de travailler par strips de trois ou quatre images ou de développer des œuvres amples, de s'adresser à des enfants ou à des adultes, je pense qu'elle n'est pas un genre. Quand j'ai commencé, vers 1980, à m'intéresser de près à la bande dessinée, même si je n'avais pas, pour ma part, le sentiment de travailler dans un genre, la perception que la plupart des gens en avaient était de cet ordre-là. Heureusement, le paysage de la bande dessinée s'est profondément transformé. À mes débuts, à l'exception de quelques femmes, dont Claire Bretécher, le milieu de la BD était très masculin. Aujourd'hui, les femmes y ont une importance considérable, les lectrices sont devenues beaucoup plus nombreuses, les thématiques, les conditions de publication ont changé, et les débats de société se sont invités fortement.

Les œuvres de non-fiction ont pris une place considérable, en jouant notamment sur la diversité des registres graphiques à l'intérieur d'une même œuvre : le mélange de schématisation et d'humour peut, par exemple, donner des résultats excellents, comme dans *Le Monde sans fin*, *Dans la combi de Thomas Pesquet* et l'adaptation de *Sapiens*.

D'excellents auteurs se sont investis dans ce registre, loin du didactisme pesant.

BC : Qu'est-ce que le numérique a apporté à la bande dessinée ?

BP : Des facilités techniques sans doute. Certains dessinateurs sont passés assez naturellement à la palette graphique. Pour la mise en couleur, cela a indéniablement facilité les choses et permis de gagner du temps. Mais pour moi et les dessinateurs et dessinatrices dont je suis proche, le papier et les outils traditionnels restent premiers. J'aime voir des originaux de bandes dessinées, sentir l'œuvre naître avec le crayon, la plume, les crayons de couleur et les encres. Mais c'est peut-être un effet générationnel. Je me souviens du grand auteur japonais Jirō Taniguchi qui me disait : « Oui, il y a des choses que je pourrais faire plus vite à l'ordinateur, mais le temps qu'il me faudrait pour maîtriser l'outil, je préfère l'investir dans une technique que j'ai toujours pratiquée ».

Je garde un attachement au dessin, à sa matérialité, ce qui ne m'empêche pas de travailler en tant qu'écrivain avec le traitement de texte, comme à peu près tout le monde. Mais je regrette parfois que nous, toutes et tous, dans presque tous les métiers, à travers tous les pays, nous soyons comme façonnés par ces logiciels souvent identiques qui nous coupent de la matérialité de notre pratique. Le corps au sens le plus large, c'est-à-dire le contact, manque y compris chez beaucoup de médecins. Et ce phénomène a été accentué durant la période du Covid par l'accumulation des visios. Nous en parlions récemment avec William Marx, titulaire de la chaire de Littératures comparées, qui a beaucoup contribué à ma venue au Collège. Nous nous disions l'un et l'autre que nos souvenirs de colloques étaient liés à du temps partagé entre chercheurs, à des discussions entre les séances, à des repas, à des soirées qui se prolongent, des amitiés qui naissent, autant de choses qu'aucune visio ne remplacera jamais. Nous savons tous que la communication se génère autant par l'infraverbal que par le verbal.

Quand je donne des cours ou des conférences, je parle sans texte, et même sans notes, à partir d'un fil d'images que j'ai soigneusement structuré. Cela me permet d'être pleinement dans l'ici et maintenant avec l'auditoire. La même chose se produit dans l'entretien que nous sommes en train d'avoir. Cette situation de communication est absolument irremplaçable. Je pense que dans la relation pédagogique le savoir doit plus que jamais être incarné : par le regard, la voix et ses modulations, le rythme, la mesure que l'on peut avoir de l'attention ou de l'inattention… Bref, par la présence. Toutes ces choses sont liées à une matérialité de l'acte communicationnel qu'il me paraît essentiel de préserver.

BC : L'offre en BD est devenue abondante, diversifiée voire fragmentée.

BP : Oui, il y a un vertige quantitatif… Quand j'ai commencé, il se publiait peut-être trois cents albums par an. Ce qui veut dire qu'un passionné pouvait se faire une idée rapide d'à peu près tout. Aujourd'hui, on en est à près de six mille : cette multiplication fait que le libraire spécialisé, le critique, l'amateur, les auteurs eux-mêmes ne peuvent plus du tout suivre, même vaguement, l'ensemble de la production. Peut-être qu'il y a une spécialisation qui est en train de se créer.

On en arrive à une situation assez proche de celle du Japon, où les mangas ont une cible de public extrêmement précise : des mangas pour les petites filles, pour les petits garçons, pour les adolescents, pour les adolescentes, jusqu'aux personnes âgées. À l'intérieur d'une production pléthorique, il est logique qu'il y ait des niches, parfois incroyablement pointues. Mais le trait essentiel de la bande dessinée, c'était d'être une culture partagée. Quand j'étais enfant, en Belgique, l'intérêt pour *Tintin*, *Spirou*, *Gaston*, *Blake et Mortimer* me reliait avec la plupart de mes camarades de classe.

Je ne crois pas, à part quelques séries de mangas très populaires, que la bande dessinée soit aujourd'hui une culture partagée par les enfants, et moins encore par les adultes. Or, les enfants et les adolescents, sauf exception, ne sont pas heureux d'aimer des œuvres dont ils ne peuvent pas parler entre eux. Aimer quelque chose que les autres ne connaissent pas présente un risque de marginalisation.

L'objet commun n'est plus tellement la bande dessinée ou le cinéma, et moins encore la littérature, mais les séries télévisées qui sont devenues un sujet de conversation facile. De temps en temps, la bande dessinée arrive à redevenir cet objet commun. Dans les débats, parfois vifs, autour du livre *Le monde sans fin* de Blain et Jancovici, on voit qu'on peut discuter, et même se disputer autour d'une bande dessinée. Quel que soit l'avis qu'on a sur les théories de Jean-Marc Jancovici, je trouve très positif qu'une bande dessinée puisse donner lieu à la discussion comme un essai pourrait le faire.

BC : La BD est-elle devenue interculturelle ?

BP : D'abord, je dirais que la Belgique et la France, enfin, le monde francophone européen, c'est le paradis de la bande dessinée. Nulle part vous ne trouverez une offre éditoriale aussi diversifiée, des festivals d'une telle qualité, des beaux rayons dans les librairies et les bibliothèques. Angoulême est le festival de bande dessinée le plus important, parce qu'il est ouvert sur le monde. La France est le pays qui traduit le plus. Elle est devenue le deuxième pays du manga, juste après le Japon. Mais nous traduisons également beaucoup de bandes dessinées américaines, et il y a une vive curiosité pour des bandes dessinées d'autres pays. Les systèmes japonais et américains, s'ils sont très riches en création, sont beaucoup plus protectionnistes que nous. Ils accueillent donc marginalement les œuvres étrangères. Par exemple, la série des *Cités obscures* que j'ai développée avec François Schuiten, est traduite dans de nombreux pays, mais au Japon comme aux États-Unis, ce sont des publications pointues, un peu confidentielles, un peu chères.

Une autre chose frappante est de constater que la bande dessinée ne cohabite pas bien avec les dictatures. Ces pays accueillent assez mal, ou filtrent beaucoup, la bande dessinée et surtout ne suscitent pas une création locale. Ils se méfient de l'émergence d'une bande dessinée vivante, sans doute à cause de ses liens avec la caricature et l'irrévérence. En Russie, par exemple, où il y avait de très bons festivals voici quelques années, c'était vraiment par les marges que la bande dessinée était entrée. C'était une scène alternative. En Afrique la bande dessinée est pratiquée, aimée, mais elle a du mal à circuler, et donc à faire vivre ses auteurs. Quand des créateurs doués voient qu'un domaine ne leur offre aucune chance de professionnalisation, ils ont tendance à bifurquer vers un autre média ou à essayer de vendre leurs talents ailleurs. C'est le cas dans plusieurs pays d'Amérique latine, où de bons auteurs travaillent pour le monde des comics nord-américains parce qu'il est rémunérateur ; ils se fondent dans le moule de séries préexistantes, ou sont utilisés comme des virtuoses mais pas comme des auteurs. Autre phénomène intéressant : le développement du « webtoon », surtout en Corée. La bande dessinée quitte le monde du papier pour passer dans celui des smartphones, avec des créateurs qui travaillent pour ces supports-là. En Europe, cela va nous arriver aussi.

BC : Comment se traduit l'influence des mangas ?

BP : Dans les styles de dessin et l'univers véhiculé. Les mangas jouent un rôle énorme, et le désir du voyage au Japon est devenu plus grand dans les jeunes générations que celui du voyage aux États-Unis. L'imaginaire japonais a pris une place considérable. Les mangas sont arrivés chez nous d'abord par la télévision. Peu à peu, les livres se sont multipliés et certaines séries ont connu un succès colossal.

Des modifications circonstancielles très marquées ont eu lieu comme le rythme de parution. Dans la bande dessinée européenne, les auteurs publiaient, dans le meilleur des cas, un album par an. Dans une série de mangas réalisée par une équipe, le fait d'avoir cinq ou six tomes dans l'année est une condition de succès à peu près inévitable.

De plus, la forme de l'objet, le privilège du noir et blanc, le petit livre souple qui ressemble plutôt à un livre de poche que l'on peut emporter partout avec soi apparaît comme un grand avantage. Même si suivre une série manga se révèle extrêmement coûteux puisque vous pouvez avoir jusqu'à cent volumes. Jusqu'à présent, la bande dessinée à l'européenne est difficile à lire dans les transports en commun. Le manga se prête aussi à une lecture sur écran, beaucoup plus facilement que les histoires de Bilal, Tardi ou *Les Cités obscures*. En lisant des albums comme les nôtres sur un smartphone, on a vraiment l'impression de les assassiner. Je suis assez marqué par l'approche médiologique de Régis Debray. Et donc là, on voit que, médiologiquement, le manga fonctionne de façon extrêmement différente de la bande dessinée européenne.

BC : Le numéro 87 d'*Hermès* portait sur l'érudition. Peut-on dire qu'il y a des érudits dans le domaine de la bande dessinée ?

BP : Oui, bien sûr. Dans les années 1960, les collectionneurs ont été les premiers spécialistes de la bande dessinée : ils étaient nostalgiques des illustrés perdus de leur enfance, cherchaient à retrouver ce qu'ils considéraient comme l'âge d'or de la BD. Petit à petit, une érudition s'est construite avec notamment la génération de Francis Lacassin, Remo Forlani, Alain Resnais et quelques autres.

La construction d'un savoir plus approfondi et plus large sur la bande dessinée a beaucoup pâti du fait que ce n'était pas un objet d'enseignement et de recherche. Les travaux se sont faits parallèlement, à l'extérieur d'un cadre universitaire ou du CNRS, où la bande dessinée n'est pas reconnue comme un domaine. Cela n'a pas empêché d'excellents spécialistes, comme Thierry Groensteen, de consacrer tout leur travail à la bande dessinée. Et les jeunes chercheurs et chercheuses sont de plus en plus nombreux, même si la bande dessinée n'est pas l'objet idéal pour faire carrière. Je pense que cela ne peut que bouger, tant la place de la bande dessinée dans le monde du livre est devenue importante. Aujourd'hui, elle représente un quart du marché. Et la créativité est remarquable, dans les directions les plus diverses.

Coordination : Michel Durampart

Diagonales

Michel Lallemand
CNRS

À l'hôtel d'Isadora sur les hauteurs de Meudon

Ce témoignage décrit le contexte géographique, mais peut-être aussi mental, dans lequel se fabriquent les numéros de la revue Hermès. *C'est au sein de cet hôtel d'abord dédié à la danse, à la légèreté et à l'élégance, tôt investi par la recherche interdisciplinaire, la souplesse et l'inventivité qu'elle demande, que travaille l'équipe de la rédaction. Dans cet endroit habité tant par la beauté des équations que par le souvenir de la grâce des danseuses, l'influence du théoricien des structures dissipatives qu'était Prigogine se fait encore sentir. Plus qu'une fantaisie, ce texte est un manifeste en faveur du génie de la recherche collective.*

Sur les hauteurs de Meudon, dominant une boucle de la Seine, à l'emplacement occupé naguère par une folie de Mme de Pompadour, a été construit vers le milieu du XIXe siècle un imposant hôtel particulier. Le bâtiment à deux étages, en forme de U étiré, à la façade enduite de plâtre peint façon vieilles pierres, ses arcades devant une belle montée d'escalier, se présentait sous un aspect cossu mais sans style particulier. Ce fut avant la guerre de 1914 la propriété du roi de la machine à coudre, Paris Singer, qui y abrita ses amours avec la danseuse Isadora Duncan, dont les deux couples d'initiales entremêlées ornent encore les grilles du portail d'entrée.

On y logea avant la Seconde Guerre mondiale, le Bureau des inventions, puis après la Libération un groupe de laboratoires scientifiques du CNRS. Ceux-ci par leur inévitable expansion avaient mordu sur tous les espaces libres et fait perdre à l'endroit son charme grand bourgeois. Entre autres, avait été érigé sur les jardins descendant vers la Seine, où jadis se promenaient la danseuse et ses enfants, un vaste hangar métallique destiné à accueillir ce qui fut pendant les années 1950 la gloire de Bellevue : le plus gros électro-aimant d'Europe.

Isadora Duncan à Bellevue, 1919.
Crédit : Gallica-BnF/Domaine public.

Puis devant la façade de l'hôtel, côté place, là où sur la photo ci-dessus se tient Isadora Duncan, un imposant bloc de béton gris parallélépipédique aveugle, obstruant en majeure partie la vue sur le devant de l'hôtel. Sous son portique furent installées les horloges pointeuses pour le personnel technique. Des baraquements et d'autres bâtiments utilitaires aux assez tristes architectures s'étaient ensuite invités dans ce qui restait des jardins. C'est dans l'un deux que Boris Vodar. m'accueilli un matin d'avril 1962.

Du bureau directorial la vue donnait sur une boucle du fleuve et les lointains parisiens lorsque les vents ne rabattaient pas sur les coteaux les fumées âcres des usines Renault. Quelques photos de groupe en ornaient les murs où figurait mon futur directeur de recherche côtoyant des participants du dernier congrès Solvay, notamment P. W. Bridgman, l'homme des compressions fantastiques pour l'époque et de la première synthèse du diamant. Boris V. me reçu courtoisement : « Vous venez de la physique des plasmas, hum… c'est très intéressant… », me fit-il en se grattant le nez, « … hum, j'ai un sujet dans un domaine différent à vous proposer, hum… de géophysique, est-ce que ça vous conviendrait, c'est assez éloigné des plasmas, j'en conviens, mais très comprimée… la matière peut passer à l'état de plasma, n'est-ce pas ? Hum… ». Ignorant tout de la physique du globe mais tenant à ramener un salaire dans mon ménage, j'acceptai la proposition : étudier la conductivité électrique des matériaux composant le manteau terrestre supérieur soumis aux conditions de température et de pression des grandes profondeurs.

De ce jour, et pendant les dix années qui suivirent, nous ne parlâmes plus jamais science avec B. V. Je le rencontrai parfois dans l'escalier du labo, affairé, insaisissable, habité d'une passion lointaine, en mandarin sympathique. Deux ou trois fois un « ça marche ? », sans conviction, mais bienveillant et un « il faut publier, l'herbe pousse ! », énigmatique, sans conséquence.

À mon étage je fis rapidement connaissance d'autres chercheurs, chacun avec des sujets de recherche sans rapports directs avec le mien, allant de la thermodynamique des gaz, à l'optique ultraviolette et infrarouge, l'acoustique, la RMN, toutes problématiques bien éloignées de mes propriétés électriques du manteau terrestre supérieur. Ainsi, sans liens scientifiques entre nous, tous apprentis chercheurs, nous étions jetés chacun séparément dans les profondeurs sombres et froides, de la physique des milieux denses et sans *drogmen* pour nous guider.

Aussi, à quelques-uns, nous nous organisâmes en auto-enseignement. Le plus âgé d'entre nous, un gars mûrit par vingt-six mois de guerre d'Algérie, revenu pacifiste convaincu, très revendicatif, qui connaissait bien les coulisses des labos de Bellevue, avait prospecté, parmi la multitude de chercheurs qu'il fréquentait, ceux qui seraient intéressés de mettre en commun leurs absences de connaissances. Comme discipline fédérative nous choisîmes les derniers développements de la mécanique statistique. Théorie microscopique permettant de décrire, comprendre et expliquer de manière rationnelle et prédictive les phénomènes physiques de la matière hors équilibre à partir du mouvement d'un grand nombre de particules en interaction – tels que les écoulements de fluides ou les mouvements de convection d'une couche d'huile dans une poêle à frire chauffée par le bas.

On se retrouvait une fois la semaine avec Jean, Pierre, Francis, Schwob un collègue de Francis, un autre Jean, deux gars venant de la fac de Jussieu. Cela dura plusieurs années ; nous planchions à tour de rôle sans heurt, dans une ambiance savante mais apaisée où tout esprit de compétition était absent. Cependant nos formations théoriques et nos thèmes de recherches disparates nous obligeaient souvent, sur les points délicats à faire appel à Francis, de loin le plus avancé et pénétrant d'entre nous et à la culture scientifique la plus vaste. Ce qu'il acceptait en bon camarade pour nous sortir momentanément d'embarras.

B. V. mis au courant de notre entreprise nous fit un jour : « Hum… Je connais bien les physiciens belges de ce domaine, je vais leur parler de vôtre affaire. » Et il téléphona à Ilia Prigogine, qui plus tard, en 1977, obtînt le prix Nobel de chimie, et à notre surprise envoya deux de ses chercheurs de pointe spécialistes des sujets qui avaient attiré notre intérêt. Mis dans la confidence, nous apprîmes que B. V. avait aidé le professeur Prigogine à se soustraire des griffes allemandes pendant l'occupation.

Une fois par semaine nous occupions donc la salle du conseil du bâtiment central des labos de Bellevue. Sa décoration intérieure n'avait pas été trop massacrée malgré la présence à proximité de nombreuses installations de chimie, avec leurs tuyauteries, lignes électriques apparentes qui parcouraient les murs et les plafonds encore ornés de stucs. Quelques pièces avaient même conservé leur aspect de luxe bourgeois originel, notamment les appartements privés d'Isadora. C'était aussi le cas des lumineuses salles de danse du rez-de-chaussée flanquées sur trois de leurs côtés de miroirs muraux indispensables à l'exercice de l'art de la danse. Rodin, le sculpteur, dont l'atelier de Meudon n'était pas très éloigné, y rendit visite pendant un temps à son amie Isadora, maîtresse des lieux, qui l'autorisait à saisir comme modèles ses élèves.

Avec le groupe nous en étions à aborder maintenant l'étude de la mécanique statistique du non-équilibre au sens de Prigogine dont un récent bouquin assez abscons sur le sujet venait de paraître. La méthode employée pour décrire la dynamique des corrélations responsables des processus irréversibles nous avait séduits par l'esthétique de la présentation des équations. Écrites en petits graphes synthétiques variés, proches de ceux proposés par Feynman, elles évitaient par une trompeuse simplicité les trop nombreux signes mathématiques habituels et ne paraissaient faire appel qu'à la seule intuition physique. Les tableaux noirs ou verts de la salle du conseil de l'administration des labos en étaient remplis à la fin d'une séance. Ils offraient sans conteste des outils intéressants mais se présentant dans un style assez ésotérique pour le non-averti.

Lorsque notre salle de travail habituelle était occupée il nous arrivait de nous inviter dans celle qu'un groupe de danseurs de l'école d'Isadora Duncan avait annexée. Nous nous installions alors dans un coin resté libre, laissant les artistes se déployer dans l'espace. Aux pauses café nous trouvions un certain plaisir à les côtoyer de plus près, à nous entretenir avec eux, puis aux reprises à contempler leur évolution inspirée des danses de l'antiquité grecque redécouverte par Isadora, leur grande prêtresse.

Nous avions atteint la partie du Prigogine concernant les points d'articulation, notions qui permet d'aboutir à une généralisation du théorème H de Boltzmann sur l'entropie. Nous avions beau réfléchir sur les graphes correspondants et simultanément admirer les belles chevilles, les fines attaches des danseuses, les envolées délicates de leur voile, nous restions perplexes sur la question théorique et notre compréhension ne progressait plus guère. Il manquait aux équations auxquelles nous avions abouti quelques diagrammes dont les contributions, au total, devait être nulles, sinon il en résultait une fâcheuse divergence.

Agacé par cet échec je sortis de la pièce respirer à mon aise et me détendre. Je pris un petit escalier permettant de rejoindre la terrasse. À l'extrémité d'un couloir mon attention fut attirée par quelques paroles murmurées par une voix d'homme dans une pièce voisine et par une fenêtre, je me permis de jeter avec précaution un coup d'œil sur l'endroit d'où elles émanaient. Dans cette pièce une toute jeune demoiselle était allongée nue sur un divan, son corps épousant une souple courbure, le dos inondé de la lumière de midi. À ses côtés, un bloc de papier à dessin sur les genoux, grande barbe grisonnante, un monsieur âgé, en blouse et chapeau de paille, au travail, croquait la fille. Le dessin en passe d'achèvement, exécuté sur papier crème, à la mine de plomb, exigeait selon l'artiste, d'en rehausser les chairs par des touches d'aquarelle terre claire orangée. Planté là, j'observai jusqu'aux dernières retouches du dessin. L'artiste repassait des mollets aux quadriceps, bas des fesses et haut du bassin, un trait gras ondulé que du pouce il écrasait avec subtilité. Le résultat était un modelé savant bien qu'au premier regard on aurait pu le juger extrêmement sommaire. Bien plus tard je retrouverais ce travail d'un format 32 x 25 au musée Rodin où dans le catalogue il porte maintenant le numéro D 3998. Je sursautai devant le résultat ; à l'évidence la solution de notre problème sur lequel nous butions se trouvait là, devant mes yeux.

L'art est aussi un moyen de penser la réalité et la vérité de l'œuvre offrait des liens avec la théorie abstraite de l'évolution des corrélations. Je redescendis rapidement exposer à mes camarades le résultat si innocemment recueilli et, au tableau noir (ou vert) tentait de leur reproduire tant bien que mal le graphe entrevu derrière l'épaule du sculpteur. Partant des chevilles je traçais en laissant un petit espace une paire de longues jambes aux fines attaches, puis détachées, les cuisses dont je réunis les faces antérieures ; de là je dessinais deux globes attendrissants et encore avec un espace esquissais les hanches ; le reste de l'anatomie étant négligeable du point de vue de la cohérence de la théorie. Je numérotais chaque contribution formant autant de sous-graphes. L'ensemble de ces graphes ainsi esquissé sur le tableau noir pouvait paraître en première inspection s'éloigner quelque peu de l'agréable modelé entrevu et qu'avait su si admirablement traduire l'artiste. Cependant, à sa vue, malgré toutes ses imperfections, Francis en saisit immédiatement la signification et les implications. Il nous fit seulement remarquer que la représentation obtenue par l'artiste ne pourrait être approchée par la théorie physique que nous étudions qu'à condition de parvenir à la développer à des ordres supérieurs. Mais qu'en ce qui concernait notre interrogation actuelle, c'était gagné, le diagramme devant nos yeux, avec un vertex en point d'articulation rendait nulle l'intégrale recherchée schématisée par ce que nous appelâmes depuis « le graphe de Rodin ».

Plus tard, en visite au musée qui porte le nom de l'artiste, j'ai pu constater à la « section aquarelle et dessins érotiques » que de nombreux autres vertex à somme nulle, avaient été préfigurés par Rodin. Malgré leur apparente naturelle simplicité ils sont d'une telle complexité que leur traduction du point de vue de la mécanique des corrélations et de la théorie de l'irréversibilité ne m'est pas encore parue immédiatement exploitable.

Par la suite B. V. dû prendre sa retraite, Francis parti rejoindre les théoriciens de Bruxelles et notre laboratoire quitta Bellevue vers 1974, de sorte que tous les liens avec ce lieu fréquenté par tant d'artistes et de scientifiques qui avait inspiré notre groupe de travail, furent rompus et sa contribution à la théorie de la mécanique statistique du non-équilibre par sa conjugaison avec l'esthétique resta inachevée.

Kadidja Traore
Université Bordeaux Montaigne, Laboratoire MICA

Communication politique au Togo : contexte, enjeux et perspectives

S'il est vrai que « l'on ne peut pas ne pas communiquer » (Watzlawick *et al.*, 1967), il en résulte que la communication intervient dans tous les domaines de la vie, au-delà du fait que tout ce que l'on pose comme acte, véhicule un message, consciemment ou non. La politique est une science profonde, la communication politique l'est tout autant.

Rappelons que le concept de communication politique a remplacé, à la fin des années 1970, celui de propagande, beaucoup trop lié aux régimes totalitaires. La propagande est l'ensemble des moyens de persuasion utilisés sur une population à fin d'influencer ses décisions (Nelson, 1996), de la manipuler.

La communication politique est « le processus par lequel le langage et les symboles, employés par les leaders, les médias et les citoyens, exercent des effets prévus ou imprévus sur les connaissances, les attitudes ou les comportements politiques des individus, ou les résultats qui portent sur les politiques publiques d'une nation, d'un État ou d'un groupe social » (Perloff, 2013, p. 30).

L'observation des campagnes électorales au Togo pousse à se poser des questions quant à l'organisation de la communication politique. Sommes-nous face à une communication politique en construction ou à une propagande inavouée puisqu'incompatible avec un régime démocratique qu'est censé être le Togo ? Le postulat de départ est que nous faisons face à une forte et permanente propagande qui s'accentue en période électorale.

Cet article fait un état des lieux de la communication politique du Togo et analyse de la campagne électorale de la présidentielle d'avril 2015. Il se propose de faire comme une introduction à la communication politique togolaise.

Temps forts de la politique au Togo de 2003 à 2020

La politique – organisation de l'exercice du pouvoir – est liée au mode de gouvernance, elle peut être démocratique ou non. Elle n'est pas linéaire et au Togo elle a connu beaucoup de bouleversements.

La situation politique avant 2005 est assez particulière. Un coup d'État militaire propulse Éyadéma Gnassingbé au pouvoir de 1967 à sa mort en 2005. Son fils Faure Gnassingbé prend le relais de 2005 à nos jours.

En 2003 déjà, la réélection de Gnassingbé père fut fortement contestée par la population et l'opposition. La tentative de coup d'État par son fils en 2005 à l'annonce de son décès, a d'autant plus révolté les Togolais qui voyaient en ce décès une sorte de libération divine. Leur révolte fut réprimée très durement : plus de cinq cents morts officiellement et des milliers de blessés enregistrés.

En 2010, 2015 et récemment 2020, le même schéma est observé avec des contestations et des répressions relativement fortes. Le point commun à ces élections reste la contestation populaire suivie de la répression policière.

La démocratie, le respect des droits fondamentaux des citoyens, sont la base de toute gouvernance. La communication politique accompagne la gouvernance car elle est « l'espace où s'échangent les discours contradictoires des trois acteurs qui ont la légitimité à s'exprimer publiquement sur la politique et qui sont les hommes politiques, les journalistes et l'opinion publique à travers des sondages » (Wolton, 1989, p. 39).

État des lieux de la communication politique au Togo

La communication politique est l'ensemble de « tous les efforts de communication accomplis par ceux qui cherchent à faire adhérer, soit en l'imposant par la propagande, soit en la rendant acceptable par la discussion (négociation, délibération, etc.) à des perceptions publiques qui orienteront les préférences » (Gerstlé, 2004). Partant de cette définition, il apparait que la communication politique devrait être continuelle puisque les perceptions publiques sont continues, changeantes, évolutives. Le processus est un cercle vertueux, les discussions font naître des propositions, les propositions nourrissent les décisions, les décisions sont sujet de discussion.

Force est de constater que les partis politiques au Togo ne se manifestent que lors des campagnes électorales. Ils semblent ne trouver aucun sujet de communication avec le public avant une élection. La communication politique émane des personnalités politiques dans deux contextes : l'un étant celui d'une communication politicienne (à visée purement électoraliste) s'adressant à des citoyens qui sont dans ce cas des électeurs ; l'autre étant celui d'une communication des politiques publiques s'adressant à des citoyens qui sont des administrés, des contribuables, des fonctionnaires, etc. Les partis au Togo s'adressent aux électeurs à travers des dispositifs classiques qui semblent ne pas vouloir évoluer même si le numérique apporte de plus en plus sa touche technologique.

Relations presse : les conférences de presse et les interviews pullulent pendant la campagne électorale. C'est l'occasion de faire des mises à jour sur l'organisation du parti.

Relations publiques : les meetings sont plus courants, ils rassemblent des partisans habillés à l'image du parti. Ils ont lieu lors de la tournée nationale au cours de laquelle les partis font des promesses en espérant gagner des voix.

Affichage : la courses aux espaces d'affichage est un spectacle intéressant et intense.

Les réseaux sociaux et sites web favorisent la circulation des affiches numériques et des messages audios destinés à mobiliser les partisans et à les inviter aux différents meetings.

Les produits dérivés sont privilégiés : t-shirts, casquettes, porte-clés, stylos, nourritures (sacs de riz, pâtes alimentaires, bidons d'huile, etc.), savons, téléphones portables, ordinateurs et même des enveloppes d'argent selon les moyens financiers que l'on a. Le but est de convaincre le plus de monde possible, Omar Bongo (ancien président du Gabon) l'aura dit « en Afrique, on n'organise pas les élections pour les perdre ! ».

Analyse de la campagne de l'élection présidentielle de 2015

Il s'agit d'une analyse comparative par le prisme de la conception que Dacheux fait de la communication politique d'une part, et du modèle de propagande de Herman et Chomsky d'autre part. L'objectif est de déterminer si la propagande est une partie de la stratégie de communication politique au Togo ou si elle résume l'activité politique des partis. Les méthodes utilisées sont l'observation participante et la recherche documentaire. Il faut savoir que les partis politiques au Togo opèrent pratiquement de la même manière, la différence réside dans l'intensité des actions pendant les campagnes électorales. Plus on dispose de moyens financiers, plus on occupe le paysage médiatique, plus on est visible et présent. Mais au fond, les stratégies restent similaires et hautement traditionnelles.

D'après Éric Dacheux (2019), la communication politique est un mix de cinq éléments : la publicité politique (rendre disponible l'information dans l'espace public), le dialogue rationnel qui permet une connaissance des bonnes décisions, la symbolique politique (usage de symboles forts et significatifs pour appeler à l'émotion et à la mobilisation), la négociation politique et la persuasion politique (objectif de la propagande : faire correspondre l'offre politique à la demande citoyenne en présentant, et non en les coconstruisant, des solutions toutes faites).

Les techniques de la persuasion politique correspondent à ce que Herman et Chomsky (2002) appellent « la fabrication du consentement » qui rejoint la propagande politique dont ils ont dessiné un modèle. Pour eux, la propagande en démocratie est caractérisée par :

- Influence médiatique ;
- Confusion volontaire ;
- Valorisation sémantique : « solidarité » par exemple ;
- Manipulation de l'opinion publique à l'aide de statistiques ou de sondages biaisés ;
- Falsification de l'image : retouches vidéo, fausses images ;
- Autocensure des rédactions ;
- Informations partiales ;
- Campagnes de diabolisation.

L'élection présidentielle du 25 avril 2015 au Togo s'est tenue dans un contexte pré-électoral de fortes tensions comme à l'accoutumée. Le président sortant, F. Gnassingbé se présentait pour un troisième mandat, la campagne électorale débutée officiellement le 11 avril 2015, s'est étalée sur deux semaines avec cinq candidats (tableau 1) partis à la conquête des électeurs. Les candidats de l'opposition sortent de leur silence (depuis les contestations qui ont immédiatement suivi l'élection de 2010 remportée par le candidat sortant) pour raviver la flamme des relations candidat/électeurs.

L'analyse suivante n'est donc pas une comparaison entre les stratégies des différents partis ; il s'agit plutôt de faire passer les actions des partis en période de campagne électorale par les grilles des deux modèles.

Parti	Président	Sigle
Combat pour l'alternance politique	Jean-Pierre Fabre	CAP
Alliance des démocrates pour le développement intégral	Tchabouré Gogue	ADDI
Mouvement citoyen pour la démocratie et le développement	Mouhamed Traore	MCD
Nouvel engagement togolais	Komandega Tamaa	NET
Union pour la République	Faure Gnassingbé	UNIR

Listes des partis politiques candidats à la présidentielle 2015.
Source : données collectées sur Wikipédia.

Communication politique : Dacheux

Publicité politique : les cinq partis en courses (tableau 1) ont occupé les médias de masse pour exposer leurs programmes de société sous la forme de promesses et d'engagements.

Dialogue rationnel : les seuls moments d'échange étaient des meetings qui ont fait l'objet de discours puis de bains de foule fortement médiatisés.

Symbolique politique : les partis recherchent en permanence l'adhésion du peuple en leur vision. Le choix des logos, les expressions comme « Terre de nos aïeux », « solidarité », « démocratie », « réconciliation nationale » entre autres, reviennent souvent pour appeler l'émotion collective.

Négociation politique : l'histoire politique du Togo est marquée par des conflits violents entre parti au pouvoir et opposition et des négociations qui n'aboutissent pratiquement jamais.

Persuasion politique : les moyens financiers des candidats ont clairement défini les actions en 2015, des *goodies* de campagne sortant de l'ordinaire ont fait leur apparition.

Propagande : Herman et Chomsky

Influence médiatique : on a assisté à ce que Jeune Afrique[1] a appelé « le match des affiches de campagne ». UNIR a fait voler des ballons dirigeables à l'effigie de son candidat au-dessus de Lomé la capitale. Parallèlement à cette guerre des affichages spectaculaires, la presse, la radio et la télévision ont elles aussi été prises d'assaut.

Valorisation sémantique : elle rejoint la symbolique politique dans le modèle de Dacheux. Les mots « proche », « peuple », « alternance », sont revenus plusieurs fois dans les communications des candidats.

Le parti sortant construit sa campagne autour de concepts comme « présidentielle apaisée » pour insister sur le désir d'éviter les violences pré et post électorales comme à l'accoutumée.

Manipulation de l'opinion publique : des mouvements comme « Miabé » et « Génération Faure » ont été exploités de sorte qu'on pense que la jeunesse togolaise et les stars – comme le footballeur international Adébayor – soutiennent pleinement le président sortant.

Falsification d'images : les deux camps s'accusent d'avoir falsifié les photos de leurs diverses manifestations dans l'objectif d'accroître visuellement le nombres de partisans.

Confusion volontaire : on ne fait plus la différence entre l'État et la personne du président à qui reviennent les mérites de toutes les réalisations publiques, sa campagne est basée sur un bilan très positivé.

Autocensure des rédactions : les cas de musèlement de presse et les nombreuses représailles financières et physiques contre les agences de presse sont parlants. Le parti au pouvoir use et abuse de son pouvoir pour s'assurer que le contenu des papiers soit en sa faveur.

Informations partiales : Le contrôle de la presse entraine de fait la partialité des informations.

Campagnes de diabolisation : les candidats de l'opposition ont fait la liste de toutes les erreurs et dysfonctionnements de gouvernance via des émissions comme « Visages d'Afrique ». En 2015, des activistes politiques ont développé des mouvements hostiles à l'instar de « Faure must go », « Non au troisième mandat », « 50 ans ça suffit ! ».

Tout ce qui précède nous permet de pouvoir affirmer que les techniques de propagande dominent les autres actions de communication politique au Togo. Deux composantes essentielles de la communication politique à savoir le dialogue rationnel et la négociation font défaut et des pratiques anti-démocratiques à l'instar du musèlement de la presse sont encore trop présentes.

Pour répondre à la question de départ, nous faisons face, au Togo, à une communication politique en lente construction. Les techniques propagandistes prennent le pas sur des stratégies de communication politique car il se pose un réel problème de professionnels en la matière, et donc un problème de formation.

La communication politique togolaise – si l'on devait l'appeler ainsi – est plutôt compétitive et instrumentale (Gerstlé, 2004). Compétitive car les médias sont utilisés pour contrôler l'information et canaliser les citoyens dans une direction ; instrumentale car elle se résume, au moment des élections, à user voire abuser des techniques de communication propagandistes pour convaincre l'électeur et le diriger dans son choix. Traiter de ce sujet interroge sur la communication publique au Togo, son articulation avec la communication politique et ses manifestations dans le contexte démocratique actuel. « En Afrique et particulièrement au Togo, les frontières sont assez floues entre la communication publique et la communication politique. » (Baglo-Yao, 2018)

Il se pose naturellement la question de la communication et de l'information publique puisque la crédibilité est plus importante que tout en communication politique (Braud, 2008) et que la propagande ne l'apporte pas systématiquement. Elle repose sur « l'aptitude à se faire écouter et la capacité à exercer une influence sur les débats de l'heure ».

NOTE

1. https://www.jeuneafrique.com/230358/politique/togo-le-match-des-affiches-de-campagne/

RÉFÉRENCES BIBLIOGRAPHIQUES

Beavin H. J., Jackson D. et Watzlawick P., *Une logique de la communication*, Paris, Point-Seuil, 1967.

Braud P., *Sociologie politique*, Paris, LGDJ, coll. « Manuel », 2008.

Chomsky N. et Herman E., *Manufacturing Consent: The Political Economy of the Mass Media*, Pantheon, 2002.

Dacheux É., « L'émancipation, enjeu commun à la communication scientifique et à la communication politique », *Hermès*, n° 3, 2019, p. 123-131.

Gerstle J., *La Communication politique*, Paris, Dalloz-Armand Colin, coll. « Compact Civis », 2004.

Nelson R. A., *A Chronology and Glossary of Propaganda in the United States*, Greenwood Press, 1996.

Perloff R. M., *The Dynamics of Political Communication. Media and Politics in A digital Age*, Londres-New York, Routeledge, 2013.

Wolton D., « La communication politique. Construction d'un modèle », *Hermès*, n° 4, 1989, p. 27-42.

Wolton D., « Incommunication et altérité. Entretien », *Hermès*, n° 68, 2014, p. 212-217.

Yao-Baglo N., « Au Togo, les responsables communication des ministères font essentiellement de la communication politique », interview réalisée par Damien Arnaud, *Cercle des communicants et des journalistes francophones*, 2018.

Coordination : Brigitte Chapelain

Lectures

Anne Longuet Marx, *Le Soleil et l'envol. À la rencontre de Simone Boisecq et Karl-Jean Longuet, sculpteurs*, L'Atelier contemporain, 2022.

Dans *Le Soleil et l'envol* Anne Longuet Marx offre au lecteur une originale et poétique exploration de la transmission familiale en évoquant les parcours créateurs de ses deux parents, Simone Boisecq (1922-2012) et Karl-Jean Longuet (1904-1981), un couple de sculpteurs. Reprenant la métaphore de la tapisserie, l'auteure entrelace le récit des héritages familiaux et l'évocation des évolutions esthétiques : « Je ne cesse de tirer ces fils de part et d'autre des époques et des géographies comme on prépare une grande tapisserie en choisissant les brins, les couleurs, les matières, le dessin… »

L'ouvrage présente deux parties. Dans la première l'auteure évoque le parcours de ses parents, leur rencontre, le contexte de la genèse de leurs œuvres et leurs évolutions. Dans la deuxième partie le lecteur diachroniquement accède au regard des artistes grâce aux photos de leurs sculptures avec, et c'est aussi ce qui en fait le prix, les photos prises par Karl-Jean Longuet de ses œuvres et de celles de Simone Boisecq depuis leur rencontre en 1946 et jusqu'à sa mort en 1981.

Anne Longuet Marx nous plonge dans plusieurs moments forts de ce XXe siècle, et notamment dans cette époque d'effervescence artistique de l'après-guerre où poètes, peintres et sculpteurs se fréquentaient, se retrouvaient : « dans la langue commune de l'atelier, ce lieu où l'on partageait le même idiome, celui des œuvres en gestation. » En même temps que son regard d'historienne de l'art, l'auteure nous confie celui de la petite fille, puis de l'adolescente, qu'elle a posé sur ses parents à travers leurs œuvres : « Pour ma part, je grandissais avec les yeux béants de l'imagination et considérais que le monde était un vaste atelier d'expériences multiples et en trois dimensions. »

En 1952 une visite dans l'atelier de Brancusi libère Karl-Jean Longuet de l'influence de Rodin et Maillol. Au lieu de partir du modèle il se laissera désormais conduire par l'intuition : « Il s'installe dans son propre rythme » comme l'exprime Simone Boisecq. La sculpture *Balzac* de 1957 illustre bien le passage du figuratif à l'abstraction. *Le Couple* (1952), *Femme assise* (1952) et *La Musique* (1952) déjà témoignent « de la force de l'abstraction et ses pouvoirs de suggestion pour l'imaginaire. » Son parcours est exemplaire de cette traversée du siècle.

Simone Boisecq pratique essentiellement le modelage d'abord comme céramiste. En 1952 elle expose ses premières terres cuites « Objets et fleurs sauvages » à la galerie Mai puis la galerie Jeanne Bucher, galeries si importantes pour le renouveau artistique de cette période. L'adjectif sauvage renvoie à « la liberté sans modèle », « à des pulsions comme un cœur qui bat » et sans doute aussi à ce dialogue qu'elle mène depuis sa naissance à Alger avec les arts premiers. Elle recherche une équivalence plastique à ce qu'elle aime dans la poésie, en particulier celle de Césaire et de Saint-John Perse, leur dédiant à chacun un Soleil, en terre, puis en cuivre, enfin en pierre.

Anne Longuet Marx nous fait sentir à quel point chaque artiste garde son caractère :

« Deux œuvres vont se développer, indépendantes, sans peser l'une sur l'autre, mais dans une sorte de voisinage amoureux, toujours séparées, parce que chacun ne peut que persévérer dans son être, absolument singulier, dans son vocabulaire sa syntaxe propre, comme une façon de respirer, mais toujours dans la curiosité indéfectible de l'autre. »

Ce livre nous projette au cœur du processus de communication que génère une œuvre d'art, nous confrontant à la pureté de cette relation si singulière où la main guidée par le désir produit le miracle de la rencontre entre une forme et un regard, le nôtre.

Reprenant encore la métaphore de la tapisserie, Anne Longuet Marx conclue à la fin de cette évocation : « Et ma tapisserie qui leur sert ici d'écrin, participe de la même logique que la sculpture : du vide, elle libère le plein et révèle par sa forme l'espace qui s'y découpe, l'espace qui s'agrandit d'accueillir cette forme. »

Livre d'art, mais aussi livre de chevet, *Le Soleil et l'envol* nous fait pénétrer dans la démarche si difficilement exprimable et communicable de toute genèse artistique. Mais il s'agit aussi du livre d'une fille à ses parents, méditant sur la création et sur cette capacité des formes à animer la vie, et elle ajoute : « J'aime l'idée que nous nous laissons sculpter par nos morts et qu'ici nos morts soient des sculpteurs. »

Ce livre est une invitation à découvrir les deux œuvres notamment au Centre Pompidou.

Brigitte Chapelain
Bureau de la revue Hermès

Armen Khatchatourov, Olga Avenati, Pierre-Antoine Chardel, Isabelle Queval (dir.), *Corps connectés. Figures, fragments, discours*, Paris, Presses des Mines, 2022, 200 p.

Ce fort intéressant petit livre, qui fait suite aux travaux menés dans le cadre du séminaire « Subjectivités, corporéité et objets connectés » organisé au sein des écoles de l'Institut Mines-Télécom (IMT) en collaboration avec l'École supérieure d'art et de design (ESAD) de Reims, est dirigé et présenté par les chercheurs et directeurs indiqués ci-dessus et comprend douze articles rédigés par dix-huit auteurs.

Suivant diverses disciplines relevant des sciences humaines, de la psychologie, du design et de l'art, ce recueil interroge ce qu'il est advenu de notre corps informé par un ensemble d'objets techniques si étroitement connectés avec lui et entre eux qu'il constitue désormais son milieu au sens où l'entendait Geoffroy Saint-Hilaire. Par-delà toute différence de ton, de forme ou de perspective, les chercheurs ici réunis partent tous de ce constat clairement établi en introduction par les directeurs de l'ouvrage : loin d'être de simples accessoires commodes et extérieurs, les artefacts sont constitutifs de notre identité et, faisant l'objet d'une « appropriation subjective » selon la formule de Simondon, structurent notre vie intime, notre relation au monde et notre existence sociale – l'usage du smartphone en offre un exemple évocateur. Mais cela va plus loin, car si nos objets nous nourrissent, nous les alimentons aussi de nos données, instaurant ainsi de complexes circuits d'interactions nous transformant en outils de nos objets puisque nos données sont récupérées et exploitées à des fins étrangères à notre intentionnalité. À l'ère de l'hyper-connexion, l'hybridation avec nos outils est devenue d'une sophistication telle qu'elle redéfinit les contours de notre identité subjective : c'est l'enjeu de ce livre qui incarne, analyse et médite ce phénomène selon quatre points de vue que nous esquissons à seule fin de suggérer la richesse et l'exigence de ce travail collectif.

Les contributions ne sont guère optimistes, loin s'en faut, mais certaines offrent des anticipations particulièrement imaginatives et stimulantes : ainsi Olivier Peyricot scrute-t-il les fantasmes nervant déjà l'avenir du véhicule autonome tandis qu'Hélène Jeannin opère la sociologie de la montre qui, partie de l'intimité du gousset, s'ouvre à une connexion planétaire. Le recueil, et tel n'est pas son moindre attrait, laisse une grande part aux artistes telle Marine Relinger qui examine la danse avec les robots ou Béatrice Lartigue, dont l'installation musicale invite les visiteurs à participer à la partition du Chapelier fou Louis Warynski. De leur côté, Sylvain Porry, Samuel Bianchini et Florent Levillain questionnent de nouvelles formes de cohabitation mêlant des objets à comportement « Behavioral Objects » et des humains par le biais d'installations prestigieuses.

D'autres auteurs incitent le lecteur à réévaluer ses propres pratiques : c'est le cas de Laurent Bonnotte, dont la compréhension du dessin fut instruite par les interfaces numériques, ou de Thierry Vila qu'inquiète la discontinuité radicale, introduite par le code numérique entre l'écriture et « la matérialité de son soubassement biologique » (p. 177) – la machine envahirait la singularité du sujet là où l'écriture manuscrite l'individue.

Des thématiques nous concernant tous sont aussi abordées avec bonheur, comme l'infomédecine et le *Quantified self* que Béa Arruabarren soumet à son approche du design comportemental, risquant une étude intéressante des *nudges*, coups de pouce censés combattre le défaut de rationalité des sujets en agissant sur leurs biais cognitifs au mépris de « l'agentivité humaine » (p. 129). Moins personnels mais toujours bienvenus, les thèmes de l'économie de l'attention et de l'ubiquité sont également présents : Franck Cornerais, passant joliment de l'économie de l'attention à celle de l'intention, souligne combien l'intention, jadis garante du libre arbitre, est aujourd'hui toujours déjà repérée par des traces dans ce monde où « l'information précède l'existence » (p. 103). Jacques Athanase Gilbert, quant à lui, revisite le concept d'ubiquité sous l'égide d'une impressionnante cohorte d'auteurs.

On trouve enfin des approches plus générales, comme celle de Serge Tisseron décrivant une discipline inédite, la cyberpsychologie, ou celle de Bernard Stiegler présentant « l'organologie », méthode pour observer conjointement les faits humains selon ses trois plans, endosomatique (le corps), exosomatique (ce qui l'augmente) et environnemental ; donnant au volume une tournure tout à la fois ambitieuse et urgente, le philosophe invite à fonder une nouvelle rationalité apte à produire les conditions d'une nouvelle solvabilité économique et environnementale. L'article de Bernard Stiegler conclut l'ouvrage mais aurait pu tout aussi pertinemment l'ouvrir tant la clarté de son propos complexe introduit bien aux difficultés dont traitent toutes les interventions conspirant à nous persuader de la difficulté et du retard pris à penser notre intrication dans notre milieu technologique à l'invasivité croissante.

Que l'on ne s'étonne point de voir recensé dans une revue spécialisée dans la communication un ouvrage qui ne mentionne pas expressément ce terme : dans notre univers numérique où le donné paraît « doublé » par les données, où « la chair-monde est indissociable de l'info-monde » (Cormerais, p. 99), la communication demeure la question ultime que ce petit livre engage à poser, encore et toujours.

Brigitte Munier
Bureau de la revue Hermès

Delsol C., Nowicki J. (dir.), ***La vie de l'esprit en Europe centrale et orientale depuis 1945. Dictionnaire encyclopédique*****, Les éditions du Cerf, 2021.**

L'Europe centrale et orientale, ce groupe de pays intermédiaires entre l'Europe occidentale et la Russie est insuffisamment connu. Il s'agit de renouer, comme l'indiquent dans l'introduction les deux auteures qui ont dirigé ce très riche dictionnaire encyclopédique, « le dialogue entre les différents segments d'Europe ». Cartésien également, mais d'une façon différente, le Centre-Est pour appréhender le monde utilise le poétique et le spirituel autant que le rationnel. « L'Europe d'aujourd'hui, dirigée par l'Ouest autocentré, gagnerait à prendre en compte cette autre Europe qui ne lui est toujours pas vraiment familière. » Les peuples de l'Est ont retrouvé leurs libertés, mais leur humanisme ne peut faire l'économie des expériences des périodes tragiques et oppressives qu'ils ont vécues.

Consolider la relation, analyser les incompréhensions et les différences entre ces deux Europe, en instaurant un dialogue avec le lecteur français sur les grands problèmes et intérêts qui ont nourri à l'Est la vie de l'esprit, tel est l'objectif que Chantal Delsol et Joanna Nowicki posent dans une très claire introduction de l'ouvrage comportant deux parties. La première est constituée de notices encyclopédiques et la seconde de notices biographiques : « Nous voulons montrer que l'Europe ne peut marcher sur un seul pied, qu'elle a besoin de toutes les interprétations et compréhensions diverses de ses propres principes. »

Pour mener à bien cette ambitieuse entreprise, un comité de rédaction a été créé : les responsables de chaque pays se sont chargés d'établir avec les intellectuels nationaux une liste de penseurs dont la présence semblait indispensable, en faisant le deuil de ceux qui n'ont pas pu être inclus.

Les cent cinquante notices des dix pays sur la biographie intellectuelle de ces personnes ont été proposées – certaines sont mondialement connues comme Havel, Tokarczuk, Milosz, Cioran, etc. – d'autres vont être découverts ainsi que les auteures l'espèrent.

Le comité a ensuite essayé de comprendre quels thèmes, quelles approches paraissaient fondamentales dans les pays étudiés. La partie encyclopédique comporte une série d'articles problématisant ces questionnements. Ces cent cinquante articles sont écrits par des chercheurs des pays d'Europe du Centre-Est et des spécialistes français de la littérature, de l'histoire des idées ou de l'art de ces pays.

Le traitement de certains sujets est récurrent dans la majorité de pays : « Au fond, chaque historien des idées, comme chaque historien, tente de raconter ce qui se passe, et rejoint par la même le débat qui porte sur la question de savoir si le passé n'est que passé, ou bien si ce passé dure toujours… en tant qu'une partie indéniable de la culture européenne » (Szacki)

La liberté, ou son absence, occupe évidemment une place particulière. Sa définition renvoie à l'éthique – certains la définissent comme « la capacité de participer au bien commun ». Vient ensuite la question de la vérité, ou de ce que le philosophe tchèque Jan Patocka a appelé « vie dans la vérité ». Ses opposés, le mensonge qui s'accompagne de la peur sont vus et analysés comme une manière puissante de limiter la liberté d'expression et de penser : « Les mots n'ont pas de poids, ils ont du poids quand on ne peut pas parler. Quand on peut tout dire, ils n'ont plus de poids » (Rubes)

La langue, dévoyée ou sauvée, est également souvent évoquée.

En règle générale, l'accent est mis par plusieurs auteurs sur l'importance de la culture, de la littérature, et plus particulièrement sur la résistance par la culture, capable de forger un certain style qui résulte de l'environnement contraint : les allusions, les métaphores, une capacité particulière à porter un témoignage et à dire l'inaudible, la place de l'humour et du grotesque « ce que les pays de l'Est ont donné à la culture européenne, c'est la capacité de tout voir à l'envers ».

Le thème de l'oubli de la conscience du tragique dans la modernité européenne est rappelé avec vigueur « L'homme moderne se caractérise non pas par la fuite de la liberté, mais par la fuite du Mal. Ce n'est pas Dieu qui est mort, mais le diable » dira le philosophe Leszek Kolakowski.

Le problème majeur dans l'élaboration d'un tel ouvrage est bien entendu le choix de penseurs dans chacun des pays. La notoriété internationale peut ne pas être signifiante, tout comme son contraire. La diffusion restreinte de certaines œuvres ne signifie pas la moindre importance du rayonnement de certaines idées, ou courants, dans leurs pays. Des discussions, nombreuses avec les intellectuels de différentes sensibilités ont permis de faire la part des choses entre ceux qui sont considérés penseurs, héros, personnalités charismatiques, intellectuels ou artistes engagés, victimes des persécutions etc.

À l'issue de ces débats avec les représentants de la vie de l'esprit des pays étudiés, une liste de sujets, thèmes, concepts et problématiques transversales s'est imposée, sans qu'elle soit, à aucun moment, suggérée par la rédaction de l'ouvrage. C'est sans doute sa plus grande richesse : « les voix inaudibles de l'Autre Europe » parlent ici à leur façon.

Il reste maintenant à faire connaître les ouvrages encore méconnus – ce à quoi servira le label « Bibliothèque des penseurs de l'Europe centrale » élaboré en partenariat avec l'Institut d'études slaves.

Cet ouvrage est important ; il est fondamental à la conscience et à la connaissance de notre européanité. Comme toute encyclopédie ou dictionnaire, il nous incite à pratiquer une lecture buissonnière toujours curieuse : parcourir, découvrir, comprendre, revenir et revenir encore sur certaines pages, reprendre le texte.

Bureau de la revue Hermès

Bruno Raoul, *Le Territoire à l'épreuve de la communication. Mutations, imaginaires, discours*, Villeneuve-d'Ascq, Presses universitaires du Septentrion, 2020, 388 p.

Faire la promotion d'un territoire n'est jamais une mince affaire, au moins dans un pays comme la France. Car beaucoup de pouvoirs croisés, de savoirs imbriqués, de sentiments entremêlés, de ruses sous-jacentes, de mémoires embarquées ou de rêves en suspens interviennent souvent au beau milieu de l'entreprise. Parfois, il devient même difficile de se repérer, tant les couches antérieures des communications déjà stratifiées sont omniprésentes, comme le démontre rigoureusement, dans cet ouvrage, Bruno Raoul, professeur en sciences de l'information et de la communication à l'université de Lille.

Depuis des décennies, beaucoup de propositions et de bruits courent sur les fiançailles possibles entre les sciences de l'information et de la communication, d'une part, et les disciplines classiques qui étudient les espaces humains. Raoul suit ce sillage, en déclarant d'emblée « vouloir s'intéresser au plus près au rapport entre géographie et communication, tant en évoquant les dynamiques spatiales et les enjeux de communication qu'elles sous-tendent (sous l'angle de la circulation, sous celui de la mise en contact, mais aussi sous celui de la forme des relations et celui de la mise en visibilité), qu'en considérant la question des discours, des représentations et des imaginaires et en explorant la part de symbolique constitutive du territoire ». Un programme vaste et ambitieux, donc.

Cette focale large s'avère finalement l'un des mérites de l'ouvrage. Car l'auteur a visiblement le souci de mettre de l'ordre en ce carrefour des savoirs jusqu'à présent habité par une foule d'intuitions et de conjectures, parfois fulgurantes, mais encore peu systématisées. D'où la bibliographie généreuse mobilisée par Raoul, bien que déficitaire du côté des géographes humanistes anglo-saxons (Yi-Fu Tuan, Anne Buttimer et autres) dont l'apport en la matière a été considérable.

Dans la première partie, l'auteur rappelle les différentes approches dominantes qui ont orienté et conditionné la valorisation des territoires en France au fil du temps : jusqu'aux années 1960, les territoires comme « figures » d'un fonctionnalisme étatique ; puis, les premières tentatives de virage – plus ou moins abouties – par rapport à ce modèle classique. Dans les années 1970, l'heure est à l'émergence du « local » et des identités particulières, dans une perspective sociologique et politique. Puis, la décennie suivante, c'est l'irruption des « acteurs » de la gestion territoriale à chaque échelle. Le long des années 1990, l'accent est mis sur le « développement économique ». C'est une sorte d'anticipation du tournant des années 2000-2010, dominé par le marketing territorial, dans une logique de « compétitivité » entre les territoires, valorisés comme des « marques ». La ligne suivie par l'auteur est solide, bien que la structuration ressemble parfois un peu à celle d'un manuel.

Dans la deuxième partie, comme l'indique le titre – « Appréhender le territoire dans son assise communicationnelle et son fonctionnement discursif » –, Raoul pénètre dans la machinerie du chantier territorial. Il réhabilite les intuitions d'auteurs précurseurs, comme Michel de Certeau, qui ont jeté les bases d'une compréhension de l'espace vécu par ceux qui chaque jour « font avec » les territoires, se tenant souvent éloignés des vues surplombantes du pouvoir politique et économique. Ce chantier est pris en compte par la presse locale et par les autres acteurs de communication des provinces françaises, chargés de renouveler en permanence l'imaginaire associé à chaque contrée, si crucial pour faire vivre le sens d'appartenance de tout un chacun. Ce qui veut dire aussi se confronter aux stéréotypes, aux idéalisations ou aux stigmatisations que les acteurs et médias internationaux ou nationaux aiment répercuter sur les territoires.

Raoul souligne que les images et les pratiques discursives « labourent » au quotidien les territoires, d'une manière d'ailleurs jamais complètement prévisible. Ainsi, comme pour l'eau d'une casserole en ébullition, s'installe un mouvement circulaire : l'espace public façonne le territoire lequel, à son tour, nourrit en permanence le premier par « la matière discursive qui donne forme et corps aux médias et de laquelle émanent des indices de matière spatiale et des repères territoriaux ».

Dans certains développements, le style s'alourdit, ce qui s'avère parfois dommageable pour la clarté du propos. On peut remarquer aussi que les exemples de terrains choisis souffrent d'une concentration excessive sur le territoire que Raoul connait le mieux, à savoir celui qui gravite autour de Roubaix.

Mais dans l'ensemble, la pertinence de l'approche et l'ampleur des références déployées rendent la lecture de cet ouvrage fort utile. Il est notamment à conseiller à tous ceux qui souhaitent relancer un débat constructif sur les manières d'aborder par la parole et de valoriser nos territoires, chers à nos cœurs et pourtant encore si souvent injustement malmenés dans l'espace public.

Daniele Zappalà
Bureau de la revue Hermès

Jean-Luc Hees, *Ces ondes merveilleuses. La radio a cent ans*, BakerStreet, 2021.

C'est une citation d'Orson Welles, « L'avantage de la radio sur le cinéma c'est que l'écran est plus grand », que Jean-Luc Hees a choisi comme épigraphe de son ouvrage *Ces ondes merveilleuses*, publié aux éditions BakerStreet pour le centenaire de la radio. Que peut-on ajouter à cette formule lumineuse du grand réalisateur, lui-même homme de radio, tant elle traduit la prodigalité de l'imaginaire, les potentialités de réception et la profusion inventive des genres que développe l'écriture sonique ?

Jean-Luc Hees connaît bien la radio : journaliste, correspondant étranger, responsable d'émission, directeur de France inter de 1999 à 2004, puis président de Radio France de 2009 à 2014, il lui offre un hommage buissonnier de reconnaissance dont le ton précis, amoureux, humoristique et nostalgique embarque le lecteur dans l'aventure du média des cinquante dernières années. Les antagonismes et les conflits affleurent, mais le ton n'est jamais rancunier. L'écriture est alerte et nous offre une documentation précise et des témoignages éclairants. C'est un plaisir de suivre l'auteur dans ces trois cent vingt-trois pages.

« Souffrant d'un indécrottable tropisme » lié à sa grande affection pour le service public, Jean Luc Hees rappelle l'offre novatrice et l'apport des radios privées dites « périphériques » à celui-ci, radios populaires de qualité dont l'indépendance fera le succès comme le résume le fameux slogan de 68 « De Gaule t'es foutu, la radio est dans la rue » : Europe n°1 qui deviendra Europe 1développée par Louis Merlin ; RTL, d'où l'abbé Pierre lance son appel de février 1954, avec des professionnels comme Jean Prouvost, Max Menier, Philippe Bouvard et Michele Cotta qui y fera ses premières armes ; RMC où Pierre Lescure et Julien Lepers entament leur carrière, tout comme Jean Pierre Foucault qui y reviendra plusieurs fois.

Dans un chapitre intitulé « Qu'il est doux de travailler dans le service public », Jean-Luc Hees défend quelques principes en matière de programmation qui lui sont chers, comme le choix de l'offre par rapport à celui de la demande : « Le service public, en tout cas la radio… vous contraint à adhérer à cette proposition lumineuse : présenter une offre de qualité à vos auditeurs, quitte, en connaissance de cause, à ne pas régaler Médiamétrie les jours de sondage. »

Comme il le rappelle, « viré par la droite et remercié par la gauche », Jean Luc Hees nous entraîne dans sa phonothèque personnelle à l'écoute des voix de France Inter, sa station préférée, pour laquelle il reconnait son manque d'objectivité : José Arthur et son pop club créé en octobre 1965 : « Quarante années de bonheur de jouissance et de succès. Pour lui la radio était un art qu'il convenait d'appréhender comme tel. » ; Pierre Bouteiller dont la grande qualité « était de reconnaître le talent dans plein de domaines » qui confie à Jean Luc Hees pendant dix ans le magazine culturel *Synergies*. La grande leçon que l'auteur retient de

Pierre Bouteiller est de ne jamais avoir peur du talent des gens, « au contraire : il faut s'en approcher et l'utiliser au bénéfice de l'antenne ».

D'autres silhouettes se détachent : Yvan Levaï qui nomme Jean Luc Hees à son retour des USA adjoint à la rédaction de France Inter : « Il aime le papier, se salir les mains à l'encre d'imprimerie. Il aime les journalistes des quotidiens, des hebdomadaires, des mensuels, des trimestriels… Pour satisfaire sa passion, il présente la revue de presse. » ; Roger Gicquel qui a sauvé plusieurs fois de la noyade Jean Luc Hees ; Claude Villers dont le principe était de ne jamais porter une émission comme *Le tribunal des flagrants délires* et *Marche ou rêve* jusqu'à sa fin, et sous les ordres de qui « travailler c'était le début d'une aventure qui ne pouvait que prospérer ». ; mais aussi des anciens comédiens devenus des grands professionnels de la radio comme Louis Bozon, Jean Louis Foulquier, Macha Béranger et Gérard Sire.

Jean Luc Hees fut pendant dix ans envoyé spécial permanent à Washington. Accrédité auprès de la Maison Blanche, du Département d'état et du Pentagone, il couvre les conflits en Amérique du Sud et les catastrophes : « Devant un micro, on décrit le monde, on le traduit, on l'imprime dans la conscience et l'imaginaire de celui qui vous écoute. On exige de lui un effort, une concentration. Ce que ne fait pas forcément une caméra. »

Un chapitre sur la confrérie mondiale des ondes nous rappelle le réseau planétaire de la radio avec ses guerres de communication diplomatique, ses entreprises de résistance, son appropriation antidémocratique et ses engagements de fanatisme et d'intolérance.

Jean Luc Hees consacre plusieurs de ses réflexions à la voix : « À la radio la voix est acousmatique, mot savant pour signifier que l'on entend derrière son poste quelque chose dont on ne voit pas la source ». Pour lui, la radio est une communauté humaine sans intermédiaire et une expérience à la fois solitaire et collective. Certaines voix sont remarquables comme celle de Kris, Ulysse Gosset, Patrick Cohen, Jean Claude Ameisen, Laure Adler, etc. Jean Luc Hees insiste sur la vérité qu'on reconnait dans une voix. L'auditeur peut selon lui avoir l'oreille absolue. Attention à ceux qui trichent !

Brigitte Chapelain
Bureau de la revue Hermès

Jean Corneloup, *La transition récréative. Une utopie transmoderne*, préface de Bernard Kalaora, Rouen, PURH, 2022, 496 p.

Quelle transition pour demain ? Cet ouvrage s'efforce de répondre à cette question à partir d'un terrain d'enquête spécifique, trop peu abordé dans *Hermès* : les pratiques récréatives (loisirs et tourisme). Ce livre est rédigé par Jean Corneloup, sociologue et directeur de la revue *Nature et Récréation*. Il bénéficie d'une préface de Bernard Kalaora, auteur d'ouvrages de référence consacrés à l'environnement, qui situe bien l'enjeu du livre : trouver une voie médiane « entre nature et culture, et faire en sorte que l'une ne puisse être la ressource que l'autre s'approprie » (p. 16). Pour trouver cette voie médiane, ce livre, qui synthétise trente ans de travaux, nous propose un parcours en quatre étapes, quatre parties regroupant au total huit chapitres. La première partie présente l'évolution des pratiques récréatives, en particulier le sport. Le chapitre 1, décrit la forme traditionnelle, celle qui « s'organise autour de pratiques et jeux traditionnels qui se sont formés et développés dans toute la ruralité française en particulier autour du Moyen Âge » (p. 27). Ces pratiques traditionnelles (jeu de quilles, tire à la corde, carnavals, etc.) n'ont pas disparu. Elles sont folklorisées et deviennent des attractions touristiques, elles sont transformées en sport professionnel (à l'image du jeu de fléchettes), mais elles peuvent, aujourd'hui encore, jouer un rôle clef « dans la fabrication d'un monde commun autour des formes de jeu développés pour régler les différends, exprimer le potentiel de vie du corps sensible et imaginaire et trouver un accord avec la nature et ses mystères » (p. 53). Cette forme autrefois dominante est, depuis le vingtième siècle, dominée par la forme moderne. Cette dernière, décrite dans le chapitre deux, se caractérise par la compétition (jeux olympiques, coupe du monde, etc.), la professionnalisation et la vision de la nature comme terrain de jeu et de découverte. Or cette vision moderne voit, à son tour, son hégémonie remise en question. En effet, la deuxième partie souligne, dans son chapitre trois, que, à toutes les époques, les formes dominantes de pratiques récréatives sont remises en cause par des pratiques émergentes qui parfois disparaissent mais aussi peuvent constituer la matrice de la nouvelle forme dominante. Du coup, le chapitre quatre décrit une forme culturelle qui vient, depuis les années 1980 et en ce début de vingt-et-unième siècle, fortement concurrencer la modernité sportive : la forme postmoderne. Cette dernière est caractérisée par l'hubris : « on est dans l'univers du no limit extatique » (p. 126), le kite surf, le parapente ou des lieux comme Ibiza, sont emblématiques de cette rupture récréative qui s'impose peu à peu. À la même période, une autre culture récréative, décrite au chapitre cinq, s'active fortement : la forme hypermoderne. Celle-ci valorise la personne, le développement corporel des individus pour leur bien-être et la performance de chacun pour affirmer leur place dans la société contemporaine. À leur tour, ces trois formes culturelles (moderne, postmoderne et hypermoderne) qui dominent actuellement les pratiques récréatives se voient contestées par des cultures, considérées comme transitionnelles qui sont décrites dans la troisième partie. Celles-ci, en effet, s'interrogent sur les pratiques récréatives qui émergent à la suite de la crise écologique, économique et démocratique que nos sociétés démocratiques connaissent et des technologies numériques émergentes. S'appuyant sur divers travaux de terrain autour de pratiques de plein air (mer, montagne), mais aussi sur des réflexions concernant les évolutions de l'art contemporain et la numérisation du monde, Jean Corneloup, voit émerger deux univers culturels, deux types de pratiques récréatives pouvant faciliter le passage au monde d'après. La première, présentée dans le chapitre 6, est « le transhumanisme récréatif » : « une forme culturelle inédite s'est constituée provoquant une transition récréative avec les formes précédentes. En entrant dans le monde virtuel via le système technicien auquel elle est liée, le rapport au corps, à l'espace, aux autres et aux symboliques s'est recomposé » (p. 255). Le temps des e-sports, des métavers et des jeux persistants se propage. Contre cette vision transhumaniste, une autre alternative transitionnelle voit le jour, l'écomodernité. Cette forme est décrite dans le chapitre 7. Dans la perspective d'une économie devenue sociale et solidaire, d'un rapport au corps qui ne cherche plus la performance mais le bien être partagé, d'une vie sociale non plus marquée par l'individualisme ou le clan, mais par l'engagement, pour certains, dans des collectifs communautaires, se font jour de nouvelles pratiques récréatives comme la méditation, les jeux écologiques, le mouvement slow, etc. Il ne s'agit plus de chercher à jouir plus de chaque instant en passant d'expériences sensorielles en trip euphoriques, mais d'habiter avec les autres un milieu de vie où l'on recherche une reliance entre vivants et non vivants. Ces deux formes dessinent deux avenirs différents de la transition. Bien souvent, elles s'opposent frontalement. Pourtant, Jean Corneloup estime, dans la quatrième et dernière partie, qu'il est nécessaire de ne pas trancher entre ces deux formes, de trouver des arrangements territoriaux permettant de fabriquer une synthèse inédite qu'il nomme « transmodernité ». Cette dernière est une utopie, mais une utopie qui peut d'ores et déjà advenir si l'on sait créer, sur chaque territoire, des laboratoires récréatifs. Ces derniers sont des dispositifs qui permettent à la fois une « diplomatie des interdépendances » comme le préconise le philosophe Baptiste Morizot (2020) ; des espaces publics de proximité où, après débats et concertation, se construit un projet culturel commun ; et enfin, des espaces d'expérimentation où chacun donne vie à ce projet. L'intérêt majeur de l'ouvrage tient d'ailleurs dans la présentation, dans le chapitre huit, de ces laboratoires récréatifs existant au Québec et en France.

Le lecteur l'aura compris l'ouvrage est dense. Heureusement, il présente de très nombreux tableaux qui synthétisent la pensée de l'auteur et permettent alors au lecteur de distinguer nettement les différences entre les diverses formes culturelles (en particulier, moderne, post-moderne et hypermoderne). Cet ouvrage a, de plus, l'immense intérêt de prendre une question sérieuse (la survie de l'espèce humaine) par un angle trop souvent négligé (les pratiques récréatives) : « La perspective que nous envisageons consiste à étudier la façon dont le champ culturel des pratiques récréatives est concerné par la question de la transition et comment il formule des réponses, des propositions pratiques pour accompagner les autres approches de la transition sociétale » (p. 460). Autrement dit, à une époque où le temps libéré du travail est aussi important voire plus important que le temps au travail (Viard, 2006), on ne peut plus penser l'évolution sociétale sans prendre en compte les évolutions récréatives ! Un autre intérêt de cet ouvrage réside dans son approche de la transition. Selon Jean Corneloup en effet, la transition peut être envisagée comme un passage entre deux types de société (du capitalisme industrie au capitalisme cognitif par exemple), mais aussi comme un type particulier (et désirable) de société : une société transitionnelle « en équilibre instable, engagée dans des processus d'adaptation en lien avec des environnements changeants » (p. 360). Dans cette perspective, la transmodernité – concept élaboré par M. Luycxk Gihisi (2001) et E. Dussel (2002) – est un principe politique qui cherche un équilibre instable entre les différentes cultures sans qu'aucune d'entre elles n'écrase l'autre ou n'écrase la nature. La transmodernité est donc, une utopie de la réconciliation culturelle, mais aussi et surtout, tel est l'apport de Jean Corneloup, une utopie de la fabrique d'un commun territorial évitant l'effondrement. Reste que, si on comprend pourquoi dans la perspective transmoderne du respect des altérités culturelles, il est important de trouver une voie médiane, un compromis entre la voie transhumaniste et la voie écomoderne, sans que l'une n'écrase l'autre, on peut aussi défendre l'idée que le transhumanisme est, comme par exemple le suprématisme blanc, idéologiquement opposé à la diversité culturelle. Surtout, la réalité empirique ne semble pas aller dans ce sens. Du moins pas encore. En effet, si le chapitre huit nous offre de nombreuses descriptions de milieux récréatifs où s'élabore l'écomodernité, il ne met, en revanche, en lumière que peu de laboratoires « récra numériques » et ne donne, finalement, à voir aucun laboratoire récréatif actuel où s'élabore une synthèse transmoderne. Peut-être est-ce dû au fait que l'auteur semble considérer que le développement des pratiques numériques équivaut à des pratiques se revendiquant du transhumanisme ? Rien n'indique en effet que le développement d'une récréativité numérique favorise automatiquement la forme transhumaniste de la récréativité (l'auteur donne à contrario des exemples de pratiques numériques accompagnant les formes modernes ou post modernes). Quoi qu'il en soit, l'essentiel est ailleurs : la découverte d'un champ de recherche (les pratiques récréatives) qui permet de réfléchir, dans une perspective nouvelle, aux manières dont se fabrique un monde habitable. À lire absolument.

Éric Dacheux
Clermont Auvergne université

Coordination : Bernard Valade

Hommages

Martine Segalen, ethnologue de la famille et du chez soi

Martine Tony Appel étudie à l'Institut d'études politiques de Paris (option « économie et finance ») durant trois ans et bénéficie des enseignements de Raoul Girardet et de Charles Morazé, dont elle conservera un souvenir ému. Diplôme en main, elle entre en 1960 dans « la vie active » comme acheteuse de pull-overs et de corsages, notamment en Italie, pour une toute jeune entreprise, Innofrance, qui veut ouvrir plusieurs magasins en self-service, sans grand succès. Elle part, alors, à New York, où elle reste trois ans, chez Sopexa, une officine du ministère de l'Agriculture chargée de la promotion des produits alimentaires français. Durant son séjour outre-Atlantique, elle devient bilingue, se rend au Mexique avec son mari, voyage, dit-elle, qui l'a « littéralement bouleversée » au point de vouloir en devenir une spécialiste (Segalen, 2007, p. 78-86). Son mari, Renaud Segalen (1936-2017) est le fils d'Yvon Segalen (1906-2000), footballeur et banquier, lui-même fils de Victor Segalen (1878-1919), médecin-militaire et célèbre écrivain. Sur les conseils de sa belle-mère elle rencontre Mariel Jean-Brunhes Delamarre (1905-2001), fille du fondateur de la « géographie humaine », Jean Brunhes (1869-1930). Elle s'occupe alors du volet consacré à l'Aubrac des « recherches coopératives sur programme » lancées par le CNRS. Martine est engagée comme vacataire pour l'édition de cette imposante enquête patronnée par Georges-Henri Rivière (1897-1985) et entre ainsi, par la petite porte au Centre d'ethnologie française, installé au Trocadéro. Mariel est mariée au sculpteur Raymond Delamarre (1890-1986), mère de quatre enfants, croyante, engagée à l'Union nationale pour le vote des femmes, contre la guerre d'Algérie – elle manifeste avec les Algériens en 1962 à Charonne –, contre l'occupation militaire du Larzac. Elle a indéniablement marqué Martine Segalen, tant par le sérieux de son travail d'ethnologue (son étude sur les bergers fait date), de collectionneuse (d'outils pour le Musée national d'arts et traditions populaires) que comme collègue attentionnée (Segalen, 2002/2003,

p. 529-539). Elle croise alors Georges-Henri Rivière, muséologue, fondateur du Musée national des arts et traditions populaires (MNATP) à Paris, qu'il dirige de 1937 à 1967, qui lui attribue une vitrine pour qu'elle présente la confrérie de la charité qu'elle a étudié à Daubeuf-la-Campagne.

Sa thèse de troisième cycle, *Le Choix du conjoint à Vraiville (Eure) de 1706 à 1962 : étude démographique et sociologique*, soutenue en 1970, lui ouvre les portes du CNRS et du Centre d'ethnologie française. Elle réalise une exposition, *Mari et femme dans la France rurale traditionnelle*, au MNATP du 22 septembre au 19 novembre 1973 et en rédige le catalogue. L'historien médiéviste Jacques Le Goff lui commande un livre, *Mari et femme dans la société paysanne*, qui sera publié en 1980 et traduit en anglais en 1983. Elle rencontre l'anthropologue Jack Goody qu'elle apprécie beaucoup et intervient auprès des éditions Armand Colin pour qu'elles publient *L'Évolution de la famille et du mariage en Europe*, ce qui se fera en 1985. Entre-temps, elle se rend en Bretagne, à Saint-Jean-Trolimon, pour y enquêter sur les liens de parenté – sa lecture des *Structures élémentaire de la parenté* de Claude Lévi-Strauss sera décisive –, apprend le breton et dépouille d'innombrables statistiques… Elle soutient sa thèse d'État en 1984, *Quinze générations de Bas-Bretons : mariage, parentèle et société dans le pays bigouden sud : 1720-1980*. Au CNRS, elle participe à « L'observatoire du changement social » animé par Alain Girard et Henri Mendras. Ce dernier lui demande un livre pour sa collection, *Sociologie de la famille*, co-écrit avec Agnès Martial. Elle co-dirige l'*Histoire de la famille* avec André Burguière, Christiane Klapisch-Zuber et Françoise Zonabend et n'oublie pas pour autant le musée, où elle met au point plusieurs expositions, comme « Le mariage en Bretagne », « Liens de famille », etc.

La fermeture du musée et son transfert à Marseille l'attriste au plus haut point et l'amène à en relater l'histoire, *Vie d'un musée, 1937-2005*. L'arrivée de Jean Cuisenier (1927-2017) à la succession de Georges-Henri Rivière le 1er janvier 1968, créé un malaise. Deux conceptions s'opposent, le nouveau directeur veut rompre avec le folklorisme et fonder une ethnologie « scientifique ». Il change le titre de la revue du musée, *Arts et Traditions populaires* devient *Ethnologie française* en 1971. Agrégé de philosophie, assistant de Raymond Aron de 1959 à 1968, auteur d'une thèse dirigée par Claude Lévi-Strauss, *Économie et parenté, leurs affinités de structure dans le domaine turc et dans le domaine arabe*, soutenue en 1971, il dirige le Centre d'ethnologie française (CEF) de 1968 à 1986 et passe la main à Martine Segalen qui lui succède jusqu'en 1996. Le centre ferme en 2000 et le musée déménage du bois de Boulogne au bord de la Méditerranée en changeant profondément d'orientation. Le Musée des civilisations de l'Europe et de la Méditerranée (Mucem) n'a pas les mêmes missions que le MNATP et une grande partie de ses archives sont dorénavant stockée sans accès au public. Le ministère de la Culture créé en 1979 une « mission du patrimoine ethnologique » qui concurrence le CEF, le mettant en péril, et obtient d'importants fonds sous Jack Lang en même temps qu'il se dote d'une revue, *Terrain*. Martine Segalen (Segalen, 2017, p. 589-598) rappelle que Jean Cuisenier a valorisé les collections du MNATP en éditant vingt-quatre volumes du *Corpus de l'architecture rurale*, vingt-huit volumes de *Récits et contes populaires*, chez Gallimard et trente-neuf titres dans la collection « Ethnologies » aux PUF. Elle est admirative d'un homme qui sut concilier l'administration d'une institution nationale, non sans difficultés avec ses « tutelles », l'édition d'une revue de référence, la programmation d'expositions originales et sa propre recherche, comme en témoignent ses ouvrages : *Le Feu vivant. La parenté et ses rituels dans les Carpates* (1994) et *Les Noces de Marko. Le rite et le mythe en pays bulgare* (1998).

La famille est la grande affaire de Martine Segalen. En étudiant ses évolutions dans le temps, elle montre les interactions qui existent entre l'État (et ses politiques tant familiales qu'éducatives), la situation des femmes (et les lentes « avancées » féministes), le couple et ses mutations, etc. Au XIXe siècle remarque-t-elle, « l'individu dans une famille est au service de la lignée. Désormais, c'est la lignée qui est au service de l'individu. Une fille seule avec un enfant subissait un opprobre définitif en 1950 ou 1960. Elle peut aujourd'hui se raccrocher à sa branche familiale et redémarrer dans la vie. » (Segalen, 2021, p. 479-489) Elle analyse les transferts financiers entre les générations avec Claudine Attias-Donfut, directrice de recherches à la CNAV, qui expriment les solidarités au sein de la famille et découvre aussi une nouvelle figure de grand-parentalité, « qui n'est plus associée à la vieillesse et à la mort puisque les petits-enfants ont des grands-parents en bonne santé, avec des moyens […] ». (Segalen, 2021, p. 479-489) Toujours avec Claudine Attias-Donfut et Nicole Lapierre, elles décrivent *Le Nouvel Esprit de la famille*, « montrant comment celui-ci pouvait exister dans le cadre de l'individualisme et comment se fabriquait un folklore familial à travers des vacances collectives, comment ces entraides fonctionnaient, mais aussi les tensions possibles entre ces générations concernant l'éducation des petits-enfants. » (Segalen, 2021, p. 479-489)

Le rite est un des sujets privilégiés de Martine Segalen, qu'elle présente dans *Rites et rituels contemporains* (1998, nouvelle, édition en 2005). Comme c'est une notion polysémique pour ne pas dire « floue », elle en retrace l'historique dans la pensée sociologique et anthropologique. Pour Arnold Van Gennep, « rite » et « cérémonie » sont interchangeables. Sir James Frazer dans *The Golden Bough* (*Le Rameau d'Or*, 1880-1935) distingue, selon elle : « les rites "sympathiques" (qui font intervenir un caractère de similitude), les rites "animistes" (dans lesquels la puissance est personnifiée : Dieu ou le totem), les rites à base "dynamistes" (dans lesquels intervient une puissance de type "mana") et les rites "contagionnistes". » Émile Durkheim associe rite et religion. Marcel Mauss déplace l'étude du rite pour placer en son centre le sacrifice, qui est pour lui, « une institution, un phénomène social », alors que le rite « est une action traditionnelle efficace ». Mary Douglas considère que l'homme étant « un animal social » il est aussi « un animal rituel » et note qu'« il n'y a pas d'amitié sans rites d'amitié. Les rites sociaux créent une réalité sociale qui, sans eux, ne seraient rien. On peut dire sans exagération que le rite est plus important pour la société que les mots pour la pensée. » Ce rapide historique permet à Martine Segalen de présenter sa conception du rite : « L'essence du rituel est de mêler temps individuel et temps collectif. Définis dans leurs propriétés morphologiques et à travers leur efficacité sociale, les rites se caractérisent aussi par des actions symboliques manifestées par des emblèmes sensibles, matériels et corporels. » Commentant l'ouvrage de Van Gennep, *Les Rites de passages* (1909), elle lui laisse résumer sa démonstration : « Un rite ou un acte social n'a pas de valeurs ni un sens intrinsèques définis une fois pour toutes ; mais il change de valeur et de sens selon les actes qui le précèdent et ceux qui le suivent ; d'où l'on conclut que pour comprendre un rite, une institution ou une technique, il ne faut pas l'extraire arbitrairement de l'ensemble cérémoniel, juridique ou technologique dont il fait partie ; mais il faut toujours au contraire, considérer chaque élément de cet ensemble dans ses rapports avec tous les autres. » (*Notice des titres et travaux scientifiques*, 1911). Pierre Bourdieu substitue au concept de « rite de passage », celui de rite de « légitimation », de « consécration » et d'« institution », car le rite, pour lui, ne fait pas passer, mais « institue, sanctionne, sanctifie le nouvel ordre établi ». Martine Segalen évoque divers rites et rituels comme l'anniversaire, le mariage, la fête de la musique, le pot de départ à la retraite, le vin d'honneur, l'enterrement de la vie de jeune fille, le bizutage dans les grandes écoles, etc., afin d'affirmer que les rites se renouvellent en puisant dans les traditions, qu'ils ne sont pas nouveaux, mais seulement « contemporains ».

Son dernier texte publié, « Le Salon des arts ménagers, une utopie réalisée au service de la "ménagère" », sert de postface à l'ouvrage de Marie-Ève Bouillon et Sandrine Bula, *Plateau volant, motolaveur, purée minute.* (Segalen, 2022, p. 161-176) Elle a déjà écrit sur les arts ménagers (Segalen, 1994, p. 267-275) et sur le chez soi (Le Witta et

Segalen, 1993). Dans l'éditorial de ce livre, les éditrices écrivent : « Observer avec les habitants des lieux les objets qui les entourent et comprendre ce qu'ils signifient pour eux-mêmes et ce qu'en les disposant autour d'eux ils veulent signifier au monde : c'est dans ce sens que l'on conçoit l'idée de *créations familiales*, comme autant de gestes qui révèlent la famille (ou son absence) dans son espace de vie. » Il s'agit de comprendre comment fonctionne la société de consommation qui incite chacune et chacun à acquérir tel ou tel bien. « Les objets, affirment-elles, constituent un langage, et ce sont des créations dans le sens où nos intérieurs sont meublés, entretenus, remaniés ou rêvés. » Les objets accumulés dans son *chez soi* en font un endroit empli d'affects et de secrets, qui concourent à la personnalité de l'habitant. Le Salon des arts ménagers (SAM) fondé par Jules-Louis Breton (1872-1940) en 1923 et dirigé après sa mort par son fils, Paul, vise à diffuser parmi les consommateurs les dernières inventions assurant à toute maison le bien-être qu'elle réclame. Martine Segalen trouve que le MNATP de Georges-Henri Rivière « élève les objets techniques de la sphère domestique de la société traditionnelle à la dignité d'œuvre d'art. Ainsi convergèrent les notions d'art populaire et arts ménagers. Des expositions du Musée national des arts et traditions populaires se tenaient d'ailleurs régulièrement au sein du Salon. » Le SAM est validé par le ministère de l'Instruction publique et associé à la Ligue d'organisation ménagère de Paulette Bernège, qui a le même but, « rénover la vie domestique et alléger les tâches féminines ». Les grands magasins, Les enseignes spécialisées dans le bricolage et la maison, la publicité, vont diffuser les nouveaux appareils ménagers, la formation laisse la place à l'information, le Salon est condamné, il ferme en 1983. La préoccupation environnementale et la qualité du *chez soi,* surtout après la pandémie récente, font des vingtenaires des acheteurs conscients qui veulent consommer sans consumer remarque Martine Segalen, avec un certain optimisme… Le télétravail que la covid a généralisé, aux yeux de l'ethnologue, développe la cocuisine, la cofairelalessive, la coéducation, « désormais, on n'ira plus quotidiennement au bureau, annonce-t-elle avec plaisir, le trajet sera raccourci, on ira de sa douche à sa table où repose son écran. Les architectes devront repenser leurs plans. » Elle annonce la tenue prochaine du salon Maison et objet au parc des expositions de Villepinte, doublé d'une offre digitale. Les organisateurs le présente comme « le marché de l'art de vivre » et Martine Segalen pense que cette formule aurait plu à Jules-Louis Breton… Là, son ethnographie du SAM flirte avec la futurologie, je ne suis pas certain que l'art de vivre puisse se vendre… Le design social, la production vernaculaire, les collectifs citoyens, les habitats partagés, les lieux autogérés semblent aller dans un autre sens, plus proches des arts et traditions populaires.

C'est aussi une marathonienne, qui commence à courir au début des années 1970 et n'a pas raté une seule des courses organisées par *Le Figaro*. « On allait au bois de Boulogne », me raconte-t-elle, « qui était parsemé de petites tentes, de petits stands de clubs, on se préparait et on courait dans une ambiance bon enfant, très sympathique. Puis, au fil des ans, cette course a été envahie par les entreprises, des challenges d'entreprise, etc. et plus aucun petit club ne pouvait monter sa propre tente. Les loueurs de tentes avec Internet, téléphone, buffet, monopolisaient l'événement. L'esprit de cette course, a du coup, complètement changé et cela a entrainé sa disparition en 2001. Le plus côté de tous les marathons, c'est vraiment celui de New York, dont le nombre d'inscrits est limité à vingt-cinq-mille, et celui de Barcelone avec quatre-vingt-dix-mille participants. » Elle court mais en observant les coureurs et le public qui les applaudie, les itinéraires et les équipements de chacun et dénonce la marchandisation des marathons, qui perdent ainsi une grande part de leur urbanité.

C'était toujours un plaisir de converser avec cette femme, grande, droite, souriante, d'une grande générosité.

Thierry Paquot
Philosophe de l'urbain

Bibliographie sélective de Martine Segalen

Comme autrice

Attias-Donfut C. et Segalen M., *Grands-Parents. La famille à travers les générations*, Paris, Odile Jacob, 1998.

Attias-Donfut C., Lapierre Nicole et Segalen M., *Le Nouvel Esprit de la famille*, Paris, Odile Jacob, 2002.

Attias-Donfut C. et Segalen M., *Avoir 20 ans en 2020*, Paris, Odile Jacob, 2020.

Chamarat J. et Segalen M., *Amours et mariages de l'ancienne France*, Paris, Berger-Levrault, 1981.

Cuisenier J. et Segalen M., *Ethnologie de la France*, Paris, PUF, coll. « Que sais-je ? », 1986.

Segalen M., *Nuptialité et alliance. Le choix du conjoint dans une commune de l'Eure*, Paris, Maisonneuve et Larose, 1972.

Segalen M., *Les confréries dans la France contemporaine : les Charités*, Paris, Flammarion, 1975.

Segalen M., *Sociologie de la famille*, Paris, Armand Colin, 1981.

Segalen M., *Mari et femme dans la société paysanne*, Paris, Flammarion, 1984.

Segalen M., *Quinze Générations de bas Bretons. Parenté et société dans le pays bigouden sud (1720-1980)*, Paris, PUF, 1985.

Segalen M., *Nanterriens, les familles dans la ville*, Toulouse, Presses Universitaires du Mirail, 1990.

Segalen M., *Les Enfants d'Achille et de Nike. Une ethnologie de la course à pied ordinaire*, Paris, Métailié, 1994.

Segalen M., *Rites et rituels contemporains*, Paris, Nathan, 1998.

Segalen M., *Vie d'un musée 1937-2005*, Paris, Stock, 2006.

Segalen M., *À qui appartiennent les enfants ?*, Paris, Tallandier, 2010.

Comme directrice d'ouvrage

Bouchard G. et Segalen M. (dir.), *Une langue, deux cultures. Rites et symboles en France et au Québec*, Paris-Québec, La Découverte-Presses de l'université de Laval, 1997.

Burguière A., Christiane K.-Z., Segalen M. et Zonabend F. (dir.), *Histoire de la famille*, Paris, Armand Colin, 3 vol., 1986.

Gullestad M. et Segalen M., *La Famille en Europe. Parenté et perpétuation familiale en Europe*, Paris, La Découverte, 1995.

Le Wita B. et Segalen M. (dir.), *Chez soi. Objets et décors : des créations familiales ?*, Paris, Autrement, 1993.

Ravis-Giordani G. et Segalen M. (dir.), *Les Cadets*, Paris, CNRS Éditions, coll. « CNRS ethnologie », 1994.

Segalen M. (dir.), *L'Autre et le semblable. Regards sur l'ethnologie des sociétés contemporaines*, Paris, CNRS Éditions, coll. « CNRS plus », 1989.

Segalen M. (dir.), *Jeux de famille*, Paris, CNRS Éditions, coll. « CNRS plus », 1991.

Segalen M. (dir.), *Ethnologie. Concepts et aires* culturelles, Paris, Armand Colin, 2001.

Segalen M. (dir.), Éloge *du mariage*, Paris, Gallimard, coll. « Découvertes Gallimard », 2003.

RÉFÉRENCES BIBLIOGRAPHIQUES

LE WITA B. et SEGALEN M. (dir.), *Chez soi. Objets et décors : des créations familiales ?*, Paris, Autrement, 1993.

SEGALEN M., « The Salon des arts ménagers 1923-1983 : A French effort to instil the virtues of Home and the norms of Good Taste », *Journal of design history*, vol. 7, n° 4, 1994, p. 267-275.

SEGALEN M., « Mariel Jean-Brunhes Delamarre (1905-2001). Une œuvre entre géographie et ethnologie », *Ethnologie française*, Paris, PUF, vol 32, 2002/2003, p. 529-539.

SEGALEN M., « L'invitée : Martine Segalen », entretien mené par Thierry Paquot, *Urbanisme*, n° 354, mai-juin 2007, p. 78-86.

SEGALEN M., « Hommage à Jean Cuisenier », *Ethnologie française*, Paris, PUF, n° 4, vol. 47, 2017, p. 589-598.

SEGALEN M., « Martine Segalen par Martine Segalen », *Ethnologie française*, Paris, PUF, n° 3, vol. 51, 2021, p. 479-489.

SEGALEN M., « Le Salon des arts ménagers, une utopie réalisée au service de la "ménagère" », postface, *in* BOUILLON M.-È. et BULA S. (dir.), *Plateau volant, motolaveur, purée minute*, Paris, CNRS Éditions, 2022, p. 161-176.

Résumés

Christophe Alcantara – Sacraliser la marche vers Compostelle ? Instagram et marcheurs-pèlerins, entre continuité et rupture

Cet article interroge la communication sur Instagram initiée par les pèlerins de Compostelle. Il montre l'évolution de la marche vers Compostelle dans notre société sécularisée où le sanctuaire de l'apôtre Jacques n'est plus l'objectif du pèlerinage. L'auteur montre que le chemin, initialement moyen de circulation, devient le but du voyage avec l'expression d'une sacralité en ligne.

Mots clés : pèlerinage ; Chemins de Compostelle ; Instagram ; sacralité ; communication digitale.

Should the "Way of St. James" be Regarded as Sacred? Instagram and Walkers/Pilgrims: Between Continuity and Rupture

This article explores the Instagram communication of people making the pilgrimage to Santiago de Compostela. It shows how the walk to Compostela has developed in our secularized society, in which reaching the shrine of the apostle Saint James is no longer the goal of the pilgrimage. The author argues that with the expression of a form of sacredness on line, the Way, which initially served as a means of transit, has itself become the aim of the journey.

Keywords: *pilgrimage, Way of St. James, Instagram, sacredness, digital communication.*

Olivier Arifon – La Longue marche du Parti communiste chinois, une métaphore de l'effort démesuré

La Longue Marche du Parti communiste chinois de 1934-1935 va créer un mythe où espoir du communisme, discipline de l'armée et coercition du PCC se structurent en un processus symbolique. Elle deviendra un mythe et doit son succès à l'usage des médias, à l'évitement des combats et à son coût en vies humaines. La Longue Marche, chargée de forces pleines d'imaginaire, reste dans l'histoire chinoise et collective comme la métaphore d'un effort démesuré. L'utilisation de cette métaphore continue d'ailleurs aujourd'hui, preuve de sa sédimentation dans l'imaginaire collectif.

Mots clés : Chine, marche politique, métaphore, mythe.

The Long March of the Chinese Communist Party: A Metaphor for Disproportionate Effort

The Long March of the Chinese Communist Party (CCP) from 1934 to 1935 created a myth or hope for communism, in which the discipline of the army and the coercion of the CCP became structured as a symbolic process. It became a myth that owes its success to its use by the media, its avoidance of combat, and its cost in human lives. Imbued with the force of imagination, the Long March remains in both Chinese and human history in general as the metaphor for disproportionate effort. That this metaphor continues to be used today is proof that it has become sedimented into our collective imagination.

Keywords: *China, political march, metaphor, myth.*

Antoine de Baecque – Une nouvelle façon de marcher. La forme balade dans quelques films Nouvelle Vague

Pour Gilles Deleuze, la crise de « l'image-action » traditionnelle se marque, notamment, par la « forme-balade ». La promenade, la balade, l'errance, toutes ces figures du déplacement pédestre envahissent les films de la modernité, depuis le néo-réalisme jusqu'à la Nouvelle Vague. En prenant des exemples chez Jean-Luc Godard, Éric Rohmer ou Jean Rouch, ce texte s'intéresse aux caractéristiques de la marche au cinéma.

Mots clés : Cinéma, balade, Nouvelle Vague, marche.

A new way of walking. The "forme-balade" in some Nouvelle Vague films

For Gilles Deleuze, the crisis of the traditional "image-action" is marked, in particular, by the "forme-balade". The walk, the stroll, the wander – all these figures of pedestrian displacement invade the films of modernity, from neo-realism to the New Wave. Taking examples from Jean-Luc Godard, Éric Rohmer and Jean Rouch, this text looks at the characteristics of walking in cinema.

Keywords: *Cinema, stroll, Nouvelle Vague, walk.*

Augustin Berque – L'amble du Tôkaidô

Liant nature et culture, une consubstantialité s'établit entre *caminante* et *camino*, cheminant et chemin. Des exemples en sont pris au Japon, où la tradition veut que les « pieds volants » qui jadis étaient chargés du courrier entre Edo (Tokyo), Kyôto et Namba (Ôsaka), aient marché à l'amble, dans une gestuelle propre au Tôkaidô, le « Chemin des mers de l'Est ». Le Japon s'est considéré comme une « culture du chemin », dont les « jardins promenades » de l'époque d'Edo, comme le Kôrakuen, sont l'une des plus remarquables expressions.

Mots clés : Amble, chemin, jardins promenades, pieds volants, Edo, Japon, Kôrakuen, Namba, Tôkaidô.

The Tōkaidō Road Amble

By linking nature and culture, a consubstantiality is established between *caminante* and *camino*, between the traveler and the path that is traveled. Examples of this are found in Japan, where tradition holds that hikyaku couriers, the "flying feet" who were once charged with delivering mail between Edo (Tokyo), Kyoto, and Namba (Osaka), would amble when they walked, moving and gesturing in a manner specific to Tōkaidō, the "Eastern sea road." Japan is thought of as a "culture of the path," one of the most remarkable expressions of which is the "walking gardens" of the Edo period, such as Kōraku-en.

Keywords: *Amble, path, walking gardens, flying feet, Edo, Japan, Kōraku-en, Namba, Tōkaidō.*

Céline Bryon-Portet – La marche militaire : quand les corps font corps

La marche militaire est une manœuvre collective et contraignante. Loin des approches hédonistes où vagabondage rime avec jouissance de l'espace et du temps, éveil sensoriel au monde et lâcher prise, la discipline qui soumet les soldats au pas cadencé possède une raison d'être propre. La marche militaire est à la fois un impératif tactique, un moyen de dressage, un habitus dont la dimension symbolique révèle l'état d'esprit du soldat, un facteur de cohésion et une pratique culturelle identificatoire ayant des conséquences opérationnelles.

Mots clés : Marche militaire, discipline, habitus, contrainte, corps.

The military march: when bodies become one

The military march is a collective and constraining maneuver. Far from hedonistic approaches where wandering rhymes with enjoyment of space and time, sensory awakening to the world and letting go, the discipline that subjects soldiers to the cadenced march has its own reason for being. The military march is at the same time a tactical imperative, a means of training, a habitus whose symbolic dimension reveals the state of mind of the soldier, a factor of cohesion and an identifying cultural practice with operational consequences.

Keywords: *Military march, discipline, habitus, constraint, body.*

Frédéric Chose – Un pyrénéisme numérique peut-il exister ?

La marche de loisir s'est développée à rebours de la transformation technique et urbaine de nos sociétés. En tant qu'expérience de soi et du monde dans la durée, son association récente avec les outils numériques (GPS, applis) peut étonner. Ce paradoxe est ici traité en étudiant la compatibilité de l'idée romantique du pyrénéisme et de la rationalisation due à l'information.

Mots clés : Pyrénéisme, trail, information, savoir-marcher, humaniser, durée.

Is a Digital Pyreneism Possible?

Recreational walking has developed in a way that is at odds with the urban and technological transformation of our societies. Because it involves an experience of the self and the world over time, its recent association with digital tools (GPS, apps) may seem surprising. We examine this paradox by exploring the compatibility of the romantic idea of pyreneism with the rationalization that arises from information.

Keywords: *Pyreneism, trail, information, walking know-how, humanizing, duration.*

Pauline Detavernier – Les accessoires du marcheur de la gare : entraves et ressources

Le marcheur de la gare n'est définitivement pas un marcheur urbain comme les autres : c'est aussi un marcheur obligé, encombré et augmenté. Quels impacts ces caractéristiques ont-elles sur les modalités communicationnelles, sur le ballet des marcheurs qui qualifie la gare ? Augmenté dans sa pratique, le smartphone en devient alors un outil à part entière. La duplicité entre cheminement physique et digital pose la question de l'existence d'une zone virtuelle au sein de la gare, de son impact sur la marche et sur la communication des individus entre eux.

Mots clés : Gare, marcheur augmenté, phygital, zone virtuelle, communication implicite.

The Accessories of Pedestrians in Train Stations: Obstacles and Resources

Pedestrians walking in train stations are not at all like other urban wayfarers: their walking is required, crowded, and augmented. What influence do these qualities have on both the modes of communication and the ballet of foot traffic that are characteristic of a train station? In this context, the smartphone, as a practice involving augmentation, becomes a tool in its own right. The doubling of the physical and digital journey raises a question about the existence of a virtual zone within train stations and its potential impact on both walking and the communication among individuals.

Keywords: *Train station, augmented pedestrian, phygital, virtual zone, implicit communication.*

Audrey Erpelding et Cristina Lindemeyer – Bouger, mobiliser, ralentir en psychiatrie

Qu'elle soit explicitement convoquée ou qu'elle s'invite par le biais de la pathologie (déambulation, désorientation, errance), la question de la marche se pose dans le travail psychiatrique. Dans cet article nous évoquons comment elle peut être envisagée comme outil de médiation thérapeutique, car par sa capacité à faire ressurgir les éléments sensoriels présents dans la construction soma-psychique du sujet elle se révèle un support au travail de soin psychique.

Mots clés : Corps, marche, médiation thérapeutique, soin psychique.

Moving, Motivating, and Slowing Down in Psychiatry

Whether mentioned explicitly or implied by the terminology of psychopathology (restlessness, disorientation, wandering), the question of walking is germane to psychiatric work. In this article, we will explore how walking can be conceived of as a tool of therapeutic mediation; its ability to bring to the surface sensorial elements present in the subject's embodied/psychical construction reveals how it can reinforce the work of psychological care.

Keywords: *Body, walking, therapeutic mediation, psychological care.*

Jérémy Gaubert – De la marche à la marchabilité des espaces publics urbains

À partir de l'expérience de la marche dans ses traits fondamentaux, la marchabilité revêt un nouveau sens : celui d'une hospitalité des espaces publics. Ce soin envers le piéton nous conduit à passer d'une logique de l'aménagement à celle du ménagement que nous décrivons comme un accueil et une invitation à la déambulation pédestre. La marchabilité relève alors d'une éthique et d'une esthétique des espaces urbains qui vise la richesse sensorielle, la dynamique spatiale et le lien à l'altérité.

Mots clés : Marcher, marchabilité, phénoménologie, sentir, altérité, habiter, ménagement.

From Walking to Walkability in Urban Public Spaces

Starting from the fundamental characteristics of the experience of walking, walkability takes on a new meaning: the hospitality of public spaces. Concern for pedestrians leads us to replace an approach based on layout and organization with a focus on thoughtfulness, which can be described as welcoming and encouraging perambulation. Walkability thus takes part in an ethics and aesthetics of urban spaces that seek sensory splendor, spatial dynamics, and a link with otherness.

Keywords: *Walking, walkability, phenomenology, feeling, otherness, inhabiting, thoughtfulness.*

Sébastien Genvo et Esteban Giner – Du *slow play* aux *walking sims* : les enjeux expressifs et narratifs de la marche dans les jeux vidéo

Peu de travaux issus des sciences de l'information et de la communication portent directement sur le fait même de « marcher » dans un jeu vidéo, alors que de nombreux jeux contemporains font de cette allure un élément incontournable de leur *game design*. Comme nous le montrerons, cet éclairage communicationnel permet de mettre en évidence que la marche y vise la construction d'un certain rapport au monde fictionnel, aux croisements d'enjeux narratifs et expressifs.

Mots clés : Jeux vidéo, game design, ludicisation, walking simulators, narration, expressivité.

From Slow Play to Walking Sims: Expressive and Narrative Issues of Walking in Video Games

The field of communication studies has produced little direct research into the implications of walking in video games, even though this ability is an essential element of video game design. As we will show, exploring its communicational dimension allows us to highlight how walking in video games seeks to construct a certain relation with the fictional world, at the crossroads where narrative and expressive issues meet.

Keywords: *Video games, game design, gamification, walking simulators, narration, expressiveness.*

Agnès Giard – Pèlerinages de jeux vidéo : poétique de l'itinéraire amoureux

En 2008, l'expression « pèlerinage » se répand au Japon pour désigner une pratique de marche propre aux fans de mangas ou de jeux vidéo qui visitent des lieux en lien avec leur œuvre favorite, calquant leurs périples sur le modèle des circuits bouddhiques. Au fil d'un cheminement ritualisé, il s'agit pour ces fans d'entrer en dialogue non seulement avec des êtres invisibles (les personnages de fiction), mais avec les autres fans (la communauté des initiés) ainsi qu'avec un monde social globalement hostile. La recherche s'appuiera sur le pèlerinage d'Atami initié par la firme créatrice du jeu *LovePlus*.

Mots clés : Japon, pèlerinage, jeux-vidéo, LovePlus, fandom, rituel, numérique.

Anime Pilgrimages: The Poetics of an Amorous Itinerary

In 2008, the expression "pilgrimage" spread throughout Japan, designating a practice of walking that is specific to fans of manga and video games, who visit places connected with their favorite work, on the model of Buddhist pilgrimage and circumambulation. In following a ritualized path, these fans enter into a conversation not only with invisible entities (fictional characters) but also with other fans (the insider community), as well as with a social world that is generally hostile. This article explores the Atami pilgrimage started by Konami, the firm that created the LovePlus game.

Keywords: *Japan, pilgrimage, video games, LovePlus, fandom, ritual, digital technology.*

Simone Gigliotti – L'itinérance d'un trafic humain : les marches de la mort nazies et la (non-) communication d'une catastrophe

Un spectacle de souffrance et une mise à l'écart de la société : l'horreur ambulante des marches de la mort nazies qui se sont déroulées au cours de la dernière année de la Seconde Guerre mondiale est de mieux en mieux connue des spécialistes et du public. Parcourant des centaines de kilomètres dans des conditions de violence et dans un environnement hostile, les victimes des camps de concentration ont symbolisé une catastrophe humanitaire ambulante. Cet article examine comment les chercheurs n'ont pas encore pleinement interprété la persécution mobile et l'impact de ces marches.

Mots clés : Marche de la mort, catastrophe, paysage, souffrance, violence.

An ambulatory human traffic: Nazi death marches and the non/communication of a catastrophe

A suffering spectacle and distanced from society: The walking horror of the Nazi death marches that occurred during the last year of the Second World War is increasingly well known to scholars and the public alike. Marched hundreds of kilometers under violent and environmentally bitter conditions, former concentration camp victims symbolized a walking humanitarian catastrophe. This article probes how scholars are yet to fully interpret the mobile persecution and impact of these marches.

Keywords: *Death march, catastrophe, landscape, suffering, violence.*

Carlo Grassi – La marche funèbre et ses figures de rhétorique cheminatoire

La marche funèbre dessine une rhétorique cheminatoire dont les figures visent à produire une communication théâtralisée au plus haut niveau qui est finalisée à transfigurer le statut impur du corps décédé : à le purifier, à le transmuer en une entité bénéfique, ainsi que, en même temps, à préserver les membres de la société du contact avec ce qui lui arrive.

Mots clés : Obligation sociale, rhétorique cheminatoire, théâtralisation, deuil, incommunicable.

The Funeral March and its Rhetorical Pathways

The funeral march traces a rhetorical pathway whose figures seek to produce a communication that is theatrical at the highest level. This communication is completed by transfiguring the impure state of the body of the deceased, which it purifies and transmutes into a beneficent entity, while also, simultaneously, protecting the members of society from coming into contact with what befalls it.

Keywords: *Social obligation, rhetorical pathway, dramatization, bereavement, incommunicable.*

Tim Ingold – Tomber à la renverse. Vers une écologie de l'attention

Cet article explore la relation, dans la marche, entre subir et faire. Il situe la source de l'attention dans l'étirement de l'un par rapport à l'autre. Cependant, l'attention a deux facettes, l'exposition et l'accord. Chaque pas commence par la soumission de l'exposition, libérant le corps pour qu'il tombe, et se termine par la maîtrise de la syntonie, lorsqu'il trouve un point d'appui. La première étape est un moment d'aspiration, la seconde de préhension. En tombant à la verticale, l'homme est toujours en avance sur lui-même, ouvrant un espace pour l'histoire.

Mots clés : Aspiration, syntonie, exposition, préhension, marche.

Falling upright: steps to an ecology of attention

This essay explores the relation, in walking, between undergoing and doing. It finds the source of attention in the stretch of one over the other. Yet attention has two sides, of exposure and attunement. Every step begins with the submission of exposure, setting the body loose to fall, and ends with the mastery of attunement, as it finds a footing. The first is a moment of aspiration, the second of prehension. Falling upright, humans are always ahead of themselves, opening up a space for history.

Keywords: *Aspiration, attunement, exposure, prehension, walking.*

Jocelyn Lachance – La marche en temps de confinement. Communiquer autrement avec son environnement naturel

Pendant les épisodes de confinement, la marche est devenue plus que jamais une activité hautement réflexive ; si certains individus en furent pratiquement privés, ou parfois condamnés à errer entre les immeubles de leurs quartiers, d'autres prirent soudainement conscience du luxe que représentait le parc à proximité de leur demeure. En nous appuyant sur le récit d'adolescents et de jeunes adultes, nous défendrons l'hypothèse selon laquelle la marche en temps de confinement a révélé différentes manières de communiquer avec l'environnement naturel, et que ces différentes manières de communiquer fondent ce que certains auteurs nomment une « sensibilité environnementale ».

Mots clés : Marche, environnement, sensibilité, nature, expérience.

Walking During Confinement: Communicating Differently with One's Natural Environment

During the periods of confinement, walking became, more than ever, a highly reflective activity. While some people were effectively denied all possibility of walking outdoors and others were limited to wandering among the buildings in their neighborhoods, still others suddenly became very aware of what a privilege it is to have a garden in proximity to their home. Referring to accounts of the experiences of adolescents and young adults, we argue that walking during periods of confinement reveals different ways of communicating with one's natural environment, Further, these ways become the basis for what certain authors have called an "environmental sensibility."

Keywords: *Walking, environment, sensibility, nature, experience.*

Michel Lallemand – À l'hôtel d'Isadora sur les hauteurs de Bellevue

C'est dans ce qui fut l'hôtel particulier de la danseuse Isadora Duncan à Meudon-Bellevue, alors fréquenté par le sculpteur Rodin, que le CNRS implanta un ensemble de laboratoires au lendemain de la Seconde Guerre mondiale. Un petit groupe de jeunes chercheurs qui y travaillaient s'organisèrent en auto-enseignement avec pour thème les nouveaux développements de la physique statistique du non-équilibre de l'école de Bruxelles. Baignés par l'ambiance de l'école de danse d'Isadora ils remplirent les tableaux de la salle du conseil des labos de graphes synthétiques et esthétiques jusqu'à un point de blocage de leur compréhension. C'est par la vision fugitive et polissonne d'un dessin esquissé par Rodin qu'ils pourront reprendre leurs recherches.

Mots clés : Témoignage, Isadora Duncan, CNRS, histoire, créativité, sciences, danse.

At the Isadora hotel on the heights of Bellevue

It was in what was once the private mansion of the dancer Isadora Duncan in Meudon-Bellevue, then frequented by the sculptor Rodin, that the CNRS set up a group of laboratories in the aftermath of the Second World War. A small group of young researchers who worked there organized themselves in a self-teaching program with the theme of the new developments of the statistical physics of the non-equilibrium of the Brussels school. Bathed in the atmosphere of Isadora's school of dance, they filled the tables of the board room of the labs with synthetic and aesthetic graphs to the point of blocking their understanding. It is through the fleeting and light vision of a drawing sketched by Rodin that they will be able to resume their research.

Keywords: *Testimony, Isadora Duncan, CNRS, history, creativity, science, dance.*

Vincent Lambert et Paul Rasse – Regard anthropologique sur les métamorphoses d'un chemin

L'anthropologie permet de prendre de la hauteur, du recul, pour éclairer et mettre en relief nos pratiques contemporaines écrasées par l'uniformisation de nos modes de vie hypermodernes. Nous nous proposons de le faire ici à partir de l'histoire d'un chemin de randonnée devenu aujourd'hui l'une des principales voies d'accès du parc naturel régional de Préalpes d'Azur. Pour l'avoir très régulièrement parcouru sur une soixantaine d'années et recueilli ici et là des témoignages plus anciens encore, nous nous efforcerons de montrer comment dans l'évolution de ses usages on peut lire quelques-unes des grandes mutations de nos sociétés.

Mots-clés : Anthropologie de la communication et de l'hypermodernité, randonnée, chemin et voies de communication.

An anthropological look at the metamorphosis of a path

Anthropology allows us to take a step back, to shed light on and highlight our contemporary practices, crushed by the standardization of our hypermodern lifestyles. We propose to do this here, based on the history of a hiking trail that has become one of the main access routes to the Préalpes d'Azur regional nature park. Having walked it regularly for some sixty years, and having collected testimonies here and there from even earlier times, we shall endeavour to show how the evolution of its uses reflects some of the major changes in our societies.

Keywords: *Anthropology of communication and hypermodernity, hiking, paths and communication routes.*

Pascal Lardellier – Communiquer, et se communiquer en faisant ses courses… Parcours sensibles autour de nos déambulations alimentaires

Faire ses courses, c'est encore marcher, la plupart du temps. Marcher, d'ailleurs, au supermarché, ou au marché. Or, cette démarche est particulièrement signifiante, s'inscrivant toujours dans une perspective communicationnelle. Le choix des créneaux de courses, des enseignes, des produits et des marques, des stratégies d'achat, tout cela communique des informations sur qui nous sommes, et peut même ressembler en un « système des courses ». Cet article en esquisse les contours.

Mots clés : Courses, marché, supermarché, consommation, achat.

Communicating, and Being Communicated About While Shopping: Sensitive Routes Around our Dietary Trajectories

Grocery shopping still involves walking, at least most of the time; we walk at supermarkets or at farmers' markets. Indeed, the walking we do in these settings is particularly meaningful and always involves a perspective informed by communication. Every aspect of shopping – the stores one visits, the products and brands that are purchased, one's buying strategies, and so on – is a choice that communicates information about who we are. All of these can be brought together into a "grocery shopping system," the outlines of which will be sketched out in this article.

Keywords: *Shopping, farmers' market, supermarket, consumption, purchasing.*

David Le Breton – La marche comme résistance

La marche est une résistance aux tendances du monde contemporain qui dépossèdent chacun d'une part de souveraineté et du plaisir d'être soi, elle prend à contrepied cette tendance à l'immobilité et à la subordination aux techniques. Célébration du corps, des sens, de l'insouciance, de la lenteur, de l'affectivité, de la curiosité, présence active au monde, elle remet en contact avec soi et avec la sensation d'exister. En reprenant pied dans son existence, le marcheur redécouvre son corps sous un autre jour en baignant dans le plein vent du monde, sans effort, presque par jeu. La marche est une valorisation paradoxale de la lenteur.

Mots clés : Marcher, sensorialité, conversation, lenteur, vitesse, jeu.

Walking as Resistance

Walking is a form of resistance to the tendencies of the contemporary world, which strip each of us of both a part of our sovereignty and the pleasure of being ourselves. It is a way of marching to a different beat, one that counters the trend toward immobility and subordination to technique. Walking celebrates the body, meaning, lightheartedness, slowness, openness to our emotions, curiosity; it is an active presence to the world that puts us back in touch with ourselves and the sensation of existing. By regaining a footing in their own existence, walkers rediscover their bodies in a different way, bathing effortlessly in the outside world, almost as if they were playing. Walking is a paradoxical appreciation of slowness.

Keywords: *Walking, sensoriality, conversation, slowness, speed, play.*

David Le Breton – Un sentiment cosmologique

Le sentiment d'une continuité entre l'environnement et soi se retrouve dans maintes sociétés humaines. Les ethnologues du début du siècle, à l'image de Lévy-Bruhl, parlaient de « participation ». Pour maintes sociétés humaines l'environnement est une enveloppe vivante dotée d'éléments différents mais sans ruptures ontologiques entre les uns et les autres. Ce sentiment que le paysage témoigne d'une vie intense et dissimulée où des forces invisibles et inaudibles se mêlent hors de l'attention humaine est une disposition anthropologique que maints marcheurs (ou montagnards, marins…) continuent à éprouver. Ils retrouvent cette intuition ancienne en le restaurant dans son unité.

Mots clés : Environnement, paysage, cosmos, marcheur, participation.

A Cosmologic Feeling

The feeling that there is a continuity between the environment and the self is found in many human societies. At the beginning of the century, ethnologists followed Lucien Lévy-Bruhl's lead in speaking of "participation." For numerous human societies, the environment is a living envelope endowed with elements that, while differing from one another, do not produce ontological ruptures with each other. The feeling that the landscape bears witness to a hidden and intense life, where invisible and inaudible forces commingle beyond human awareness, is an anthropological disposition that many walkers (or mountaineers, or sailors…) continue to experience. They recover this ancient intuition by restoring the unity of such a feeling.

Keywords: *Environment, landscape, cosmos, walker, participation.*

Thierry Paquot – De la flânerie…

Le flâneur serait typiquement parisien, si l'on en croit Balzac, Huart, Hugo et d'autres observateur de la « capitale du XIXe siècle », comme Walter Benjamin désigne Paris. Ce piéton, à l'affût du moindre spectacle que la rue lui offre, réclame pour exercer son regard urbain le trottoir, le passage couvert et le boulevard. Là, il est chez lui. Avec l'éclatement de la ville en ses diverses banlieues traversées par d'infranchissables infrastructures routières et ferroviaires, la flânerie est-elle encore praticable. Il semble que non…

Mots clés : Rue, boulevard, passage, trottoir, spectacle urbain, corps et sens.

On Flânerie…

If we are to believe Balzac, Huart, Hugo, and other fine observers of the city that Walter Benjamin called "the capital of the nineteenth century," the flâneur *was a typically Parisian figure. The* flâneur *cast his urbane gaze upon the city's sidewalks, covered passageways, and boulevards, on the lookout for even the slightest spectacle that its streets could provide. This is where he was at home. Now that the city has been fractured into a diversity of suburbs traversed by impassable road and railway infrastructures, is* flânerie *still possible? It seems not….*

Keywords: *Streets, boulevards, passages, sidewalks, urban spectacle, body and meaning.*

Berenice Peñafiel – Femmes sans abri, l'itinérance comme mode de survie

Être une femme sans abri, « habitante de la rue » comme on dit en Amérique latine, est une obligation de marcher sans trêve pour la moindre activité. Ces femmes n'ont pas les moyens de payer les transports en commun, alors elles marchent pour se rendre aux services administratifs, aux associations, aller manger, se rendre sur les lieux où elles font la manche, là où elles stockent leurs affaires, ou aller là où elles dorment. Elles marchent parfois une partie de la nuit ou la nuit tout entière pour ne pas s'exposer aux agressions. Vivre à la rue est une contrainte permanente de marcher.

Mots clés : Marcher, rue, personnes à la rue, habitants de la rue, habitantes de la rue, sans-abri.

Homeless Women: Itinerancy as a Mode of Survival

Being a homeless woman – or, to cite the Latin American term, "habitante de calle" *("street dweller") – means always having to walk, ceaselessly, in order to accomplish anything. Walking is the only way to get around. Because homeless women are not able to pay for public transportation, they have to walk to obtain public services, visit associations, find food and places suitable for begging, store their belongings, and sleep. Sometimes, they must walk through part or all of the night to avoid being harassed or attacked. Living on the street means being constantly coerced into walking.*

Keywords: *Walking, street, homelessness, homeless women, homeless men, street people.*

Gérard Régimbeau – Des documents dans la marche : guides, supports et traces

Au fil d'une approche documentologique de documents par intention, faisant intervenir l'observation participante et les récits de voyage, l'article interroge les usages et les valeurs de quelques types de supports ordinaires que le marcheur emporte avec lui : la carte, le guide, le carnet de route, et un nouveau porte-documents, le smartphone. Cette incursion documentaire dans nos mobilités nous rappelle les fonctions épistémiques, entre information et communication, de nos outillages mémoriels.

Mots clés : Document par intention, documentologie, banalité, voyage, carte de randonnée, carnet de route, guide de randonnée, pèlerinage.

Walking Papers: Guides, Media, and Trails

This article employs a document-based approach to "documents par intention" *– documents produced with the aim of* *communicating, such as participant observations and travelogues – to explore the uses of and values attached to several everyday objects that walkers tend to carry: maps, guidebooks, travel diaries, and, the newest form of briefcase, smartphones. This documentary incursion into mobility reminds us of the epistemic roles, between information and communication, played by the toolkit of our remembering.*

Keywords: *document by intention, documentology, ordinariness, travel, walking map, travel diary, guidebooks, pilgrimage.*

Franck Renucci – Homme qui marche d'Alberto Giacometti, une icône pour la revue Hermès

Homme qui marche d'Alberto Giacometti est une icône du xxe siècle. Celle-ci serait-elle aussi celle d'une humanité, de la communication et des incommunications telles que la revue *Hermès* les discute ? Ne montrerait-elle pas ce qui échappe à la communication pour qu'elle puisse exister ? Cette œuvre rappelle un désir de vivre inaltérable. Comme dans l'art égyptien, *Homme qui marche* témoigne d'une vérité, d'une idée de la vie qui traverse le temps et l'espace : debout, marcher, être la figure d'une absolue liberté.

Mots clés : *Homme qui marche*, Alberto Giacometti, *Hermès*, Femme qui marche, incommunication

Giacometti's Homme qui marche*: An Icon for* Hermès

Alberto Giacometti's sculpture Homme qui marche *is an icon of the twentieth century. Could it also be viewed as an iconic representation of humanity, communication, and incommunication, as these are explored in* Hermès*? Does it not reveal what evades being communicated, which is also what enables communication to exist? Giacometti's work calls to mind a steadfast and unalterable desire to live. As in Egyptian art, Homme qui marche bears witness to a truth, to an idea about life that transcends time and space: standing tall, striding forward, the figure of a freedom that is absolute.*

Keywords: *Homme qui marche, The Walking Man, Alberto Giacometti, Hermès, Femme qui marche (The Walking Woman), incommunication.*

Gaëtan Rivière – Parader dans la ville : rencontre avec l'altérité

Parader dans la ville est une tentative de communication que les entreprises de cirque pratiquent afin d'agir directement sur les habitants. Les artistes tendent vers une communion avec les spectateurs en direction du chapiteau. L'ambiance festive comme le rythme de la marche appellent le spectateur à intégrer ce mouvement. Une communauté se forme, parfois remise en cause par ses membres.

Mots clés : Parade, marche, communion, altérité, cirque, artistes.

Circus Parades: An Encounter With Alterity

Circus parades represent a means by which circus companies seek to communicate with and act directly on the inhabitants of a city. Circus performers strive to enter into communion with the spectators they are leading to the tent. The festive atmosphere, like the rhythm of the march, invites the spectator to join the parade. A community forms, one that, at times, is called into question by its members.

Keywords: *Parade, march, communion, alterity, circus, performers.*

Pascal Robert – Tintin pas à pas. La marche dans Tintin, entre (levée de l') incommunication et ironie de l'objet

L'article, d'une part, revient sur ce moyen de déplacement corporel qu'est la marche parmi les moyens de transport techniques utilisés par Tintin. Nous dresserons alors une possible typologie de la marche dans Tintin, puisqu'on y marche aussi bien sur la lune que sous l'eau, dans le désert comme dans la montagne ; mais pour quoi faire ? D'autre part, nous verrons comment cette marche se réarticule avec la question de la communication relationnelle (à l'instar de *Tintin au Tibet*, album de l'ascension qui est aussi l'album de l'amitié), celle de l'incommunication (puisque la marche peut également déboucher sur le gag qui repose sur la méprise et brouille les relations) sans oublier l'ironie de l'objet (et même de l'environnement/décor) qui, même dans *Tintin au Tibet*, montre que la marche n'est pas exempte de pièges qui se retournent parfois contre le marcheur.

Mots clés : Marche, Tintin, communication relationnelle, incommunication, ironie de l'objet.

Tintin, Step by Step: Walking in Tintin, Between the (Lifting of) Incommunication and the Irony of the Object

One part of this article takes up walking as a corporeal means of movement, which is one of the technical means of transportation used by Tintin. We present a possible typology of walking in the Tintin stories: it occurs on the moon as well as under water, and in the desert as well as on mountains. For what purpose, however, do the characters walk? The other part of this article shows how this walking is related to questions concerning relational communication (with reference to Tintin in Tibet, *a volume about climbing and friendship), incommunication (since walking can also lead to gags involving misunderstandings and confused relationships), and the irony of the object (and even of the setting and decor), which, in* Tintin in Tibet, *shows that walking is not free of traps that sometimes turn against the walker.*

Keywords: *Walking, Tintin, relational communication, incommunication, irony of the object.*

Danielle Tartakowsky – Des pas pour le dire

La marche est constitutive de toute manifestation politique ou revendicative, rassemblements statiques et occupations exceptées. En France, ce terme n'est toutefois employé que rarement pour désigner les « défilés », « cortèges » ou « processions » tels que nommés avant 1914 et, plus généralement, les « manifs ». Cet article se focalise sur celles des manifestations qui se qualifient de « marches » et analyse ce que leurs organisateurs entendent signifier quand on ils le préfèrent à d'autres ?

Mots clés : Manifestations, mouvement social, chômeurs, éthique.

Saying it With Steps

Marching is constitutive of all political demonstrations and protests, other than static rallies and occupations. In France, however, the term "marche" *is only rarely used to designate political* "processions," *as they were called before 1914, and which are now referred to as* "défilés," "cortèges," *and, especially,* "manifs." *This article focuses on the demonstrations that can be called "marches," analyzing the meanings that are implied when organizers prefer to name them with one term rather than the others.*

Keywords: *Political protests, social movement, unemployed people, ethics.*

Kadidja Traore – Communication politique au Togo : contexte, enjeux et perspectives

Les définitions de la communication politique appliquées au Togo ne concordent pas avec les réalités qu'on y lit. Périodique, elle se résumerait plus à une simple propagande électorale qu'à un processus basé sur une stratégie de communication. Au Togo, on ne communique pas réellement pour gagner une élection, on communique pour répondre à la norme conventionnelle de faire campagne avant une élection. La notion « d'incommunication » de D. Wolton s'invite ici, pas dans le sens de la l'incompréhension et de la cacophonie, mais plus dans le sens de l'absence de communication et surtout du refus de communiquer de la part des autorités politiques togolaises. Cette situation prend sa source dans la réalité démocratique et engendre une non-professionnalisation du métier de communicant politique.

Mots clés : Citoyens, communication politique, démocratie, élections, politique, propagande.

Political communication in Togo: context, issues and prospects

The definitions of political communication applied in Togo do not match the realities we read about. In Togo, political communication is not really about winning an election, it's more about electoral propaganda than a process based on a communication strategy. In Togo, we don't really communicate to win an election, we communicate to meet the conventional norm of campaigning before an election. D. Wolton's notion of "incommunication" comes into play here, not in the sense of incomprehension and cacophony, but more in the sense of the absence of communication and above all the refusal to communicate on the part of Togo's political authorities. This situation is rooted in the reality of democracy, and has led to the unprofessionalization of the profession of political communicator.

Keywords: Citizens, political communication, democracy, elections, politics, propaganda.

Bernard Valade – « Puissances du pèlerinage »

La marche à des lieux sacrés est un fait universel. Dans le monde chrétien, elle trouve principalement à s'illustrer avec les pèlerinages de Jérusalem, de Rome, de Lourdes. En tant que visite à des lieux saints, la démarche pèlerine a été documentée par de nombreuses études descriptives et folkloriques. En en faisant une « démarche d'accomplissement », Alphonse Dupront a mis en évidence la dimension vitale que lui donne la concupiscence de charges sacrales qui s'y exprime. L'attitude de l'Église a varié au cours des siècles à l'endroit de ces pratiques religieuses que d'aucuns qualifient encore de superstitieuses. L'importance de la pastorale populaire du pèlerinage a été cependant rappelée par les autorités vaticanes, notamment par le pape Jean-Paul II.

Mots clés : Lieux sacrés, marche, pèlerin, pèlerinage, sacré, surnaturel.

"Powers of Pilgrimage"

Walking to sacred places is a universal phenomenon. In the Christian world, it is best illustrated by pilgrimages to Jerusalem, Rome and Lourdes. As a visit to holy places, pilgrimage has been documented by numerous descriptive and folkloric studies. Alphonse Dupront's description of pilgrimage as a "process of fulfillment" highlights the vital dimension that the concupiscence of sacred offices expresses. The Church's attitude to these religious practices has varied over the centuries, and some still describe them as superstitious. However, the importance of popular pilgrimage ministry has been reiterated by Vatican authorities, notably Pope John Paul II.

Keywords: *Sacred places, walking, pilgrim, pilgrimage, sacred, supernatural.*

Daniele Zappalà – Une marche édifiante, ou le message condensé de Ferdinand Cheval

Chef d'œuvre de l'art brut, le Palais idéal du facteur Cheval est un condensé symbolique colportant des idéaux esthétiques, écologiques, éthiques. Par son message, l'artefact exhibe sa pleine cohérence avec l'expérience de la marche, à l'origine du projet. En tant que machinerie communicationnelle, l'œuvre s'avère une immortalisation du potentiel de la marche, poussé par Cheval jusqu'à l'extrême.

Mots clés : Marche, *Palais idéal*, Ferdinand Cheval, communication, art brut, paysage.

An Edifying Walk, or the Condensed Message of Ferdinand Cheval

The Palais idéal, *a masterpiece of naive art created by the French postal carrier Ferdinand Cheval (1836-1924), is a symbolic condensation of aesthetic, ecological, and ethical ideals. Through its message, this artifact displays its complete consonance with the experience of walking, which presided over its construction. As a machine of communication, the palace immortalizes the potential of walking, which Cheval himself pushed to its extreme.*

Keywords: *Walking,* Palais idéal, *Ferdinand Cheval, communication, naive art, landscape.*

Les auteurs du numéro

Christophe Alcantara est professeur en sciences de l'information et de la communication, directeur adjoint de l'Institut du droit de l'espace, des territoires, de la culture et de la communication (IDETCOM) de l'université Toulouse-Capitole. Chercheur associé à la chaire de francophonie de l'université d'Ottawa, ses recherches portent sur les enjeux de la communication digitale.

Olivier Arifon est professeur et enseigne à l'université catholique de Lille. Enseignant chercheur depuis 1997, ses vies multiples l'ont conduit à travailler comme directeur de son entreprise « Les Fils d'Ariane » et comme attaché de coopération universitaire à Munich pour le ministère des Affaires étrangères. Ses recherches portent sur la communication et la narration dans une perspective comparée entre Asie et Europe. Il a publié des articles sur la communication en Chine et des contributions sur l'efficacité du lobbying et les effets de la manipulation de l'information.

Antoine de Baecque est historien et critique de cinéma, professeur à l'École normale supérieure (rue d'Ulm), ancien rédacteur en chef des *Cahiers du cinéma*, puis des pages « Culture » du quotidien *Libération*, il travaille sur l'histoire des formes cinématographiques (*L'Histoire-Caméra*, volume 1, en 2008, et volume 2, en 2021, chez Gallimard). Il est spécialiste de la Nouvelle Vague française, auteur de quatre biographies majeures : celles de François Truffaut (Gallimard, 1996), Jean-Luc Godard (Grasset, 2010), Éric Rohmer (Stock, 2014) et Claude Chabrol (Stock, 2021). Il travaille actuellement à la cinquième, celle de Jacques Rivette. Voici la Nouvelle Vague rendue à son histoire à travers ses archives individuelles et collectives.

Augustin Berque (1942-), géographe et orientaliste, est directeur d'études en retraite à l'École des hautes études en sciences sociales. Membre de l'Académie européenne, il a été en 2009 le premier Occidental à recevoir le Grand Prix de Fukuoka pour les cultures d'Asie, et en 2018 le lauréat du prix Cosmos international. Contact : abilande@wanadoo.fr. Site : https://ecoumene.blogspot.com/.

Céline Bryon-Portet est professeur à l'université Montpellier 3. Étudiant le processus de construction de la réalité, à travers la formation des représentations symboliques et des imaginaires collectifs, elle s'intéresse tout particulièrement aux médiations culturelles dans les organisations fermées (armée, franc-maçonnerie) et les séries télévisées, à partir d'une approche socio-anthropologique. Elle est notamment l'auteur de *Sociologie des sociétés fermées* et de *L'Utopie maçonnique*.

Frédéric Chose est guide de haute montagne et docteur en philosophie ; il enseigne en lycée. Sa thèse défend l'idée que toutes les révolutions de l'écriture favorisent temporairement les phénomènes de spatialisation au détriment de ce qui se tisse et s'éprouve dans la durée. Tout progrès dans l'information (amélioration de l'écrit) neutralise les pratiques antérieures et les cultures associées, qui sont à renouveler.

Brigitte Chapelain est maître de conférences honoraire en sciences de l'information et de la communication. Ses travaux de recherche portent sur la culture l'éducation et les médias. Elle a notamment dirigé, avec Sylvie Ducas, *Prescription culturelle : avatars et médiamorphoses*, publié aux presses de l'Enssib en 2018. Elle est membre du bureau *Hermès* et dirige les rubriques « Conversation » et « Lectures » de la revue.
brichap@club-internet.fr

Simon Citeau a deux délégations, en tant qu'adjoint en charge des déplacements doux, donc développement de la marche et du vélo sur l'ensemble de la ville de Nantes, et adjoint du quartier Doulon-Bottière à Nantes.

Pauline Detavernier est docteure en architecture et architecte HMONP de l'ENSA Paris-Malaquais. Chercheure associée au LIAT, ses travaux portent sur les usages et comportements dans leur rapport à la conception de l'espace, plus particulièrement les usages de mobilité active. Elle travaille également sur les modèles urbains, sujet qu'elle enseigne en ENSA et à l'ENPC. Elle est actuellement directrice de projets R&D au sein de l'agence PCA-STREAM.

Yvan Detraz est architecte, co-fondateur et directeur du collectif de création urbaine Bruit du frigo et auteur de l'ouvrage *Zone, sweet zone, la marche comme projet urbain* (Wildproject, 2020). https://bruitdufrigo.com/

Audrey Erpelding est psychologue clinicienne et étudiante en master recherche à l'université Sorbonne Paris-Nord, UTRPP (UR44).

Jérémy Gaubert est architecte et docteur en aménagement de l'espace et urbanisme. Il est l'auteur d'articles – sur le corps, la sensorialité et le mouvement dans l'expérience de la ville – et de l'ouvrage *Philosophie du marcheur, essai sur la marchabilité* (Éditions Terre Urbaine). Il exerce comme paysagiste au sein d'une agence de conception et maîtrise d'œuvre et enseigne l'architecture et l'analyse urbaine dans la section architecture de l'École des ingénieurs de la ville de Paris.

Sébastien Genvo est professeur à l'université de Lorraine (centre de recherche sur les médiations, CREM UR 3476). Ses travaux portent notamment sur les enjeux artistiques et culturels du domaine, en développant notamment la notion de jeux expressifs. Il est notamment fondateur de l'*expressive gamelab*, plateforme d'analyse et de création vidéoludique.

Agnès Giard, anthropologue rattachée à l'université de Paris Nanterre (laboratoire Sophiapol), est l'auteur de sept livres dont trois ont été traduits et publiés au Japon. Sa thèse – *Un désir d'humain Les love doll au Japon* (Les Belles Lettres) – est distinguée par le prix GIS-ICAS qui récompense les cinq meilleurs ouvrages en français publiés dans le domaine des études asiatiques. Ses recherches portent sur l'industrie japonaise des simulacres amoureux – épouse holographique, fiancé numérique, robot d'intercession matrimonial – dans le contexte du dépeuplement. agiard@parisnanterre.fr

Simone Gigliotti (she/her) est maître de conférences en études sur l'Holocauste au département d'histoire de Royal Holloway, université de Londres. Son intérêt pour les marches de la mort a été exploré dans plusieurs publications et projets ; chacun d'entre eux a examiné les contours des témoignages, du langage, des cartes et des images utilisés par les survivants de l'Holocauste pour donner un sens à ces expériences profondément atemporelles et désincarnées.

Esteban Giner est doctorant en SIC à l'université de Lorraine au sein du CREM. Ses recherches portent sur l'expressivité et la persuasivité des jeux vidéo dans leurs façons de représenter en jeu des systèmes sociaux.

Carlo Grassi est professeur de sociologie de la culture et de la communication à l'université IUAV de Venise. Parmi ses publications les plus récentes *La faculté de juger. Sociologie de l'action normative*, Paris, Kimé, 2022 ; *L'appareil et le hasard. Sociologie du dispositif photographique*, Milan, Postmedia, 2020. Il a édité et présenté Jean-Luc Nancy, *Dies Irae*, Londres, Westminster Press, 2019 ; et Dominique Wolton, *Vive l'incommunication. La victoire de l'Europe*, Rome, Armando Editore, 2022. Il est membre du bureau de la rédaction d'*Hermès, La Revue* et directeur scientifique d'*Hermes Italia*. grassi@iuav.it

Thibaut Guiné est élu depuis 2020 en tant que conseiller municipal en charge de la ville du quart d'heure et des contrats de proximité. Il est également conseiller métropolitain pour la logistique urbaine, domaine qui a une entrée mobilité, notamment avec la question de la proximité, et de comment on voit les déplacements de demain, et les déplacements individuels. La question de la proximité côté ville du quart d'heure est dans son périmètre avec notamment les soucis de logistique urbaine aujourd'hui, comme modification des faits de consommation, des mouvements et des mobilités des uns et des autres.

Tim Ingold est professeur émérite d'anthropologie sociale à l'université d'Aberdeen. Il a effectué des travaux sur le terrain parmi les Saamis et les Finlandais en Laponie et a écrit sur les relations homme-animal, l'écologie et la théorie de l'évolution, la perception de l'environnement et la pratique qualifiée. Il s'intéresse actuellement à l'anthropologie, à l'archéologie, à l'art et à l'architecture. Tim Ingold est membre de la British Academy et de la Royal Society of Edinburgh. En 2022, il a été nommé CBE pour les services rendus à l'anthropologie.

Jean-Paul Kauffmann, journaliste, auteur notamment de *L'Arche des Kerguelen, voyage aux îles de la Désolation* (1993) ; *La Chambre noire de Longwood* (1997) ; *Courlande* (2009) ; *Remonter la Marne* (2013) ; *Outre-Terre* (2016) et *Venise à double tour* (2019). La plupart de ces titres viennent de paraître, rassemblés sous le titre de *Zones Limites*, collection Bouquins.

Jocelyn Lachance est maître de conférence HDR en sociologie à l'université de Pau et des Pays de l'Adour, CNRS UMR TREE.

Michel Lallemand a été chercheur (CNRS) en physique de la matière sous hautes pressions, puis directeur de recherches en transfert du rayonnement thermique. En collaboration avec Suzanne Lallemand il est l'auteur de *De Montolio à Montaulieu : Histoire d'un village des Baronnies Provençales* (2009).

Vincent Lambert, docteur en sciences de l'information et de la communication, enseignant-chercheur au laboratoire SIC.Lab Méditerranée de Université Côte d'Azur, auteur d'une thèse sur les musées d'histoire et de travaux sur l'éthique dans les institutions culturelles, la médiation au musée et au théâtre.

Pascal Lardellier est professeur à l'université de Bourgogne (sciences de l'information-communication), responsable du séminaire d'épistémologie du laboratoire CIMEOS (Dijon). Dernier ouvrage : *S'aimer à l'ère des masques et des écrans* (L'Aube). À paraître (juin 2023) : *Actualité d'Erving Goffman, acte 2. Relations, identités, communautés* (dir., L'Harmattan) et : (automne 2023) : *Éloge de ce qui nous lie. Mérites des rites* (L'Aube). Il alimente son compte Twitter d'analyses de la société, des médias et nouveaux médias : @LardellierP. Il a enregistré une série de podcasts en partenariat avec *The Conversation*, intitulé « Objets cultes ».

David Le Breton est professeur de sociologie à l'université de Strasbourg, membre de l'Institut universitaire de France et de l'Institut des études avancées de l'université de Strasbourg (USIAS). Auteur notamment de *Marcher la vie. Un art tranquille du bonheur* (Métailié), *Marcher. Éloge des chemins et de la lenteur* (Métailié), *En roue libre. Une anthropologie sentimentale du vélo* (Terre Urbaine), *Anthropologie du corps et modernité* (PUF), *Anthropologie des émotions* (Payot), *Du silence* (Métailié).

Anne Lehmans est professeure en sciences de l'information et de la communication à l'université de Bordeaux (IMS et MICA). Ses recherches portent notamment sur les cultures de l'information. anne.lehmans@u-bordeaux.fr

Thierry Libaert, ex professeur en sciences de l'information et de la communication à l'université catholique de Louvain, est collaborateur scientifique au Earth & Life Institute (UCL), président de l'Académie des controverses et de la communication sensible, conseiller au Comité Économique et social européen. Il est membre du Conseil de l'éthique publicitaire, de l'Académie des sciences commerciales, du Conseil scientifique de la Fondation pour la nature et l'homme. Son dernier livre *Des vents porteurs* (Le Pommier) a obtenu le prix 2021 du meilleur livre Environnement.

Cristina Lindenmeyer est psychanalyste, professeure à l'université Sorbonne Paris-Nord, UTRPP (UR44).

Vincent Liquète est professeur des universités en sciences de l'information et de la communication à l'université de Bordeaux. Il dirige la recherche et l'innovation à l'INSPE et co-dirige le laboratoire MICA (UR4426). Il travaille sur les cultures de l'information et l'analyse de contextes communicationnels et documentaires. Membre du bureau d'*Hermès* et co-fondateur des revues COSSI et ATIC. Il dirige deux collections chez Iste édition.

Brigitte Munier, enseignant-chercheur en sociologie de la littérature et de la culture à Télécom-ParisTech jusqu'en 2018, est membre du bureau de la rédaction d'*Hermès*. Dernier ouvrage : *Odeurs et parfums en Occident. Qui fait l'ange fait la* bête (Le Félin, 2017). Ouvrages collectifs parus sous sa direction : *Technocorps, la sociologie du corps à l'épreuve des nouvelles technologies* (François Bourin, 2013) ; *À vue de* nez (CNRS éd., 2018) ; et, en codirection avec Éric Letonturier, *La Voie des sens* (*Hermès*, n° 74, 2016).

Joanna Nowicki est professeure des universités à CY Cergy Paris Université, où elle est directrice du master ingénierie éditoriale et communication. Membre du laboratoire LT2D (Lexiques, Textes, Discours, Dictionnaires) et du bureau de rédaction de la revue *Hermès*. Ses travaux et ses publications portent sur la communication Est/Ouest, l'imaginaire collectif européen, la circulation et le transfert des idées en Europe et dans l'autre francophonie. Dernières parutions : *À quoi sert la littérature*, avec Axel Boursier, (2018), *L'auteur en question* avec Claude Coste et Marianne Froye, (2022) et *La vie de l'esprit en Europe centrale et orientale depuis 1945*, avec Chantal Delsol, en 2021, ouvrages parus aux éditions du Cerf.

Bernard Ollivier est un grand marcheur et un écrivain essentiel, fondateur de l'association Seuil qui propose de longues marches à des mineurs en alternative à la prison ou à d'autres formes d'enfermement. Aujourd'hui fer de lance d'une autre expérience à la fois humaine et écologique : air-e. Il est notamment l'auteur de la trilogie *Longue marche* (Phébus), *Aventures en Loire. Mille kilomètres à pied et en canoé* (Phébus), *Sur le chemin des ducs. La Normandie à pied de Rouen au Mont-Saint-Michel* (Phébus), *Marche et invente ta vie : adolescents en difficulté, ils se reconstruisent par une marche au long cours* (Arthaud), *Marcher pour s'en sortir* (Ères).

Thierry Paquot, philosophe de l'urbain, a publié le *Dicorue. Vocabulaire ordinaire et extraordinaire des lieux urbains* (CNRS Éditions, 2017) et réalisé une anthologie de la littérature du XIXe siècle, *Flâner à Paris* (Infolio, 2016).

Benoît Peeters est théoricien et critique aux intérêts éclectiques, il est l'auteur de nombreux essais sur la bande dessinée, le scénario et l'écriture en collaboration, mais aussi sur Derrida, Valéry, Ferenczi et Robbe-Grillet. Une longue complicité avec le dessinateur François Schuiten lui a permis de construire avec lui le cycle des *Cités obscures*. Quinze albums sont parus à ce jour ; ils ont obtenu de nombreux prix et ont été traduits dans le monde entier.

Berenice Peñafiel est chargée de cours à l'université de Strasbourg et est rattachée au laboratoire interdisciplinaire en études culturelles.

Bernard Plossu est l'un des grands photographes contemporains. Né en 1945 au Vietnam. Études à Paris, rate son bac et devient photographe à 20 ans au Mexique. Grand Prix national de la photographie et expositions au MNAM Centre Pompidou (1988) ; *Le Voyage mexicain* (Contrejour, 1979) ; *New Mexico revisited* (UNM Press, USA, 1983) ; *Monet intime* (Musée des Impressionismes-Filigranes, 2012) ; *Plossu Tirages Fresson* (Textuel, 2020).

Paul Rasse, est professeur émérite, chercheur au laboratoire SIC.Lab Méditerranée de Université Côte d'Azur. Il a publié une douzaine de livres et de nombreux articles en anthropologie de la communication sur la mondialisation des cultures savantes et populaires, l'éducation et la communication scientifique, la muséologie, la médiation et l'ingénierie culturelle.

Gérard Régimbeau est professeur émérite en SIC, chercheur au LERASS-CERIC (laboratoire d'études et de recherches appliquées en sciences sociales-cercle de recherche en information-communication),universitéPaul-Valéry,Montpellier3.Sesdomaines de spécialité sont les médiations info-communicationnelles de l'art ; l'analyse de l'image ; la communication du patrimoine et la théorie du document. Article récent : « Les collections patrimoniales en devenir : à propos des sites de musées en ligne », *Culture et Musées*, n° 37, 2021, p. 83-106. gerard.regimbeau@univ-montp3.fr

Franck Renucci est professeur des universités au laboratoire Imsic de l'université de Toulon, co-animateur du réseau de chercheurs Creamed et chercheur associé à la fondation Agalma. Au moment où les frontières de l'humain s'estompent avec la technique, il interroge la communication humaine et ses incommunications créatives, les figures de continuité et de discontinuité inhérentes aux expériences du corps parlant, de l'autre, de la plasticité cérébrale et de la création artistique.

Gaëtan Rivière est docteur en histoire contemporaine, ATER en SIC (Avignon Université, LCC), ses recherches interdisciplinaires (SIC, histoire, arts du spectacle vivant) interrogent les concepts propres aux SIC au travers de corpus artistiques situés sur le temps long (du XIXe au XXIe siècle). Cette démarche s'inscrit également dans le cadre de la recherche-création en sciences humaines et sociales.

Pascal Robert est professeur des universités à l'École nationale supérieure des sciences de l'information et des bibliothèques (Enssib). Il est membre du laboratoire Elico. Ses travaux visent à décrypter les enjeux politiques et cognitifs de l'informatisation de la société et à l'élaboration d'une anthropologie du document et des images. Il est l'auteur de *Polyptyque, pour une anthropologie communicationnelle des images* (Hermann, 2015), de *L'incommunication au miroir de la bande dessinée* (PUBP, 2017) et de *La bande dessinée, une intelligence subversive* (Presses de l'Enssib, 2018). Il a dirigé *Bande dessinée et numérique* (CNRS Éditions, 2016) et *La ville en planches, bande dessinée et mondes urbains* (Hermann, 2021).

Patrice Spadoni a d'abord été syndicaliste à la Poste. Manutentionnaire et facteur, il participe en 1988 à la fondation de Sud-Ptt. Il est en 1994 un des initiateurs d'AC ! – Agir ensemble contre le chômage – puis des marches européennes contre le chômage. Devenu réalisateur, il réalise en 1996 un court-métrage de fiction, *Ombres Magiques*. Il lance l'association Canal Marches en 1997 et réalise de nombreux films documentaires, des *Garçons Ramponeau* à *La Marche aux mille voix*.

Danielle Tartakowsky est professeur émérite d'histoire contemporaine à l'université Paris 8, spécialiste des mouvements sociaux et a consacré de nombreux travaux aux manifestations de rue. Elle a notamment codirigé avec Michel Pigenet un numéro spécial du *Mouvement social* consacré aux marches.

Kadidja Traore est docteure en sciences de l'information et de la communication à l'université Bordeaux Montaigne (laboratoire MICA). Elle est également consultante en communication publique et politique.

Bernard Valade est professeur honoraire à la faculté des sciences humaines et sociales – Sorbonne (Université de Paris).

Lina Zakhour a embrassé au fil de vingt ans d'expérience, entre Beyrouth et Paris, les différents métiers du « MOT » : communicante, enseignante à l'université, chercheuse, analyste, avocate à la cour, journaliste, chroniqueuse et auteure. D'abord journaliste, elle a continuellement baigné dans l'univers de la presse et des médias. Avocate au barreau pendant dix ans, une fois diplômée du Celsa en journalisme ainsi qu'en SIC elle a fondé son propre cabinet de conseil en communication, affaires ou politiques publiques. Elle est l'auteure d'un ouvrage juridique *Moi et la loi au Liban* (2013), ainsi que d'études scientifiques, d'articles et de chroniques parus dans des revues spécialisées et dans la presse, en France et au Liban. Son premier roman, *Imane* a paru en 2019 (Hémisphère/Maisonneuve & Larose).

Daniele Zappalà est géographe (Sorbonne Université). Il a enseigné à l'université IULM de Milan. Ses recherches portent sur la cognition de la mondialisation et sur les patrimoines alimentaires internationaux. Membre de la Société de géographie, il a coordonné en Italie le projet « Patrimoines pour une culture de paix », sous l'égide de l'Unesco. Correspondant en France pour le quotidien italien *Avvenire*, il a été chroniqueur européen pour *France Inter*.

Titres parus d'Hermès

cognition ■ communication ■ politique

Consignes aux auteurs / évaluation des articles soumis

Les tapuscrits doivent être adressés à la rédaction, d'une longueur maximale de 15000 signes et espacements (notes et références bibliographiques comprises). Chaque article doit comporter plusieurs intertitres et doit être accompagné d'un résumé en français d'une dizaine de lignes environ et de cinq mots-clés. Les appels de notes figurent dans le texte en numérotation continue et les notes sont rassemblées en fin d'article. Les références bibliographiques font également l'objet d'un appel, dans le texte, qui renvoie à une liste située en fin d'article. Les articles publiés dans la revue *Hermès* doivent être originaux et ne pas être proposés à d'autres revues. Les citations et emprunts doivent être courts, clairement signalés et référencés.

La revue *Hermès* est une revue à comité de lecture. Tous les textes publiés par la revue ont fait l'objet d'une évaluation scientifique et de plusieurs relectures.
Les articles publiés dans le dossier principal ont été évalués par les coordinateurs du volume, en lien avec le superviseur, des membres du comité de rédaction, le bureau de la revue et/ou des évaluateurs externes.
Les articles publiés dans la rubrique « Diagonales » ont été expertisés par des membres du comité de rédaction, le bureau de la revue et par des évaluateurs externes.
Pour soumettre un article : hermes@cnrs.fr

Rédaction

CNRS. 1, place Aristide Briand - 92195 Meudon   Tél. : 01.45.07.55.12   Mail : hermes@cnrs.fr

Administration et diffusion

CNRS ÉDITIONS, 15 rue Malebranche, 75005 Paris   Tél. : 01.53.10.27.00   Fax : 01.53.10.27.27

Vente

Par l'intermédiaire de votre libraire habituel, ou sur commande à CNRS ÉDITIONS
15 rue Malebranche, 75005 Paris   Mail : sabine.lavaud@cnrseditions.fr
http://cnrsedtions.fr

Articles disponibles en ligne

Cairn : http://cairn.info
Prix de vente de HERMÈS 91, « La marche » : 25 €

COMMANDE PERMANENTE

• Avant chaque parution d'un nouveau titre, vous recevez un courrier de notre part ainsi qu'un devis dont le paiement déclenche la livraison de l'ouvrage. Vous avez la certitude de recevoir tous les numéros dès leur parution.

• Vous bénéficiez du prix de lancement, valable un mois avant la parution de chaque numéro.

• CNRS ÉDITIONS offre à tout souscripteur les frais de poste.

• Les modes de règlement sont adaptés à chacun : virement, mandat postal, chèque, CB, Visa, Mastercard.

• Vous n'avez pas de souci de renouvellement. Sauf avis contraire de votre part, votre commande permanente sera reconduite chaque année. À tout moment, vous pouvez annuler une commande permanente par simple courrier.

À compléter et à retourner (accompagné de votre règlement dans le cas d'une commande au numéro)
à CNRS ÉDITIONS, 15, rue Malebranche, F-75005 Paris

Nom.. Prénom ....

Nom du donneur d'ordre...

Profession .... Société ou organisme ....

Adresse ....

Code postal .... Ville.. Tél ....

❏ Je désire recevoir la revue **HERMÈS en commande permanente**, à partir du numéro ....

COMMANDE ANNUELLE

❏ Je désire souscrire à la commande annuelle au prix préférentiel de 45 euros (franco de port)

Ci-joint mon règlement de .... euros à l'ordre de CNRS ÉDITIONS par

❏ chèque bancaire ❏ chèque postal ❏ mandat

Je vous autorise à débiter mon compte

❏ carte bleue Visa ❏ Eurocard ❏ Mastercard n° ....

valide jusqu'au : .... Date :...

Signature obligatoire :

« CNRS Communication », ouvrages parus

- *Associations et communication. Critique du marketing*, Éric DACHEUX, 1998
- *Miroirs maghrébins. Itinéraires de soi et paysages de rencontre*, sous la direction de Susan OSSMAN, 1998
- *La Fin de l'exception culturelle ?*, Joëlle FARCHY, 1999
- *Les Oies du Capitole ou les raisons de la rumeur*, sous la direction de Françoise REUMAUX, 1999
- *L'« Expert » à la télévision. Traditions électives et légitimité médiatique*, Yves CHEVALIER, 1999
- *Pratiques médiatiques. 50 mots clés*, Claire BELISLE, Jean BIANCHI et Robert JOURDAN, 2000
- *L'Environnement dans les journaux télévisés. Médiateurs et visions du monde*, Suzanne DE CHEVEIGNÉ, 2000
- *CNN et la mondialisation de l'imaginaire*, Andrea SEMPRINI, 2000
- *Observer la communication. Naissance d'une interdiscipline*, Bruno OLLIVIER, 2000
- *Vaincre l'indifférence. Les associations dans l'espace public européen*, Éric DACHEUX, 2000
- *Raison pratique et sociologie de l'éthique. Autour des travaux de Paul Ladrière*, coordonné par Simone BATEMAN-NOVAES, Ruwen OGIEN, Patrick PHARO, 2000
- *Langage et Travail. Communication, cognition, action*, sous la direction de Anni BORZEIX, Béatrice FRAENKEL, 2001
- *La Démocratie mise en scènes. Télévision et élections*, Marlène COULOMB-GULLY, 2001
- *L'Ordre sensoriel. Une enquête sur les fondements de la psychologie théorique*, Friedrich A. von HAYEK. Traduit de l'anglais par Philippe R. Mach, 2001
- *Prévention du sida et agenda politique. Les campagnes en direction du grand public (1987-1996)*, Geneviève PAICHELER, 2002
- *Des médias aux médiations. Communication, culture et hégémonie, Jesús MARTÍN-BARBERO.* Traduit de l'espagnol par Georges Durand, 2002
- *Naturaliser la phénoménologie. Essais sur la phénoménologie contemporaine et les sciences cognitives*, coordonné par Jean PETITOT, Francisco J. VARELA, Bernard PACHOUD, Jean-Michel ROY, 2002
- *« Purification ethnique ». Une formule et son histoire*, Alice KRIEG-PLANQUE, 2003
- *Internet et le droit d'auteur. La culture Napster*, Joëlle FARCHY, 2003
- *Prospéro. Une technologie littéraire pour les sciences humaines*, Francis CHATEAURAYNAUD, 2003
- *L'Expression gestuelle de la pensée d'un homme politique*, Geneviève CALBRIS, 2003
- *Altérité polynésienne ou les métamorphoses de l'espace-temps*, Bernard RIGO, 2004
- *Le Régime de la civilité en Égypte. Public et réislamisation*, Jean-Noël FERRIÉ, 2004
- *Armes de communication massive. Informations de guerre en Irak : 1991-2003*, coordonné par Jean-Marie CHARON et Arnaud MERCIER, 2004
- *Art et Internet. Les nouvelles figures de la création*, Jean-Paul FOURMENTRAUX, 2005, 2010
- *Télévisions arabes sur orbite. Un système médiatique en mutation (1960-2004)*, Tourya GUAAYBESS, 2005
- *L'Homme des confins. Pour une anthropologie interculturelle*, Joanna NOWICKI, 2008
- *La Norme numérique. Savoir en ligne et Internet*, coordonné par Jacques PERRIAULT et Cécile VAGUER, 2011
- *Traduire et Communiquer à l'heure de la mondialisation*, Michaël OUSTINOFF, 2011
- *L'Intelligence économique*, Nicolas MOINET, 2011
- *La Chimie durable*, sous la direction de Laura MAXIM, 2011
- *Anthropologie de l'homme mondialisé*, Christoph WULF, 2013
- *(E)-réputation, Médiation, calcul, émotion*, Camille ALLOING, 2016

« Les Essentiels d'Hermès », ouvrages parus

Année 2008
- L'Espace public (*Éric Dacheux*)
- Francophonie et mondialisation (*Didier Oillo et Anne-Marie Laulan*)
- La Communication politique (*Arnaud Mercier*)

Année 2009
- L'Opinion publique (*Nicole d'Almeida*)
- Les Identités collectives à l'heure de la mondialisation (*Bruno Ollivier*)
- Le Journalisme (*Arnaud Mercier*)
- L'Audience (*Régine Chaniac*)
- La Télévision (*Guy Lochard*)
- La Réception (*Cécile Méadel*)
- Sociétés de la connaissance, fractures et évolutions (*Michel Durampart*)
- Les Sciences de l'information et de la communication (*Éric Dacheux*)
- Populaire et populisme (*Marc Lits*)

Année 2010
- La Cohabitation culturelle (*Joanna Nowicki*)
- Critique de la société de l'information (*Jean-Paul Lafrance*)
- Le Rituel (*Aurélien Yannic*)
- Racines oubliées des sciences de la communication (*Jacques Perriault*)
- Médiations (*Vincent Liquète*)
- La Mondialisation de la communication (*Paul Rasse*)

Année 2011
- L'Argumentation (*Nicole D'Almeida*)
- La Communication (*Éric Dacheux*)
- Traduction et mondialisation (*Michaël Oustinoff*)
- La Neutralité d'Internet (*Valérie Schafer et Hervé Le Crosnier*)
- Sciences et médias (*Sébastien Rouquette*)
- L'Économie solidaire (*Jean-Louis Laville*)

Année 2012
- Internet et politique (*Alexandre Coutant*)
- Le Marketing politique (*Thomas Stenger*)
- Médias et opinion publique (*Arnaud Mercier*)
- Les Réseaux (*Éric Letonturier*)
- Art et science (*Jean-Paul Fourmentraux*)
- La Rhétorique (*Manuel Maria Carrilho*)

Année 2013
- La Diversité culturelle (*Paul Rasse*)
- Propriété intellectuelle (*Mélanie Dulong de Rosnay* et *Hervé Le Crosnier*)
- Les Utopies (*Éric Letonturier*)
- L'Incommunication (*Samuel Lepastier*)
- L'Humain augmenté (*Édouard Kleinpeter*)

Année 2014
- Information et communication scientifiques à l'heure du numérique (*Valérie Schafer*)
- Bande dessinée et lien social (*Éric Dacheux*)
- Politiques sécuritaires et surveillance numérique (*Pierre-Antoine Chardel*)
- Cultures de l'information (*Vincent Liquète*)
- Ville, architecture et communication (*Thierry Paquot*)

Année 2015
- Sport et médias (*Alexandre Obœuf*)
- Identités numériques. Expressions et traçabilité (*Jean-Paul Fourmentraux*)

Année 2016
- Banlieues vues d'ailleurs (*Bernard Wallon*)
- Bande dessinée et numérique (*Pascal Robert*)
- La Communication environnementale (*Thierry Libaert*)
- L'Alimentation demain. Cultures et médiations (*Gilles Fumey*)

Année 2017
- Guerre, armées et communication (*Éric Letonturier*)
- La Communication politique, nouvelle édition (*Arnaud Mercier*)

Année 2018
- France-Allemagne. Incommunications et convergences (*Gilles Rouet*)

Année 2019
- Algorithmes et décisions publiques (*Gilles Rouet*)
- À vue de nez. Odorat et communication (*Brigitte Munier*)

Année 2020
- [Im]matérialités de la mort (*Valérie Robin Azevedo*)
- Santé connectée (*Cristina Lindenmeyer et Marie-Pia d'Ortho*)

Année 2021
- Communication et sécurité routière (*Laurent Carnis*)

Année 2022
- Classement des universités (*Gilles Rouet et Thierry Côme*)

Année 2023
- Journalisme et « post-vérité » (*Alexandre Joux*)

pca
cmb
édition pré-presse
livres numériques

44400 Rezé

L'éditeur de cet ouvrage s'engage dans une démarche éco-responsable
en utilisant des papiers issus de forêts gérées durablement
www.cnrseditions.fr

IMPRIM'VERT®

PEFC 10-31-2581 / Certifié PEFC / pefc-france.org

Achevé d'imprimer en septembre 2023 par

ISIPRINT

139 rue Rateau
93120 La Courneuve

Numéro d'impression : 202308.0165
Dépôt légal : octobre 2023

Imprimé en France